宋史 如果这是

伍

高天流云 著

官宦王朝

浙江人民出版社

目录

地势坤，君子以厚德载物。

第一章　淮西兵变

宋绍兴七年（1137 年）正月，宋使何藓回国，带回金国右副元帅完颜宗弼的信，信中提到宋徽宗已经死了。

赵佶死于两年前，即 1135 年。路途遥远，战和不定，那时宋、金两国在各条战线上打得天昏地暗，没人去理会这等小事。

回顾赵佶的一生，他当了 26 年的皇帝，9 年的俘虏，一共活了 53 年。曾经享尽人间之福，快活到独一无二；也曾经寄人篱下，当亡国之君，受尽了屈辱。从某种程度上来说，他活得真是丰富多彩，各种滋味都尝到了，不亏！

其实严肃地说，赵佶的 9 年北方生活还凑合，女真人待他还是可以的。一没打他，二没骂他，发给他土地农具让其生活自理，所以遍查史书，汉人一方最多只说他受到了极其残酷的"精神折磨"。

一定要提肉体方面的话，赵佶的尸体处理方法很可能会有争议。金国一方，在正史里，处理的方式很女真，即不用棺材，直接土葬。为了照顾汉人的情绪，尸体上加裹了一层生绢，并且把更早死亡的郑皇后与之合葬。

毕竟是俘虏，毕竟是刚开化的女真人，做到这一步似乎很厚道了。不过野史就没法看了，说赵佶死后，女真人挖了一个大坑，把尸体扔进去烧，烧到一半时加进去一些水，说这样熬出来的油点灯很亮……赵桓在坑边看得痛不欲生，跳下去想和父亲死在一起，却被金国人拉上来，扔到一边。

几年后，宋、金和谈，徽宗的棺椁得以回国，赵构等南宋官方没有开棺检验，直接落葬，埋进了土里，仿佛知道棺材里边有什么玄机，不宜公众视听。很多年之后，宋朝灭亡，元朝军队里有个杨琏真伽，他把南宋六陵挖了。

南宋六陵位于今浙江绍兴城外东南的攒宫山，虽为六陵，却埋着徽、高、孝、光、宁、理、度七个皇帝，以及各宗嫔妃。

杨琏真伽把每个皇帝的坟挖开，取下头骨，精心打磨加工，做成佛串挂在胸前。

在这个过程中，南宋诸帝的棺椁现于白日，阳光下再也没有秘密可言。

宋徽宗赵佶的棺材里没有尸体，只有一段朽烂的木头。他的尸体哪里去了，这是一个千年难解的谜，联想到赵构不敢开棺验尸，很有可能徽宗的尸体处理方法非常粗暴不雅，用生绢裹葬之类根本站不住脚。

事实到底怎么样，再追问也不可能有真实的结论，更没法改变赵构当时心灵的震撼。说到底他是个人，哪怕有再多的阴暗心理、帝王心术，也没法泯灭父子亲情。棺椁入葬当日，他当场痛哭失声，跟跄回宫，一连几天滴水不进，痛不欲生。

众多大臣、亲眷的劝说也没法平息他的愤怒！他要报复，要让金国付出代价，血债血偿，这一刻他决心要女真人亡国灭族！

为此，赵构宣召岳飞。

之后，赵构起程去建康，一路上韩世忠、杨沂中、岳飞等人随行护驾，而岳飞这个本来最外围的将领却再一次被单独召见。

两人再次密谈，赵构只说了一句话——"中兴之事，朕一以委卿。除张俊、韩世忠不受节制外，其余并受卿节制。"

岳飞心神激荡。他的夙愿即将实现，集全国兵力北伐的日子终于到来，这条命令一旦生效，他将拥有南宋绝大多数兵力的指挥权！

尤其是刘光世的行营左护军，这支军队将划归他的名下。

这时是宋绍兴七年（1137年）三月初九。赵构、岳飞两人非常机密地达成了思想上的统一，同时紧锣密鼓地进行着实际操作。

赵、岳二人正走在去建康的路上，此行的目的就是去夺刘光世的兵权。

刘光世的行营左护军实力强盛，5.2万人左右，曾经一度是南宋军方人数最多的一支部队。

岳飞非常感动，他在密谈之后的第二天，也就是三月十日写了一篇奏章，把感激之情、军国大事一一坦露。

这篇奏章是非常著名的《乞出师札子》，分成三个段落。第一段是谢恩，可以忽略；第二段是战争策略和步骤，岳飞说，他会直趋京、洛，据河阳、陕府、潼关，以此三地在手，号令五路叛将，逼迫刘豫放弃开封旧都，渡黄河，退守河北。这时京畿、陕右可以尽复，至于京东诸郡，由韩世忠、张俊负责。

上面的内容里，有两个值得关注的大要点：第一，战争初步规划到黄河的南岸，以收复旧京开封在内的土地为限，也就是目前伪齐所占领的那部分；第二，除了京东路由韩世忠、张俊两人负责之外，岳飞总领天下战区，"宣抚诸路"。

等于天下兵马大元帅了。

第三段——"……异时迎还太上皇帝、宁德皇后梓宫，奉邀天眷归国，使宗庙再安，万姓同欢，陛下高枕无北顾忧，臣之志愿毕矣。然后乞身还田里，此臣夙昔所自许者。"

岳飞如是说。

后世很多人认为岳飞是一个政治上的白痴，只知为国进取，不知明哲保身，才导致他后来的悲剧。看看上文还这样说吗？岳飞何等智慧，这点尽人皆知的小事还能不懂？他深深地知道总领天下兵权是一件多么招忌的事，没成功之前就先声明，一旦事情完成，立即回归山野，官都不当！

赵构非常欣赏，他做出如下批示：

"有臣如此，顾复何忧。进止之机，朕不中制。唯敕诸将广布宽恩，无或轻杀，拂朕至意。"

这是说你办事我放心，怎么去做都随你，我一切放权不干扰，只要你不轻易杀人就是了。

多么和谐的一对君臣啊！

两人聊得很对盘，说干就干，先联手收编行营左护军。倒霉蛋刘光世由赵构亲自出面搞定，这很快很顺利。刘光世于当月的下旬被解除军职，以少保兼三镇节度使的虚衔去当万寿观使。

大衙内从此逍遥自在享受人生。

收编刘家军就费事了些，谁都知道大衙内草包，大衙内的手下们有料，要想让这帮军痞听话，是一件非常有学问的事。

赵构以圣旨的方式给军痞们下通知。一切听岳飞的话，"如朕亲行"。要是不听话……"倘违斯言，邦有常宪"。

赤裸裸地以杀头来威胁。

赵构相信，这个程度的政府支持，加上岳飞如日中天的军中威望，再加上岳家军远超刘家军的实力，足以吞下行营左护军这块肥肉。

一切都很美好，岳飞准备动身去接收了，却没注意到旁边有个人死死地盯着他，嫉妒得快要发狂了。

张浚，这位大都督自从重新成为军方第一人加首相之后，已经把自己定位到宋帝国第一人的高度了。在他的心里，自尊和自傲是永远分不开的，而尊、傲的基础就是权力！

岳飞总领天下兵马……那把他的都督府置于何地，把他这实际上的帝国第一人置于何地？！越想越愤怒，越想越憋屈，他搞不懂为什么皇帝连一个最基本的常识都拎不清，只有他才能中兴宋室，鼎定中原。

这是全世界都知道的事嘛！

岳飞一介农夫，凭什么抢他的风头？！

越想越怒，他决定去和皇帝谈话，把岳飞的台拆了。什么，拆岳飞的台就是拆汉族振兴的台？开玩笑，这个台只能由我一个人搭起来！

他起身时，身边悄然出现了另一个人的身影。枢密院使秦桧，这人静静地观察着一切，张浚的心理波动他清晰地接收到了，他决定帮张浚一把。

张、秦两人一起进皇宫，跟赵构谈话。内容不得而知，当他们出来的时候，赵构已经变得平静了。从正月起到这时，差不多是100天，这么短的时间里，赵构就平静了。

他把国恨、死父辱母奴役全家族带来的仇恨都放下了……这就是赵构，他有血性，有复仇之心，可惜储藏量太少了，实在是不耐用。

岳飞正兴致勃勃、雄心壮志地走在去收编行营左护军的路上，一道圣旨来了，要岳飞先和张浚聊聊。

张浚："岳侯，行营左护军没了长官，你说谁合适？"

岳飞："……"（难道他说自己合适？）

张浚："王德怎样？"

岳飞："……"

王德、郦琼任刘光世以下左护军中的最高军职，这两人不分上下，也不可能分出上下，刘光世正是用这一点来平衡军队里的势力，达到控制的目的。这时硬要抬王德上位，不是逼着郦琼造反吗？岳飞无语，张浚怎么说也算是领导，这点事情都不懂？

岳飞："王德不行。"

张浚："嗯，我想也是，所以派兵部尚书吕祉去总领全军。"

岳飞："吕祉是书生，从没下过基层，他不行。"

张浚："那就张俊，资历最老的大将，军队还在附近，由他收编怎么样？"

岳飞："那是我的老领导，我尊敬他。可他性格粗暴，与左护军诸将长年有隔阂，尤其与郦琼的矛盾很大，由他收编，效果不会很好。"

张浚："哦……是吗？那就由杨沂中出面，他是禁军统领，皇帝的亲信，这总行了吧？"

岳飞："杨沂中在军中的地位顶多与王德等持平，用他还不如用王德，难道都督不知道军队排外？"

张浚至此大怒："我就知道除了你之外谁都不行！"

岳飞更怒："张都督你以国家正事问我，我据实回答，怎么能说我在贪图多得军队！"

这句话彻底激怒了张浚，"贪图多得军队"，两人心知肚明，他张浚横插一腿暗箭伤人拆岳飞的台，不就是在贪图驻守淮西的左护军吗，岳飞在当面骂他。

怒火中岳飞出了都督府，前思后想，知道如果没有赵构的支持，张浚绝不敢这么明目张胆地夺权。由此可知，左护军没了，总领天下兵马北伐更加化为泡影。一时间心灰意懒，他再也没有心思做什么了。岳飞写了奏章，辞去一切官职，不等皇帝批准，就脱去鞋袜，光脚徒步走向了庐山，去为老母守孝。

岳飞撂挑子，张浚喜出望外，他正写弹劾岳飞的奏章呢，这真是给他送材料来了——"岳飞积虑，专在并兵，奏牍求去，意在要君。"

定了罪名之后，张浚火速派人去鄂州，收编岳家军。你不是辞职了吗？正好，俺要当天下兵马大元帅，不仅是左护军，还有你的岳家军。

好运当头，喜事成双，张浚决定一口吞下两个胖子，同时接收行营左、后护军。他派兵部侍郎、枢密院都承旨兼都督府参议张宗元去鄂州，收编岳家军。

张宗元，曾在张浚任川陕宣抚使，主持富平之战期间担任张浚的幕僚，是资深型亲信。

派兵部尚书、都督府参议官吕祉去淮西收编刘家军。

这两位老兄看职务都是兵部的人，另一个共同点更鲜明，都在都督府上班，他们去收编，套用一句官方用语，叫作"如张浚亲临"。

两边同时进行，先说事态发展迅速的岳飞的鄂州方面。岳飞是直接去的庐山，没有回鄂州驻地，军队方面都交给了张宪。

这实在是个机会，在岳飞的地盘上压服岳飞是幻想，可趁岳飞不在，压服岳飞的部将应该难度不大。张宗元带着政府批文，快马加鞭赶去收编。

到了之后……很安静，啥也没有发生。没有抵抗，没有哗变，没有半点不满的言论，有的只是整个后护军，甚至鄂州全境有序的律动。

张宗元像个观光客一样，没有人理他。他去找张宪，很遗憾张宪病了。这一推托就把张宗元难倒了。

事实上整个南宋都被难倒了。

近10年来，岳飞攻无不克、战无不胜、爱兵如子、自律极严。这些加在一起，让整个后护军成了铁板一块，任谁来了都油盐不进。

张浚还想再折腾，想法子一定要让这块地盘改姓张，好在赵构此时及时清醒，把"第一人"踹到了一边。从全局出发，淮西主帅撤职，鄂州主帅辞职，两边都乱的话，就不是主动进攻报仇的事了，小心长江防线崩了！

赵构仔细思量，决定和岳飞进行一番笔聊。

岳飞写了一份辞职信，赵构把信封起来，寄回去，示意拒绝。

岳飞愤郁难消，继续写信，申明要为母亲守完余孝，无心处理公务。赵构好言相劝，及时通报军情，说国家缺不了你，军队缺不了你，爱卿，你快回来。

岳飞仍然拒绝，既然提到了军队，他重申自己的夙愿，要成为中兴汉地的军人。有这个前提，他才有动力。赵构深受感动，从劝说升级到赞美，再升级到许诺，说张浚在等他，将重新商议军国大事。爱卿，请回来吧。

这一次的信尾，赵构写道——"……今再封还来奏，勿复有请。"我再一次封还你的来信，啥也别说了，快点照办吧！

岳飞仍然没有动静。

赵构终于坐不住了。

岳飞想干什么，他想……谋反？或者叛逃？不用这样严重，只要他继续消极怠工，长江防线就岌岌可危。

岳飞没有意识到他的负气之举，让赵构的心理波动大到了何等地步，很快宋廷下达了一道特殊的命令。令岳飞的重要幕僚李若虚、岳家军主将之一王贵上庐山劝岳飞下山。如果岳飞仍然不奉诏，李、王两人军法处置。

岳飞的倔强让人震惊，到这一步，他仍然选择了拒绝。李、王两人在山上劝了他近六天，他始终不为所动。最后李若虚火了。

李若虚是北宋名臣李若水的哥哥，有谁能忘了若水先生吗，那位死难者，那位殉道者！他和他的弟弟是同一类人，任何时候都把国家的利益、民族的得失放在首位。岳飞的愤怒他理解，岳飞的固执他了解，可再这样下去会影响国防。

他忍不住说，再僵持下去，于公，会耽误国事，朝廷会怀疑你的用意；于私，我和王贵会受刑，哪一点是你所愿意的？你本是河北一农夫，现在成了国家的将帅，难道要和朝廷分庭抗礼吗？

岳飞在震惊中惊醒，北伐是他的心愿，更是国家大事，中间不知要经历多少波折才能成功，怎能因为一点小事就自我放逐、自暴自弃呢？实在是意气用事了。想到这里，他决定下山，并且写奏章向赵构请罪。

赵构的回信非常耐人寻味。

他说，我没有生你的气，若是生气，必定有措施。太祖陛下当年说过，"犯吾法者，唯有剑耳"！现在我仍然让你统领军队，恢复故土，这足以证明我的诚意。

这是抚慰，还是警告，是推心置腹无话不说，还是杀人前的最后通牒？种种猜测，因人而异，而当时的岳飞没有想太多。他重新投入北伐的积极准备中去了。

这时是宋绍兴七年（1137 年）的七八月间，岳飞的问题看似解决了，帝国的军务调整终于告一段落，可包括岳飞在内，没人能够料到，稍后会发生什么！

相比鄂州的平静，淮西方面自始至终很沸腾。先是张浚精心挑选了一个既忠心又能干的人去当接收大员——吕祉。

吕大参议是临安府的风云人物。他仪表堂堂、慷慨激昂，在各种场合宣扬过理想。他说，如果给他一支军队，比如张俊、刘光世那种规模的，他可以横扫江北，生擒刘豫。

嗯，他和岳飞是一个级别的。

公众关注他，张浚欣赏他，于是他成了刘光世的继任者。从这里我们可以得出一个结论，宣传是多么重要。只需要不断地宣传，哪怕什么也没有做过，没有打过任何一仗，也能当上全国五大军区之一的总司令官！

吕祉还在路上，淮西方面就闹翻天了。张浚的都督府从一开始就下令，吕祉是政治、军事一把手，他之下是王德。

郦琼立即火了，凭什么啊？！这么多年以来，俺比王夜叉差在哪儿，突然间分出了上下级，这不公平。他联名十多个将官一起向枢密院告状，同时列举出王德多年来犯的错误，公开声明，无论如何不能忍受这样一个既无能还有罪的上司。

王德当然不服，你小子这是赤裸裸的忌妒，说我犯过错，你说说咱们左护军里谁的屁股是干净的？！他以牙还牙，也向枢密院上告，要求严惩既不听话又不干净的下属。

互相告状，按常理郦琼输定了，王德是已经确定的二把手，这么闹首先就是不服从上级领导，连皇帝的决定都敢抵抗。

可结果出人意料，居然是王德被调进临安城，隶属于都督府，随行的还有他的8000名亲兵。这是怎么搞的？郦琼居然告赢了？

王德和张浚都有苦说不出，尤其是"第一人"阁下张都督。

张浚本想一口吞下岳飞、刘光世两支军队，成为南宋名副其实的第一权臣，可是岳飞那边轻描淡写就让他绝望，刘光世这边鸭子本来已经煮熟了，却突然间飞到了别人的盘子里。

坏他事的人让他大吃一惊，他怎么也想不到会是这个人——一直对他又乖又顺、"柔佞易制"的秦桧，在关键时刻捅了他一刀。

秦桧说，兵权为国家之本，国家兵权只能归于枢密院，这是祖制。都督府是新生事物，不宜掌权过多。这话光明正大，张浚一个字也反驳不出来。

为什么张浚想不到这一点呢？拼死拼活赤膊上阵什么脸都不要，突然间给别人做了嫁衣裳。

枢密院姓什么，姓赵！他姓什么，姓张。姓岳的吞并军队是威胁，那么他一个姓张的搞吞并，就天经地义了？！

不知人，更不知己，可笑。

至此，他只能借坡下驴，借郦琼上告的机会，把王德和他的8000名士兵弄到手里。这就是他一阵大折腾，不惜与岳飞决裂所得到的好处。

后遗症怎么样，还在进行中。

吕祉到淮西，郦琼集合一大片将官列队欢迎，没啥欢迎词，劈头就问朝廷对王德的事到底怎样处理，那厮一连十几年不间断地犯罪，怎么也得处罚一下吧。

吕祉是地道的秀才，一下子遇到这么多的资深兵痞，按说会慌神，可是常年想着扫平中原，事到临头倒也有几分镇静。

他以张浚的名义要求兵痞们一切向前看，以前种种就都忘了吧，反正王德也不和你们同班了。说完，新任淮西军区总司令官阁下转身进帐，从此再也没有出来。

如果有谁想见他，他"正在吃饭""正在休息""还在休息""又在吃饭"……或者正寄情于丝竹，得鱼忘筌，神游物外，有音乐飘于帐外为证。

时间久了，淮西军上下起了疑心。这帮人是干吗的？学名叫官兵，小名叫匪徒，观察敌情是最基础的本能，反常者即是妖，这个吕祉肯定有事！

郦琼发动人马，在临安与淮西之间布下了一张天罗地网，很快，他截获了一封信。

信是吕祉写给临安都督府的，看内容已经很难确定是两地之间的第几封了，上面清楚地写着淮西军已经不可救药，吕祉只是在想方设法地拖时间，建议朝廷迅速行动，派专人"往分其兵"。

郦琼等人像掉进了冰窖，全身都凉了。

这是比收编更狠的招数。

收编是保持完整的编制，原队伍将官士兵不变，只是换个大领导而已。这在军队里是最重要的一环，毕竟上了战场是要互相依托性命的，多少年混在一起的老弟兄才管用，才能一如既往地干些喜欢干的事。

可"往分其兵"就不同了，这是把建制打散，兵将都分到其他部队，等于是之前的番号不见了，所有一切都作废。

这等于要郦琼等人的命！

郦琼等人震惊、怀疑，派人去临安打探消息，结果半路上就回来了。分兵的人已经走在路上，张俊、杨沂中、刘锜三人分割淮西，很快就要过江了。

绝望了……这三个人是临安方面能拿出来的最强军人了，哪一个到了都不是郦琼等人能对抗的。还用怀疑吗，事情是真的，吕祉这个阴险腌臜的贼，要不是他故作镇静表演过头了，整个淮西军连怎么死的都不知道！

郦琼等人多年官匪一家亲，事到临头从来没有服从领导这一说，什么是领导，只是带头做事第一个分赃的人而已，比如从前的刘光世。

这时他们带人冲进吕祉的大帐里，一顿指责咒骂嘲讽，之后全军开拔，向江边运动。吕祉蒙了，他知道什么是哗变，可亲身实践是另一回事，一直走到快出淮南西路了，他才惊醒过来这是要去哪儿。

过长江、投伪齐，这是在叛变！

勇气回归到他心里，吕祉斥责郦琼激励全军，要大家分清楚什么是英雄什么是叛贼，去投奔刘豫，是做叛贼手下的叛贼，会千载骂名，后悔莫及……郦琼一刀就砍了他。

原南宋行营左护军4万多士兵，挟裹6万多家眷、百姓投靠伪齐，史称"淮西之变"。事发时是宋绍兴七年（1137年）的八月八日。

消息传进临安，南宋举国震惊。五大军区之一突然间全空了，竟然全军叛变，这是宋朝前所未有的事，哪怕遍查中国历史，也找不出几回。

赵构急火攻心，懊悔莫及，这是他的家底，是他安身立命的东西，他容易吗，当年慌手慌脚逃到江南，被女真人万里追杀，几乎葬身大海，都是因为没有兵。这些年节衣缩食住小房，忍辱负重装孙子才攒出几支军队，居然一下子丢了五分之一。

考虑到是投敌叛变，里外叠加，损失是翻倍计算的，这无论如何没法接受。

赵构用最快的速度派人传令岳飞，要他给郦琼写信。只要肯回头，一切就当没有发生过，回国之后升官、奖金，要什么给什么。

算他有自知之明，岳飞这时的面子是谁都要给的。郦琼在叛逃的路上不仅看了信，还写了一封回信。信里他把南宋君臣上下均匀地鄙视了一遍，说他和刘豫情投意合，非常有缘，岳哥，你就别拦着了，还是给兄弟点祝福吧。

岳飞恨不得亲手砍了他，淮西兵变不仅仅是南宋丢了4万多人的军队那么简单，五大军区之一空了，全盘形势瞬间改变，南宋再没有进攻的资本，岳飞想北伐，只能再等机会。而机会……要等到哪一年呢？

岳飞苦闷，本是一件天大的好事，为什么会败坏到这一步？！这个疑问让南宋举国沸腾，每个人都怒不可遏，答案是清晰的，所有的错都集中在一个人的身上——张浚！

这个不知死活的人，被猪油蒙了心，本是最简单不过的事了，之前为了拿下左护军，是皇帝亲自出面，再以最强将军亲身莅临，去压服那帮兵痞。可张浚居然派去了一个几年如一日不断重复理想的书生……两者对比，傻子也知道会出事！

张浚白痴到了何等程度，真是个谜！

南宋基层人民的评价就不去说了，引用一段当时御史台长官的弹劾词吧，个人认为真是说得既到位又淋漓尽致，解恨：

> ……浚轻而无谋，愚而自用。德不足以服人，而唯恃其权；诚不足以用众，而专任其数。若喜而怒，若怒而喜，虽本无疑贰者，皆使有疑贰之心。予而复夺，夺而复予，虽本无怨望者，皆使有怨望之意。无事则张威恃势，使上下有睽隔之情；有急则甘言美辞，使将士有轻侮之志。

以上，是张浚的写真集。

关于张浚的处分决定很快就下来了。赵构亲自下令，解除张浚一切职务，降为散官，流放岭南。从力度上来讲，这是仅次于杀头的重罚了。

心比天高的"第一人"阁下，万丈高楼一脚踏空，掉到了泥坑里。并且他在赵构的心里深深地烙上了一个印迹。

——永不复用！

富平之战、淮西兵变，这两件事哪件都是足以决定国家命运的悲剧，居然连续发生在同一个人的身上，这除了说明这个人本身太浑蛋之外，用这个人的领导们是怎么回事？

赵构恨不得用脑袋撞墙，为啥自己就发了昏，看不清这个绝世蠢货呢？！恨归恨，临行前赵构还是把张浚单独召进皇宫，最后咨询了一下行政问题。

"张浚，你看谁来接替你的位置好呢？"

赵构真的成熟了，他能忍住怒火，理智地做每一件事。张浚虽然好坏人不分，但只要有能力，他就能认出来。

张浚不说话。

赵构继续问："秦桧如何？"

张浚差点气哭了，这个阴柔诡诈背后捅刀的东西！他悲愤地说："之前不了解，现在共事了一段，才知道这人真是太黑了（近与共事，始知其暗）。"

……赵构若有所思，点了点头："那就选赵鼎吧，他还算有经验。"张浚同意。赵构给了他最后一个任务，由他执笔，去都堂写赵鼎的拜相制。

当天深夜，张浚在都堂端坐，一笔一画地写着关于赵鼎的赞美诗。拜相制嘛，一定要花团锦簇歌功颂德，要不是帝国最有才有德的人，怎么能当上帝国首相呢？这样写着，张浚的心像刀割着一样疼。他明白，这是赵构给他的惩罚之一。

你不是要官吗，就由你亲手写别人上位的诏书，以最近的距离看别人得到你失去的！

赵鼎回归，第一件事是郑重要求从宽处理张浚，理论依据是要找出淮西兵变的真正责任人。

赵鼎说，淮西兵变的根本性错误在于军方，是军队骄横过分的表现。从朝廷典章上来看，无论君上做出什么样的决定，军队都必须百分之百无条件地遵从，这是根本大法，没错吧？

赵构，泪流满面，严重认可。

赵鼎说，淮西兵为了个人待遇、职务调动之类的小事就造反了，这是朝廷的错，还是他们的错？

赵构，泪流满身，是他们的错！

赵鼎，对泣，所以这股歪风邪气绝对不能助长，毛病都是惯出来的，这时全国的军队都看着朝廷，朝廷绝不能示弱，不然以后都会蹬鼻子上脸。

赵构无语哽咽，朕的爱卿！

所以，目前不能严惩张浚……赵鼎如是说。

这样啊，赵构不由得点头，首相真是有水平，说得好！这事儿就这么定了，张浚不必去岭南了，改成"责授左朝奉大夫、秘书少监、分司南京"，贬至永州居住。

至此淮西之变的处理决定结束。

总结一下，是张浚因为对军队的控制不力导致国家损失五分之一的兵力，但为了能继续有效地控制军队，所以基本上不处罚他……也就是说，不管文人怎样，都得由武将们去埋单！

这叫什么事！

当天，赵构、赵鼎聊得非常对味。赵构趁热进一步关怀了一下赵鼎的工作，他授予赵鼎组阁的专断权。也就是说，新的一届宰执人选名单由赵鼎单独决定。

面对这份信任，赵鼎没有得意忘形，他只强调了一个工作伙伴，这个伙伴是必须保留的，其余的人还是由皇帝做主。

这个人就是——秦桧。

还是秦桧，仍然还是秦桧。这还有什么好说的呢，骗了张浚，继续骗赵鼎，而且是一直在赵构的眼皮子底下骗，在赵构等早就知道他本性不良的情况下没完没了地欺骗成功。这说明了什么？

是这些人太好骗，还是骗子太高明？

秦桧在乱世宦海中随波浮沉始终不倒，距离权力之巅只有一步之遥了。可身在其位，却知道百尺竿头想再进一步有多难。

尺水之阔，天堑之远。

不知什么时候命运会垂青他。

第二章　沉默的铠甲

回到政治上，朱熹学有所成，自然不甘寂寞，南宋前其任宰辅者多

入朝，可都时间不长就出于这样的或者那样的原因重回山野，

次回山，朱熹清楚地知道，这是个悲剧轮回，

沃不回了，朱熹增加他的名望，

忒不同了，跟他同样心性坚定，

是他能左右的，幸亏同样地知道，

越得是个疯子，他自己也行过以瘾，这时不得不，

信正常，他一点点地把韩侂胄面前的这个名字告诉别人，

以他及时跳了出来，简直是从根本上否定了主人，

什么人韩侂胄西面前的只有一条线，想反抗，

管是笔。想反驳。好。信出了，想反抗，更广，

或救急。他天生就是道学家们的克星，

急什么。一场恼羞成怒自在内心演变，

逼过大袖，伤效本意的内心，对自己形象，

吃不是戏，能是真实的生活，对社会，

的确什么都看不见。对一切都摆于长此以往，

是这个天下的主人？

金国政坛大地震，规模之大堪称改天换地。

昔日的女真第一人完颜宗翰终于倒了。自从他两年前贪小便宜吃大亏，用军权换政权，来到金熙宗身边生活之后，处处受制于人。在南宋淮西兵变前夕，他甚至连自己的亲信死党都保不住了。一大批心腹被绑上法场杀头，金熙宗偏偏体贴他，允许他去法场送行。

他是去呢还是不去呢？不去不义，去了……情何以堪！堂堂的大殿下，当年在完颜阿骨打的手下都说一不二的人物，居然在法场上亲眼看着自己的亲信被杀头，却无可奈何！

几个月之后，完颜宗翰活生生地被气死了。

金国政坛大洗牌，上位的是完颜昌和完颜宗弼。这两人的对外政策截然相反，昌说对南宋要和，弼说一定要打到底。

两人对伪齐刘豫的看法倒是一致的。等国内政局稍微稳定之后，这一年的十月，也就是淮西兵变之后的两个多月后，完颜昌和金兀术两人同时出现在开封城外。这两人带着大批精兵，声称是去攻打南宋，路过开封，顺便进城休息。

刘豫照例派儿子刘麟出迎，自己在皇宫列队站班等候，却不料金军一拥而入，把伪齐从上到下所有人都抓了起来。

刘豫蒙了。他不懂这又是怎么了，他尽心尽职地当着走狗，从来没有疏忽懈怠过，为啥突然要被废黜了呢？

他不服，他纠结，他不理解！

完颜昌是个非常独特的女真人，思维方式与众不同，面对过期走狗的抱怨，他也解释了一下。原文非常精彩，抄录如下：

> 刘蜀王，刘蜀王，尔犹自不知罪过。独不见赵氏少主出京日，万姓燃顶炼臂，香烟如云雾，号泣之声闻十余里。今废了尔后，京城内无一人为尔烦恼。做人犹

自不知罪过。朝廷还尔奴婢、骨肉，各与尔父子钱物一库，然好。

话说到这份儿上，多么无耻的人都该脸红了。刘豫终于闭嘴，走上了一条作废走狗的标准归路。他全家被女真人北迁，北到比宋徽宗父子更偏的地方——临潢，今内蒙古巴林左旗附近。不久，刘豫病死。

这个人不予评论，因无耻而兴，由愚昧覆灭，一条不知起倒的走狗而已，不值得浪费笔墨。说他覆灭之后的事情。

南宋方面反应迅速，尤其是军方，岳、韩两大军区搞了很多小动作，派人过江联络各方势力，尽一切可能趁局势动荡，招降伪齐军队，引渡伪齐百姓。

淮北一带，大量百姓渡江归附了南宋。军队方面更惊喜，小的不去说了，伪齐重镇蔡州发生了兵变，2 万名伪齐军杀了金国守将，过江投降岳飞。

形势大好，岳、韩等将领派出更多的线人向更远的河南等地渗透，为下一步的进攻做准备。以上这些看着很有效，很有成绩，可和他们的皇帝比起来，就差太远了。

真正的上位者高瞻远瞩，站在杭州的梅山上，能看清楚草原深处的变化。赵构从一件小事上敏锐地发现了机遇，进而迅速做出了试探。

开封城里最近流行一个小段子，由女真人原创，散发到全城——"不用尔签军，不要尔免行钱，不要尔五厘钱，为尔敲杀貌事人，请尔旧主人来此坐，教尔懑快活。"

旧主人是谁？姓赵！

赵构派人去金国，带去了一句话：河南的土地，上国如果不想要的话，尤其是不想给刘豫，那么为什么不还给我呢？

乍一看，这句话问得太天真了，当年女真人也是千里跋涉、刀头见血才抢到的土地，凭什么白白还给你？不给走狗就给你，这个逻辑说不通吧？

却不料收获是无比震撼的，金国的回答是，很好，同意。我方还给你河南的土地、你父亲的棺材、你还活着的生母，条件是你得臣服。

做出这个决定的人是完颜昌。

前面说过这个人的思维是与众不同的，在当时在后世，几乎没人能理解他为什么在金国举世无敌，尤其是对南宋一直处于进攻状态的情况下，主动做出如此让步，来求得和平。要知道之前赵构求和时，金国的条件是只给广东、福建，长江以南绝大部分都得交出来。两者对照，这是多大的反差。这么搞，他非常像一个金奸，是宋朝派去卧底的。

此事重大，赵构与全体朝臣共商，更要看中兴大将们的意向。为此，他宣召张俊、韩世忠、岳飞。

张俊第一个跑来见皇帝，见面之后大表忠心——"臣当与岳飞、杨沂中大合军势，期于破敌，以报国家。"

却不料拍到了马蹄子上，赵构大怒，老子当初让你上战场，你不上，现在想和平，你居然张牙舞爪来劲了！纯粹是主动找抽。

赵九弟拎着张俊一顿冷嘲热讽，终于让张俊明白了眼前的行情。张俊及时表态，一切行动听指挥，保证指哪儿打哪儿。

韩世忠的态度和他亲兵的装束很一致。宋武宁安化节度使、京东淮东路宣抚处置使、少保韩世忠的亲兵进临安城时以铜面具遮脸，铁甲全身，沉默不语。

赵构问及他对议和的态度，韩世忠只有一句话：不可和，愿决战时把最重要的地段交给我。

赵构点头叹息，韩世忠忠勇过人，质朴出于天性啊。这样的人在当初南渡建国时就久经了考验，这时虽然不那么驯服，也随他去吧。

当年平叛救驾之功犹在眼前，旧恩不可忘。

于是，韩世忠带人去休息。

过了半个多月，岳飞终于姗姗来迟。赵构、岳飞终于再一次面对面了。时隔不过小半年，可物是人非，两人之间再没有当时的默契。

是什么隔阂了他们？张浚吗？秦桧吗？郦琼吗？或者……赵构本人吗？这些在每个人的心里都有一笔账，具体到岳飞，他认为自己没有错，为国为民，始终如一，错的怎么会是他？反而是皇帝和宰相，朝秦暮楚，游移不定！

而在赵构，既为天子，拥有天下。所有的事都是我的私事，所有的人、物都是我之私有，我想怎样就怎样，臣子只有无条件服从才是本分，怎么可以怀疑我、反对我、忤逆我，动辄以辞职威胁我？！

错的是岳飞。

有这样的基调，两人的交流可想而知。赵构平静地询问自己手下最强将军关于议和的意见，岳飞斟词酌句地回答——"夷狄不可信，和好不可恃，相臣谋国不臧，恐贻后世讥议。"

之后，两人陷入了长时间的沉默。

平心而论，岳飞的回答是经典且准确的，准确到百分之百地与历史结果相契合，就像上次他预言淮西兵变时一样。可悲的是，效果也如出一辙。

当天岳飞离开了皇宫，在他身后是两道冰冷仇视的目光。一道来自赵构，另一道来自右相秦桧。随着议和的突然发生，迅速提速，秦桧迎来了他的春天。

踩住秦桧梦想之翼的人有两个，一个是帝国首相赵鼎，一个是万人之上的皇帝赵构。这是眼下南宋最有权势的两人了，要怎样扳倒他们？

秦桧信奉一个原则——社会是由人组成的，而是人就有弱点。控制了一个人的弱点，就等于控制了这个人；控制了所有人的弱点，就控制了所有人，进而控制了整个社会。

有人要说，大仁则无惧，大智则无缺，总会有没弱点可抓的时候……真的没有吗，呵呵，好，那就"莫须有"吧。

赵鼎的亲信刘大中就是一个不错的切入点，实在不必费心去抓刘大中的什么弱点，此人的毛病官场皆知，他不孝顺父亲。这简直让秦桧无语，一点技术含量都没有嘛。找个御史弹劾他。就这么简单，刘大中被贬往外地，去当处州（今浙江丽水）知州。

之后，临安城里谣言四起，都是关于首相赵鼎的。说御史们开会，决定只弹劾刘大中，不动赵鼎。当然这不是说赵首相很完美，无可弹劾，而是给首相大人一个面子。

自己辞职会好看些。

接着，说"赵丞相乞去矣"，说"赵丞相搬上船矣"。看进程的话，赵鼎已经坐船出了临安，走在去外地就任的路上。

这些谣言传进了皇宫。

当确信赵构知道之后，秦桧才开始向赵构主动说话。他首先强调，自己坚决拥护议和，而现在大臣们首鼠两端，左右观望，当此千载一时之良机，再犹豫下去就会错过。为了议和大事，他请求皇帝把任务只交给他一个人，不允许任何大臣干预。

这是在冒险，赌的就是赵构这时的心理。眼看着议和的曙光照来，好日子在向他招手，而他已经家破人亡、提心吊胆、颠沛流离了很多年，这时偏偏手下人或赤裸裸地反对，或阳奉阴违有私心，赵构会怎么想，他最盼望的是什么？

秦桧赌他一定需要帮手，一个不惜发动国内战争去议和的人。

历史证明秦桧的眼光非常准，下一瞬间赵构果然做出了决定——"朕独委卿。"他真的把议和权只交给了秦桧一个人。

秦桧却立即反对了。他说，您的信任让我感动且惶恐，可这么快就做出决定是不成熟的。现在我请您静下心来，仔细思考三天。如果三天后您还是这样决定，那时我们才可以开始实行。

赵构同意了。

读史每到此处，都要为秦桧叫好。抛开善恶忠奸，单以才华论，此时的秦桧是天才。他牢牢地抓住了赵构的心理，一个没有安全感、不惜一切代价去讲和的人，怕的是什么，就是上当受骗，就是丧失他一直追逐而不可得的安全感。

前面我曾经试着归纳赵构、秦桧之间长达17年之久错综复杂、难分主仆的关系，作个比喻——婚姻。此时就是两人的初恋。

秦桧像个小伙子去追逐女孩儿，一边主动诚恳地示好，一边用实际行动让女孩儿相信，他做的一切都是为了她好。

半点都不勉强她。

有过恋爱经历的人，我是说，有过失败经历的人，都会知道这有多重要。有很多的女孩儿不是不喜欢你，不认可你，而是被你吓跑了，对，就是你急巴巴地表白，或者爆炸了一样的热情，把她们吓跑了。这时，秦桧恰到好处的火候控制，怎能不让赵构倾心且放心呢？

三天后，两人再见面，赵构重申他的决定没变，一切只交给秦桧一个人去处理。可秦桧却再次拒绝，他说，您的心真的静下来了吗？真的确信自己要什么了吗？此事重大，为了事后永不后悔，请您再思考三天，然后再做决定。

赵构同意。

两人分开，各不相扰，三天之后再见面，赵构议和的心更加坚定，他重申对秦桧的支持，议和之心决不动摇。

秦桧还是摇头，古人云事不过三，两次不足以定大事，请陛下再静思三天。

至此赵构对秦桧完全改观，如果说这时的赵九弟是一个经过风浪阅尽世情的贵妇熟女，觉得世间所有男人都无法迷惑她的话，那么秦桧已经成功地绕过了这一雷区，在她的心里深深地种下了一粒信任的种子。

九天的时间让秦桧获得了皇帝的绝对信任。同一时间，首相赵鼎已经坠入深渊。准确地说，是他自己主动地跳了进去。

赵鼎在后世评价里有名相一说，所谓"名相"，必然负才学尚气节，是个倜傥不群的君子。在权力与风度之间一定放弃前者，选择风度。

面对漫天飞舞愈演愈烈的谣言，赵鼎以及他的幕僚们都觉得保持尊严的唯一办法就是辞职。于是，他辞职了，时间上与秦桧的得宠配合得天衣无缝，正好是赵构答应秦桧独相的时刻。

秦、赵两人求名者得名，求利者得利，堪称各得其所。

不久后，金国的使者回来了，这次应南宋皇帝的要求，带来了议和的具体条款。

赵构升正殿，拜于张通古脚下，奉表称臣，受金国诏书，从此成为女真人的臣子。

这比当初的刘豫还不如。刘豫只是金国的"子皇帝"，最起码还是皇帝，赵构却只是金国的臣子，在身份上一卑到底。

官场总动员，从岳飞、韩世忠到中下层官员都反对此事，连临安禁军三衙长官、殿前司公事杨沂中，侍卫马军司公事解潜，侍卫步军司公事韩世良（韩世忠兄）一起去找首相秦桧，以及首相的大爪牙御史中丞勾龙如渊。

他们威胁说，一旦皇帝以臣礼受诏书，天下军民不服，因此而闹事的话，他们三衙军没有把握平息暴乱。

并且提出一个问题——"……盖缘有大底三个在外，他日问某等云：尔等为宿卫之臣，如何却使官家行此礼数？"

三个，是指在外的三大将。从字里行间可以看出，这三位禁军大统领其实是怯懦的，是非常合格的赵构式臣子。他们提出的这两条与其说是为难秦桧，还不如说是提前给自己安排后路。潜在的危险我都告诉你了，出了事不要怪我啊。

秦桧不屑一顾，打发走人了事。

说到底军方给他的压力这时很小，因为到这时为止，还没有军人敢于跳出来对赵构怒吼——你爸受罪是罪有应得，你哥受罪是咎由自取，而为了你妈一个人的自由就让整个民族当孙子，更是你自己脑子进水。老子不服，反了！

只要还没有人这么说这么干，秦桧就不怕，完全可以无视军方的任何意见。

可文臣集团的怒火是他所无法承受的。

有宋一代，从赵匡胤开国时就一直作的文臣们，代代相传，耿直敢言，这是经历了靖康之祸后也没法改变的传统。

反对的言论从四面八方涌来，距离远的上书，在临安城里的直接找秦桧面谈，整个官场除了极少数的几个聚在秦桧身边的无耻之徒如勾龙如渊之外，全都是秦桧的敌人。

最先站出来的是礼部长官。

金国以臣奴之礼压江南，正是礼部的职权范围。礼部侍郎兼侍讲张九成先去见了赵构，很平和地提出反对意见，转身去找秦桧时，立即变得冷若寒霜。秦桧很机敏，眼见形势不对，立马抢先开口。他说，这个当官做人嘛，应该能屈能伸，才能对国家有益处。

张九成要告诫他道义，他要教张九成怎么"做人"……张九成更加清楚了眼前这东西的底蕴是什么，干脆也别说事情的对错了，来点本真的。

张九成说——"未有枉己而能正人。"没听说过对自己放纵，变成奸邪的，能去教别人怎样。你都是个坏蛋了，还想对我说三道四，你配吗？

秦桧顿时恼羞成怒，这是史无前例的侮辱！这是自从宋朝立国以来首相都没有经历过的奇耻大辱。

很好，他找到了借口，赵构也找到了理由，走正常程序罢免了礼部侍郎大人。

接任的礼部侍郎名叫曾开，上任之后还没有去办公室，直接就来找秦桧了。秦桧察言观色，再一次抢先开口。这一次，他面带微笑，语气舒缓，说："主上把宰执的位子留给了你。"

曾开的脸板得跟个茶盘似的："你说说，这次宋金议和是什么样的体制。"

体制，这是问两国之后的名分问题。

秦桧想了想，没有必要瞒，也瞒不住。他举了个例子——"就像高丽对我朝一样。"

曾开顿时就怒了，这是当面骗人。高丽对宋朝一向称臣，可两者不接壤，宋朝想控制也没有办法，这能和金国、南宋的关系一样吗？稍加一句，曾开之前是在直学士院上班的，学问鼎鼎大名。他当场引经据典驳斥秦首相，从古人的正义正理开始讲起。

第二任礼部侍郎迅速被罢免，第三位上任的名叫尹焞。尹侍郎的来头很大，是北宋圣人程颐的入室弟子。大概是赵构们觉得儒道正宗的程圣人门下一定会尊王守法，与皇帝步调一致吧。事实证明，他错得离谱。程圣人虽然是出了名的不近人情，却从来没有教学生当卖国贼！

尹焞不屑与秦桧说话，他要找的人是皇帝赵构。

尹焞抄录了《礼记·曲礼》中的一句寄给赵构——"《礼》曰：父之仇，弗与共戴天；兄弟之仇，不反兵。"现在金国与陛下有父母之仇、兄弟之仇，你不共戴天了吗，不反兵了吗？反而要议和，这样做你有孝吗，有礼吗？要知道国之大事，无非"礼、孝"二字！

赵构焦头烂额，体无完肤，他能做的只有沉默，然后最快地罢免尹焞。

一个小小的礼部成了秦桧的梦魇，挥不去绕不开，这让秦桧无奈、懊丧之余感到了问题的关键，他的实力有短板。他得形成一个更大的权力集团才成，像目前这样事出突然，在高层只有敌人没有帮手，简直举步维艰。想到就做，他拟了一份名单，有勾龙如渊、施廷臣、莫将、沈该等亲信，提交给赵构，请立即安插进重要部门。

赵构同意了，下令特事特办，立马实施。

文官集团立即识破了秦桧的意图，单打独斗不敢了，想组团群殴吗？开玩笑，想都别想。这一次由兵部侍郎，权兼吏部尚书的张焘带头，合兵部、吏部、刑部、礼部四部之力集体上书反对，秦桧不按干部考核制度升官，建立私人小集团，他居心叵测破坏制度！

如果这些人升官，我们立即辞职。

赵构呆了，他可以很轻松地任免某一部门的长官，可三省六部中的四部集体辞职是他无法承受的，这会让国家大半职能瞬间瘫痪。

这还没完，国家干部基地，馆阁方面也有人站出来发言。胡珵、朱松（这是未来朱圣人他爹）、张扩、凌景夏、常明、范如圭等人联名上书，哪怕前程不要，也要弹劾秦桧。这些人的文字里以范如圭的话最犀利，他单独写了封信给秦桧：

  ……苟非至愚无知，自暴自弃，天夺其魄，心风发狂者，孰肯为此。必且遗臭万世矣！

以上这些事、这些人大家以为怎样，是不是觉得没什么，只是一些文人之间的口舌之争呗，不见血、不砍头的，有啥大不了？骂得再狠，也不见秦桧掉一根头发。

这么想就错了。毫不夸张地说，上面的这些事，对一个国家、一个民族而言是最重要的，没有之一，就是最——重——要。

因为它涉及"气节"。

所谓"气节"，有什么大不了的？

不，这事非常大，堪称最大。它简单地说就是一个民族的性格！

一个民族地大物博又怎样，历史悠久又怎样，物产丰富、男性强壮、女性貌美、儿童聪明等各种优秀品质集于一身又怎样，这一切都相当于一座超级恐怖的火炮阵地。什么都齐全，可还缺发射按钮。

那个小得不起眼的按钮，就是——"气节"。

当危机、考验来临时，得全民族都有勇气面对，都敢于迎战，才会有万炮齐鸣，敌人灰飞烟灭、尸骨成堆。

反之，那些了不得的素质，那些坚固的火炮阵地，就只能是一堆摆设。

这时赵构、秦桧所面对的就是汉族虽然大受欺侮，却没有摧眉折腰的百官气节。这时，汉族仍然从心底里认定自己是发达、文明、富裕、勇武的代名词。女真人也好，从前的契丹人也罢，都只是一时乘虚而入，在汉族一不小心自我堕落时，平白捡了一个大便宜。

事实也是这样，如果没有赵佶无厘头的一系列蠢事，怎么会有靖康之变？甚至没有更无厘头的耶律延禧，辽国又怎么会灭亡，所谓的金国怎么会出现？

面对金国的压迫，这时拥有强烈自尊的汉族族群集体反抗，文臣武将空前地团结起来，要求对外强硬，绝不接受屈辱的议和，让仇敌无偿得到伟大的汉族的服从！

奈何汉族的皇帝、首相不这么想。

赵构、秦桧注意到了气节的巨大作用，两人在正式场合以工作谈话的方式讨论了解决办法。结论是——"……待疆事稍定，当须明政刑，以示劝惩，庶几丕变。"

等议和的事办成了，再秋后算账，以政府的法令惩戒说事。

也只能有这一个解决的办法，因为风俗不是一天两天形成的，改造一个民族的性格，甚至压抑一个民族的性格是一件长时间不间断的工作。

可这时气节的力量正排山倒海一样地向他们压来！文官集团继续行动，这一次站出来的人没有之前那样的好脾气了，看一下监察御史方庭实说的话：

天下者，中国之天下，祖宗之天下，群臣、万姓、三军之天下，非陛下之天下！

　　陛下纵未能率励诸将，克复神州，尚可保守江左，何遽欲屈膝于虏乎？陛下纵忍为此，其如中国何？其如先王之礼乎？其如百姓之心乎？！

　　这是多么强烈、独立的思想，敢于公开正式地对皇帝宣讲，千年以下读之，也不禁拍案而起，向方庭实致敬。试问之后的元、明、清三朝，明朝除外，另两朝有没有这样的言论？有没有这样的反抗精神？那时中华民族的气节在哪里？

　　方庭实的话让赵构震惊，终于有人不买他的账，蔑视他至高无上的皇权了。没有等他做出反应，更强烈的一波动荡开始了。

　　临安城里各大主干道、显要地段，出现了大批的榜贴，上面写着——"秦相公是细作！"百姓的眼光是亮的，秦桧是汉奸。

　　这让秦桧心惊胆战，让赵构更加惊慌，他的回忆是健全的，他没有忘记就在十几年前，就在眼下他所在的土地上，曾经出现过声势空前浩大的起义，来反抗他父亲的苛政。眼下他的作为比他父亲恶劣过万倍，他父亲只是要汉人的钱，他是要汉人的脊梁！

　　怎么办？需要军队介入吗？可是自从淮西兵变以后，他最担心的就是军队。剖析心理的话，他在兵强马壮的现在，仍然不惜卑躬屈膝向女真人求和，有很大一部分原因就是不信任自己的军队。试想，如果他的军队在北伐中不断壮大，会是怎样的局面呢？

　　是金国的末日，还是他赵构的死期？！

　　两难中，赵构等到了议和事件中来自文官集团最强烈的攻击，这一次他和秦桧都承受不住了。

胡铨，字邦衡，庐陵人。非科班出身，以贤良方正被推荐，跻身官场，时任枢密院编修。这是一个没有实权的位置，相当于国防部里的一个科员小干部。

胡铨写了一份奏章，字数不多，共1240字。与当时动辄万言以上的文章相比，实在是很不起眼，但要看他写的是什么。

从金国此次诏谕江南事件起，胡铨把南宋涉及此事的人员从上至下，从赵构、秦桧到使者王伦每一个都尽情揭露批判。他的措辞或许没有方庭实那样干脆透彻，但他的要求却石破天惊，震撼官场。他要求朝廷杀秦桧、王伦，以谢天下！

以国贼之名杀秦桧。

这篇讨伐投降卖国主义的檄文一问世，立即四方传诵。宜兴一位叫吴师古的进士出资刻板印行，让它以最快的速度风行全国。

讨伐秦桧的声浪达到了最高潮。

世人皆曰可杀，初入相府的秦桧顶不住了。宋朝的宰执们有谁享受过这"待遇"？一般来说，几句谣言就会自动辞职，比如像赵鼎那样，那才是爱惜羽毛的君子。舆论到了这程度，无论如何他都得写辞呈。秦桧真的写了，一边递上去一边转头对亲信说，就让皇帝杀了我吧，这样才能平息民怨。

赵构气得额暴青筋，这是怎么了，上书……又有人要当陈东！胡铨是吧，真不知他是怎么混进干部队伍的，好，杀了他！

可秦桧不让，他说这样会让舆论爆炸的，已经有人在说陛下您不孝了，这时再杀言事者，就不孝到太祖皇帝那层上去了。

赵构深吸一口气，我忍！他命令把胡铨远远地发配，尽可能地远，到岭南昭州（今广西平乐）去。立即动身，哪怕他小老婆正怀孕也不得耽误。

秦桧长出了一口气，他爽了，对政治犯就是要从重从严。可是偏偏有人又说不，还是他的亲信手下。说——"只莫睬，半年便冷了。若重行遣，适成孺子之名。"

真知灼见啊，秦桧一下子明白了过来。胡铨不必去那么远的地方，改到广州去管理盐仓。如此这般,文官集团的对抗愈演愈烈,金使也离临安越来越近了。

宋绍兴八年(1138年)十二月二十七日。黎明时分,宋朝首相秦桧率领宰执大臣到使馆,向金使张通古跪拜,之后用皇帝的玉辂载承着金国诏书,向临安皇宫进发。

张通古骑在一匹马上,昂然直入都门,放眼望去,只见大殿前宋朝官员服色鲜明按班列队,穿着绯色、绿色、紫色的朝服,腰间佩着金鱼、银鱼。很好,的确是最高规格。

却不知这些人都是秦桧的亲信假扮的。

能相信吗,国家最高权力核心居然自我造假,骗人骗到了自己的头上!中华自古以来何曾发生过这样的丑闻,翻遍世界各国历史,谁曾经这样拙劣无耻过?

秦桧就敢做出来,而赵构很欣赏。

金国使者骑马直上金殿,向南宋皇帝赵构大声宣读金国诏书。赵构静静地听完,从这一刻起,他和他的国家成了金国的臣属。

三天之后,张通古带着南宋的第一批岁贡50万两白银回国了,陪同的有南宋的各项专责使者。比如奉表报谢使韩肖胄,副使钱愐;迎护梓宫、奉还两宫、交割地界使王伦,副使蓝公佐。这些人负责为宋朝带回来议和所得。

第二年的三月,金国真的把包括开封城在内的河南之地空了出来,允许南宋的官方进驻了。消息传来,赵构欣慰得意,这是他的胜利,是他政治成功的标志。

随即有一件急事逼着赵构必须紧急处理。

他家的祖坟。

赵氏宗族的祖坟在河南,赵构无论如何要派人去探望一下。

探望之前,每个人心里的预感都很不好。以女真人对赵宋皇族活人的态度来看,已经死了的各位很难保持平安和尊严。

果然，触目所及，一片荒凉。北宋八陵在金国、刘豫的轮番"照顾"之后，几乎所有的宫墙、屋墙都倒了，地上地下的建筑被破坏殆尽，其中以宋哲宗的永泰陵遭际最惨，他本人的尸骨现于光天化日之下……唯一的好消息是宋太祖赵匡胤的永昌陵。

这座陵墓是完好的。

据说女真人和刘豫多次想对永昌陵下手，带齐了工具去挖，却偏偏找不到坟在哪儿。这事怪了，平地找不着，那么登山向下望总会定位了吧。是的，站在附近的山上往下看，永昌陵目标明显，可下山之后照样变路痴，说啥也找不着。

这或许是个美好的传说，附带着对赵匡胤的敬意，对赵光义之后所有北宋皇帝的抱怨，毕竟他们或这样或那样，把一个堂堂的大宋帝国搞到如此悲惨的境地。是可恨，亦可悲可悯。至于皇陵的破坏真相，是不会有任何的侥幸可言的。

因为刘豫把坏事做绝了，他派正规军去挖掘北宋皇陵，号称"淘沙队"。这是历史上仅排名在汉末曹操后面的官方挖坟运动。

在这种力度下，还有什么能幸免呢？

探陵使回临安之后，深感难堪，没法向赵构述职。一大堆的官方语言之后，赵构实在忍不住问了一次，皇陵到底怎样了？

回答——"万世不可忘此贼！"

赵构头晕目眩，一下子失去了表达能力。他的孝字号招牌轰然倒塌，现在残酷的事实仿佛在以他货真价实的八辈祖宗的名义逼问他，这事儿怎么算，你到底要孝顺谁？

还有什么理由不开战？！

赵构忍无可忍，可用尽全力仍然忍受了下去。不管怎样，和平至上！于是，宋廷在一片吵嚷之后再次归于沉默。

沉默在宋绍兴九年（1139年）年初被打破。

金国发生政变。金兀术杀了完颜昌，这个好战分子终于受不了什么议和、名分、交换之类的叽叽歪歪。

他是女真人，他要战争，纵观女真开国，什么都是刀枪铁血抢来的，搞什么见鬼的议和，统统是败坏传统的歪理邪说。

于是，他把完颜昌之流全砍了。这是金国历史上第一次皇族大流血，金兀术这时不会想到他开了一个什么样的先河。这种野蛮人只相信手里的屠刀，认定谁的刀快心狠，谁就会繁荣昌盛。历史会证明他是多么浅薄可笑，没知识的人只会让悲剧循环。

女真皇族在之后不断地自我屠杀，直到元气大伤、一蹶不振。

这些都是后话，摆在赵构眼前的是必须进行的又一次选择：是要和平呢，还是要开战呢，或者等待呢？金国内讧，百事待定，这时候对宋朝来说绝对是天赐良机，慢一点的话可以派岳飞、韩世忠等部队开赴河南，占据各处要害地段等待机遇。

快的话……前北宋官员张汇隐居北方，他夜渡黄河赶到临安，建议南宋"王师先渡河，胜负之机，在于渡河之先后尔"。

此时目标不应该只限于河南开封一带了，要北渡黄河，趁机收复河北，进占燕云！

一时间朝野振奋，尤其是军方，岳飞、韩世忠等鹰派人物再也按捺不住，他们纷纷上书要求立即向北方挺进。

韩世忠的态度最强烈。他再次重申，要去战争的最焦点处驻军。

赵构给予韩世忠口头警告处分，定性为"世忠武人，不识大体"。责令他端正态度，认真反思，以免下次再犯。至于对金国近期变化的应对嘛，他们变他们的，中华的传统是以不变应万变。

以和平之心，等待金国的友善，哪怕对方曾经野蛮、正在返祖，也绝不动摇。相信总会有女真人醒悟的那一天。那时，和平终究会到来。为了实施这个理念，南宋再一次派出使者，去履行议和合同剩下的条款，比如迎接赵构老娘回归。

在北方，完颜宗弼有点哭笑不得。他实在是搞不懂，是赵构的大脑太喜感，还是他本人的铁血本质的浓度不够，居然到了这一时刻，他都杀得本族人血流成河了，赵构仍然在搞什么和平进行时！那好吧，继续扣押南宋使者，看看是南宋的使者多，还是俺金国的牢房多。

到这一步，赵构终于绝望，他知道议和暂时是没搞头了，他将再一次面临金国骑兵的威胁。这时，是宋绍兴十年（1140年）年初。

风起云涌无比动荡的宋绍兴十年之初，岳飞被死死地摁在鄂州，没有半点自由。

岳飞如此，韩世忠也是这样，可以说整个南宋的前沿阵地一片寂静，派出去的将军名叫刘锜，率领的军队是八字军。

刘锜的声望自从富平之战后已经没落，八字军从组建时起就是半官方半民间的边缘军队，始终被南宋官场排斥，平时的待遇连临安府的衙役都不如。这时派这对组合孤军深入远赴河南，真搞不懂宋廷的用意何在。需要注意的是，全部兵力只有2万。

以河南幅员之广袤，区区2万人不过是一小撮胡椒面，撒进那么大的一锅汤里，什么都看不见。

这就是三百余年两宋历史中最辉煌动荡、壮怀激烈、遗憾掺杂、屈辱难当，又光耀后世的战争之年的开始。

第三章 血色顺昌

回到政治上，朱熹学有所成，自然不甘寂寞，可那时间不长就出于这样的或者那样的原因重回山里，依旧同山，那么增加他的名望，这是不忠福谟，只不过那里的气候次不同了，朱熹清楚地知道，这是他施展抱负的一次机会。

赵构是个瘸子，跟谁也不讲道理，左脚那时候负喟一次似乎，普正常，他自己也年过古稀，这时不懈，总四似乎当年处以他及时跳了出来，旗帜鲜明地支持赵汝愚，打几都投什人的东西，不点名地把韩侂胄敲定为祸乱朝野的小人，里，不点名地把韩侂胄直从根本上定了这入人，想反驳：好，你就是奸邪，想反抗，也没必去杆叫你什么"想反驳"，你也只是道子玄们的造什么，他轻松自在地想得一演，一个你在设计性理之传，你们松地坐在宫廷内部上演，一场闹剧坐在宫廷内部上演，仿佛朱熹的样子中讲设性理之传，大相，对国朝大政，对皇帝的大人殿，对皇帝的信任，朱熹分，就在他的眼里，世间充满了错误，恶都像是这个形态，是送下了天下的千。

宋绍兴十年（1140年）五月，金军兵分四路南下。

都元帅完颜宗弼率主力自黎阳（今河南浚县）攻开封。

既猛烈又出人意料，实事求是地说，别说后方的文官们，就连前线的岳飞、韩世忠、张俊等人都没有预判到这一点。寒带的游牧民族总是在深秋或者严冬时节发动攻势，这时马上就是夏季了，打仗之前先要挑战是否会中暑。

金兀术来得突然，宋朝的官儿们应对得果断。洛阳方面的西京留守李利用弃城逃跑，南京留守路允迪投降，开封的东京留守孟庚投降，所有人没一个抵抗的……对此，赵构很失落地叹了口气，说：

"夷狄之人，不知信义，无足怪者。"

这是对金国败盟的评价，定性为不懂事没礼貌。

"士大夫不能守节，至于投拜，风俗如此，极为可忧。"

这是对各位留守大人的评价，士大夫临难不守节，真是太让人失望了，连基本的君臣协定都不遵守，真是让人担忧。

下面就没有了，他严苛地批评别人投降，绕过自己的投降，把之前做出的一系列失策都忽略掉。什么？这很无耻吗？不，这是非常高明的战略。

在外敌侵犯时，保持领袖的光辉形象是非常有必要的！

战场分成了东、西、中路三部分。中路战场形势最险峻，面临金军都元帅完颜宗弼10余万重兵临境，要由岳飞、张俊两大将合力迎战。

这有困难，两大将的防区宽阔，越是兵多将广地大，集结起来就越有难度。完颜宗弼不按常理出牌，搞得南宋这边也人仰马翻。

这时，没有人去关注一支2万人的部队已经渡过长江，进入了敌占区。

东京副留守刘锜率领的八字军从临安出发，以900艘船装载，走水路渡长江，向开封进发。当金军铁骑蔓延整个北中国时，他已经进入淮河流域，临近一座叫顺昌的小城。

顺昌，今属安徽。它"襟带长淮，东连三吴，南引荆汝，其水洄曲，其地平舒，梁宋吴楚之冲，齐鲁汴洛之道，淮南内屏，东南枢辖"。泉河、颍河穿境而过，是姜尚、甘茂、甘罗、管仲、鲍叔牙、嵇康的故乡，宋朝有晏殊、欧阳修、苏轼在这里为官。

看着很隆重，可实际情况是城小墙又矮，没军械没人手，当年就是个小县城，经历十多年的兵火洗荡，更加破败不堪。

摆在刘锜面前的选择是：是进还是不进呢？

不进是理智的。

这时，刘锜的兵力在 2 万左右，与金军中路战场上的 10 余万重兵相比，实在悬殊太大，无异于螳臂当车。

奋一时血气之勇，赔光南宋本就不多的一部分军队，尤其是开战之初，就全军覆没，这对士气是无可挽回的打击。

难道刘锜敢说他必胜吗？！

五月十八日，刘锜选择进驻顺昌，就在此地阻击金军。七天之后，金军逼近到离顺昌 30 里远的白涡口。

领军的是刘锜的老朋友韩常，对，就是在富平之战中被射瞎一只眼睛，还能拖着金兀尤冲出重围的那位猛将兄。

没有资料显示这时韩常知道驻扎顺昌城里的是刘锜，他按照常识在攻城前先缓解长途行军的疲劳，打算在白涡口稍作休整。

刘锜在当天夜里派 1000 人突袭金营，大出韩常预料，1 万余人的营盘居然被冲破，金军被迫连夜后撤。初战告捷，金军前锋没见到顺昌城就被击败。

三天之后，金军的后援部队上来了。领军的人物声名显赫，号称"龙虎大王"。

他是谁呢？在宋史、金史里找不出具体的姓名，但是频繁出现，此人是大殿下完颜宗翰同一时代的人，灭辽破宋期间非常活跃。后来据多方考证，此人很可能叫完颜突合速。

龙虎大王非同凡响，比韩常强多了，两者合兵达到3万多。他在大白天率全军向顺昌逼近，终于顺利抵达城下。

3万多精兵攻顺昌，回忆一下，当年破开封时金军不过5万多而已。要说突合速有什么缺陷的话，就是数百里疾驰，他手边没有重型的攻城器械，抵近城墙之后，金军箭如飞蝗，先压制再爬墙，然后很郁闷。他忘了这时是南宋，不是北宋。

破开封时，宋军的所有制式武器，包括神臂弓在内都偷工减料，根本没有性能。而此战场上城下对射，金军输得一塌糊涂，他们后撤，打算撤到宋军射程之外重整旗鼓，事情就在这时突变，搞到没法收拾。龙虎大王和猛将以及3万多金军都没料到，顺昌城里的宋军敢冲出城来，和他们城外肉搏！出城的是步兵，人数在5000名之内。

这个数字是极限。

顺昌之战自始至终宋军出战的士兵从来没有超过5000名。至于为什么，这是秘密……5000对3万，步兵冲击骑兵，怎么看刘锜都是疯了，敌军并没有伤动根本，只是稍微后退而已，这是战机吗？事实让人目瞪口呆，金军的骑兵被阵斩几千人，全军再次败退，一直退到顺昌城20里开外颍水之畔的东李村。

当天夜里大雨如注，电闪雷鸣中刘锜派500名士兵劫营。金兵自相残杀，乱成一团，被迫再次后撤几十里，远远地离开了顺昌。

六月初七，金兀术与前锋部队会合，金军连营设在颍水北岸，"连接下寨，人马蔽野，骆驼牛马纷杂其间，毡车、奚车亦以百数。攻城战具来自陈州，粮食器甲来自蔡河"。远远望去，营盘超过30里。

多么壮观、雄浑、盛大、威武、配备精良的……连珠寨啊！又是30余里，还是连珠寨，金兀术的习惯万年不改。这时，他本人站在心爱的连珠寨里，对龙虎大王等人跳脚大骂。

金兀术传令全军，不必休整，明天就去攻城，当天就要攻破，在顺昌城的知府衙门里吃午饭。还有，重型攻城器械都不用带了，拖沓麻烦，根本用不着。

第二天，金军全军出营，13万重兵铺天盖地、严严实实地把顺昌城裹在中心。突合速等大将分别负责一面，金兀术本人着白袍，骑甲马，率3000名牙兵四面巡视，督战全军。战前他许诺，谁先攻入城内，此城女子、玉帛随他抢掠。

这一天风和日丽，万里无云，好大的一个太阳很早就出工了，视野非常好。金兀术对此很满意，13万金兵同时攻城，真是敌如海潮城似孤岛，只有2万人防守，这要如何支撑？！现实逼迫刘锜从一开始就要全力以赴，不然第一波攻势都挺不下来。可这人偏偏就隐藏了实力，把最精锐的5000名士兵始终留在第二线，说什么都不派上去。

要说一下5000人的秘密了。这绝不是刘锜托大，留着1.5万不用，只用这四分之一，而是只有这些能用。

八字军从临安出发时号称2万，其中夹杂了3000多的禁军，算是补贴，也是一种制约。光是这样也没什么，刘锜将门世家出身，怎样理顺军队内部，对他来说是很容易的。要命的是八字军号称2万，家属却占了一半还多！

历史文献里没有资料显示出顺昌城当天上午的攻防场面，能查到的只有两点。第一，13万金军从四面围攻，至午前顺昌城岿然不动；第二，顺昌城南城墙的某个位置上放着一具甲胄，刘锜不时走过来摸摸它，直到它在六月的太阳下被晒得烫手。

太阳只有一个，汉人、女真人的盔甲都一样，这时城上的这具甲胄热得烫手了，下面战场上金军的盔甲也不会两样！

刘锜下令，5000人出城决战。

出哪个城门是关键。

有人提议出西门，那边的金军主将是韩常，干翻他八字军很有把握。可刘锜摇头，哪怕阵斩韩常，也不过是断金军一指而已。

出南门，杀完颜宗弼。

那一天，完颜宗弼和每一个女真大兵一样，在六月暑天的毒太阳下面热得发昏，在烫人的铠甲里洗桑拿。当顺昌的城门打开，5000名宋军步兵冲向他时，他一点危急的感觉都没有。因为在他身边的是金军骑兵的最精锐部分——铁浮屠。

"浮屠"是佛教词语里的塔。金军铁浮屠骑兵人马都披重甲，三五相连集体冲锋，在当时是势不可当的钢铁洪流。自从女真人起兵以来，在与辽、宋作战战场上一直保持全胜战绩。这时坐拥13万重兵，以铁浮屠重重护卫，金兀术找不到半点危急的理由。

刘锜的步兵们近了。他们手持大刀长斧，看上去倒是干重活儿的样子，可凭这就想击败铁浮屠？金军骑兵手里拿的也不是柳条。可是更近些，女真人才发现宋军步兵的后背上还有东西，很像是一个个长竹筒……这是什么？

两军即将相接，一个个竹筒被打开，扔到地上，这时铁浮屠们才发觉不对，竹筒里装的都是豆子。该死的豆子，据《宋史·刘锜列传》记载，豆子是熟的，金军骑兵的马饿了一个上午，迫不及待地低头去吃，马蹄绊着了竹筒，顿时队形散乱自相践踏，乱成了一团。

我个人觉得这不太现实。想想呀，这样的热天，铠甲都热得烫手了，那么铁甲包裹的战马就好受了吗？它们还能争着抢着去吃豆子？哪儿来的这么好的胃口啊？对了，队形散乱是一定的。

金军骑兵们一片片地倒地，有被竹筒绊的，有被八字军大斧砍的，更多的则是被互相勾连在一起的皮索铁链带倒的。混乱一旦发生就再也没法停止，宋军的步兵迅速破开了铁浮屠阵容，直逼金兀术的身边。

这一刻，强大的女真族的骄傲，血腥的完颜宗弼在干什么，他应该暴怒起来，在震耳欲聋的咆哮声中收起他的刀枪，从马镫里抽出他的靴子。

既然不能用靴子去踹倒顺昌城的城墙，那么就用它把刘锜的步兵解决掉吧！可惜的是，他居然……被宋太宗赵光义附体了。

他居然转身就跑。

没有任何记录显示，金兀术被刘锜的士兵近身了，刀枪武器没能接近他，他甚至没有像赵光义那样被箭射中，就这样，他竟然开始了逃跑。

他身边的士兵比赵光义当年的精锐，他面对的城池比当年的幽州城差了一万倍，他还有13万重兵没怎么消耗，他怎么可以身先士卒地逃跑？！可他就是这么做了，而且一旦开始跑，就再也没有停留，从顺昌一路跑回了开封。

用的速度，和来时差不多……这实在是艰巨的体力支出，他累得"气疾"，且"呕血不止"。这两个词是非常清晰的病历，完颜宗弼先生连累带气，搞得吐血了。可为什么没有重整旗鼓，回头再战呢？既然怒到这个程度，那就回去杀人出气嘛。刘锜的步兵也没法一直跟在他后面，从顺昌一路追杀他进开封城，他随时都能回头的。

他在路上唯一做的，是下马扯下来一大把柳条，把龙虎大王突合速、韩常两人绑在大树上，狠狠地抽了一顿。理由是突合速一直在他耳边唠叨，说这次南侵实在太失败了，根本就不该来……这倒情有可原，这个突合速实在太讨厌了。

可韩常郁闷，关老子何事啊，凭什么俺也要挨抽，还有没有天理了？！

顺昌之战就此结束。金军逃回了河南，龟缩进了开封城。大概有两个理由支持他们这么做。

第一，刘锜的战斗力，女真人坚称这不是宋朝的军队，而是从外国借来的"鬼兵"。

从此，刘锜在女真人的心里留下了一片巨大的阴影，直到几十年后海陵王南侵时，这个后遗症都没能消除。刘锜直到生命的最后一息，都给予了金国巨大的压力。

第二，岳飞已经开始行动了。

鄂州方面的动作是最快的，岳飞迅速集结了兵力，派出两支军队进入了战区范围。牛皋由鄂州进京西路，在六月十三日首战告捷。10天后，岳家军统领官孙显大破金军于陈、蔡州界。

这是巨大的威胁，如果说刘锜给予金军的震撼还在可消化范围内的话，那么岳飞的行动足以震慑他们，放弃主动进攻。

尤其是之后岳飞亲临战阵，发动了宋、金战争以来最强烈的一次进攻。岳飞终于出征了，这一次赵构、秦桧以公文方式命令他这么做。之所以这么支持，不是说这两人突然间记忆力健全了，发觉自己是宋朝人，而是西南方向告急，迫使宋朝全力以赴在中路战场上主动出击，缓解那边的压力。

前面说过，金军兵分三路，其中左监军完颜撒离喝自河中（今山西永济）趋陕西，再一次试图由陕入蜀。这个时机掌握得太好了，就在这之前不久，川陕大将吴玠病故。

吴玠死于宋绍兴九年（1139年）的年尾，错过了宋金战争中最重要的一年。这是本该避免的遗憾，也就是说，吴玠不应该死于这时，他太不珍惜自己了。回顾历史，川陕方面是金国最初的主攻方面，吴玠在富平大败西军崩溃的情况下力挽狂澜，独木支撑过和尚原、饶风关等战役，不仅保住了四川，还夺回了陕西大部分。

这之后，金军对川陕绝望了，很长一段时间选择性地遗忘了这里。四川成了世外桃源，川人幸福的同时，吴玠也沉迷了。他流连于声色，并且爱上了烧汞炼丹。这门学问很高深，没有谁敢说自己精通，因为有成绩的据说都是神仙。

说白了，这是一种化学反应，出来的丹药是硫化汞，或者氧化汞。这是剧毒，谁吃谁升天，吴玠当然也没法例外。

时间聚焦在宋绍兴九年，在这之前吴玠对宋朝的意义比岳飞还要重大。岳飞是一把锐利的长刀，斩金断铁无坚不摧，长途奔袭立威异域。这是最完美的军人形象。可从国家的安全角度上看，吴玠是一面坚固无比并且带有尖刺的盾牌。他扼守住川蜀上游，确保下游整个江南的安全，在稳固的同时，大批杀伤金军的有生力量。这些贡献，对南宋而言是立国之本。

这一切都在绍兴九年时画上了句号，他没能坚持到最壮烈辉煌的篇章的开始。军人是以身许国之人，是手操国家命运的人，他的生命、身体是有特殊意义的，并不单单属于他自己。在这方面，他很遗憾地失职了。

绍兴九年之后，南宋的天空里只闪耀着一颗无比璀璨明亮的星，他就是——岳飞。这样说，会有很多人不服气，会问韩世忠呢，吴璘呢，刘锜呢，这些人难道都不足为道？

是，的确都不足为道。

为什么这么说，一切以事实为准绳，历史会给出最正确的答案。

回到西北方面，完颜撒离喝进军神速，奔袭250余里，几天之内就拿下了长安。这个速度让南宋的川陕方面没法反应过来，实事求是地说，斥候探马的速度都不见得比撒离喝跑得快。

这时川陕的主将不姓吴了，而是原四川安抚制置使胡世将。吴玠死后一个月，临安方面的追悼词、抚恤金以及分割行营右护军的命令就打包送来了。

追赠吴玠为少师，赐钱30万贯，谥武安。行营右护军的军权上交给川陕一把手胡世将，具体军权下分，由三个将领负责，分别是吴璘、名将郭成之子郭浩，以及右护军老行伍杨政。他们就是后来史称的"蜀中三大将"。

如此分派，赵构很欣慰，四川终于姓赵，不姓吴了。

不姓吴的右护军反应迟钝，当撒离喝逼近凤翔时，5万多名右护军分散在陕西各地，临时调整调度的将领们则在上任的途中。胡世将坐镇河池大本营，想召集高层开会，居然找不到人。

吴璘迅速赶到，他到时正赶上参谋们开会，中心议题是——河池大本营还要吗？因为撒离喝进军太快，右护军兵力分散，这时河池非常薄弱，撒离喝一定会以这里为目标，重点突破的……吴璘气得头晕，这帮死秀才都该拉出去砍了。

想当年吴玠把河池设为大本营，就是因为它地理险要总揽全局，越是危难的时候，这里的重要性才越是得以彰显。某次战前吴玠本来不在这里，还特意赶来阅兵，哪怕差点被金军突袭抓获，也毫不在意。河池如此重地，这时居然要主动放弃，这是从何说起？

吴璘以全家百口人的性命保证，一定要守住河池。至于下一步，就实在难说了。右护军兵力如此分散，这时被撒离喝突袭入境，已经谈不到集结决战了，只能是尽力地拖住金军，尽一切可能转移物资人员进四川，保住蜀口一线。

之后，一部分右护军在回山原一带竭尽全力拖住了完颜撒离喝，一连三天，他们顶住了金军骑兵的无数次冲击。其间，他们被强攻，顶住；被绕后偷袭合围，他们冲出了包围圈；逃向渭州，被追击，终于崩溃……

这一战撒离喝赢了，他可以喊叫出"我没赢过吴玠，可我战胜了右护军"之类的话，可是他也被消耗得很惨，被迫退回凤翔休整。

河池订下的计划实现了，一部分右护军的战死，保护了其余人员物资顺利地退回蜀川。大部分的实力保住了，陕西也相当于全境沦陷。

中原大战即将全面爆发，西北却被压制在危险线之下。岳飞就在这种局面下开始了他的第四次北伐。

第四章 踏破贺兰山缺

这时，岳家军的总兵力在 10 万左右，全军分为 12 军，共有 22 名统制、5 名统领、252 名将官。将官中正将、副将、准备将各 84 名。

王贵任中军统制，张宪为前军统制，分别是岳飞的左右手。岳飞不在军中时，他们可以总揽军务。徐庆、牛皋、董先是主战力量，经常独当一面。

岳家军几乎全军出击，在韩世忠、张俊两部还在集结待命时，已经兵分两路，分别从信阳、光州两个方向进入战区。在这时，临安的传旨人才追上了部队。这次的传旨人是三大将各自的幕僚，分管岳家军的是李若虚。

他带来的圣旨激越昂扬，充满了对金国的仇恨，以及求战欲望，甚至对战术本身提出了要求。赵构希望岳飞能在夏季完成攻势，别让女真人等到秋高气爽时。

这真的很提升士气。

不过李若虚私下找到岳飞，说皇上还有另一份口谕……口谕很短，只有九个字——"兵不可轻动，宜且班师。"

这意思非常明确，是告诫岳飞别动辄去前线搞事，找个机会撤回来是正经。并且要体谅一下皇帝，之所以用了口谕，就是要保密。要以你自己的名义撤退，别让本皇帝丢脸！

……岳飞沉默，他怎么办？无论他是多么想收复失地，杀尽仇寇，可骨子里他是无条件服从朝廷任何命令的标准士兵。那么，他是进兵呢，还是后退？

此情此景，是多么错乱，岳飞在为家为国为赵氏征战，赵氏却在自缚手脚，阻止岳飞的努力，并且是用隐晦的见不得光的小伎俩来暗示。

很幽默，又冷又黑色。

李若虚看不下去了，他解脱了岳飞。他说，他是传旨人，这个责任他来担当。你只管按正式圣旨出征，至于别的，你根本不知道。

著名的、功勋卓著的、光耀后世激励中华民族近一千年的岳飞第四次北伐，就是这样才得以出兵的。

闰六月中旬，岳飞全军进入河南。此时顺昌之战刚刚结束，金军全面退却，岳飞趁机迅速进兵，在广阔的河南境内展开了兵力。

自从十九日起，岳家军每一天都在征战中度过，每一天都有军功捷报，每一时刻都产生着后世的传说。第一战在颍昌府（今河南许昌），由岳家军的二号人物前军统制张宪发起。张宪率军赶往颍昌，在距城40余里的地方遭遇了金军。

女真人还是不喜欢在城墙后面作战。他们自诩马背民族，仍然坚信自己在野外百战百胜。什么？说顺昌，那只是一次意外，金兀术转眼就忘了，就像和尚原、仙人关等一系列的败绩一样，都是不存在的！！！他这样，他的部下们也这德行，比如韩常。

韩常挨了一百柳条之后，全身舒畅，兴致高昂，没跟着大队人马回开封，而是留在了颍昌，等待着新的立功机会。结果他等来了张宪。记录显示，这是他第一次与岳飞的部队交锋，以他开三石硬弓、与岳飞同等强度的个人武勇、每战必为先锋的胆气，他不可能畏惧什么，更不会避战！

两军在旷野中激战，首战岳家军胜，张宪要的不只是击溃、击败哪支金国军队，他还要颍昌府，那是金国用来拱卫开封的三大重镇之一，无论如何要拿下它。为了达到这一目的，他这时率领的部队已经达到了整个岳家军的三分之一。

面对如此军力，韩常必败。他的确勇力非凡，也只是逃过了被阵斩的命运。当天，他带着残兵败将往回跑，刚进颍昌城内，张宪衔尾疾追，已经脚前脚后地杀到城外。岳家军连夜攻城，第二天（闰六月二十日）攻克颍昌。一日一夜克坚城败名将，首战大捷。

颍昌既下，下一个目标是陈州，它是三重镇中的第二座。

陈州的位置与颍昌东西平行，韩常兵败之后也逃向了那里。为了必胜，岳飞派牛皋、徐庆向张宪靠拢，兵力达到全军的一半。陈州之战是颍昌的加强版，张宪一路前行，连续接战，共击溃三拨金军。当他抵达陈州城下时，已经把陈州金军的有生力量全部耗尽。

闰六月二十四日，张宪攻克陈州。此时距开战仅四天，金国用来拱卫开封的三大重镇已失其二。

一天之后，岳家军另一位主将中军统制王贵发起了攻击。王贵的行动比张宪更快，张宪在颍昌血战时，他已经静悄悄地越过了这一战区，向北挺进至郑州，在开封城的西面突然发起冲击。

驻扎在郑州的是金军的万夫长漫独化。此人仓促之间带着5000名骑兵出城迎战，在郑州南郊与王贵部将杨成等遭遇。

以无备抵有心，兵力也不占优势，漫独化的悲剧就此铸成。他败得比韩常更惨，郑州近在咫尺都没机会逃回去，只顾着一路狂跑，等发觉后面没追兵了，他已经逃到了中牟县。这时，金军精疲力竭惊魂不定，说什么也跑不动了。

漫独化决定休息，这时他仍然保持了足够的理智，没进县城，而是在野外扎寨。他不求别的，只希望能睡个好觉就成了。

可惜呀，他低估了岳飞部下的战斗决心。在王贵的心里，占领郑州并不是重大的任务，他要的是清剿这一片区域内的所有金军。不这样，他不能更进一步，去收复洛阳！

北宋四京中的西京河南府——名城洛阳。那里有无数的华夏印迹，是记录着悠久文化的历史名城，收复它无论是在战略意义上还是在民心士气上，都有重大意义。

金国郑州守军是在二十九日的夜晚全军覆灭的，王贵派兵深夜劫寨，金军根本没有防备，之前哪个女真人会想到宋朝的军队能这样赶尽杀绝呢？事后战场上唯一的悬念是万夫长大人找不到了，死尸堆里没有他，之后的历史事件里也再没出现过，漫独化被杀得没有了。

王贵的军队向洛阳进发。

时间稍微回拨四天，也就是攻克郑州的二十五日，那一天最重要的战事并不是郑州之战，而是发生在颍昌城北的七里店。

看时间，那时正是张宪、牛皋、徐庆合兵攻克陈州的次日。大战之余，相距百里，张宪部不可能及时回军颍昌，而来的敌人是金军的都元帅完颜宗弼阁下。

四太子又出战了，他很忙很累很冲动。还没有消化被刘锜追杀的屈辱，没有来得及施展遗忘大法重新恢复天下至尊、第一战神的尊严呢，就又被韩常打扰了。

韩常先丢了颍昌，再丢掉陈州，实在没地方可去，一狠心直接跑回开封城去见金兀术，求安慰求庇护求救兵。可迎面飞来的，是一条货真价实的皮鞭。

金兀术气疯了，这才几天，居然让宋军威胁到开封城，举世无敌的女真军怎么了，很显然就是多了很多废物将领，比如这个韩常！他从来没有带来过好消息……想到这里，金兀术再次举起了鞭子，对，不是上次的柳条了，把韩常又一次狠狠地抽了一顿。

这次的鞭疗没能像从前那样让韩常精神抖擞、意气风发。他愤怒了：凭什么啊！就算真是一条狗，也有抓不着兔子的时候！我已经尽力了，有种你过去试试啊！！据说韩常从这时起心里开始向往宋朝，并且有了些悄悄的举动。

可这时他必须紧跟着四殿下的怒火前进。金兀术从开封城出发，恨不得第一时间杀到颍昌去，为了抢速度，他只带了6000名精骑，像旋风一样刮了过去。他是这样快，以至于来不及发现已经有宋军从颍昌出发到达郑州，快要摸到他的老巢了。

颍昌城这时驻守的是岳家军的踏白军统制董先、游奕军统制姚政。这两支军队在岳飞所部十二军中战力偏低，"游奕"是巡回的意思，"踏白"指武装侦察，都不是主战力量。这时也只是用他们来守城，保护张宪的侧后。可就是这样两支军队，得知金军临境之后，做出的反应是出城迎战。

宋绍兴十年（1140年）闰六月二十五日，颍昌城北七里店，岳家军的侦察巡逻兵对阵女真战神完颜宗弼、万人敌韩常、邪也字堇所率领的6000名精骑。"女真不满万，满万不可敌。"如此威名，这样的阵容，激战一个时辰之后，四太子殿下居然落荒而逃。

不知道他的鞭子哪儿去了，会不会狠狠地抽自己一顿。

二十九日深夜，金军郑州守军全军覆灭。王贵部没有停留，连夜向洛阳进发。七月初一，他们在距洛阳60里处下寨休整。

再强也是人，不可能无视疲劳。可洛阳的金军非常狡猾，没给岳家军这个机会，几乎同一时间杀了过来。领军的人是岳飞的老对手李成。这个汉奸哥历经刘豫、金国的连续奴役，早就死心塌地为异族人卖命了。这时，他决心露一手，让新主子知道当年最强游寇的风采实力。

李成趁王贵百里奔袭强弩之末时挑战，迎来的却是他军事生涯里最丑陋的失败。王贵部放弃了休整，冲出营寨与他野战。李成怎么也没想到自己会败得一塌糊涂，仅能勉强逃回洛阳城。随后，他紧闭城门，把所有希望都交给了城墙，说什么也不出战了。

综观以上战事，可以很轻易地看到一个现象。岳飞第四次北伐时，战斗力远远凌驾于金军之上，以往金兀术、李成都能与岳飞临阵对决，哪怕失败，岳飞也要付出些代价。可这时岳飞的部下们已足以摧枯拉朽式地解决他们。

明显不在一个档次上了。

反观其他战区，比如陕西完颜撒离喝对阵胡世将，江淮区域内张俊、韩世忠出境作战，战绩却与从前没什么不同。

这说明了什么，很明显撒离喝、韩世忠、张俊甚至金兀术、李成、韩常的战斗力并没有下降，而是岳飞一枝独秀，在多年的征战中不断提高，他的军队已经举世无敌，远远地甩开了当年与他处在同一区间的这些人。

岳飞，已经威慑天下。

回到战场，洛阳被王贵部围困，名城高墙名不虚传，王贵全力以赴也用了 11 天才攻破了它。七月十二日，北宋西京光复了。

这个胜利意义非凡，抛开政治、心理等影响，单从军事上看，也具有决定性意义。它是一次大踏步的飞跃，没有按部就班地从颖昌开始一步步地强攻进去，而是瞬间脱离，一下子突入金军的腹地，从而内外同时打开。这时从地图上可以看出，岳家军对开封形成了三面包围。

西南颖昌，南面陈州，西北方郑州、洛阳，唯独正北面空虚，给金军留下了后路。

如果金兀术也这样看，那么他就死定了。他不会想到岳飞在战场上有怎样的魄力，鹰怎么会像推土机那样强攻硬打拼蛮力呢？岳飞的触角早就伸过了黄河北岸！

还是在七月一日那一天，刚刚说过，那是王贵部与李成野战，围攻洛阳的时候。就在同时，有一支岳家军扮成平民模样，在当天晚上悄悄地潜伏至京西北路西北角的黄河南岸，于凌晨时分渡过黄河。

靖康之变后北宋沦亡快 15 年了，终于有汉人军队重新抵达黄河北岸。

这支军队由梁兴、董荣率领，他们过河之前是做了大量的先期准备的，这种准备早在五六年前就已经着手，名字叫"联结河朔"。河朔是岳飞的故乡，也是这时金国在中原势力的腹地，这里民风强悍崇尚武勇，如果能利用起来，让金国内外受敌，对北伐的胜利会有决定性意义。

七月初二，梁兴等人与河朔义军会合。他们先是扫清了黄河北岸的金国守军，之后立即向第一个目标——绛州的垣曲县前进。

不要小看了这座县城，在这片区域里，集结着至少 1.5 万名金兵，首领的名字很经典，叫——"高太尉"。

这不是玩笑，也不是疏忽。在当年的战报里，有很多像高太尉、翟将军之类的人名。这些人在战争里与岳家军对垒，或死或逃，没法知道确切的姓名。这是客观原因造成的，只能这样。

同时也不能小瞧忠义民兵的实力，他们的前身是动辄聚众十万百万的宗泽时期的民兵，这十多年来能在金军的打压下保持生存，素质可想而知。他们到了垣曲县，里边的金军非常警觉，居然来得及关闭城门，可下一刻事情就乱了，外边的义军在爬城墙，城里的居民帮忙开了城门！

垣曲县金军死光光，城外的高太尉带人杀了过来。他先是带了5000人，梁兴等出战，从辰时（上午7—9时）杀到午时（11—13时），高太尉落荒而逃，梁兴追出去10多里，抓了80多个活的回来。高太尉愤怒，第二次带了1万多人来报仇，这次从未时（13—15时）杀到酉时（17—19时），1万人剩下十分之二三，继续逃。

之后，高太尉失踪了。

忠义民兵在黄河北岸迅速壮大，四处出击，牢牢地站稳了脚跟。直到岳飞北伐结束，金军仍然拿他们没有办法。

这时从全局来看，岳飞连续大踏步跳跃，像现代化战争中的空投战术一样，在敌占区内多点、纵深开战，使金军内外一起混乱。局势空前大好，只要维持住眼下的状态，配合岳家军远超金军的战场实力，金军必将迅速全面溃败，甚至退路在黄河北岸就被截断，真的能实现岳飞多年以来的夙愿——"……使虏骑匹马不回耳！"

可就在这时，岳飞的侧后方突然间空了。

与岳飞战区毗邻的是淮南东路，由张俊、王德负责。这两人的资历、实力都是相当高的，不管以往怎样，这次战役取得的成绩非常可观。

自开战以来，他们迅速推进，已经抵达并且占领了亳州、宿州。看地理位置，这两州在陈州的东端，甚至更偏北一点。也就是说，他们居然推进到了比岳家军更北一点的地方。

很意外，是吗？

看表面上的数据的确是这样。可研究一下细节就会知道里面充满了水分，跟海绵似的。淮南东路包括顺昌府，在大战爆发之前，刘锜曾在这里把金兀术击溃，所有金军都撤回开封，以及开封周边，可以说淮南东路境内没有敌人。

张俊、王德指挥大军前进，就像郊游一样，根本不是什么占领收复了亳、宿两州，而是接管。堂堂南宋资历最老的张大将军捡便宜捡到这种程度，应该很满足、很滋润，哪怕不再进取，也要多在战场上待一会儿吧。不，没有任何预兆地，他突然间率军后退，一路退回自己的驻地庐州。

这时是七月八日左右，可怜的岳飞正满怀信心地给赵构写战报，说黄河以北已有州县收复，请诸路军配合他迅速北进。

这时没有任何官方文件能证明张俊的撤军原因，一来没有金军的攻击；二来他本人也没有向赵构请示，完全是他的私人行为。

联想到之前传旨人带的口谕，会明白张俊是多么体贴领导，光荣属于皇帝，丑陋留给自己，他真是称职合格的好干部。不过有一点，他怎么偏偏选在了这个关键时刻撤呢，早点，或者再晚点不行吗？

早一点的话，岳飞的攻势没有全部展开，那时随时可以从战场上脱身。而这时，兵力全都铺开了，说走能走得了吗？

再晚一点，岳飞的攻势会转化成战绩，金兀术会因为损失而退缩，那时战局明朗，岳飞也会进退自如。可偏偏就是这时，谁说张俊没有军事才能，他恰到好处地卡住了岳飞的脖子，岳家军不是强吗，想进，得独抗金军全部；想退，也得留下一部分本钱。

岳飞对张俊的退兵毫无知觉，他一点都不知道当大家齐头并进时，突然间同伴们会不约而同地向后退了一步，把他晾在了最前线。

他的部队向北面的纵深处不断铺开，离他越来越远。他身边的军队很少，连最精锐的亲兵背嵬军都派给了张宪。可以说，这是他最虚弱的时候，而他的大本营位置却暴露了。

岳飞这时驻扎在颍昌府东南端的郾城县内。一般来说，他的正北方有张宪、王贵两支部队遮挡，足够安全了，侧翼则有张俊、王德，再向东还有韩世忠，无论如何谈不到个人安危。可这一次金兀术的动作神速，他比岳飞先一步知道了张俊退兵的消息，更准确掌握了岳飞本人的所在地。

那还等什么，突如其来的好运！金兀术用最快的速度集结了1.5万名骑兵，从小路绕过岳飞的先头部队，直奔郾城。

岳飞是整个岳家军的灵魂，只要杀掉他，局势立即扭转。计算精确，执行得也非常完美，1.5万名铁骑昼夜赶路，距离郾城还有20里时才被发现。这么点距离，让岳飞仓促之间怎么应对？！

退吗？不说能不能在金军骑兵的追逐下逃脱，只要岳飞退了，对全军士气的打击就是灾难性的。岳飞激昂奋锐，多年来战无不胜，光凭他的名字就能让黄河对岸的义军们走上战场。如果他本人面对金军的挑战却避开的话，这是可以想象的吗？

岳飞选择迎战。他派出了为数不多的背嵬军亲兵，连同游奕军骑兵一起迎向郾城北20里开外的金军。战斗从下午申时起爆发，在人数上占绝对劣势的岳家军面对的不只是满万、过万的女真人，那里面还包括了金军的两大主力——拐子马、铁浮屠。

拐子马是轻骑兵，临阵时从两翼出击，左右穿插，出没于敌方侧翼或纵深，由于速度快变化多，往往出奇制胜。

铁浮屠是重装骑兵，从战马至骑士全都笼罩在厚重的铁甲里，这是五代以来从来没有过的战械，按说它笨重迟钝，极大地限制了骑兵的机动性。但是反方向思考一下，如果它的敌人都是步兵呢，那么就算是负重的战马也仍然有速度优势吧。

而在这种优势下，再把如此重装的骑兵每三匹用粗索连在一起，进退一致，那么它们的冲击力是怎样的，对步兵而言它们的威胁达到了什么程度？它们是噩梦，是钢铁洪流，它们冲来时居高临下，骑士们不必动用刀枪，只是战马的重铠都能轻易地把步兵撞倒、踩踏、踟碎。

　　这两种骑兵的配置优劣互补，形成了一个从力量到速度、从冲击到重压各方面都完美的攻击体系。它们临阵时女真人从来没有败过。

　　这一天——在七月闷热炽烈的午后阳光里，迎着金军这支钢铁洪流冲上去的宋军步兵们举着大斧、提刀，还有长柄尖刃的麻扎刀。对金军而言，这样的装备没有什么出奇的，敢于直面迎战也不是开天辟地只此一次，他们见过的敌人多了，迎战的、逃跑的片刻之后都不过是血肉一团的尸体，没有什么区别。可片刻之后两军相接，他们突然措手不及了。

　　宋军步兵们伏低了身体，冲向了铁浮屠身下大片的阴影地带。那样子很像是直接省略了碰撞倒地等环节，直接往马蹄上凑。这是在搞什么，嫌死得不够快吗？！可下一瞬间，铁浮屠成片地倒了下去，那些最先接触地面的铁浮屠一定会恍然大悟，知道刚刚发生了什么。

　　他们和岳家军的士兵们零距离接触，血肉、铁甲、钢刀叠压在一起，死得密不可分。唯一的区别是他们死时带着无法克制的惊恐，而岳飞的士兵们一定是凶狠和骄傲的！

　　岳飞的步兵们用自杀式的攻击抓住了铁浮屠唯一的破绽。这些铁铠包裹的怪物的确坚不可摧，为了坚固，他们完全放弃了机动性，宁可串联在一起冲锋……问题就出在冲锋这一点上。哪怕他们的铁铠严密到连人和马的眼罩都具备的程度，他们也不可能让马腿穿铁靴子吧！

　　这是唯一的破绽，摩天大楼建在沙滩上，倒是一定会倒的，可这个破绽又偏偏是不成立的。试问要怎样接近那些赤裸裸的、原生态的马蹄子？

除了压低了身子靠过去，别无他法。铁浮屠倒下一片，而砍马脚的士兵们一样无法幸免……岳家军是用性命去交换前几排铁浮屠的倒塌。而倒塌一旦形成，就会迅速波及成片。无解的重装骑兵就这样失败，他们只是一个个立体裁剪的铁罐子，超重的铁铠让他们爬起来都费劲，迎面而来的是一把把长柄大斧，他们也一样会被人居高临下地砍死！

铁浮屠受挫，战斗在继续。金兀术这次精心准备而来，是要擒杀岳飞本人，这一点若达到，哪怕死光了这支金军都无所谓。为此，他下令金军使用最经典也最强大的那一招——连续不断地冲锋。

之前撒离喝三天击溃川陕右护军，用的就是这一招。金军的骑兵们会没完没了地冲击，一阵不成再接一阵，直到敌方崩溃。从某种意义上讲，这比铁浮屠更无解。它没有半点的技术含量，就是比拼体力，看谁更野蛮更强悍。

金军的一个将领就曾经自豪地说，马军如果不能冲击十来个回合，算什么好男儿？

七月八日这一天，金军连续冲击了数十回合，结果却发现自己的队伍乱成了一团。一个宋军骑兵冲进了金军的阵容，铁浮屠也好，拐子马也好，没有什么能阻挡他，他纵横战阵反复冲杀，根本没想着冲出重围，而是往人堆的深处扎了进去，像是在寻找着什么。

绍兴十年，北伐中宋朝战士最英勇的一幕出现。杨再兴单骑陷阵，欲在万军丛中搜寻到金兀术。金军不是想乘虚擒杀岳飞吗，此时杨再兴牙眼相还地在做着同样的事，只要他能阵斩金兀术，自然就会化解掉这次危机。

千年以来，很多人怀疑这件事的真实性。他们不相信有人会有这样的勇气，单骑陷阵，不啻自寻死路！那么请回忆当年在陕西与李元昊激战的延州之役，大将郭遵为了掩护全军撤退，也曾单独断后，战至枪折鞭断乱箭穿身而亡。

宋朝的战士从来不缺乏勇气！

这一天杨再兴在金军的人堆里横行无忌，他在向全部女真人挑战，满万的女真人、配置最高的女真人、军衔最高的女真人……可敢决一死战？！

金兀术没敢，这个金国军衔最高的都元帅阁下在战场上又一次失踪了，没人知道当时他做了些什么，或者躲在了哪里。直到1.5万名金军精锐被击溃追杀，杨再兴全身鲜血淋漓，身受数十处创伤，手杀数百金军归队，他仍然成功地隐匿在某个神秘的角落里，没被发现。

郾城第一战就此结束，金兀术仓促间集结的第一支精锐部队失败了，可这没有什么实际意义。第一，岳飞不可能后撤；第二，张俊不可能重回战区；第三，金国的军队远比岳家军的编制要多出无数倍。

这意味着郾城会就此成为战争的中心点。

这点谁都知道，连远在江南临安的赵构、秦桧也心知肚明。他们做出的反应堪称迅速及时，给岳飞发来了……一封嘉奖信：

　　自羯胡入寇，今十五年。我师临阵何啻百万，曾未闻远以孤军，当兹巨孽，抗犬羊并集之众，于平原旷野之中……盖卿忠义贯于神明，威惠孚于士卒……陷阵摧坚，计不反顾，鏖斗屡合，丑类败奔……载想忠勤，弥深嘉叹。降关子钱二十万贯，犒赏战士。故兹奖谕，想宜知悉。

这么感叹，这么感动，看来他们真是体贴前线战士们的疾苦，并且了解所有的困境难题。那么是不是能在20万贯铜钱之外，给点援军或者政策呢？毕竟岳飞正在你们的关怀安排下，打破15年来的纪录，孤军在旷野中决战！

没有，啥也没有。岳飞仍然孤零零地挺在前线，等待着一定会迅速到来的第二次攻击。

还是郾城，两天之后，郾城北五里店的方向，大约 1000 名金军杀了过来。

只有 1000 名敌军，与上次相比力度差了太多，十五分之一而已。可岳飞的应对却是全军皆起，自己亲赴战场。他的亲兵一下子拉住了他的战马，说相公为国家重臣，安危所系，奈何轻敌。

岳飞一鞭子抽在亲兵的手上，只回答了四个字："非尔所知。"

经过第一次郾城决战，岳飞身边的将士可谓非伤即疲。他已经发现了张俊、王德的撤军，也做出了相应的一些应对，可远水不解近渴，他仍然只能依靠本部的这点人马渡过难关。形势危急，逼得他只有亲临战场，才能鼓舞士气，保持不败。

城北五里店，岳飞敏锐地发现了金军的主将。那是个很威风的女真人，在战甲外边罩着一件紫袍，在一片铁甲丛中显得那么耀眼。很好，这人有当英雄的倾向，那么成全他，毕竟在 1000 个人里找个奇装异服的，比蹲在 1.5 万个人里装忍者的金兀术要显眼多了。

岳家军一拥而上，追星族一样围住了这个紫袍帅哥，散开后这人碎了。等全军追出去 20 多里解决战斗回来，才在他身上、马上搜出两块红漆牌子，上面写着"阿李朵孛堇"。

真的是一位大人物，相当于宋军的太尉头衔。那么问题出现，既然人物大到这种程度，为什么只带了 1000 人来送死，该不会是他觉得自己比四太子殿下强大十五倍以上吧？

三天之后真相显露，金兀术派这种官衔的人来送死，只是为了牢牢地把岳飞拴在郾城，一切只为了拖延，等着他集结的庞大军队到位。

几天之内，他集结了 12 万大军！

七月十三日，这支庞大的军队悄悄地绕过颍昌方面的岳家军主力，向郾城逼近。

那一天暴雨如注，到了下午时分，他们突然遭遇了 300 名巡逻的岳家军。

地点是临颍县境内的小商桥附近。

天气阴霾，瓢泼大雨，杨再兴望着远方出现的不见边际的金军，知道了自己的命运。身边只有 300 人，面前金军 12 万……如此悬殊，是战是退？

当然是战。

持这种观念的人大多看过《说岳全传》。在书中，小商河一役杨再兴如天神奋威无可阻挡。他主动挑战，单人独骑杀入敌阵，连斩金军大将，逼退金兀术之后，想抄近路越过被泥沙覆盖的小商河，不慎马陷淤泥，被乱箭射死。

如此殉国，英勇壮烈。

可这些不是真实的，无论谁，再有绝世勇力也不会视万人、10 万人于无物。何况杨再兴在近六天的时间里历经两次生死大战，身上伤口几十处。

杨再兴是不得不战斗，并且必须战斗到最后一息。金军一露面时，他就已经确认了自己的命运。这是无可奈何的，就像前两次的郾城之战一样，为了岳飞，为了北伐，哪怕岳飞本人都得亲自临阵，不胜利毋宁死！

杨再兴就是这样率领 300 人的军队冲向了金国 12 万大军。

这一天，杨再兴在旷野中扑向了 400 倍于己的敌人，除了战创遍布的身体之外，他一无所有。他全部的奢望只是尽量地拖住敌人，给身后的岳飞多争取哪怕一点点的时间。

因为至少有两个方向的援军正向郾城方向火速增援。

小商河激战开始，大雨中满地泥泞，沟壑遍布，杨再兴冲进了金军阵内。必死的决心让他比五天前的全盛状态更加勇猛，金军的伤亡骤然增加，这让 12 万人同时愤怒了。

被这样一小撮人挑衅，是男人就会受不了，何况这段时间以来金国的男人们一直憋屈着。愤怒中他们做出了一个非常罕见的决定。

万夫长、千夫长出战。

这是非常少见的。据统计，自从宋、金开战以来，吴玠也好，韩世忠也好，甚至连同岳飞在内，都很少或者没有阵斩、擒获金军万夫长的记录，可这时这种官衔的金军将领扎堆地向杨再兴涌了过来。杨再兴求之不得，这简直是上天的恩赐，实话实说，这些万夫长躲在 12 万之众的人堆里，他无论如何也找不出来。

他试过，1.5 万人里都挑不出来金兀术！

杨再兴的时刻到来了，战场上金军箭如飞蝗，他每中一箭都会折断箭杆，任由箭头留在身体里，继续战斗。这一点让后世的某些人想不通，他在干什么？

为了攒箭头破纪录吗？

不，是为了战斗。箭杆会不停地摇晃，扩大伤口不断流血，直到他丧失体力。而全拔出来效果一样，两相对比，唯有折断箭杆留下箭头才是最佳方法，这样他才能尽可能长时间地战斗！

在这种情况下，他迎战金军的高级将官，于激战中斩杀金军万夫长撒八字菫，千夫长、百夫长、五十夫长以下百余人，杀 2000 余名金军。

最后，他终于力尽殉国了。他死时很可能是陷在了淤泥里，或者是某条注满了水的沟渠困住了他。他死于乱箭。但是他绝对不会怨恨这场大雨，相反，他会非常庆幸。这场雨严重地限制了金军骑兵的机动性，帮着他牢牢地拴住了敌人，在他死后，金军也没法连夜推进。

岳飞在这个夜晚是安全的。

杨再兴死了，他本应是全军的箭矢，用来摧锋破坚攻城略地，在北伐中大放异彩。可是死前所起的作用居然是一面保卫主帅的盾牌。他的死是注定的，除非他能杀光 12 万金军中的每一个女真人！

这是他的荣耀，还是他的悲凉？

杨再兴战死后，12万金军怔在这场大雨里。战斗的时间很长吗？不，最多只有两小时；死伤的人数太多吗？也不是，除了万夫长、千夫长之外，只是2000多人的数字而已；那么是雨太大吗？更不是。在遇到杨再兴之前，金军就在冒雨赶路了。这时杀岳飞的心仍旧不熄，可12万之巨的庞大军团再没有向前移动。

金兀术是一个思维健全的人，他的脑子稍微运转一下就会得出下面这个结论——杨再兴只是路上的偶遇，已经这样难缠，那么守在岳飞身边的人呢？

这让他不寒而栗，前思后想，他决定休整，边休息边观望，等这场大雨过去再说。可是来不及了，他再一次低估了宋军的决心。

一夜之后，两个方向同时有宋军迅速杀到。

一支是顺昌刘锜的八字军。

自开战以来，刘锜一直留在战场的前沿，张俊、王德的撤退没影响到他，赵构、秦桧的班师令也没有让他屈从，他始终保持着冷静独立的思维。当岳飞意识到在战场上被孤立之后，发现只有刘锜处在能援助他的位置上。

刘锜没有耽误，他派自己的统制官雷仲率兵北上，去郾城支援岳飞。他们的行动已经足够快速了，可是路途以及这场大雨阻碍了他们，当杨再兴拼死一战时，他们还在路上。

另一支是岳家军前军统制张宪。

张宪驻军在颍昌，郾城在颍昌府的东南端，而小商桥就在两者之间。他距离岳飞的帅帐是最近的，从某种意义上来说，杨再兴以生命为代价所争取的时间就是留给他的！

张宪在暴雨中疯狂赶路，当天夜里赶到了战场，于次日凌晨向金军发起攻击。这是一次血腥的报复，岳家军的精锐部队大部分在张宪的手里，而所谓的精锐就是岳飞的亲兵背嵬军，他们每个人的心情都和杨再兴一样。

12万金军在泥泞的小商河区域被击溃，张宪衔尾疾追，追过小商河，追过临颍县，再追击30余里，才收兵回来。

收拾战场，寻找到杨再兴的尸体，火化后发现里面有铁箭头无数……

这时是七月十四日的上午，宋军在哀悼杨再兴。另一边，刚刚逃脱性命的金兀术突然间心情大好。他发现自己的脑子不仅健全，还会急转弯。

谁说一定要擒杀岳飞才会让利益最大化？

比如现在这样，如果真的是杀了岳飞的话，这些宋军不仅不会崩溃，反而会疯了一样地复仇吧。那时玉石俱焚两败俱伤，金军也没什么好处。

他的脑子拐了个弯之后，突然妙想天成，觉得如果把岳飞比作一座城的话，那么与其攻城，倒不如围城打援；如果援兵太强打不下来的话，围魏救赵更好！

联系实际，就是突袭岳飞的大本营郾城，哪怕不得手，也会造成各路宋军向岳飞靠拢。这时突然杀向之前岳家军所占领的那些城池，各个击破的话，是不是机会大好、成功在望呢？！

这个想法让金兀术暴跳了起来，再也不想耽误哪怕一秒钟。于是，他当天就跑向了他认为最适合击破的那座城市——颍昌府。

根据之前的战报，颍昌驻军是张宪所部，而张宪刚刚还带着全部主力在小商桥和他玩命，这时颍昌必定是空虚的，以12万……不，就算10余万吧，这样的重兵攻城，比如每个金兵围城墙站好，一齐用靴子踹过去，城墙铁定倒。

这么想没错吧？应该没错吧，肯定没错吧？错了！

实在是太悲摧了，金兀术站在颍昌城下，发现自己居然错了。他怎么会错呢，他的脑子是很健全的啊，前面的推理多么正确，多有逻辑，不可能出差错啊！

可他怎么就想不到既然刘锜能派援军、张宪能去救援、他能集结重兵炮打岳飞的司令部，那么为什么战场上其他的岳家军就一定还在原地不动呢？

全局因为张俊、王德的撤军而动荡，岳飞在迅速收缩战线，此前突在最前方的王贵一部在张宪率军救郾城时，已经退回到了颍昌城内。

这时城内有王贵、董先、姚政、胡清、冯赛等知名战将，率领着3万岳家军，并且阵中有赢官人岳云！

风云跌宕的宋绍兴十年，岳飞第四次北伐的焦点集中在了七月十四日的颍昌府。对比之前的各次战役，我们会发现这次战斗的意义凌驾于所有战斗之上。

它是独一无二的。

在张俊、王德撤军前，金军要多方向防守，谈不到重点针对岳家军；张、王撤退之后，事发突然，两次郾城之战、小商河之战、临颍之战，这些战斗不管过程怎样，都是一种结果。岳飞防守，全力以赴保证帅帐安稳。

双方投入的军队数量和战斗的地理位置更决定了这些战斗只是局部的，只是以杀伤对方有生力量为主。颍昌府则截然不同：首先，双方第一次成建制对抗，尽管岳家军一方仍然存在着岳飞不在本阵、精锐背嵬军四处分散等种种不利因素，但毕竟背倚坚城，人数3万。这是开战以来绝无仅有的。其次，是颍昌府的地理位置。它的背后就是宋朝旧都开封城，在两者之间再没有州府级城市，这决定了它既是岳家军收复旧都占据河南的最后一块跳板，也是金国方面保住河南一地的最后防线。

它是双方的天王山，谁也输不起。

至少，金兀术输不起，他豁出去了，带来了能找到的全部兵力。其中步兵数字不详，骑兵最少3万，出战的万夫长6人，他的女婿上将军夏金吾也在阵中，可以说这是河南境内的全部家当。

岳家军一方稍显惨淡。

兵力虽然达到3万，可细化一下实在没法乐观。岳飞所部12军，颍昌府里共有

5军：中军、踏白军、游奕军、选锋军、背嵬军。其中，中军主力远在西京河南府，选锋军主力在其统制官李道的率领下正赶往颍昌，背嵬、游奕两军的主力在张宪的手里，踏白军全军都在，可惜他们是侦察兵。

作为全军精锐的背嵬军只有800骑。

当天辰时，岳家军出城迎战。城防由董先、胡清率领踏白军负责，主将王贵带着中军、游奕军两部主力亲自出战，背嵬军全都交给岳云。

800骑背嵬军冲向10余万金军，这仿佛蚍蜉撼大树，片叶阻长江，双方的差距未免太大了。可就是这样，岳云居然冲破了金军的防线，深入对方的本阵。阵势动荡，女真人以10万余众的军力，居然没法压制他。

这让女真人震惊，一天之前他们还承受过杨再兴的冲击，以那人的勇力也不免葬身乱军，全体覆灭，这个岳云怎么能随心所欲，难道他远远强过了杨再兴不成？！当然不是，这时的岳云没有在决战前的五天里经历两次生死搏杀，没有在大雨中带着几十处战伤巡视防区，他与郾城第一战时的杨再兴相似，都纵横于汪洋一样不见边际的金军大阵中锋芒毕露。更何况他身后带着的部队与杨再兴截然不同。

汉之虎贲，唐之玄甲，宋之背嵬。这是各个时代军队的传奇，当年唐太宗李世民手下的玄甲骑也不过1000人左右，却能定鼎国内立威突厥，铸就天可汗威名。到宋代时，背嵬军以更少的建制面对更加庞大的异族军队，任务是必须取胜。

岳飞派人传令长子——"不胜，先斩汝！"

岳云自辰时出战，过巳时，四个小时内出入敌阵数十回合，杀得人为血人、马为血马，身负战伤百余处，胜负未分，而身后有些乱了。

他的背后是主将王贵。这是岳家军第三号实权人物，为中军统制官。这人的胆略是有的，在北伐中能突破在张宪的前方，远离本部收复遥远的西京洛阳。可他的胆略并不能支撑他没有丝毫游移地坚守自己的信念。这在不久之后造成了灾难性的悲剧，而这时，他想到了后退。

背后是颍昌城，回城防守似乎也是不错的选择……关键时刻，血色的岳云来到他身旁，要求他决战到底，北伐已成孤军之势，尺寸之退必致溃堤之恨！

一语惊醒梦中人，王贵老于战场，立即明白了眼前形势。过了河的卒子怎么可以退，哪怕把颍昌城的岳家军都拼光，对耗掉对面的金军都是值得的。

一切为了开封城，为了北伐攻势的继续。

战局重新胶着，这时不只是岳家军陷于困境，敌方的压力更大。金军以绝对优势的兵力全军参战，一个上午过去，不仅居于下风，连都元帅的女婿上将军夏金吾都在战阵中被岳云斩杀，这是震惊更是愤怒。四太子殿下已经爆炸了，这下子国恨家仇统统有，金兀术没有任何理由再一次退走。那么，就用人命继续去填吧，他不信绞肉机一样的战场会让人多的那一方输！

他想得没错，战局一直混乱，岳云也好，背嵬军也罢，他们能劈开重重阻挡杀进杀出，可实际的杀伤人数却仍然有限，毕竟建制基数太少了，一旦对方重新整合，局面就会和上次一样。这很像球赛里后卫所面对的宿命。

前锋失败多少次都没事，后卫只要败一次，就会丢掉一切。岳云必须时刻保持进攻的态势，他只要有一次陷在敌阵里，那么一切就都无可挽回。可时间挪移，太阳已经接近正午。辰、巳、午，共三个时辰，也就是六个小时，这是怎样的一种坚持。

战场上的转机出现在颍昌城的城墙上，岳家军还有一部分人马负责防守，为首的人是董先。他的名字远不如牛皋、杨再兴、张宪等人响亮，可他在历史里的印迹非常显赫，只提一点，在岳飞第三次北伐出于粮草原因不得不班师时，为全军压阵后撤的人就是董先。

他阻挡追赶的李成，几乎生擒这个当时号称伪齐第一名将的叛徒。这时，踏白军出战，成了压垮金兀术的最后一根稻草，同样激战六个小时，被岳云、王贵耗尽了战斗力的金军再也无法支撑，像潮水一样向北方败逃。岳家军只是象征性地追击了一下，再也没法做出别的反应。

留在颍昌城下的东西足够多了，金军当场阵亡了一个万夫长，千夫长被毙五人。其他的林林总总难以计数，很有可能也没法去数，颍昌城一来离崩溃只差一点点，二来有更重要的事去做，与之相比，战场上的死人一点意义都没有。

七月十四日颍昌之战结束，十六日、十七日、十八日是岳飞转守为攻的日子，一场在传说里若隐若现、在分析里可以证实、在怀疑者眼中纯属虚构的战斗正在进行中。

——朱仙镇大捷。

朱仙镇位于开封西南四十五里处，在这里到底发生了什么，有很多的争议。有人说，在这里岳飞以500名背嵬军大破金军10余万众。这个说法在史书中可以找到根据。

《宋史·岳飞列传》记载：

> ……飞进军朱仙镇，距汴京四十五里，与兀术对垒而阵，遣骁将以背嵬骑五百奋击，大破之，兀术遁还汴京。飞檄陵台令行视诸陵，葺治之。

这是正史。

南宋史家吕中在《中兴大事记》一书中记载：

> ……其战兀术也，于颍昌则以背嵬八百，于朱仙镇则以背嵬五百，皆破其众十余万。虏人所畏服，不敢以名称，至以父呼之。

不信的依据也很有来头。

分别是《建炎以来系年要录》和《三朝北盟会编》。这两部史书号称良史，是历代以来研究宋史的重要依据。这两本书对岳飞的观点是持肯定态度的，但对第四次北伐的记录则混乱不堪、残缺不全，连颍昌之战的记录都缺失了一部分，更不用说朱仙镇如何。

于是，反对的人找到了所谓的依据，借此认定朱仙镇之事子虚乌有。真的是这样吗？其实只要顺延着这条线继续向上搜寻就会知道真相。

以《建炎以来系年要录》为例，它的作者是李心传。李心传于14岁左右时跟随他父亲李舜臣住在临安，李舜臣时任宗正寺主簿，掌握官藏史书，李心传近水楼台，从小浸淫于此中，长大后科考不中，转而写成《建炎以来系年要录》一书。

不求功名者，立书之心颇正。据此看来，这本书应该可信。但是很不巧，他出生时岳飞已经被害27年，他读史时岳飞已蒙冤41载。这段时间里秦桧等奸贼早已毁掉了几乎全部的关于岳飞的资料，逼得岳飞的后代想回顾先人的英雄事迹都无法找到正史的支持。

在这种前提下，他写了什么，遗漏了什么，缺失了什么，不问可知。而岳飞的足迹散布在历史的每一个角落里，没有谁能彻底抹杀，只要想找，它们一直都在。哪怕在敌人的史书里，都有端倪可查。

《金佗粹编》中记载：七月十八日，临颍县东北，张宪"逢金贼马军约五千骑。分遣统制徐庆、李山、寇成、傅选等马军一布向前，入阵与贼战斗，其贼败走，追赶十五余里"。

这一条为近代宋史大家邓广铭先生所采信，但是他忽略了最重要的一个字"逢"。在他的书里，是金军来犯张宪迎敌。

这一字之差，混淆了岳飞第四次北伐攻击的最远端在哪里这一命题。临颍县的东北方正是开封城的方向，如果是"逢"敌于道，那么张宪必然在前进的路上。

而在这次攻击中，张宪派出了四位统制官出战，那么至少是二到四个军的兵力。参照之前的战斗可以很轻易地得出结论，岳家军要搞定5000名金军，根本不会这么大张旗鼓。如此兵力只有一个目的，就是收复故都开封。

这是临颍方向。

另一个迹象在颍昌府。《宋史·牛皋传》中记载——"……金人渝盟，飞命皋出师，战汴、许间，以功最，除捧日、天武四厢都指挥使、成德军承宣使。"

汴、许间，即是开封与颍昌之间。之前的记录中我们知道，颍昌大战中并没有牛皋参与。那么为什么他会因为"以功最"受赏呢？

他在何时战斗于开封、颍昌之间？只能在七月十四日之后，这证实了朱仙镇之战存在的真实性。朱仙镇正是在"汴、许间"。

由此可见，颍昌决战击败金军主力之后，宋军曾兵分两路，从临颍、颍昌两条战线，分别由张宪、牛皋率领，向开封城挺进。在朱仙镇一处与金军交战。

战斗是存在的，规模却不会很大。记录中显示得很清晰，5000人左右的金军。这与之前的第二次郾城之战何其相似，前一次的大败让金军只能派出这一点部队。

种种迹象表明，岳飞不满足于颍昌之战的结果，他要实现自己多年的夙愿，收复开封北渡黄河联结河朔喋血虏廷！

为此他分兵进击，向龟缩在开封城里的金兀术发起攻击。

此时的金军一方，金兀术本人哀叹——"自我起北方以来，未有如今日之挫衄。"他彷徨沮丧不知如何是好，惶惑中想到了向北方逃窜。

部将中，"金统制王镇、统领崔庆，将官李觊、崔虎、华旺等皆率所部降"。

这是多么喜人的局势，是宋、金开战以来15年中从来没有过的。另一方面，黄河以北的义军风起云涌已成燎原之势。

粮草物资方面，父老百姓们自发地牵牛挽羊资助义军，这一点是敌占区里最关键的一点。反金迎宋的行动已经达到了"自燕以南，金号令不行，兀术欲签军以抗飞，河北无一人从者"的程度。

千载一时，万事俱备。

当此时，岳飞壮志将酬，他难得喜形于色，对部下们说——"直抵黄龙府，与诸君痛饮尔！"这是多年以来无数汉人的梦想，这一日终于要实现了。

时间凝聚在这一刻，这时岳飞在庆贺，金兀术正忙着收拾行李准备跑路，开封城虽好，也只能放弃了。就在这时，梦魇出现，那件没法解释却总在发生的荒诞无耻的事再一次出现了。又有汉人跳出来帮他，帮助这个手上沾满了汉人鲜血的金人。

一个汉人书生拦住了金兀术的马，对他说，四太子别走，岳飞很快就会撤军了。

金兀术不解。

书生说，自古从未有内部权臣当政，大将却能在外立功的事。岳飞自保都成问题，还谈什么进攻？

金兀术恍然大悟。

几乎也就在同时，这个书生的话被验证了。

第五章　凭阑处、潇潇雨歇

时政治上，朱熹学有所成，自然个日深觉，南宋前几位君都算得上天下，可那时间不长就出于这样的或者那样的原因退回田野次回山，那会增加他的名望，这还是他频频抛负的条件这次不同山，朱喜清楚地知道，孝宗同样心性不宁，太其那时他子不该再召这是他能左右的，他自己也不过古董，这可不谦，赵眘是个疯子，跟谁也不讲道理，直到赵子，的四位皇帝年一次和水，以他及时踏了出来，籍都帮明地支持晏安会，打出兵新苦以他的东西，简直是从根本上动乱年三十余人，里，不点名地把韩国威定无勾解肖朝野的小人，且曾立对台刚，那党是低来认识，更庆死，作的在韩氏胃昌面前的只有一条说，想反抗，想灭文，孤之气还没急，他天生就是道学家们的克星，急什么，他松松在宫廷内部上演，一个东西儿不好却通戒大地，仿效朱熹的样子计谋道曲，不起它的的不是戏，都是真实的生活，实务行从当上他的之迷儿，的确什么都督暗，对一切都插手，长此以泽到那仲明仗若在台下看着，世间充满门褐冷，悲剧连着门褐，是这个天下的主人，在他的眼里，赵构的圣旨到，令岳飞即日班师。

远隔千里，临安城的反应精确到这种地步。

自从北伐以来，圣旨像天雷一样神出鬼没，每一次都在最关键的时刻降临。比如刘锜在顺昌城胜负未分时，又如岳飞兵力铺开将胜未胜时，再如这时再前进一步岳飞就将收复开封时。

这是怎样做到的呢？难道赵构时刻关注战场，身边快马准备，发现情况立即出发吗？不是，皇帝下命令是要从全局出发为帝国整体利益考虑的，是要走一整套合法程序的，中间很多人很多部门一起配合才行。

这一次令岳飞撤军，由御史罗汝楫发起。罗说，张俊、王德已撤军，刘锜也在撤退之中，岳飞孤军在外，兵微将少，民困国乏，怎能言胜？再深入的话，完全是对国有资产的不负责任。

说得有理。

整个御史台响应，提交宰执审核，上报给皇帝，请示批准。赵构考虑到大多数干部都这样想，觉得这能体现出大多数人的利益，于是批准。

以上意味着什么，这不是一场闹剧，是整个国家上层建筑都在阻止岳飞，是南宋作为一个国家，走了绝对的合法程序之后，阻止自己的军队收复旧京故都！

莫名其妙，奇哉怪也！

可偏偏就是发生了，我想我之前说过的话是不准确的。金兀术的命不是好，不是每到危难时都有汉人帮他，而是随着危难的等级，汉人的帮助力度都会随之升级。比如这一次，整个汉人的最高权力层都在帮他。

为什么啊？！

这句疑问千年以后有人问，当时迷茫的人更多，最痛苦最无助的当数岳飞。他接到诏书之后悲愤不已，怎么都想不明白为什么要班师。

他给赵构写了一封回信，摘要如下：

金虏重兵尽聚东京，屡经败衄，锐气沮丧，内外震骇。闻之谍者，虏欲弃勘辎重，疾走渡河。况今豪杰向风，士卒用命，天时人事，强弱已见，功及垂成，时不再来，机难轻失。臣日夜料之熟矣，唯陛下图之。

这段话一针见血，道尽了当时的形势。

一直有专家教授说，岳飞孤军深入，虽然全是胜仗，但潜力已尽，怎么能以一军抗金人全国？所以无论怎样，他都是强弩之末了，不退兵就一定会全军覆灭。所争者，不过是在何时何地以怎样的方式失败而已。

看着是很理智啊。不过请问，金人全国的力量是什么？的确是金兀术的河南一部在对抗岳飞，他们还有河北、原辽国等其他疆域的守军、物资没有参战。但是能搞过来吗，女真人敢吗？

之所以派去守军，就是因为有敌人在。看金国的邻居们，西夏自始至终没有真正服从过任何一个国家，别说是金国，连后来的成吉思汗他们都不服。金人敢从这里撤军南调吗？不敢。

更远的北方，耶律大石创建的西辽已成国土面积堪比原辽国的超级大国，与金军几次鏖战，不仅不落下风，还重创了远征的金军。只是在反攻金国时，还力有不足。

这样的死仇窥视，金国敢置之不理吗？同样不敢。

女真人发展得太快了，国土面积骤增千百倍，第一代的战士们却死伤老病，很多时候是契丹、奚、汉人等异族军队在支撑门面。尤其是在汉地，岳飞连战连捷，金兀术想征兵，都没人搭理。在这种局面下，凭什么说岳飞潜力已尽，金兀术将反败为胜？

颍昌之战，是夺河南的天王山，而过了河南之后，黄河北岸一马平川，直到燕云都无险可守，这一点是两宋战史的铁律。当此时，从纯军事角度来看，岳飞已成无法遏制之势，复开封、渡黄河、收河北甚至夺燕云都在意料之中。

至于所说的物资粮草，更是不值一提。中原大地上全是汉人，军队可以无限制扩充，物资可以每到一地随时调用，这让岳飞再不用顾忌前三次北伐时的粮草问题。他的前面是一条光明之路，只要他向前，他将赢得一切。

没有谁能否认这一点，所以某些人才心慌意乱，如大祸临头，惶惶不可终日。比如赵构。按逻辑，岳飞是他的员工，工作越出色，他越得利，何来阻挠一说？

这一点很让人想不通。

其实也没什么，世间事只有故作高深，没有真正的高深。人类的麻烦，除了有限的几种天灾之外，都是人给人找的，之所以涌现出各种无厘头的事，说到底只有一个原因在作怪——私心。

岳飞北伐成功，赢得一切，那时江山的产权归谁……这个命题像梦魇一样困扰着赵构。赵九弟是一个有身体、心理双重缺陷的人，他的所作所为和才能志向，哪一点都充满了小富即安的局限。这种局限是天生的，无法在后天扭转。

比如，谁都知道百万、亿万富翁好，可谁又能轻松面对亿万财富所带来的压力和责任呢？

这是天赋。

岳飞飞扬勇决，为夺天下之臣子，而赵构远不是像秦皇、汉武那样的皇帝，他时刻都牢牢地抓着铁算盘，计算他个人的安危富贵。

岳飞再向前就会失去控制，很可能会变成南北朝时南朝的开国皇帝刘裕！这一点的可能性不管有没有，有多大，只要存在，就必须扼杀！

于是，岳飞在宋绍兴十年（1140 年）的七月十八日一天内连续接到了十二道金字牌班师令，严令他不许辩解不许耽搁立即撤军。

岳飞茫然、错愕、灰心、沮丧，直到这时他仍然没有了解到上面所说的那些私心酝酿出的阴暗微妙的心理，好久好久，当他终于能说出话来时，吐露的心声是下面一句——"臣十年之力，废于一旦！非臣不称职，权臣秦桧实误陛下也！"

直到这时，岳飞仍然认为他的陛下是好人、正人，是一位中兴之主，只是受了秦桧的蒙蔽蛊惑，才变得倒行逆施、反复错乱。

千般不情愿也要遵守皇命。岳飞在第二天班师。当他起兵时附近州县的百姓们都赶了来，拦住他的马，问为什么要走。

岳飞来时，他们倾力支持，岳飞突然撤走，金军回来会反攻倒算的！百姓何辜，不忘故国却为国所累。

岳飞愧悔难当，无奈中只能取出圣旨，说——"吾不得擅留。"身为军人，他实在没法拒绝军令。但是此情此景，又怎能置之不理？岳飞下令多留五天，由他亲自断后，想跟着宋军走的百姓一起南迁。如此这般，岳飞的军队终于还是南撤了。

他撤之后，中路的刘锜、最东端的韩世忠也跟着撤军，轰轰烈烈的绍兴十年北伐就此突然中断。它的尾声耐人寻味，金军一方，注意金兀术的命令，他命令孔彦舟，也就是那个抓住洞庭湖义军首领钟相的游寇大佬，领军重占开封。

为何是重占呢，难道金军已经从开封城逃跑了吗？！这可不是汉人史书的记载，是《金史》里的记录。

千载一时，只需前进而已！

居然就这样错过了，更让人气得吐血的是这个时候居然有一支部队逆方向开到了前线，这是谁呢？非常显赫，是宋军里最核心、最忠心、最放心的禁军，杨沂中的部队。他们来干什么？岳飞都撤退了，他们离开赵构远涉大江，为的是什么？

联想之前，答案呼之欲出，这不是来帮岳飞的，这是来监视、掣肘、制衡岳飞的！为了让岳飞撤军，赵构用了多少心思，要了多少手段啊！从张、王撤退，逼岳飞成孤军，到十二道金牌赤裸裸命令，这样还不放心，竟然派军队监视！

可惜的是杨沂中运气太差，被卷土重来的金军伏击，跟后方失去联系，把赵构差点吓晕过去。这是赵九弟手里唯一一支亲兵，无论如何不能有闪失啊。

杨沂中逃回去了。

逃不走的是河南大地上的义军、州城。岳飞撤走后，金军迅速反攻，南宋北伐中所得到的一切，都输了回去。义军被镇压，城池被复夺，百姓被残杀。消息传来，岳飞悲愤不已，他仰天大叫——"所得诸郡，一旦都休！社稷江山，难以中兴！乾坤世界，无由再复！"

他可以委屈，但百姓不能危亡；他可以失意，可江山国土不能沦丧！当此时，岳飞终于愤怒，终于失控，他心里郁积了太多的东西，必须说些什么！

怒发冲冠，凭阑处、潇潇雨歇。抬望眼，仰天长啸，壮怀激烈。三十功名尘与土，八千里路云和月。莫等闲，白了少年头，空悲切。

靖康耻，犹未雪；臣子恨，何时灭？驾长车，踏破贺兰山缺。壮志饥餐胡虏肉，笑谈渴饮匈奴血。待从头，收拾旧山河，朝天阙。

这一曲《满江红》，到尾声时岳飞还是习惯地希望着什么，可他不会知道，在临安城里等待他的，会是些什么人、什么事。

第六章 岳飞之罪

战争过后，所有参战的高级将官都要回临安述职。当岳飞到达时，很多事已经发生了。比如说张俊、王德升官发财。

这是个很诡异的现象，更诡异的是发生的过程。

张、王两人到临安城之后，完全是一副铁血军神的做派，而宋廷给予的待遇也是战神英雄一级的。这让整个临安城官方民间都看不惯更受不了，于是发出了一片嘘声。之后，张、王两人受了刺激，表现得反而更加离谱了。

就像从战场上置友军于不顾逃跑的是别人一样，两人主动向皇帝请功邀赏。

还有比这更无耻的吗？！全城官民沸腾了，有官员以正式公文的方式弹劾他们，可几天之后事情有了结果，两人胸佩红花，得意扬扬去西湖划船玩去了。

太荒诞了，这个世界还有公理道义吗？岳飞抵达临安之后，看到这些，就此明白了官方对这次北伐的定性原则。

什么是功，什么是错，最终的解释权早就另有宗旨了。

行情有变，岳飞却不变。他在觐见之前就把赏赐都推了，选字用词间充满了棱角，让某些人坐立不安——"……区区之志，未效一二，臣复以身为谋划，唯贪爵禄……万诛何赎！"

什么功劳都没有，还为自身打算，贪图钱财官位，杀一万次都不够。这样的话直指张俊、王德、赵构、秦桧，让这些人对号入座，正视自己拙劣肮脏的勾当。

真以为怎么受的赏，为什么发的钱，会没人知道原因吗？岳飞一时激愤，相当于挑明了告诉皇帝、首相、大将军们，你们联手在我背后捣鬼，做了什么我都知道！并且我很介意，不想装糊涂跟你们同流合污！

岳飞再次要求辞职。

赵构也拿他没办法，只有亲自写了一份诏书，先肯定岳飞的成绩，"卿勇略冠时，威名服众"。再申明朝廷还是有长远打算的，"方资长算，助矛远图，未有息戈之期"。最后打出人情牌，"虽卿有志，固尝在于山林；而臣事君，可遽忘于王室？"你只顾自己逍遥自在，不管还在水深火热中的政府了吗？

如此这般，岳飞终于不提辞职的事，走进皇宫，与赵构见面。见面时，整个皇宫回响着赵构一个人的声音，他温馨、关切地说了很多，换来的是岳飞无可挑剔的礼仪。

除此之外，岳飞一直沉默，一个字都没回答。（"帝问之，飞拜谢而已。"）当天岳飞离开，在他的身后，是几道各有内涵的目光。

赵构，他微笑着从未失态，哪怕做了以上的一切，仍然雍容优雅。在岳飞、韩世忠等人走后，他以主事者的身份为此次北伐收尾，说了这样一句话，大意是：朕若亲提一军，明赏罚，以励士卒，必可擒兀术。言外之意，伟大的将军们，你们能做到的，正是我所能做的，甚至比你们做得更好。

世间应知道，朕，赵构，才是掌控一切者，才是需要膜拜的对象。

张俊毫不掩饰自己的杀心。岳飞……是他曾经的部下，现在的噩梦，这人的一言一行都站在他的对立面，把他映衬得无比丑陋！

报复，报复，如果有可能的话，必杀飞！

秦桧则很忙，他不需要用怨毒的目光凝视岳飞，因为他正做着报复的事。说起来他应该感谢岳飞才是，在他从前的主子完颜昌死后，他像是断了线的风筝一样，飘荡无根，乃至失去了在赵构身边立足的根本。金兀术不屑于和谈，他秦桧就没有了存在的意义。

非常及时，岳飞北伐，一顿胖揍让金兀术清醒了，明白了走哪条路才不会撞墙。这几天金国的四殿下托人带来了话。

秦，你没白天没晚上地请和（"尔朝夕以和请"），却没办半点正事。岳飞为什么没管住，都快抢走我的河北了，还杀了我的女婿。这个仇必须得报，只要你们杀了岳飞，和谈立即达成。

秦桧很满意。

当然这需要一个过程，杀岳飞也好，搞和谈也好，都需要一个整体策划，讲究一个水到渠成。这期间不仅需要南宋动手，金国方面也得积极配合。

金国的工作在第二年的正月中旬展开。都元帅金兀术阁下率领原班人马，其实数量少了些，已不足 12 万了，东拼西凑到 9 万，发动南侵。

这是在意料之中的，失败之后必须主动攻击，当年辽国是这样，现在金国也如此，不然没法保持上位国的态势。

打是一定要打，但打哪儿很讲究。鄂州方面是禁区，万万不能招惹；楚州方面韩世忠的战斗力大不如从前，但仍旧足够硬朗，本大利小，不是好生意，躲开；那么唯一剩下的就是淮西西路一带张俊的辖区了。多年来，相互间知根知底，这是目前唯一的软柿子了。

天寒地冻，金军越过淝水，进攻寿春，没有遇到什么抵抗，当天就攻破了城池。在这之后，两淮地区仍旧一片平静，唯一的变化是在几条主干道上，每隔几小时就飞奔着一匹狂跑的快马。

这些马，是淮西战区司令官张俊在辖区内的主要"战械"。

作为南宋资格最老的大将，张俊严格执行着遥控方针，辖区交给了部下姚端，军队驻扎在长江南岸的建康，他本人则停留在首都临安，沉醉在西湖的旖旎风光里，随时与皇帝近距离接触，学习政策，保持关系。

如此这般，才是一个大将该有的工作风范！

至于前线、金军，战争已经爆发，什么事也不会耽误，刘锜将军荣升淮北宣抚使判官，带着八字军驻扎在太平州。他完全可以先率军杀过去抵挡一阵。

刘锜率八字军再一次逆锋而上，成为阻挡金军南侵的第一道屏障。几天之后，他到了淮西重镇庐州（今安徽合肥）。

庐州守将关师古，部下士兵 2000 余人。按说这比顺昌的条件好了很多，而庐州作为淮西第一重镇，它的城防设施更加完备。从理论上来说，刘锜会背倚坚城，创造出比顺昌之战时更辉煌的战绩。

可是他到达之后，绕着城墙转了一圈，之后对关师古说立即集合能跑路的人，立即撤！城防是一回事，金军杀来的速度更是一回事，顺昌至少留给了他六天的准备时间，现在金军的先锋部队都快到了。

庐州大撤退，刘锜以最快的速度回缩至巢县东南方一个名叫东关的地方，那里依山傍水，形势坚固，可以结寨自保。

而此时，庐州已经被攻破，连同其周边受到波及。至此，战争刚刚爆发，淮西已经沦丧大半。

赵构一边严令张俊立即从临安滚到前线去，一边派杨沂中率禁军渡江作战，之后心里仍然没底，习惯性地向鄂州求援。

赵构十万火急地发去了御札，要岳飞亲自率军渡江攻击金军，保证领袖安全。

岳飞收到命令之后，感觉一阵阵头晕。这都哪儿跟哪儿啊，淮西战区内，合张俊、刘锜、杨沂中三部军力的话，已经达到 13 万以上。这是建炎南渡以后，第一次以优势兵力与金军作战，虽说张俊很软，杨沂中很少爷，但有刘锜在，怎么也能保证长江安全吧。

趁此良机，应该批亢捣虚，围魏救赵。这样宋军将以岳飞部从北，张、刘、杨三部在南，形成合围之势，以绝对优势的兵力全歼金国河南部精兵。如此，则一战定江山，比收复开封更直接有效。

岳飞把这个战略意图写成奏章，急报临安。赵构以更快的速度发来了回复，上面用一大堆的殷切希望包裹着一个中心议题——现在领袖在江浙一带，金兵已经杀到了淮西，这是最重要的。飞，你就别闹什么幺蛾子了，快来救我！

岳飞于宋绍兴十一年（1141年）二月十一日左右渡江，接近战场。可惜没等他真正靠近，事情就有了变化。淮西主将张俊给他写了一封信，告诉他离远点，保持距离。

张俊、王德一起从临安赶往建康，也就是现在的南京市，在那儿与他的大部队会合之后，于二月初四渡江。过了长江之后，拥兵13万，放眼一望，忽然找不到敌人。

女真人不知在搞什么，只是占领了庐州、和州等地方后，就开始了缓慢撤军。在十多天的时间里，一步步把含山县、巢县、全椒县、昭关等地都让了出来。张俊摸不着头脑，但是手里的兵本性很贪，有便宜为什么不占？

于是，双方很默契地一退一进，在淮西平原上携手散步。这种状态一直持续到了巢县以北的柘皋镇。这地方一马平川，地势平缓，女真人退到这儿之后就再不走了。

9万对13万，军团级决战，金军当然要选一块能跑开马的地方。

至此张俊等人知道事情大变了，一步步地跟着女真人走，到了对方的主场里。双方于二月十七日对阵激战，挑起第一轮攻击的人是禁军大佬杨沂中。

杨沂中率禁军冲向金军的中军大阵，推锋直入堂皇正大，真不愧是宋朝皇帝精锐强悍的……仪仗队。这群人冲得快，败得更快，没一会儿就成群结队地跑了回来。

这也算是杨沂中的能耐，此人无论怎样大败，不仅自己不死，部下们也都不死。

仪仗队退场，正戏开唱。

按常理，这时出场的应该是战斗力第一顺位的刘锜。由他当炮灰消耗金军实力，再由张大将军出面一锤定音，这才是正常的官场逻辑。

但是让刘锜打头阵，很可能再搞一个奇迹，扬名立万；把刘锜留在最后，万一失败了可以当逃跑时的盾牌。这两个选择哪个好？

宁与友邦不与家奴，选后者！

于是，刨除杨沂中，排挤了刘锜，张俊是主将绝不亲临第一线，那么剩下的就只有王德了。王德，原行营左护军刘光世手下主力大将，人称"王夜叉"，是一位手段强硬的老行伍，按资历说威望，他有时敢和韩世忠叫板。当年行营左护军主将很萎，部将超强，说的就是他和郦琼。

王德出战，主攻金军的右翼，正是金军中的精锐部队拐子马。轻骑兵行动迅速，拐子马迎着王德冲了过来，却不料王德张弓搭箭，一箭射中金骑指挥官。战场一片哗然，王夜叉挥军鏖战，居然把拐子马击溃。

战局不利，金军向紫金山方向退却。张俊没有追，他率军先收复了淮西境内的重镇庐州，进城之后第一时间向临安报喜请功。

赵构闻讯大喜，传令嘉奖。

奖状还在途中，张俊却觉得获奖名单要斟酌一下。这时金军还在淮西境内，战争很可能会继续，岳飞已经渡江到位，眼看着就会参战……这明显是下山摘桃子嘛，俺手握13万重兵且旗开得胜，难道要平白分岳飞一半功劳？！

做梦！张俊给岳飞去了一封信，告诉他原地不动，别想靠近了占便宜。

岳飞原地静止，没有再靠近。

这是当时军界内罕见的高素质表现，面对别人养大成熟的桃子，能忍住不伸手，是连吴玠、韩世忠在内宋朝绝大部分将官所做不到的。

那么可以为岳飞鼓掌欢呼了吗？不，先等等，几个月之后，这件事会引发怎样的灾难，是这时谁也没法想象的。

回到淮西战场，柘皋之战大获全胜，正面击败近10万金军。这个成就不可谓不重大，一时间朝野振奋，张俊更振奋，连同后来的史书也非常振奋。提前剧透下，宋人后来总结出"中兴十三处战功"，柘皋之战榜上有名，排在第八位。

在这种局面下，没法不追击。然而，怪事再次出现，张俊再一次找不到金军的去向了。他收复了庐州，休整了军队，向紫金山方向追击金军，结果发现金军去向不明。

近10万金军，在淮西大地上失去了踪迹，这让张俊心惊肉跳。尽管他总逃跑，尽管他总避战，可作为南宋资格最老的一个兵痞，他非常清楚这是战场中最要命的。

你不知道敌人是怎么消失的，就意味着不知道什么时候敌人会突然间跳出来！

为此他下了大本钱去搜索，而消息也像潮水一样地涌来。其中最重要的一条来自濠州（今安徽凤阳县）。那是金军撤往淮水的必经之路。早在柘皋之战前，濠州就被重重围困了，这时它正处在金军后撤之路上，那里的战报可信度很高。

濠州的人先是求援，十万火急，说金军自开战之初就重兵围困，眼看着更多的金军路过，会顺手屠城泄愤的。

这让张俊不爽，屠城很严重，可追上去再来一次柘皋大战……穷寇莫追的，逼急了会有大损失。他下令再探。

几天后消息再传来，说濠州解围了，金军从这里路过，会合了围城部队一路向北，已经渡过了淮水，进入了河南界内。像是为了验证消息的可靠性，有几个从金军营地逃回来的宋军信誓旦旦地保证，金军渡淮是他们亲眼所见的。

张俊一声令下，追击！

开追之前，张俊于百忙之中意识清醒，做了另外两个决定。第一，传令岳飞让他继续原地待命；第二，告诉刘锜没你什么事了，追击任务由他本人、王德和杨沂中完成。刘锜必须第一时间向南撤军，返回驻地太平州。

摁住岳飞，踢跑刘锜，如此这般，才能保证功劳只攥在自己的手心里。

看着很生气吧，偏偏两个当事人很听话。不为别的，只因为张俊是淮西主将，只因为这两个人都有纪律有原则。不然的话，两人中随便哪个，都有屠了张俊的把握！

而这，也要记录下来，因为它和前一次岳飞听令静止一样，会引发之后的灾难。

追击开始，张俊、王德、杨沂中三位高资历兵痞兴高采烈地向前追，想着"收复"濠州，兵临淮水，耀兵国境。这是很牛的一件事，只是在国境线上盔明甲亮地遛一圈马，回临安后就会再一次升官发财得奖状，多好的事啊，多便宜的买卖！

可惜的是，才跑了一天，前方忽然传来最新战报。金军突然出现在濠州区域，开始重兵攻城了。这让三个兵痞立即一身冷汗，停下了脚步。

……有情况，把刘锜追回来，让他去打仗。

刘锜听命令，又赶了上来。四将合兵，杀向濠州，距离还有60里时，传来战报，濠州陷落了。面对这噩耗，四个将军各有主张。

张俊、刘锜发觉这一次金军的行动太诡谲，变幻不定，一定得慎重对待。而且濠州已经陷落，赶过去意义不大。

王德弃权，他本就不是这方面的大将，军事会议上底气不足。而禁军的大衙内杨沂中火了，仪仗队特色再一次爆发，他要进攻，趁金军刚刚攻下濠州、立足未定之际全力反击，既抢回城池，也救回百姓，更趁机扩大胜利果实，打一场比柘皋之战更辉煌的战斗！

……张俊等人郁闷，柘皋之战有你啥事吗，仪仗队队长阁下？

可不管别人怎么劝，连张俊以淮西主将的身份反对，都没法摁住杨沂中的进攻决心。在守原则的人那儿，原则是锁链；在没原则的人这儿，原则、命令什么也不是。张俊还怕禁军主将随时打他小报告呢。

杨沂中率军冲向了濠州城。

濠州城遇伏，金军从北门突然冲了进来。禁军的仪仗队素质再一次显露，冲锋时很猛，对决时脆败，遇伏之后慌张！他们没有等到真正接战，就像惊了枪的兔子一样，一窝蜂地涌向了南门。

南门外是张俊、刘锜等率领的全军大队，这时"南奔无复纪律"的禁军们成了金军的前锋，用来冲散宋军主阵。

关键时刻，张俊难得地展示了一次军中宿将的经验，这人命令全军压上，与败军逆向而行，哪怕把娇嫩的禁军挤成馅饼，也不能动摇主阵。

这个决定很有效，也很残忍，阵地保住了，同时宋军重新获得了优势，毕竟在淮西战场上宋军的战斗力以及军队数量都超过了金军。可杨沂中的部下们就没那么幸运，首尾两端的步兵大量伤损，仪仗队严重减员。

如此一番折腾，濠州城重新寂静了。宋、金两方在城内外对峙，都保持了足够的耐心。而战争的重点，三天之后，转移到了淮河水道上。

楚州方面的韩世忠派出数百条战船逆淮而上，要截断金军的退路。这是韩世忠的风格以及特长，他每一次的作战目的都是置敌于死地，而水军是金国永远的痛。这样，就形成了宋军水、陆两方面前后夹击金军的态势，以军力战绩参考，完全能把金兀术留在淮西境内。

形势大好，又急转直下，金兀术没有分兵去淮河边上准备迎战，而是在旱路迎着韩世忠的水军插向了楚州方向，也就是运动到了水军的后方。

金军在赤龙洲附近停了下来，开始砍大树设水障，要把韩世忠的水军截住。金兀术的意思很清楚，你不是要断我的退路吗，我先把你的退路断掉。想在淮西吞了我，那么咱们就拼个鱼死网破！

这是多年以来，金兀术罕见的勇决表现。他实在是输不起了，再输金国将失去上位国资格，他本人也会名誉扫地身败名裂。

这也给了宋军一个千载难逢的机会。在淮西大地上，张俊以13万重兵挟胜势逼迫金军后退，韩世忠断水路呈关门打狗之势，难得的是金兀术也不再逃跑了，并且就在淮西境内还有岳飞这一终极战斗力随时会参战。这是自宋、金开战以来前所未有的机遇！

只要各方面正常运作，金兀术必将全军覆灭。

可各方面运作的结果是，什么都没有发生。没有作战，没有流血，没有堵截，没有谁全军覆灭，什么都没有。

韩世忠得到金军设水障的消息后，就令水军撤退。那很快，本是逆流而上，只要顺水漂回去就行。张俊始终按兵不动，金兀术也没有死磕到底，带着濠州胜利赚回来的面子，顺势回国。

岳飞，始终被隔离在战场之外，等这一切都发生之后，只能拿着这段时间里他收到的来自各方各面的各种文件发呆。

有张俊的命令，有赵构的诏书，里边的内容错乱得让人发疯。

按时间顺序排列，金军侵入淮西，岳飞接到临安命令渡江驰援，其间有六份来往信函，分别是临安传令、岳飞申请长驱中原（两次）、临安否决要他火速救淮西、岳飞接令、临安嘉奖。

柘皋之战大胜，临安传令三军，内容是——"……捷书累至，军声大张，盖自军兴以来，未有今日之盛。尚思困兽之斗，务保全功。"

这份诏书抄送给淮西境内所有军方人员，岳飞、韩世忠也各得到一份。意思很清楚，告诫各将军见好就收，别惹更大的麻烦。

之后，张俊令岳飞离远点，岳飞听从了，也抄送一份交给临安，以此证明自己为啥不直接进入战区。临安方面非常欣赏这一点，赵构特意亲笔写了一份御札给他：

> 得卿奏，知卿属官自张俊处归报，虏已渡淮，卿只在舒州听候朝廷指挥，以此见卿小心恭慎，不敢专辄进退，深为得体，朕所嘉叹。

在赵构看来，岳飞这回没有看见金军就眼红，冲过去搞得血肉横飞，不可收拾，而是很克制地听话了。这是巨大的进步，是转变的开始，是一个令人惊喜的征兆。他要表扬这个一直倔强、自专的部下。

接下来，诏书里笔锋一转，他甚至难得地与岳飞有了共同语言：

> 据报：兀术用郦琼计，复来窥伺濠州。韩世忠已与张俊、杨沂中会于濠上，刘锜在庐州柘皋一带屯军。卿可星夜提精兵裹粮起发，前来庐州就粮，直趋寿春，与韩世忠等夹击，可望擒杀兀术，以定大功。此一机会，不可失也。
>
> 庐州通水运，有诸路漕臣在彼运粮。
>
> 急遣亲札，卿切体悉。十日二更。

从上面这几段可以看出，这对岳飞简直是喜从天降。这是自从淮西兵变，导致岳飞与赵构隔阂之后，第一次重新看到了曙光。赵构在主导这次机会，要趁此天赐良机，把金兀术毁灭在淮西境内。他为岳飞铺好了所有的路，只等着岳飞杀过去！

只不过，请注意这份诏书的日期。

"十日二更。"

宋绍兴十一年（1141 年）三月十日夜二更天。十日写信，渡长江送交岳飞手里，需要多少时间，有一个参考。

岳飞申请长驱中原，临安否决。一个来回是五天。当时岳飞在鄂州，信使不必渡江。这时等同对待，至少需要两天半岳飞才能收到命令。

那么是十二日傍晚。

瞧一瞧当时淮西战场都发生了什么。三月五日时，张俊开始追击，同时命令刘锜回太平州。三天后，抵达濠州外围，是三月八日。九日杨沂中大败。再三天后，三月十二日，韩世忠水军受阻返航。

十二日……傍晚时分岳飞才可能收到赵构命令他前进的诏书。

等岳飞准备迈步的时候，战争早已落幕。有这么玩人的吗？这到底是至高无上的皇命诏书，还是发泄私愤的骗人字条，抑或是通信条件太差造成的低级失误？！

很难是失误，因为还有下一道诏书。

岳飞接到上面"十日二更"发布的命令之后，回信说他将率军起程赶赴庐州。他在战区内急如星火地赶路，后面的诏书比他快，还是追上了他。

诏书里写道：

> 得卿奏。卿闻命，即往庐州，遵陆勤劳，转饷艰阻，卿不复顾问，必遄其行，非一意许国，谁肯如此！
>
> 据探报：兀术复窥濠州。韩世忠八日乘捷至城下，张俊、杨沂中、刘锜先两日尽统所部前去会合，更得卿一军同力，此贼不足平也。中兴勋业，在此一举，卿之此行，适中机会。览奏再三，嘉叹不已。
>
> 遣此奖谕，卿宜悉之。

按时间计算，岳飞接到这份诏书时，淮西战区已经彻底凉了，无论是张、韩、杨、刘、王等宋军，还是金兀术，都早已散场。偌大的淮西境内，只有岳飞一个人捧着一大摞诏书发呆。

前思后想，对照此前诸次北伐，岳飞越想越怒，他看了看周围的岳家军将领，实在没忍住，说了两句话。

——"国家不得了也，官家又不修德。"

岳飞如是说。

国家当断不断，纵敌玩寇，使本在罗网中的金军逃脱。这本是最卑劣的将军们巩固自身地位才使用的下三烂招数，可一个国家居然用出来了，它是想应付谁，想要挟谁，想毁灭谁？！

国家公然做这样的事，前途何在，如何得了？

至于修德。

一个人总要有一颗真挚的、理智的、光明的本心，才会做出真挚、理智、光明的事来。看赵构前半生的所作所为，之所以倒行逆施、莫名其妙，都因为他的心不正。

修德是很重要的。

世人的眼睛是亮的，清楚岳飞说的是不是实话，是不是对的。

这句话只是开端，淮西之战刚刚结束，各个细节都在眼前，岳飞愤懑难当，说了第二句、第三句话。他转向张宪。

——"张太尉，我看像张家军那样的兵马，你只消带领一万人去，就可以把他们蹂躏了。"

又转向董先。

——"董太尉，像韩家军那样的兵马，我看你不消带一万人去，就可以把他们蹂躏了。"

这两句在正常状态下看来，是很不合适的，会引起中国人第一时间的反感。为什么呢？不外乎"做人"的道理。

要时刻谦卑，时刻低调，即使事实真的是那样，也不能直说！哪怕张俊、韩世忠真的退化到那种地步，岳飞也不能这样公开评判攻击，恶化同志关系。

可他说的是不是实话呢？张俊抛开不论，这人是什么货色，历史清楚，包括他自己都清楚。至于韩世忠，黄天荡时的韩世忠哪儿去了，以几千部众截击 10 万金军，置生死于度外，置利害官爵金银于度外，什么都不在乎，只要归还二帝、归还河山的韩世忠哪儿去了？

可以说，他才是第一个提出还我河山的人。可是，现在这人怎么了？只是截断退路而已，就直接撤退了。他本来应该不管张俊怎样，不管临安怎样，率水军截断淮河，以一部之力断金军退路，让这场战斗不得不打起来！

第七章 收兵权

三大将应召入朝述职，张俊轻车熟路，最先到达，其实也可以说他从淮西战场下来之后直接就回临安了。第二个是楚州方面的韩世忠，他的路相对近一些。

秦桧连日设大宴款待韩世忠、张俊，与之亲切交谈，内容涉及军事、政治、家庭生活等方方面面，时不时地还说起了岳飞。

问你们三大将最近有过什么交流吗？

这让韩世忠深深地不解，让张俊表面上疑惑。张俊当然知道秦桧是为了什么，他们私下里制订了一个大计划，要一举剥夺所有大将的军权。这样做的风险可想而知，此时此刻，南宋三大将的势力要远超晚唐时期那些割据的藩镇，如果计划暴露，三人串通谋反，临安小朝廷毫无反抗能力，会被瞬间推翻。

于是乎，夺权在理论上的第一步是保密。只有把三大将都聚拢到临安城里，才有可能实施下面的步骤。可要是真的这样做的话，仍然会鱼死网破。

秦桧准确地把握到最关键的问题——分化三大将内部。

他许诺张俊，只要协助朝廷收回兵权，从此以后张俊将总揽南宋军事。这一提议由秦桧提出，被赵构默许，张俊仔细衡量，发现这完全是为他量身定制的。登上军权之巅，踩倒韩世忠、岳飞，还有比这更享受的事吗？！

他没有理由不答应。

在这之后，临安才宣召三大将入朝述职。张俊来了，韩世忠不明真相地来了，可岳飞没到。这让秦桧心惊肉跳。岳飞是南宋军力之冠，他一人足以压倒全国，他没来，真的是鄂州相对较远吗，还是暗中知道了什么，或者正在准备着什么？！

秦桧无法安心，他不停地试探着。

韩世忠一切都蒙在鼓里，张俊则是岳飞的宿敌，两者没有交往，秦桧注定没法知道什么。他忐忑着，整个临安的上层建筑都惶恐不安着，直到六七天之后，岳飞终于率领少量亲兵进入临安城。

当晚，直学士范同、林待聘两人分别写了三份制词，用以确认南宋官方升张俊、韩世忠、岳飞为枢密院的两位正使、一位副使。

这份诏书在第二天公布，岳飞等三人即日起至枢密院办公，他们辖区内的军政事务被同时分割，具体的办法是三大将主领的宣抚司被撤销，军队番号一律改为御前诸军，由原先的二、三把手，如岳家军的张宪、王贵两人，各领部下独自成军，直接向临安负责。

这是分割军队，同时进行的还有切除智囊。岳飞的幕僚们，如朱芾、李若虚被调任地方官，严禁与岳飞接触。

之后是上级制衡，任命秦桧党羽林大声任湖广总领，管理鄂州大军的钱粮，扣住岳家军的生存命脉。如果这样还不够，赵构还派去了一位岳家军的老朋友。

罢免原淮北宣抚使判官刘锜的军职，改任荆南（今属湖北）知府。宋廷规定他"或遇缓急，旁郡之兵许之调发"。

湖北旁郡，不外乎鄂州，这是以公文授权，刘锜可以视情况夺取岳家军军权。

如果说刘锜夺权还在可行可不行、情愿不情愿之间的话，林大声对岳家军的侵蚀则是强行介入的。何谓藩镇，何谓大将，不外乎辖区内军、政、财三权独立。

这时不由分说，直接夺取了财权。

对韩世忠、岳飞来说，这个打击是突然的，却没有致命。因为他们还可以申诉，可以抗议，可以搞些小动作反对。

但是真正致命的打击瞬间到来，他们谁都没有想到，同为三大将，在裁撤之列的张俊第一时间表态。

——"臣已到院治事，现管军马，伏望拨属御前使唤。"

张俊已经到枢密院上班了！

这让韩、岳两人何以自处？是仍然反对吗？那样首先面临的就是军方的分裂对抗，三大将内讧，前线直接动荡，两位不是为国为民的忠臣良将吗，会忍心付出这样的代价吗？！

答案显而易见，韩、岳只能沉默。

哪怕被人背后捅了刀子，也要时刻坚守底线。这就是有原则的人的悲哀，总是束手束脚，觉得处处都是花瓶瓷器，不可以打碎，于是碎的就只能是自己！

这一切都在赵构、秦桧的计划之中，等三大将都到枢密院报到上班之后，赵构再次召见了他们。这一次，他这样说：

朕当初给你们一路宣抚之权，这很小。现在把国家军事首脑重地枢密院交给你们统领，这权力很大。你们要同心同德为国家服务，要团结，别分彼此，这样我们宋朝的兵力就联合在一起沛然不可抵御了。如此一来，像金兀术之流随时都可能扫除！

这段话，谁能挑出毛病来吗？

一路之权，与枢密院长官相比，大小的确不同，三大将变成两正使、一副使，可说总揽军队，理论上千真万确操执国家权柄。三人同在一间办公室里上班，随时沟通，的确也比从前远隔千里、随时斗气强得多。那么千对万对，哪里出错了呢？

韩、岳两人总不能直接喊出来你们搞阴谋诡计骗人夺权吧！

这就是政治。搞得每个人都心知肚明，却有苦说不出。甚至不是不能说，而是说出来了会更尴尬、更难堪，损失更大。

赵构，15 年之后，他终于成长为一个合格的、超群的政客了。他上面对三大将说的那番话，并不是得了便宜还卖乖的浅薄表现，而是对下一步更重要的进程的铺垫。

三大将哑口无言之后，赵构以同样的论调向各军区的三大将原下属们发令。命令里宣告，"朕昨命虎臣，各当阃寄，虽相望列戎，已大畅于军声"。

你们的首领已经升官当了枢密使，不回辖区了。

有指示，"……凡尔有众，朕亲统临。肆其偏裨，咸得专达"。

你们统统归我指挥，无论是大将小将偏将准备将，都有直接向我联系的权利和义务。

有许诺，"……简阅无废其旧，精锐有加于初"。

大家不要心慌，归我指挥后不仅不会裁军，还会增加军队精锐。放心吧，绝对不搞一朝天子一朝臣。

有奖励，"……高爵重禄，朕岂遐遗。尚摅忠义之诚，共赴功名之会"。

高官厚禄都等着你们，我绝不食言。只要你们都保持忠义之心，就可以成批量地升官发财得奖状！

截至这里，赵构终于完成了这一系列的夺权程序，把三大军区从长官到士兵全体拿下。其行事目的、具体手段，跟150多年前那次著名的皇宫吃请相似。所以，很多史书称赵构这段叫"第二次杯酒释兵权"。

诚然，从目的性上来说，这没错。真的很像。南宋借此收回了兵权，再一次让军队为皇帝一人服务，从政权的稳定性上来说，做得没错。

但两者之间实在有太多的不一样了，根本没法类比。

赵匡胤裁撤了符彦卿、慕容延钊、韩令坤等老一辈战将，手边早就准备好了曹彬、潘美等亲信，何况他本人就是无敌将军，一生保持不败战绩。可以说，那一次杯酒释兵权根本无损于北宋的战斗力。可这时赵构裁掉了韩、岳、张、刘，南宋还剩下了谁？

更何况150余年前，赵匡胤只是举起酒杯稍微示意，立即周边所有军人全体驯服，不仅服从，而且从心里往外地感恩。

赵匡胤开历史之先河，于五代末期时以不流血的方式交接权力。这是伟大的勇气、伟大的仁德，外加伟大的强力才能成功地执行。

反观赵构这次，事先开始算计、分化，安插内奸。之后骗人进京，连夜颁诏，先斩后奏，歪理正说，同时还派人下黑手，接管军区要害……这招数用得阴暗卑劣，上不得台面，哪怕执行成功了，也和部下们结成了死仇，哪怕部下们不记仇，他自己都不安心。

于是，才有后来的事。

宋绍兴十一年（1141年）的四月中旬，三位前大将、现任枢密大人神色平和，动作舒缓，面带微笑，显得非常文人了，尤其是韩世忠和岳飞，两人角色转变得非常快，迅速把文官这一角色当出了独特的做派。

韩世忠上朝，有顶很特别的帽子，准确地说是一条头巾。该巾称作"一字巾"，据说以特殊手法缠在头上，显得与众不同。韩世忠每天戴着它上朝、下班、之后由几个亲兵陪着，在风景如画的早春时节的临安城里走走逛逛。心情很好的样子。

每天他站在桥头看风景，看风景的人都看着他。他的一字巾装饰了临安城，有些人气得脸色发青……

岳飞没有奇装异服，他一丝不苟地生活，每天上班下班很大众似的混在文官丛中。如果一定要说他有哪些不同的话，那就是他有时会解开衣襟，披襟雍容，很有悠闲之态。他有一笔好字，有满腹的诗书，有生来的见识，有传奇的经历。

这些让他迅速进入文人的世界里，并成为中心。但他很低调，每当被问及国事时，总是说，他于此时只想归隐山林，向往安静的生活。

以上，韩世忠、岳飞的工作生活态度怎么样？平心而论，绝口不提国事，上交一切权力，按时上班下班，行动不离领导视线。

还要让人怎样，才算是合格呢？！

可仍然出问题了。秦桧气得脸色发青，在韩世忠戴着一字巾招摇过市时，当岳飞披襟雍容与士大夫温颜聊天时，他非常不舒服。

我承认知识浅薄，对大人物们的心理变化把握不足。因为我实在是没看出来韩、岳如此举动犯了什么错，把秦桧刺激得越来越冲动，乃至提前实施了下面的计划。

三大将于四月中旬上班，到五月初时，一道皇命颁布——令枢密院正使张俊、副使岳飞出差去楚州，"拊循"韩世忠旧部，并把这支部队调动到长江南岸的重镇镇江府。

韩、岳之间，先从韩世忠开始清洗。

至于为什么，应该很简单，是个数字化的计算而已。岳家军之强，冠于当时，以一军压全国，这是不争的事实。这时虽然岳飞在都城处在被监管中，可鄂州仍然是前岳家军的天下，军队还是那些军队，将官还是那些将官，如果先动岳飞，刺激了那股力量，很可能会江山变色，玉石俱焚。

与其那样，还不如先解决韩世忠。

多年以来，韩世忠的力量在下降，韩家军的实力远不如从前，而他本人对朝廷的态度也没有最初时那样忠诚了。比如他反对宋金和谈，居然敢于私下出兵伏击金使。这是岳飞都没做出来的事，韩世忠不仅干了，而且连干了两次。

这让赵构把韩世忠的名字从忠臣名单上删了。在收兵权的全盘计划中，首攻韩世忠是早就制订好了的，在最开始时就露出了苗头。

韩世忠觉得自己资格老、功劳大，尤其是有苗刘之变时的救驾之功，与众不同。于是，在赵构明令三大将只许保留少数亲兵之后，多留了30多名背嵬军。这让赵构很不爽，他亲笔写诏书，命令韩世忠立即把多留的人赶回楚州。

在清洗楚州的行动之前，秦桧看似有意优待岳飞，私下里约见了一次。

这是岳飞、秦桧之间唯一的一次私下见面。准确地说，是单独见面。对岳飞而言，如果是纯私人性质的约见，他绝不会搭理秦桧。

他不止一次在公开场合声称秦桧是祸国的奸臣！这让两人之间没有半点和好的余地。

而在秦桧，什么都是有价格的，只要值得，他不会介意干任何事。比如约见一下岳飞，同时让脸上的表情甜蜜些。

秦首相提请岳副枢密关于此次楚州公干需要注意的事项，朝廷希望探明韩世忠历年的工作态度，搜集需要的证据，并着重强调了四个字——"且备反侧"。反侧，指不顺从、不安定。

这是指要岳飞注意，楚州方面的韩家军有可能不听话，会伤害你。也是在暗示，朝廷希望楚州出事，让那边的兵不听话。进而引申宋廷要拿韩世忠开刀，罪名就从这次楚州公干产生，由张俊、岳飞来提供。

这是赤裸裸的陷害和收买！

岳飞大怒，当场拒绝——"世忠既归朝，则楚州之军，即朝廷之军也。"这是宗旨。

——"若使飞捃摭同列之私，尤非所望于公相者。"捃摭，指搜集。让我岳飞搜集所谓的证据，恐怕要让你失望了。

秦桧气得立即脸上变色了。

几句话让两人的裂痕变得更大了。双方都愤怒到抓狂，而且理由充足。在岳飞，他说的是公理，这世上最正确的东西。难道平白害人是对的吗？！他当然要拒绝，甚至回击，让这个无耻之徒感到些廉耻！

而秦桧说的是现实，这世上最实际、最管用的玩意儿。靠这个才能活下去，荣耀下去，无数的史实早就证明了秦桧们的无敌，那么为什么好言好语地说话被咒骂鄙视呢？！岳飞，你为什么就不能知些进退，懂点好歹呢？！

双方都气得头晕，当天不欢而散，各奔前程。

岳飞走在去楚州的路上，知道了整件事的走向。其实对付韩世忠的行动已经在进行中，有人诬告韩世忠的亲信部将耿著谋反，耿著已被关押，并已经招供是受韩世忠的主使。光这一条就足以把韩世忠罗织进去，无数的罪名会不停地叠加起来，直到把韩世忠压倒。

至于秦桧私下里诱惑岳飞，不过是驱虎吞狼，进一步制造三大将之间的矛盾，让后面的事更加好办些罢了。知道了这些，岳飞的反应再一次证实了他为什么是岳飞。

韩世忠与岳飞是同等级人物，甚至资历更老、与皇帝的情分更重。他都被朝廷无中生有罗织罪名，那么在常理上岳飞应该警醒，应该胆怯，朝廷已经在杀鸡吓猴了，他应该变得识时务。

至少要明哲保身，置身事外吧。

可岳飞却连夜写信向韩世忠报警，通知老韩有人在搞事整你，快想办法。信及时送到，耿著的案子还没有定性，韩世忠第一时间赶去皇宫，求见赵构。赵构在短时间里回忆了15年间韩世忠的表现，发觉除了在抗金的态度上韩世忠不那么柔顺之外，一切无可挑剔。于是，他大发恩典，允许韩世忠进宫见面。

是允许见面，而不是免罪。

既然是态度上的问题，那么就要用态度来挽回。韩世忠的屈辱时刻来临，这位威风凛凛纵横一世无论何时都以铁血面目示人的韩大将军在皇帝的面前跪倒，"号泣"，举起自己伤痕累累仅剩四根且不能弯曲动弹的手指向赵构认错乞怜。

……嗯，这态度还过得去。

赵构满意了，愉快的情绪有益于回忆，他想起了更多的韩世忠历年的优秀服务业绩。他决定还是宽宏大量一些。

他微笑着下令，耿著一案至此了结。耿著"杖脊"，刺配海南。所谓的谋反只与此人有关，没有其他的涉案人员。

韩世忠的命保住了，至于楚州方面，一切还在继续中。

张俊、岳飞莅临楚州。岳飞直接入住楚州知州的衙门里，张俊不同，他在城外安营扎寨，搞得像行军打仗一样。

开始办公，第一步是清点兵籍。韩世忠从军近30年，韩家军威名震世，有太多神奇陆离的传说流传，到底怎样，谁也不清楚。这是有史以来第一次对它的公开清查。结果是惊人的，楚州独当一面，抗金10余年，使金军匹马不能渡江，除此之外，还不时进军北伐，做到这些，兵力居然只有3万。

岳飞不禁感叹，韩世忠真是一个非凡的人！

张俊在旁边无动于衷，他关心的是赵构、秦桧的指令。这时他掩上兵籍册，对岳飞说，飞，我们得把韩世忠的军队带到镇江府，这只是命令之一，更重要的是，得把背嵬军安全、完整地带到临安城。

岳飞不由自主地震惊，他的神情一定瞬间变得凶狠狰狞。张俊，你要干什么，这是在私拆韩世忠的嫡系，不仅要毁了这支军队，还要毁掉韩世忠的根基！

这是军队里最大的禁忌，只有南渡初期各大将整合军队时才用过这招。现在是什么时候，背后捅刀子居然这样歹毒彻底？

而这种事，无论如何都不应该由张俊来干。张俊、韩世忠是多年的战友，平时私交很深，是双重的儿女亲家，想不到一时的权贵利诱，就让他如此背信弃义。

岳飞再一次做出了回答。他说，国家只有你我三四人能战，恢复大计全在我们身上。万一以后皇上命韩枢密复出领军，到时候我们有何面目与他相见？

张俊哑口无言，像秦桧一样气得额暴青筋。

当天，两人各自气得头晕，不欢而散，各办各事。

岳飞很简单，他坐在楚州知州衙门里想心事，近期一系列的事闪电一样发生，让他措手不及，这都代表了什么，还会再发生什么，乃至就在眼下的楚州，秦桧一干人在已经扳倒韩世忠之余，还要再干什么？

这让他寝食难安，山雨欲来风满楼，劫难将至，大祸临头，他却猜不出问题出在哪儿。

可他清晰地知道自己无能为力，说到底，难道他能对抗皇权，对抗相权吗？

韩家军被肢解了，最精锐的背嵬军被带到临安，直接受禁军管辖。其余军队开赴镇江府。

一切如南宋上层建筑所愿。

七月间，张俊、岳飞回到临安城述职。岳飞等一大堆的报告说完之后，提出了自己的要求。他请求朝廷让他解甲归田。

赵构的回答让他再一次捉摸不定。

赵构亲笔写了不允诏。对岳飞的辞职，他这样回答——"……朕以前日兵力分，不足以御敌，故命合而为一，悉听于卿……以极吾委任之意。"

枢密使，军方至高官衔，岳爱卿，我爱你到了最高档。

就任才半个多月就想着辞职，真让人失望。现在你有机遇，有做事的权位，却说没法按自己的心意为国效力，说出去谁信呢？

是的，你的心里有疑惑，那么我们做点实事，让你产生被重视的感觉。张俊与你不和，是吧，那么把他调出临安，到镇江府去上班。中央枢纽之地，完全由你和韩世忠把持，这样你看如何？

岳飞沉默。

韩世忠沉默。

再一次被公开戏耍了。至高无上的皇帝啊，你为什么要玩这种把戏呢？枢密院在宋朝只是军方名义上的最高权力机构，实际上在首都有层层枷锁封禁着它的职能。而镇江府是哪儿，它是南宋长江防线的中间位置，本身聚集着张俊的全部军队，又刚刚吞掉了韩家军，这些加在一起，已经让张俊实际上控制了南宋的大半军队！

赵构却得了便宜还卖乖，说什么远调张俊，让韩、岳坐镇中枢……这让人除了沉默以外，还有什么办法？难道冷冷地一笑，说"皇帝，你真小人"？！

赵构所想、秦桧所思，都变成了现实。韩、岳军队被夺，军队肢解，在临安城半软禁，而国防全面交给了张俊。这时是七月末，两个多月之后，事情突然有了变化。

不在内部，而在江北。

金国的都元帅，威名赫赫、神勇无敌、征战无厌、很少获胜的四太子殿下金兀术再一次领军出征，侵略南宋。这一次他选的位置仍然是淮南路，正是张俊的防区。

张俊手握近30万精兵，与淮南一路金军抗衡，这是前所未有的优势。他不必做出怎样周密诡谲的安排，只需要陈兵列阵与敌正面交锋即可。

实力决定一切。

可实际的战局走向计每一个汉人惊愕。张俊居然坐在镇江府不动，全部精兵都固守江南不动，只是派出去一些侦察兵过江刺探军情，随时向他汇报。

淮南全境拱手送给金人，任凭掳掠踩蹒。

这是怎样的怪异荒诞疯狂！哪怕是当年北宋亡国，懦弱屈辱层出不穷，也从来没有过不抵抗！不说太原、真定等抗战名城，连开封陷落时也不是拱手让人。而这个张俊就敢冒天下之大不韪，开历史之先河，隔江坐视江北大片国土沦丧，坐视无数同胞饱受生死凌虐。

这样的人居然是当时南宋军方的最高首脑！

张俊还振振有词，他说纵观国际大势，南北就要达成和平了。这次金军侵略不过是因为上次柘皋之战丢了面子，回来出出气罢了。没必要过江交锋，很快他们就会撤退了。

言外之意，退一步海阔天空，与其冤冤相报，为何不高姿态些先让一步？为了和平，哪怕有所牺牲也是值得的。

一时间南宋朝野大哗，无数人弹劾指责张俊，连打定主意沉默到底的韩世忠、岳飞两人都没忍住。不为别的，哪怕从纯军事角度来看，张俊浪费了一次比从前更理想的机遇。

金兀术这次是来找死的，他的兵不仅少了，连粮草辎重都严重不足。女真人的短板从这时出现，这个民族在宋、辽两国的腐朽中迅速崛起，既没有根基也没有规划，除了最初时打仗勇猛之外，什么都很劣等。他们不懂管理，不事经济，虽说从原始社会过渡到半奴隶制半封建社会，但十几年间很多事都只是知其然，不知其所以然。

这一点，他们比契丹人差远了。

在金兀术的管理下，开封城、燕云十六州等曾经举世最繁华的地区一片荒芜，满目所见，除了死人、死狗之外全是野草，搞得他亲自出征，都没了粮草。

在淮南地区一个多月的侵略时间里，这帮女真人饿得吃牛、吃马、吃俘虏，混得人不人鬼不鬼的。当是时，如果宋军调重兵过江，女真人将不战自溃。

天赐良机被白白浪费，韩、岳两人忍无可忍，各自写了一份奏章，一方面弹劾张俊，另一方面反对议和。这在稍有良知的人看来，都是在尽最基本的义务，可对赵构等人来说，是挑衅。

计划提前执行。

之前对岳飞的各步骤准备都可以收网了，秦桧组织了最高规格的弹劾队伍，由御史台、知谏院互动配合，御史中丞何铸、右谏议大夫万俟禼、殿中侍御史罗汝楫出面，搜集证据弹劾岳飞。

这是一项非常有挑战性的任务，三个人动用国家机器调查岳飞平生事迹，事无巨细一一考证，最后只罗列出三条"罪过"。

1. 岳飞工作态度恶劣。"日谋引去，以就安闲。"

2. 淮西之战，也就是第四次北伐结束的后一年，张俊搞出柘皋大捷那次，岳飞"坚拒明诏，不肯出师"。

3. 倡言楚州"不可守"。

以上三条，先不说对错，直接透露出一个真相。岳飞在绍兴十年第四次北伐之前的一切行为均无可挑剔，是品行完美没有瑕疵的人。

而这三条本身也都站不住脚。第一点，岳飞是写了很多次辞职信，甚至有一次自动解职罢工。这在封建王朝皇权至上的理念里很是大不敬，但是一来事出有因，每一回赵构都严重挫伤了岳飞的报国之心；二来宋朝有一个宽松的政治环境，官员辞职从来不是罪恶，反而是不恋权贵的清高行为。

至于后两点，前面事发时早已叙述清楚，淮西之战时，岳飞被各方面的命令所左右，被隔离在战区之外。楚州……相信直到这时，岳飞才会知道当时张俊为什么揣着明白装糊涂，不依不饶地一定要他表态。那是个坑，早就挖好了等着他往下跳。

第八章　莫须有

岳飞的心变得冰冷，一瞬间他仿佛置身于梦魇之中，这一切会是一个整体计划流程吗？！

他在冰冷中，在回忆里，弹劾已经进入另一个层次。

赵构亲自出面爆料，他认为，岳飞在楚州时于万军之前说楚州不可守，城防没必要修，完全是收买军人，达到加强个人势力网的目的。这样的人，让国家、让他怎么信赖！（"故其言如此，朕何赖焉！"）

秦首相第一时间跟进，表态说，岳飞隐藏得很深，他说这些话，别人未必能洞察真意，多亏陛下揭露。

这两句话在南宋官场引起爆炸性的动荡，皇帝、首相公开怀疑国家最强的将军、枢密副使大人的忠诚，这是之前十几年里所不敢想象的。

一时间下边说什么做什么的人都有，这就是机遇，顶级大佬们的摩擦，是珍贵的重新站队的机会。

岳飞努力地让自己冷静下来，事到如今，他必须做出决断了。

岳飞再一次辞职，他在奏章里写道，自己多年的"服务"很不到位，有这样那样的错误，请陛下保全于始终，让他远隐于山林。

有宋一代，优礼臣僚，再大的罪臣也不过是贬黜流放了事。岳飞提到保全于始终，已经充分地考虑到了事情的严重性，把后果往恶劣里预计了。

这一次赵构同意了，罢免岳飞公职，改任万寿观使，吃一份优厚的年薪，再不插手官场军队的事。这似乎很不错，岳飞被高高举起，又轻轻放下，从此无官一身轻，没是非了。

但是，有两件事也同时发生，全面联系起来，才会清楚岳飞此时的处境，以及赵构的真实目的。

岳飞罢官时是宋绍兴十一年（1141 年）的八月。这时，金兀术收兵回了开封，给赵构写了一封信。信里一通训斥、责骂、警告，把之前的战争全归罪于南宋的忘恩负义，而他是仁慈的，仍然不想毁灭一个曾经驯服温顺的仆人，所以写了封信主动骂人。

这封信由被扣押在金国的原南宋使者带回来，赵构、秦桧接到之后表面上诚惶诚恐，暗地里却心花怒放。盼星星盼月亮，终于盼来了这个意向。

该死的金兀术，这个倒霉的孩子，当年好不容易达成了和平，他非要打。结果怎样，被岳飞打残了吧，现在没人扶着都没法过江了吧。这才知道议和的好处！

赵构立即写了回信，在信里承认一切错误，推卸一切责任，那都是几个前线的将军自作主张搞的！而他本人，是极其向往和平的，请"太保、左丞相、侍中、都元帅、领省国公"宗弼阁下代为向金国皇帝陛下转达。

既然议和再次摆上了日程，那么还需要放任岳飞吗？于是岳飞下课。

上面是岳飞被罢免的外部因素，在这之外就是关于岳飞的罢免诏书。中国的文字是很有讲究的，中国的官场哲学是很深奥的，国手布局步步紧逼，每一个进程都是后续手段的铺垫。

诏书里说，岳飞有"深衅"，"有骇予闻，良乖众望"，皇帝"记功掩过，宠以宽科全禄，以尽君臣之契，保功臣始终"，要岳飞"无贰色猜情，朕方监此以御下，尔尚念兹而事君"。

这些文字里处处都是陷阱伏笔，既承上，给岳飞的罢官定性为有罪；复启下，为以后可能出现的进一步处理留下了理由。

岳飞文笔佳妙，这份罢官制里的隐患明眼人一目了然，他有什么不知道的？有人劝他做些补救，比如求见皇帝进一步表白忠诚，或者罢官后哪儿也不去，就在临安城里养老，时刻处于官方近距离监视中，表示绝无二心。

岳飞没有。他轻车简从上路，回江州（今江西九江）的私邸去了。

岳飞孤傲萧索地远离了临安。

在他背后，临安城沸腾了。这是示弱还是挑战，是从此自绝于官场军方，彻底无害了，还是心怀报复，远离帝都，在外面暗地里联系旧部？

这是没法确定的，因为岳飞在理论上仍然羽翼丰满，岳家军没有外人能介入进去，只要两方面会合，仍然举世无双！

赵构、秦桧的行动迅速展开，第一步，先拆除了岳飞的幕僚班底。

在多年征战中，岳飞的周围集结了一大批心怀忠义的文人谋士，其中的首脑当然是李若虚等人。他们早在岳飞到枢密院上班时就被遣散到地方上当官了，可还是有11个人没走，他们哪怕被开除了公职，也仍然时刻陪伴着岳飞。

这时一纸调令，立即被拆散到天南地北。一点都不夸张，有到广南东路的，有去广南西路的，有去江南西路的，更有到南剑州的。

务必让他们没法互通声气。

幕僚零散，下一步轮到了军队。

八月下旬，镇江府枢密使大人张俊召集鄂州军方主管参见，要求先是王贵，再是张宪，要分批地来。这样能保证始终有一位主管留在鄂州坐镇，主持防务。

命令和顺序都无可厚非，下属们只能服从。

王贵先到了，张俊的接待是老朋友式的，两人聊了很多，话题渐渐转到了岳飞的身上。张俊回忆："王贵，岳飞曾经狠狠地打了你板子，还差点杀了你。现在机会到了，想报仇不？"

王贵摇头："这是军队里常有的事，谈不到那些。"

张俊索性摆明了："这是秦首相的意思，只要你帮忙告倒了岳飞，一切好商量。"

王贵仍然摇头。他能成为岳家军的三号人物，能力不可谓不强，心智不可谓不坚，绝不是功名利禄所能诱惑动摇的。

"这样啊……"张俊笑了，"那，那就换个方式换个角度说事吧。王贵，某年某月某事，别以为别人不知道……"王贵呆了，他并不是彻底光明磊落的人，他可以不被利诱，却没法不被要挟！历史没有记载他到底是哪件隐私被张俊抓到了，可是当他从镇江府出来时，再不是从前那个人了。

九月初一，张宪从鄂州出发，去参见张俊，与他同行的还有赢官人岳云。他们会在路上走 10 天左右，事情就在这期间骤然变化。

前六天里一切平静，没有谁察觉到什么。第七天到了，一个叫王俊的人突然跳了出来，拿着书面文件指证张宪、岳云与岳飞勾结，要重夺军队，要挟朝廷。

王俊是岳家军里的重要成员，是前军统制张宪的副手。此人能力突出战功卓著，这都是他成为岳家军首脑的必备条件，而这之外，他还有一个外号，叫"王雕儿"。雕儿，指恶鸟，在鸟群里争咬生事，祸坏同僚。王俊就像这种恶鸟一样，是一匹害群之马。

这人用了巨大的篇幅来详细记录某天晚上他与张宪的交谈，内容是张宪对他说岳飞秘密派人送来了消息，要张宪把全部人马都拉过江去，进驻襄阳府。这样会让朝廷明白岳飞的地位，从而保证岳飞的安全，甚至重归军队。

这实在是罪大恶极，是地地道道的谋反！所以王俊出于忠义之心，把这事儿告发了。

由于篇幅所限，我无法把这篇告密信原文抄录。那里面有太多的破绽没法自圆其说，最显著的一点，抛开张宪、王俊之间早有摩擦，不可能把这么机密的事提早暴露之外，张宪之所以说得如此详细，居然是王俊一直在反对、在质疑，张宪像是要说服他一样，把各种隐秘一一告知……

滑天下之大稽！

这样拙劣的伎俩谁看了谁摇头苦笑，连王俊本人都做贼心虚，在告密信的末尾加上了一句话——"张太尉说，岳相公处来人教救他，俊既不曾见有人来，亦不曾见张太尉使人去相公处。张太尉发此言，故要激怒众人，背叛朝廷。"

没人来，也没人去，那么说仅仅是张宪发了一通牢骚话吗？这也是罪？！

不管是不是，这就足够了。王俊把这份告密信上交给了王贵，他的任务就算结束了。而王贵拿着这几张纸，心里游移不定，他绝对不想这么做的，可是却没办法……权衡之下，他把告密信上交给了荆湖北路转运判官荣薿。

荣薿却不接这个烫手的山芋，原件退了回来，至此无可奈何，王贵只好把东西交给了秦桧的死党林大声。林大声迅速转交给了镇江府的张俊。

这时，10天已到，张宪、岳云正好赶到了镇江府……

精确地控制，确保岳飞最嫡系最亲近的人自投罗网。

张宪、岳云进入镇江府之后，被第一时间关押。张俊下令就地审问，如有必要，可以动刑。刑讯逼供之意毫不掩饰。

可是却被手下人拒绝了。枢密院令使刘兴仁、王应求等说，按宋朝律法，我们枢密院无权开设刑堂，无权对任何级别的官员动刑审问。

张俊冷笑，那就都滚吧，由他亲自动手。

张俊等这一天很久了，长久以来他对岳飞的所有怨恨、羡慕、忌妒得发狂的病态情绪都得到了宣泄，他抓住了岳飞的命脉，亲手拷打岳飞最亲信的爱将，以及岳飞的长子！

这是怎样的快乐！

张宪被严刑拷打至体无完肤，岳云也一样，可是自始至终张俊都没能得到他想要的。他那颗蠢到了一定程度的脑子里能编出来的最完美谎言，不外乎说张宪接受岳飞指使，鼓动军队造反要挟朝廷，而在江西、鄂州之间充当桥梁的就是岳云。

可是证据呢，张俊觉得应该有一封信，可是信呢，实在是找不着……很好，那一定是张宪得到之后就烧掉了。

尽管很笨，尽管很蠢，尽管什么证据也没有，但是足够了。张俊带着这些想象中的罪名，押着遍体鳞伤的张宪、岳云去了临安，把他们投进了大理寺狱。

至此网已张开，只差岳飞入瓮。

要怎样抓捕岳飞，才真的体现出秦桧、赵构的"智慧"？他们根本没有大张旗鼓，而是正规地由首相下令，派禁军统领杨沂中出公差，带着"堂牒"去江西召岳飞进临安。

对付岳飞根本不必使用特殊招数，只要正规，越是正规的命令，岳飞就越是不会拒绝，哪怕前面是刀山火海，他也一样会跳。

杨沂中出临安赶往江西时，岳飞已经知道了些许的消息。他从前的一个叫蒋世雄的部将被远调到福建任职，在临安城里偶然得知了张宪、岳云被关押的消息，昼夜兼程赶到江西报信。

岳飞很平静，很多事从心头掠过，稍微动念间什么都清楚了。诱骗王俊诬告，牵连张宪、岳云入狱，最后罗织到他的头上……这与之前陷害韩世忠时的手段如出一辙。

怎样应对呢？

蒋世雄劝他要么学韩世忠，迅速进京向皇帝求情；要么就远走高飞，从此远离一切。反正万万不能坐以待毙！岳飞苦笑，他怎能去学韩世忠！

岳飞一生从未昧心低头，从未因生死富贵等事折腰！况且韩世忠于赵构曾有救命救驾之功，哪是他所能比的？思索再三，岳飞平静地叹息了一声，说——"使天有目，必不使忠臣陷不义；万一不幸，亦何所逃？"

老天长眼，自然护佑忠良……多么美好的愿望！

杨沂中在九月下旬的某一天到来，岳飞很平静地跟着他走了。十月十三日，岳飞重回临安城，没能见到皇帝、首相，直接下狱。

那一天，岳飞的轿子被抬进了大理寺。岳飞惊愕，他万万没有料到自己未经弹劾、申辩就被下狱。他大声问："怎么把我带到这里来了？"

没有人回答他。

岳飞在大理寺门内下轿，只见四周一间间密室，都挂着厚厚的帘子，没有一个人。正四顾彷徨，有人出来对他说："这里不是相公坐处，后面有中丞相待，请相公略去照对数事。"

照对，即审讯。

岳飞不胜骇异，他为国家效力半生，竟然落到了被审讯的地步！

他跟着来人走，途中他突然见到了血肉模糊被锁在镣铐上的张宪、岳云。至此他终于知道自己是多么天真，他都想错了，本以为宋朝官场宽松，自己位极人臣，即便有处罚也不会严苛，哪想到自己的爱将、长子竟然身受酷刑！

此时，他只能继续走下去，在里面等着他的人是御史中丞何铸。此人是秦桧的亲信，不久前曾出面弹劾他，导致其罢官。

主审岳飞的是御史台长官何铸、大理寺卿周三畏。这两人问岳飞为什么要造反，是怎样造反的。

对此岳飞实在没法回答，这就像一只羽翼洁白的大鸟，被人问为什么你的翅膀是黑色的，你让它如何回答？岳飞只能笑了笑，说——"皇天后土，可表此心。"

他撕开了自己的衣衫，袒露后背，那上面有四个墨迹深入肌理的大字——"精忠报国"！

"精忠报国"……这四个字是中华民族的图腾，它不仅凝结着岳飞的八千里云月，印刻着他十五年间的勋劳，还激发了无数国人热血的报国志。不只是当时，八百余年后中国再一次面临亡国的危机时，国人都以它为口号走上战场！

它是神奇的，只在一瞬间就升华了一个人的灵魂。

何铸，他本是秦桧的亲信，不久前还弹劾过岳飞，在他的心里一定存在着很深的对岳飞的偏见。可是这一刻过后，他推案而起，结束庭审。他离开了大理寺，直接去找秦桧。

他为岳飞而辩驳，他要为岳飞脱罪！

那些所谓的证据破绽百出不值一驳，都是假的，是赤裸裸的栽赃陷害。面对这些，秦桧愕然，他不解这是怎么回事，何亲信怎么转眼间就像换了一个人似的，难道是发疯了，还是被岳飞收买了？他试着劝了几句，还是以大事为重，陷害岳飞为重……

哪知换来的是何铸对案情的一步步拆解，无论如何何铸都要为岳飞辩诬。至此秦桧终于拉下面具，他懒洋洋地抛出了底牌——"此上意也。"

这是皇上的意思。

他觉得这样就是结局了，何铸可以很心安理得地结束了，却不料换来了何铸新一轮的反击——"铸岂区区为一岳飞者，强敌未灭，无故戮一大将，失士卒心，非社稷之长计。"

秦桧终于清楚眼前这个人被岳飞洗脑了……他拉拢这人用了好几年，岳飞洗脑只用了这么一会儿。想想真沮丧，但也只能放弃了。

何铸被任命为出访金国商量和谈的使者，立即出国。岳飞的主审官换成了万俟卨。万俟卨与岳飞早有旧怨，他，贪利奸猾，被岳飞鄙薄过。这人怀恨在心，投靠秦桧，视岳飞为死敌。

万俟卨与何铸是不一样的，何铸有一颗没有泯灭良知的人心，知道公义道理国家利害。而万俟卨不管这些，他的眼中只有一己之私欲。从这一点来说，此人和秦桧、赵构是真正的同伙，有着本质上相同的底蕴。

为了荣华前程，管什么道德良心！

由万俟卨主审，岳飞的苦难开始了。这人颠倒黑白无中生有，不仅把前面提到的三项所谓的罪名扩大化，还罗织出很多岳飞曾经说过的造反的话。

比如，岳飞在升任节度使时说过——"三十岁建节，古今少有。"这句话就是明明白白的造反了，因为本朝三十岁建节的人只有一个，即开国太祖赵匡胤。

难道你岳飞在自比太祖吗？！

比如，岳飞曾在淮西之战后说——"国家不得了也，官家又不修德。"这是指斥辇舆，公开诽谤当今圣上。

又如，岳飞公开蔑视同僚，说张俊、韩世忠的军队不堪一击；还有最重要的两人问答，那是在第四次北伐不得不撤退的途中，某个夜晚岳家军众将闷坐在一座古庙中，长久的沉默之后，岳飞突然问："天下事，竟如何？"

又是一阵沉默之后，张宪回答："在相公处置尔。"

这是多么大逆不道啊，这一问一答不仅暴露了岳飞的野心，还坐实了张宪帮凶的身份，这一主一从是在试探众将的心，是在公开策反！

等等，等等，此类言语都在这时出炉，它们的可信度也就可想而知了。而这些，居然成了岳飞的罪证，并且由于是万俟卨收集的，被南宋官方所认可的，于是在后世几百年间不断被各色人等所引用。

后世纵然众口铄金，也总有心怀良知的人去维护岳飞的声望。可在当时，岳飞已然落难了，没有谁能庇护他，给予他哪怕一点点的公平。

万俟卨罗织了上面那些所谓的"罪证"，终于再次提审岳飞。公堂之上，此人赤裸裸地大声呵斥——岳飞，国家有何亏负你处，你父子却要伙同张宪造反？！

明明对方才是奸邪小人，如今却被这小人审问自己是不是谋反……这极度的荒诞彻底激怒了岳飞，他以更大的声音反驳——"对天明誓，吾无负于国家！汝等既掌正法，且不可损陷忠臣！吾到冥府，与汝等面对不休！"

说话间，岳飞须眉怒张，伸臂戟指，长时间的监禁冤屈让他无法自制。

就在这时，旁边的衙役忽然以杖击地，呵斥说——"岳飞叉手正立！"

岳飞猛然惊醒，这一瞬间他彻底清醒了，一生的事迹在心头闪过，三十岁之功名，八千里的征途，十万军卒的统帅，都已经是过往。

他现在只是一介囚徒！

连一个衙役都敢呵斥他……而下面的一幕更让他在清醒之余心若死灰。万俟卨说："相公说无心造反，你还记得游天竺寺时，曾在壁上留题说'寒门何日得载富贵'这一句诗吗？这是什么意思，既写出这样的话，岂不表明有非分之想，居心造反吗？"

这不是庭审，这是游戏。甚至这不是欲加之罪，而是在开玩笑，在岳飞的生死大事忠贞与否这样的前提下以所谓的"富贵"两字和谋反挂钩，这已经不是什么构陷，而是侮辱！

你是没罪，可我就是要玩死你，怎么样？

当是时，岳飞平静了下来，只说了一句话——"吾方知既落秦桧国贼之手，使吾为国忠心，一旦都休。"说完之后，他从此一言不发。

再没有什么好说的了，无法辩驳没有公正，还能说什么？与小人、与陷害自己的奸臣讲道理吗？岳飞只是忠诚，他并不天真。

万俟卨却不放过他。

小人落入君子之手，最多干脆利落地一死。君子落入小人之手，想死都没那么容易。这些年岳飞坏了他们多少好事，怎能轻易放过，怎能让他死得轻松体面？

岳飞在狱中受刑、沉默、一言不发，直至绝食，始终不承认自己有罪。而万俟卨一伙儿却出于多方面原因，如时局的变化速度等，不能让他很快就死。他们找到了岳飞的二儿子岳雷，让岳雷到狱中送饭，暗含威胁之意，逼迫岳飞活下去。

岳飞的遭遇渐渐地传到了狱外，这时的宋朝已经自残到了一个危险的临界点，满朝公卿大臣个个居安思危，人人明哲保身，没有谁敢站出来说一句公道话，更别提什么为家为国仗义敢言。总瞰当时，只有寥寥几人做了点什么。

上书鸣冤的是几位文士，有智浃、刘允升、范澄之等，其中智浃还是一个出家的和尚。赵构深居简出，能与之当面说话的只有极少数的顶级权贵，一位皇室成员赵士㒟以全家百口人性命担保岳飞绝无反心。除此之外，就只有韩世忠了。

韩世忠已经是一介平民。他在岳飞入狱后的半个月时被罢免了一切官职，只以太傅的头衔领醴泉观使，每天闭门谢客绝口不提国事，不见任何军旅旧人，每天只带着一两个小童跨驴携酒，在西湖一带闲走散心。换句话说，他在用行动表示自己的决心。

当良民，保性命。

可是当他知道岳飞的事之后，仍然怒不可遏、无法克制。他找到了秦桧，当面责问岳飞到底有什么罪，这么长的时间了，到底查出了什么？

秦桧的回答是坦诚的，他的原话是——"飞子云与张宪书虽不明，其事体莫须有。"

这是一句空前绝后的政治流氓话，"莫须有"，可解释为也许有，可能有种模糊类性质。也就是说，岳飞等三人的罪，可能存在，也可能不存在，但就是这样，就可以判决定性为有罪了。

与其说肮脏，不如说跋扈；与其说丑恶，不如说霸道！这是明目张胆地草菅人命，谈笑间像游戏一样就草菅了岳飞的命。

韩世忠无可奈何，只能愤愤地说了句："相公，'莫须有'三字何以服天下乎？"就转身离去。至此，为岳飞鸣冤的举动到此为止。

一个民族的麻木、胆怯是多么明显，这在之前的北宋甚至南渡的初期是不可想象的。之所以这样，完全是几年以来赵构、秦桧糜烂风骨的结果。

截至这里，是传统意义上的韩世忠为岳飞鸣冤的桥段。我总觉得里边另有味道，仔细想了想，或许是"莫须有"这句太过著名的三字经会有别的解释方法。

何谓"莫须有"，为什么韩世忠听到之后立即离去？是被气着了吗？不，换个解释听听。韩世忠问原因，一脸的激愤，而秦桧却微笑着盯着他，轻轻地说："……需要原因吗？"

莫须有。

需要有吗？

我就是要杀了岳飞，这是皇帝的意思，也是我的意思，你来问，我就告诉你。需要有什么原因吗？再啰唆，明天就是你！

本就自身难保的韩世忠，除了转身走开之外，还有别的路吗？也只有在这种震慑之下，才会再没有敢为岳飞说话的人。

何谓政治流氓，什么是上层建筑层面的道理？展示给世人看的是充满阳光味道的向日葵，隐在真相背后的却是血淋淋的尸体。

至此，岳飞成了南宋的禁忌，他被关在大理寺的重犯牢里，受酷刑吃囚饭，不见天日，无人过问。

时间一天天地过去，很快腊月近了。

南宋绍兴十一年（1141 年）的腊月近了。

第九章 天日昭昭

南宋与金两国在第一次议和的三年后达成了第二次绍兴和议。与三年前相比较，宋朝吃的亏更大。

条约规定，宋向金称臣，金册封赵构为皇帝；宋每年向金纳贡银、绢各 25 万两（匹），自绍兴十二年始，每年春季运至泗州缴纳；宋金东以淮河中流为界，西以大散关为界，以南属宋，以北属金；金归还宋徽宗棺椁、赵构的生母韦太后。

上述条款把岳飞历次北伐所得疆土，如唐州（今河南唐河）、邓州（今河南邓州）、商州、虢州全部拱手奉敌，更西一点，当年吴玠浴血苦战之和尚原、方山原等地也都在割让之列。可以说南宋在西南方面屏藩自损大半，而在中路地段则完全龟缩于淮水流域内部，自淮至江一片坦途，除了拿人命堆之外，没有任何堡垒。

如此苛刻还不算完，金国还有一些附加的小条款，林林总总如一道道枷锁套在宋人的头上，其中最著名的一条就是——不许以无罪去首相。

这是秦桧官途的最大保障，至此赵构突然发觉，对秦桧已经失控了，他再没法把这个贴心得力的首相操控于股掌之间！

这时是南宋绍兴十一年（1141 年）的十一月间。离腊月还有近一个月的时间，岳飞已经接近于被蒸发。他为国家、民族所做出的贡献都丢了，而他本人也消失在公众的视野里。

考虑到之前他已经被罢免所有军职、官职，再参考自宋朝立国以来从未杀任何大臣，似乎他的命运已经迎来了新的拐点。

他将被释放，作为一介平民，或者流放的罪民平静地在边远的地区生存，直至他悄悄地死亡。这样，对帝国、对民族、对岳飞本人，甚至对赵构、秦桧等当权派都有好处。比如赵构可以被后世史书称为昏君、卖国之君，却不必顶着暴君、寡恩之君的大帽子。

这些问题后世人懂，当事人更清楚，毕竟这是些对自身利益敏感在乎到了极点的人。于是赵构沉默，秦桧犹豫，迟疑的时间长达近一个月，直至年关将至的某一天。

那天，秦桧躲在书房里，屏退所有人，一个人吃着柑橘，若有所思。他的嘴在动，他的手在桌子上橘皮间来回画着，心里还是一团乱麻，不知如何是好。

杀岳飞固所愿也，可民心怎样，军心怎样？万事都有底线，眼见议和达成，再出乱子是不是得不偿失……

这时有人走了进来，看他这副样子，很是鄙视。

——老汉竟然如此缺乏果断吗？要知道捉虎容易放虎难啊。

秦桧老婆王氏。这个北宋名相王珪的孙女，不知是秉承了什么样的血气而生，在她的身上找不出半点当年王珪雍容得有些愚钝、温良得不分是非的影子。她阴险刻毒斩尽杀绝，在某种程度上比秦桧还凶险。她以一颗妇人的险恶私心提醒秦桧，纵然岳飞是忠诚的，也不代表被关了这么久受尽酷刑之后，他不会起报复心。

宁杀错，不放过。

秦桧恍然大悟，心中乱麻瞬间斩灭。他伸手取过纸笔，随意写了一张便条，派人送去了大理寺。

万俟卨心领神会，很快交出了一份判决书"岳飞私罪斩""张宪私罪绞""岳云私罪徒"。不知是何用意，给岳云留下了一条生路。

这份判决书上交皇宫，出来时却被赵构稍微改动了一下——"岳飞特赐死，张宪、岳云并依军法施行。令杨沂中监斩，仍多差兵交防护。"

赵构把一切生路切断，务必置岳飞父子于死地。

南宋绍兴十一年（1141年）十二月二十九日，是当年的除夕之夜，狱中孤寂冷清的岳飞突然被带到大理寺正堂，万俟卨等人拿出一份供状让他画押。

岳飞明白这是最后的时刻了，回望一生，注目眼前，满腔的怨愤让他提起笔来，写下了八个字——"天日昭昭！天日昭昭！"

苍天在上，乾坤朗朗，怎容得岳飞落此下场！天日昭昭，世有光明，但光明到底在哪里？于此时，岳飞对这个世界完全失望，只有把信念、把忠贞、把自己交托给虚无的上苍来证明！

岳飞死了。

相传他被毒死在大理寺院内的一座取名风波的小亭里。名为风波，其实暗夜无声。岳飞死于彻头彻尾的阴谋，没有一点点的公开。

没有公开的判决书，由于行刑的突然，这帮刽子手尽管掌握着国家最高权力，也没法及时走完程序。判决书要在第二天以倒填日月的方式来补办，更没有合法的程序，也没有公众的视线，不仅是他，连被斩首的张宪、岳云两人也是被秘密处决的。

三位未死于战场的英雄，在这个夜晚无声无息地被自己的国家杀了……这一年岳飞39岁，岳云23岁，张宪年岁不详。

岳飞被害后，按赵构的命令，他将被草草埋藏在大理寺的某个墙脚下，世间将从此无人知道岳飞的下落，他将被毁尸灭迹。

赵构、秦桧只差一点点就成功了。

还是在那天夜里，人都散了之后，有一个狱卒悄悄地返了回来。他挖出了岳飞的尸体，一路过街穿巷，出临安城西北的钱塘门，到了九曲丛祠附近北山山麓的一块平地上。

岳飞被安葬在这里。

这位狱卒为他立了一座坟，坟前种下两棵橘树作为标记，碑上刻的是"贾宜人之墓"。多年以后，当岳飞的沉冤被昭雪之时，这些都是寻找英雄尸首的证据。除此之外，岳飞遇害时手上还有一只翠玉戒指，是他的夫人送给他的信物。

岳飞死了，作为近千年以来强大到战无不胜、完美到无可挑剔的英雄，他的死成了一个民族的心结。一个国家为了得到侵略者的施舍，竟用杀掉自己最强最忠诚的将军为代价，而当时的形势是这位将军已经将侵略者击败！

这是为什么呢？

做这样亲者痛仇者快的事，做到如此不留余地的程度，秦桧或许可以定性为国贼汉奸来解释，可作为南宋皇帝的赵构为什么也会，难道他也是一个汉奸吗？！

三国时鲁肃曾说过，任何人都可以投降曹操，偏偏孙权不可以，别人投降后可以继续做官，孙权却不能。根据这一理论我们能够得出结论，赵构不是汉奸，因为不符合他的利益。可他就是这么干了。

为什么呢？

800余年以来，各个时代的专家学者民间精英们总结出各种各样的理由，试图还原当时赵构的思维。

之所以杀岳飞，不外乎下面几种原因：

第一，岳飞不听话。

可是宋朝官儿的特色就是不听话，文官能当面痛骂皇帝，能写奏章从灵魂到肉体全方面贬低皇帝，不仅不会被杀，还能既成名又得奖。至于武将，不听话就更普遍了。比如同时期的四大将之一刘光世，此人无论是剿匪还是抗金，想干才干，不干就不干，赵构硬是拿他没办法。

所以听话与否，根本无关紧要。

第二，钱。

岳飞等四大将，或者加上吴氏兄弟，成五大藩镇之势。不去说唐朝死于藩镇的前车之辙，只说当时赵构所面临的局面。

南宋地域之小，作为一个正朔王朝来说已经不够格了。尤其是战乱之末，加上花石纲之末，金兀术搜山检海捉赵构之末，已经等同于在废墟上重建国家一样。在这种情况下，连年战争不止，军费开销巨大，五大藩镇时刻伸手要钱，这如何得了？

尤其是各藩镇辖区内军、政、财三权全盘自负，各有土地、酒、铁、盐等国家物质出产，如此一来此消彼长，赵构不收军权不撤三大将不杀不废韩、岳，眼见得国将不国！

理由看似充分吧。

可宋朝从来都是以钱买权高薪养官，甚至拿钱养饥民成军队，全额支付军人所有家属的国家。这是宋朝的立国之本。

钱少了就杀人……而且杀到如此厚颜无耻、凶残阴晦，只能说有几分道理，却不足以采信。

第三，上书请立皇太子。

这是历年总结出来的岳飞致死原因。具体经过是在南宋绍兴七年（1137年）的九月、十月间，也就是岳飞上庐山守孝，奉旨不得不下山领军的两三个月后。

那时他和岳家军的随军转运使薛弼一起去临安述职。他们坐船去的，在路上岳飞某天很严肃地对薛弼说，他要做一件大事。

之后，岳飞经常一个人在船舱中提笔写字，内容不许任何人看，直到进入临安城。

岳飞当面把写的东西念给赵构听。据记载，岳飞突然失态，他的声音不再洪亮，他的手颤抖了，勉强把奏章读完，脸色已经变得死灰一样。

这篇奏章是请赵构册立皇太子。

赵构很安静地听完，很平淡地回答说，爱卿你很忠诚，可你是在外手握重兵的大将，这种事由你提出不合适。

岳飞失魂落魄地出了皇宫。

薛弼在他之后觐见，一见面赵构立即把刚才发生的事说了一遍，他希望薛弼一会儿下朝之后去见见岳飞。因为岳飞的神色间似乎不大高兴，需要人劝解一番。

第二天，赵构又把这件事告诉了当时的首相赵鼎。赵鼎大怒，斥责岳飞的鲁莽粗陋不守本分，更进一步断定这一定是岳飞的某些乡村秀才出身的幕僚出的主意，本想着取悦朝廷，哪知道适得其反。

综观上述，每个稍有历史常识的中国人都会叹一口气，唉，岳飞，这事真是办拙了啊。国之将帅关注储君，这是最犯忌的事，怎么能轻易去碰呢？纯粹是找死！

所以岳飞才会在朗读中突然失态，这证明他当时才意识到这件事有多出格，后果有多么严重。由此更能证明岳飞是多么低能，像小学生一样，送出卷纸的一刹那，才知道自己的答案多荒唐。

可是有一个细节一般人就不知道了，早在岳飞之前的六年，上虞县的县丞娄寅亮就曾经给当时正在流亡中的赵构上书，建议在宋太祖赵匡胤的子孙中选一位册立为皇太子。

县丞说得，岳飞说不得？

很多人会说，对，就是县丞说得，岳飞说不得，因为县丞手里没有兵，说什么做什么都无关大局，不敏感。很好，有道理，但真正的内幕要在下一个问题时综合来说，才知道对错。

第四，迎二圣回国。

这是公认的岳飞最大的失败。他天天念着要把徽、钦二帝救回来，真要是成功了，置赵构于何地，难道要他把皇位让给老爹、哥哥吗？

如果不让的话，置封建礼法于何地？尤其是当初他就任大元帅时的使命很清楚，钦宗是命令他带兵救人的，他可好，自立为皇了，于情于理，哪方面都站不住脚。

而岳飞念念不忘徽、钦二帝，纯粹是自绝于赵构。为了皇位，赵构必杀岳飞。

这观点简直错到了唐朝去，只有唐朝人才会不知道宋朝事，稍微知道些史实的就不会犯这个错误。事实是自从宋绍兴五年（1135年），宋徽宗赵佶死在五国城之后，岳飞就在任何场合、文字中绝口不提迎回二帝的事了。

那不是因为徽宗已死，没法迎回，而是当时女真人有了一个阴谋。他们声称要把钦宗或者钦宗的儿子赵谌送回开封，由他们重组宋朝，以此取代江南的赵构，建立所谓的宋室正朔。在此前提下，岳飞怎么可能再提迎回二帝之类的话？

那样，等同于配合金国，做女真人的应声虫。

由此，岳飞在1136年之后，在任何场合都不再提迎回钦宗的话，在文字中也精心做过处理。比如就在请立皇太子风波的南宋绍兴七年（1137年）的一份奏章里，写的是——"……异时迎还太上皇帝、宁德皇后梓宫，奉邀天眷归国，使宗庙再安，万姓同欢，陛下高枕无北顾之忧，臣之志愿毕矣。"

说得多明白，只提棺材不提活人，只说天眷不说具体人，一切的终极利益都紧守赵构一人，岳飞在这方面是非常清醒非常成熟的。

由此更证明了请立皇太子一事的真相，在金国欲扶植赵氏傀儡上台时，岳飞主动提议赵构立养子为皇太子，这是无可挑剔的忠诚！

哪怕这会激起时值壮年的赵构的强烈不满，岳飞为国家的安定也会一往无前地去做，并且在做的过程中绝不会有上面所说的面若死灰、手抖身颤等丑态！

为了诋毁岳飞，从古至今有无数别有用心的人非常用心地去做。

这也不是，那也不是。然则原因到底是什么？这时我们需要让自己的视觉调整个新的角度，无法正面解释的，不妨先设定它成立，即岳飞幸存着，一直活了下去，直到十几年后，甚至几十年后，那时历史会怎样，赵构会怎样？

历史的车轮会一直滚滚向前，直到所谓的和平条约被打破。

自有人类历史以来，两国之间从来没有永远的和平。这是一条铁律，一般来说，受过高等教育的赵构应该会知道。

但是他很不情愿，他相信的是祖宗家法，以及刚刚过去不久的成例，即北宋、辽之间的百年和平。参照那时的历史，最初时辽国也曾咄咄逼人，可是军事对冲之后，两相无力，只好互相妥协，于是一直妥协了下去。

这时，金与南宋之间的强弱关系已经互换，与当年北宋、辽处于和平临界点时很像，那么为什么不能缔结又一个百年和平呢？

障碍就是岳飞。

前面提过北宋、辽的百年和平，就是这样人类历史上绝无仅有的超长期友谊，也曾经被人为地波折过，好几次滑向战争的边缘。试问一旦南宋、金之间出现这种状况，必须说明的是，参照和平无永远之铁律，这是一定的。

那时岳飞在，局势会怎样？

这个命题不必去假设，因为它在十几年后就发生了。金海陵王南侵，南宋屏藩尽废耆宿凋残国中无人，只好把老病将死的刘锜派上前线。可就是刘锜，就让不可一世的海陵王挨了当头一闷棍。可以想见，当时如果岳飞仍在，以岳飞之能，以他不到50岁的年龄，战争会发生怎样的变化？

南宋之胜可期。

可是之后呢？

挟大胜之余威，岳飞展平生之抱负，于战争中大放异彩，赵构唯一的选择仍然和第四次北伐时一样，硬生生地扼住岳飞前进的脚步……

历史真的在转圈了，就算第二次阻止岳飞仍然成功，而岳飞也仍然继续忠贞，不会借机造反报复，可总这么折腾，总踩在刀刃上过日子，谁都受不了吧！

于是，问题再回到原点。

想真正解决问题，只有杀掉岳飞！这还是把目光放至无极远，从根本处考虑问题得出的答案。如果想得平实些，事情就更简单了。

王氏提醒秦桧捉虎容易放虎难，这是一个把事情看得很透的女人。与此同时，相传还有另一个小人物也得出了同一个答案。

那是一个狱卒，他负责看守岳飞的牢房。某一天他像说闲话一样地对岳飞说，皇帝既然已经把你下了重狱，就绝没有放你的一天。

皇帝与最强的将军一旦反目，绝没有再次共处的可能！这是另一条铁律，放之四海而皆准，绝无例外。

岳飞之死是必然的，置他于死地的是赵构的偷安、怯懦、阴毒心理，更是他本身超出时代限制的能力。岳飞凌驾于同时期的所有战将之上，即便宋、金双方，都找不出与之匹敌的人物。人们习惯性地把完颜宗弼当成他的敌人，把韩世忠当成他的伙伴。可这两个人，从能力到品德、志向都与之相差甚远，根本没有可比性。

金兀术不去说了，一个常败将军而已，一个战场上的低能儿，说起阴谋策反什么的倒是专家。而韩世忠也让人失望，《宋史》关于他的评价是："……世忠在楚州十余年，兵仅三万，而金人不敢犯。"

除此以外，不见他拓地复疆，不见他兵锋直逼旧都开封！越是关键时刻越见其软弱，根本指望不上他。所以韩世忠可以活下去，他没威胁。

岳飞不一样。

说到功劳和业绩，不得不提吴玠，他是唯一一个与岳飞相近的南宋将军。南渡之后，他是最先重创金军的人，是收复失地、阻敌于国门之外、保全南宋之上流关键地带的人。他的下场很不错，病死的。其实就算不死，也不会到大理寺里去吃牢饭。

因为吴玠沉迷于享乐。炼丹、女色，是他的最爱，他甚至还送美女给岳飞，可是被岳飞拒绝了。他爱这些享乐高于生命，英年早逝在这些东西上……这让赵构放心，这代表他是可以收买的！而岳飞和他的军队"冻死不拆屋，饿死不掳掠"，宣扬"文官不爱钱，武臣不惜死，天下太平矣"，这让别人怎么活呢，让别人怎么与他共存呢？

很久以前，我曾经放下《宋史》默默地想一件事。岳飞为什么会成为让中国人念念不忘的精神图腾，甚至是武圣人呢？

他当然是武圣人，比关二哥强多了。

关羽生于乱世，不认诸侯认皇室，千里寻兄古城相会……这些事是很忠心很义气，但相比岳飞格局就小了很多。

汉末之争无非是本民族内部的事，两宋之间则关乎民族危亡，两者没有可比性。而岳飞百战百胜神武天纵，更不是关羽所能比的。

可直至今日，很多人怀疑岳飞构陷岳飞，寻章摘句罗织罪名诬蔑岳飞，却没有谁质疑关羽。关羽的塑像随处可见，他由将而侯升王晋帝成神，变得至高无上，而岳飞只能屈尊于西湖边被害地附近凝望每天的晓风残月。

这都是为什么呢？

甚至早些年时，我也曾经得出一个当时觉得沾沾自喜蛮高明，现在回想却很惭愧的答案——岳飞之所以那么为人所怀念、所乐道，在很大程度上是因为他的命运是维纳斯女神的胳膊。

女神的塑像是没有胳膊的，这种残缺就像是岳飞的未竟之志。试问如果他北伐成功、灭亡金国、迎回二帝等愿望都达到了，那么他在历史上的地位，在中国人心中的形象，会高于他战胜金国却死于莫须有的罪名这种真实的命运吗？

我想很难，甚至是不可能的。因为赵匡胤、朱元璋等重兴汉统的伟大皇帝都没有岳飞式的神圣光环。于是那时我想，是残缺的美感，悲剧的命运，以及本可以成功，最后却更加屈辱憋屈的南宋国运，让国人一直沉迷追问于一个可能性。

——如果岳飞没死，如果岳飞成功了，如果岳飞索性反了……中国的命运会怎样？在这种猜想追问中，岳飞的地位不断攀升，直到光环满身。

当年我自喜于这种发现，现在我很惭愧。

岳飞死在自己对民族对国家的坚守上，他并不是以所谓的聪明来生活的，所以，所有想以理智的态度去解构他的想法，都注定将进入误区。

岳飞以他一生的作为，证明了一个无瑕疵的英雄形象。他在中国历史上是独一无二的存在，哪怕在他个人的列传中，史书曾以另一个人的遭遇来类比，那是南北朝时南朝刘宋的大将檀道济。"昔刘宋杀檀道济，道济下狱，瞋目曰：'自坏汝万里长城！'"

刘宋杀了檀道济，不久亡国。可檀道济骄奢淫逸，自奉丰厚，对外作战也未能予北朝以致命打击，怎能与岳飞相比！

在和约达成，杀死岳飞之后，赵构疲惫且满足地靠在宝座上，回望十余年来的奔逃求和路，一时间感慨万分。

——"朕今三十五岁，而发大半白，盖劳心之所致也。"真是不容易，终于和平了！可以恢复到靖康之前的美好日子了。

他身旁的秦桧微笑附和，是很不容易，这一点谁都同意。但是更不容易的已经开始，赵构的新生活绝不是他当初想象的那样甜蜜美满。

就像婚姻。

赵构与秦桧的关系进入了一个新的阶段。之前，赵构是未婚的美丽女孩儿，可以对秦桧颐指气使，予取予夺，而秦桧低声下气为博取欢心不计代价。可赵构抛弃了岳飞，选择了秦桧，在这之后他才发现女孩儿的婚后生活真的是不一样啊。

第十章　一个民族的堕落

开始时还不错，赵构得到了礼物。半年之后，他父亲的棺材和活着的生母韦氏回来了。这是他名义上哭着喊着不惜举国称臣自毁长城所乞求来的，所以迎接的力度堪称巨大。

不料他亲妈就是个棒槌，见面之后对秦桧、张俊等顶级宰执视而不见，对亲生儿子也不大理会，直接问谁是韩世忠，在北边大名鼎鼎，俺早就想见一见了。

……现场一片寂静。

好在韦太后迅速进入角色，从此之后该说的说，该做的做，该忘的全忘。比如她从五国城离开时，全体被掳赵宋皇族女子集体凑钱给她饯行，她答应回去之后立即动员赵构为她们想办法，好在江南再聚；比如临行前钦宗皇帝跌跌撞撞地跑来，攀着车轮对她哀求。

——“蹐之，第与吾南归，但得为太一宫主足矣，他无望于九哥也。”一定要救我回去啊，给个宫观闲职就行了，绝没有其他的想法。

曾经的九五至尊，声泪俱下惶惑难言，谁见了谁难受。韦氏也被感动了，她当场发誓，放心，一定帮你，不然瞎我的眼睛！

听到这样的承诺，钦宗才放开了手，看着韦太后的车驾渐行渐远，消失在遥远的南方天际。那是他今生最后的一根救命稻草。

可韦氏把他忘了，把北方所有的亲族都忘了。顺便提一下，后来她真的瞎了。

至于该做的，是她杀了一个人。这是一笔陈年旧账，很多年前还曾经抚慰过赵构孤独的心灵。那是在南宋建炎四年（1130 年）左右，宋军剿匪时抓到了一个年轻女人，她自称是柔福帝姬，也就是北宋皇室的公主。据她说，她千里迢迢逃过长江，被匪徒抓获，直到由官军解救。

经北宋皇室逃到江南的为数不多的一些旧人验证，她的确是由懿肃贵妃所生名叫嬛嬛的公主，唯一的疑点是她的脚是天足，与公主自幼守持的习俗不符。她对此的解释是千里奔逃有时光着脚，所以它回归大自然了。

这让赵构的心更加悲恸，为此，他加大了抚慰这位难得的亲人的力度。他主持了柔福的婚礼，每年都大加赏赐，近10年间累计达到40多万贯。

可韦氏归来后，声称柔福帝姬早已死在了北方，这个是假货，金国人一直为此而笑话赵构。

赵构大怒，派人审讯，结果韦太后说的是对的，该帝姬是一介民女假冒。她本是开封城里一个美貌的女孩儿，逃亡中结识了一个柔福帝姬的宫女，从而知道自己长得和柔福很像，进而突发奇想去冒充，从而骗了所有的人，得到十余年的富贵生活。

结案，她被杀了。

这件事是不是另有隐情，真相到底是怎样的，年深日久，证据泯灭，无法考据。只有两个同样是传说的信息可以参考一下。

1. 赵构为生母韦氏改了年龄，刻意加了10岁；

2. 韦氏在北国15年，与金将生有两个儿子。

两相对照，联想第一时间杀柔福，内幕呼之欲出。无非是一些皇家的脸面，无非是一些中国封建式的遮掩。不去说它了，毕竟只是一些无证据的猜想。

从这时起，韦氏过上了好日子。她在临安城的皇宫深处唯我独尊，每顿饭少吃一点，她的儿子都会忧形于色、坐卧不安。母慈子孝矣，宋人楷模矣。至于赵佶的棺材，没经开棺验明正身就直接埋进了土里，仿佛里面有什么机密，很怕人知道。

至此，宋、金两国和约内的条款基本达成。两国各取所需，土地、人口都交换完毕，各自收心过自己的小日子。

随着这一时刻的到来，某人的好日子也到头了。张俊，南宋军方唯一的大佬，他躺在杀岳飞、拆军队、坐视金军肆虐的功劳簿上很享受，觉得皇帝、首相都离不开他，他会按照当初的约定，继续统领军方，无限级地尊荣快乐下去。

连过河拆桥都不知道，杀了岳飞、拆了军队、签了和约，还要你这个军方大佬干什么？秦桧随便找个理由就罢免了他，让他也成了闲职人员，回家躺银子堆里数钞票。

张俊百死不足赎其罪，但这时他出事，却难说大快人心。在他被罢免之前吴玠死、韩世忠废、岳飞死、刘光世早退、刘锜转文职、牛皋被毒死、王贵不久后也失去军职……这一系列事件联系起来，就达到了秦桧的目的。

彻底肢解南宋军力。

两宋之间所有中兴名将全部凋残，此后不和又怎样，想反抗只是白日做梦！

这是所谓的和平第一要务，只有先做到这一点，才能谈到长治久安。这之后，赵构的噩梦开始了，走进了婚姻的殿堂，得到了梦寐以求的平衡，他突然觉得自己生不如死。

他失去了一切。

国家不外乎军、政、财。军事上全灭，政治上赵构居然也全面失守。他是堂堂的南宋开国皇帝，和议前手操国家权柄，生杀予夺随心所欲，连岳飞也死得悄无声息。可是和议刚刚达成，他突然间发觉形势变了。

秦桧头顶着上位宗主国颁发的首相豁免权，把南宋帝国最高行政长官的位置变成了不动产，这是一颗汉人官场上从未见过的妖异种子，它迅速生根发芽衍生出了一大片无边无沿的罪恶森林。

先是从"秦"字本身开始，凡是与秦桧的姓氏有关的人都鸡犬升天。他的兄弟们、儿子们、孙子们都跻身官场，飞黄腾达，哪怕刚刚出生，还在襁褓之中就有三品官位在身。

再从身边最近的姓氏扩散出去，王氏妻党。

秦桧妻王氏是北宋名相王珪的孙女，名门望族枝繁叶茂，哪怕历经靖康之难、建炎南渡等一系列摧残，仍然是皇皇巨族。王氏的叔伯辈不去说了，光她的兄弟们就有一大堆。

王氏一族"凭恃权势，恣为不法""凌夺百姓田宅，甚于寇盗"。在南渡之前，姓王的人"以城投拜"，是彻底的投降派，在南渡秦桧得势之后，为非作歹到匪夷所思。

南宋官场上流传着一段相当著名的段子。吴县的县太爷某夜突然派人去敲平江府知府大人的大门。半夜三更，知府大人硬是被叫了起来，问什么事，回答居然是县太爷喝多了很难受，听说你这儿有咸齑汁，来取一瓶……拿顶头上司这么涮着玩，怎么看都是找死吧。

不然，这位知府还真的忍气吞声去库房拿了一瓶送人了事。为什么呢？只因为这位县太爷姓王，叫王子溶，是王氏的兄弟王唤的儿子。

大家知道姓王的人有多么嚣张了吧。可是他们仍然很不开心，因为站在秦姓旁边的不只有他们一族，还有另外一家姓林的，从某种意义上说，秦、林之间靠得更近。

林某出自福建路兴化军仙游县，是名不见经传、足不出本省的乡下人，可他的儿子林一飞却远涉千里被一纸调令调到了秦桧的身边，与首相大人朝夕相处无距离接触，随意出入内宅没任何禁忌地融入了秦家的生活。因为，他是秦桧的亲生儿子。

王氏一生不育，秦桧怕老婆。他的儿子秦熺是王氏的哥哥王唤小老婆生的庶子，在他们夫妻被掳在北方时替他们立的养子。秦桧回来之后尽管不喜欢这个便宜儿子，但还得谢谢大舅子王氏的哥哥，因为这是在替他秦家延续香火，是恩德。可他真的就没有自己的骨血吗？想到这点，秦桧是伤心憋气窝火。

早些年时，他有个妾曾经怀孕，他大喜过望，王氏怒发如狂。她立即赶走了这个潜在的敌人，勒令从此不得再进秦家门，哪儿来的滚哪儿去，直至天涯海角大宋帝国的边缘！于是该妾只能大着肚子远行万里去了福建……秦桧欲哭无泪，无可奈何。

此一时彼一时也，如今秦桧已经是终身制首相，位极人臣，威压皇帝，某一天却悲从中来。试问这一生他到底为谁辛苦为谁忙？于是林一飞到了他的身旁，这样他才觉得生活有了光彩，有了新的动力，足以支撑他更长时间地为陛下服务。

上面的三方：秦桧的家族、他老婆的家族、他亲生儿子的家族，是他的不动产。

这些人可以为所欲为，虐待欺凌长江以南所有的人，甚至互相撕咬，都没问题，都由秦桧摆平。而在他们之外，就变成了动产。

也就是说，没有谁是不可以替换的。

先是秦桧的敌人，这些人时刻更新换代，在漫长的岁月里，无论谁冒出来，都只有一个命运——被打倒。他们被贬到天涯海角，或自杀或病死，唯一的反抗方式就是忍着，在不知终点的路上等待不知道会不会出现的阳光。

再就是秦桧的帮手。

秦桧权倾朝野，按说他会不断地壮大自己的队伍，直到放眼望去，全是他的人，这样才是利益的最大化。不，这样想，完全是外行人的臆测。

成功的上位者一定会让手下们变成流水线，谁也别想在某个位置上坐太久。秦桧通常会提拔重点培养的新人先去台谏部门工作，去弹劾执政。

两三年间努力完成任务，则迅速上位变成了执政。这让下一批苗子心花怒放，看，为秦首相工作就是有前途。

于是新一代的言官上任，他们去弹劾新一代的执政……这就是秦桧驾驭官场的手段，每两三年换一届言官，去弹劾政要，继而代替政要，再去等待下一届言官的弹劾。如此流水不腐，户枢不蠹，确保秦桧的地位永远高大神圣，不可接近。

当然，这样会导致曾经的亲信心生怨念，比如万俟卨。这人害死岳飞之后，又出使金国，觉得自己从内到外，从本国到邦交都已经完善，可以自立门户了，于是开始拒绝秦桧。那么结果只有一个，他被冷冻了，终秦桧余生，万俟卨绝迹于官场。

还有一些简直是无妄之灾，比如秦桧的同乡巫伋。他先言官再执政，终于熬到了权力顶峰，终日小心翼翼生怕有半点地方触怒秦桧，却不料百密一疏，居然倒在了聊天上。

秦桧某天心烦，想找人聊点家常，于是找到了自己的老乡巫伋。秦桧出身边远，一介寒门，沉浮于乱世之中，居然位极人臣，忆忆苦，怀怀旧，是莫大的享受。于是他问："近来家乡怎样，有什么新鲜事吗？"

巫伋全身僵硬，迅速思考老秦想听什么烦的是什么，思来想去，觉得军、政、商、文都敏感，只好把话题选在了神话传奇上。

他说："最近家乡出了个术士，神算惊人，近来有所接触……"秦桧突然大喝一声："他是算你什么时候当上首相吧？！"

巫伋就此下线……

如此这般，整个宋朝官场笼罩在白色恐怖气氛下，每个人都惶惶不可终日，充分地体验着什么叫活在当下。而这，也导致了赵构的前院失守。

话说中国的皇宫也不外乎就是一座店铺，其格局也是前院办公后院私宅，秦桧这么搞，赵构的办公室是改姓了，至于后院，也不大好说。

秦桧精心布置，让赵构在后院深处也全方位透明。皇帝的后宫生活基本上有两大区域：一个是读书，即经筵；一个是嫔妃，睡觉的地方。宋朝规定，经筵官是独立的，尤其不能由言官兼职。嫔妃更是独立的，不能影响朝局，更不能结交外臣。这些都被秦桧打破了。他把言官们派进赵构的书房里，又帮助吴贵妃当上了皇后，更和赵构的私人医生拉上了关系。

这位医生名叫王继先，负责修复赵构最缺失的那部分功能，其权威性、隐私性决定了赵构对他既依赖又敬畏，不敢有半点的违逆。

秦桧、王继先组合，把赵构吃得死死的，让他在宫里宫外找不到哪怕一点点的藏身之处。当他意识到这一点之后，他觉得生命已经被操于别人手中！一点都不夸张，秦桧终结了他的政治生命，王继先掌握着他的个人生死……长此以往，何以安身？！

从此之后，赵构在裤腿里藏了一把匕首，理智告诉他，这不会有很大的用处，可是他需要。在幽深广漠的皇宫深处，他一个人孤零零地生存着，这把匕首是他唯一能百分之百相信的防身工具。

南宋绍兴二十年（1150 年）的正月。这时距岳飞被害已经过去了八年，时移世易，英雄的尸骨早寒，权臣的气焰熏天，南宋早已是一潭冰冷混浊的死水。

上至皇帝下至小民，每个人都在秦桧的压制下小心翼翼地活着，最大的奢望不过是平安。

这一天晨光未露，冬季的天空还是黑暗的，上早朝的官儿们从临安城的四面八方向皇宫方向会集，最引人注目的那人也出了家门，乘大轿从望仙桥出发。

一路平静，直到途经众安桥时。一条人影突然从桥下的阴暗处跳了出来，持刀砍向秦桧的轿子！这一刀是有宋以来距此 190 年间仅有的一次有人向闻名朝野的奸臣行刺！

这一刀不知积压了多少的仇恨，有力且突然，哪怕秦桧的轿边有众多护卫，也没能第一时间阻止。可惜的是这人不是要离，而是荆轲。他一刀下去只砍断了一根轿杆，却没能伤到轿里的秦桧。之后惊醒过来的护卫们一拥而上，这人寡不敌众，被生擒了。

秦桧惊魂未定，立即回家私设公堂审问。这位刺客直言不讳，说了自己的姓名、职业。他是前殿前司的一名小军官，叫施全，至于为什么行刺，理由更是简单——"举天下皆欲杀虏人，汝独不肯，故我欲杀汝也！"

不是什么私仇，为的是民族大义。

秦桧恼羞成怒，下令在闹市中处斩施全，从此以后每次出门都带着 50 个手持大棒的护卫，时刻防备刺杀。南宋官方发布公文，严厉谴责暴徒行凶，置国家王法于不顾……这件事很快就平息了，但余波久久荡漾，在民间越传越神，比如施全是岳飞的部将，行刺国贼既是为国除害，也是为忠心耿耿死于冤狱的岳元帅报仇，云云，之后更有施将军庙、塑像与岳武穆神位毗邻，如此，等等。

施全行刺事件过后，秦桧大病了两个多月，再露面时要由自己的子孙们搀扶着才能上殿办公，言行举止在一段时间内很是萎靡不振。然后时间长河在流淌，刺客威胁不再出现，秦桧的气焰再次变得嚣张。长江以南仍然是一潭冰冷混浊的污水，直到宋绍兴二十五年（1155 年）。

这一年，秦桧的事业还是如日中天，就是不偏西，可身体却不成了，在九月时衰弱到了没法出门的地步。就算这样，他仍然在努力地工作着。

他有个大计划，要一次性地解决所有的遗留问题。比如处死所有的政敌，像张浚、张光、胡寅等；处死所有政敌的子孙们，如赵鼎、李光的后人们。这个计划紧锣密鼓地进行着，赵鼎的儿子赵汾已经被抓进牢里严刑拷打，突破口定在他身上，由他开始这些人犯的都是最恶劣的叛国罪。

13 年来秦党操作这类事早就是熟练工人了，到十月下旬时一桩铁案已经铸造成功，大理寺的判决书写好了，法定程序只剩下了最后一关，即秦桧签字。

可是秦桧却再也无暇顾及这些，他本人的判决书就快颁布了，他的健康成了他的死穴，病入膏肓时就是终点线。

赵构蠢蠢欲动，秦桧真的快病死了吗？这需要试探……没等他试探，秦桧先来试探他了。秦桧几次上奏承认自己身体垮了没法工作，要求辞职。不仅自己辞职，还连带着儿子孙子一起辞。

真的吗？

赵构没有轻举妄动，毕竟耳听为虚眼见为实。他决定亲自去秦府探病，看看爱卿到底近况怎样。而秦桧唯有苦笑，被动会失势，主动会招灾，如今皇帝亲自过府探病，一个应付不好，立即全盘皆输。当此时，到底要怎么办？

这一天是当年的十月二十一日。

秦桧病骨支离，勉强穿上朝服与赵构相见。时间凝聚在这一刻，这一天秦桧66岁，赵构49岁，距他们初相见时已经过去了25年。

距秦桧独相时已过去17年，距岳飞被害时已过去13年……这么久的光阴长河里，两个人是亲密还是提防，是制约还是死仇，万般关系交织在一起，真是满腹心事，欲说起却一字难提！

两人长时间地互相凝视，赵构没有说话，秦桧也一反常态，持续地沉默。好一会儿之后，秦桧像是悲从中来，突然间老泪纵横。

赵构也流了几滴眼泪，他拿出一条红色的手帕，却没有擦向自己的腮边，而是递给了秦桧。这一幕让周围的人松了口气，往日里积攒下的骄横放肆之心顿时复萌。

秦家长子秦熺凑了上来，问了他最关心最急迫知道的事情："陛下，谁是下一任的首相？"

这事儿很急，秦家之所以权倾南宋，是实际意义上的江南之王，都建立在首相这个位置上。眼见着秦桧快死了，这个位置无论如何都要保在秦家人的手里。准确地说，就是秦熺的手里。

可是没这么问的，如果秦桧还有劲，铁定一个耳光甩过去，这个白痴蠢材猪头，哪有半点秦家人的脑子？！

皇帝亲自来探虚实，他病到这惨相瞒都瞒不住，见了面勉强赚点眼泪钱，没想到刚刚见效换来一条手绢，立即就被这猪油蒙心的蠢仔破坏了。

果然，赵构转眼间就翻了脸。他冷冷地回了一句——"此事卿不当与。"这事儿和你没关系！这简直是一声霹雳，这不是在说谁当首相你没决定权，而是在直接表态，首相没你的份儿。

赵构转身出门，秦家鸡飞狗跳，秦桧失魂落魄倒回床上只等断气，秦熺跑出门去四下找人，把秦家控制多年的台谏官都召集了起来，要他们立即写奏章推荐他当首相。

趁着老头子还有口气，一定要把这事儿办成！

到底是野种，没有半点秦桧的遗传。这败类把事情想得太童话了，赵构既然敢当面撕破脸拒绝他，当然不会再留情面。

赵构回宫，连夜召见直学士写罢官制。秦家祖孙三代，从秦桧、秦熺到秦埙全体致仕，别说首相了，连公职都保不住。

这份致仕诏书成了秦桧的催命符，他在第二天咽下了这辈子的最后一口气。这个前所未见的国贼终于死了，这个作恶到中国历史上独此一份的卖国贼终于死了！

却没法让人高兴。

整个南宋先是陷入了一片欢腾之中，无论军政商务王爵庶民每个人都酌酒欢庆，几天之后就都消停了。秦桧是死了，他家的官也罢了，可他家的人却没有死。除了被王氏恨到了骨头里的林一飞被贬官至岭南之外，没有任何人有什么后果。

相反，赵构还在正式场合声明，当初议和完全是他本人的主张，秦桧不过是个办事人员。之后，13年间的政府工作也完全由他个人领导，秦桧是一个忠诚本分的公务员，如此而已。

这样还让人怎么追究？还怎么判定卖国之类的卑劣行径？

很多人不理解赵构为什么要这样做，他被不间断地欺负了13年，终于熬出头了，还替施虐者善后，难道他是个受虐狂吗？和秦桧攻守组合了这么多年，对方死了还意犹未尽，回味无穷？

其实很正常，赵构为了安宁是舍得付出任何代价的。可以杀岳飞，为什么不能忍秦桧？哪怕被欺负着，被禁锢着，哪怕对方死了，也要在这条路上坚定地走下去……所以，他必须宣布秦桧是好人，政策更是好政策，南宋与之前完全一样。

从这个意义上来说，秦桧的人死了，可精神还活着。

话说官场有言："升官发财死老婆，此乃人生三大乐事也。"这也适用于这时的赵构。13年了，他终于守得云开见月明，重新恢复了独立和自由。

好事成双，半年之后一个更大的喜讯从北方传来。他的哥哥，那位名义上永远的、从未退位的宋朝皇帝宋钦宗赵桓也死了。

赵桓之死有三个版本。

第一个是正史所载，他先在五国城坐牢，又被迁到上京会宁府居住，1153年，也就是秦桧死的前两年时，金国皇帝自上京迁都燕京，把他也随军带着。又三年之后，他在燕京病故，终年57岁。

金国将他葬于永献陵（位于今河南巩义市）。

第二个最权威，《辞海》《中国历史大事年表》等权威刊籍都采信了这一版本，认定宋钦宗赵桓一直被金国关押在五国城，直至其死亡。

第三个版本是流传最广的，在南宋绍兴二十六年（1156年）的六月时，金国皇帝某天不知哪根筋拧了，突然想举行一场别开生面的马球比赛，由前辽国末代皇帝，时年82岁的耶律延禧对阵北宋末代皇帝，时年57岁的赵桓。

比赛开始，拼抢激烈。两位末代皇帝都看出架势不对，各自展开了自救行动，其风格与各自在亡国时的状态分毫不差。

耶律延禧当年一路疯跑，广阔的辽国大地就没他没逃过的地方。这时他82岁了，仍然身体健壮马术精良，他决定再逃一次，有多远跑多远，反正绝不等死。

他纵马飞奔，结果没跑过金军围观部队的长箭，被射死了。

赵桓很镇静，哪怕死到临头，仍然视而不见。就像当年金军已经杀到城下，他还是命令各路勤王兵马都滚回原地一样。他骑在马上静等命运之神的羽翼遮住他的头顶……他在混乱中摔下了马背，死于乱蹄之下。

以上三个版本，谁也不知道哪个是百分之百真实的，哪个又出自何种心情的杜撰。唯一可以确认的是宋钦宗死了，赵构终于成了唯一的幸存者。

再也没人能威胁到他的皇位了。

他得到了全部——所有想要的东西！

可是别急，错事一定会引来错的结果，这是颠扑不破的真理，所争的不过是它来临得早一点，或者晚一点而已。

宋钦宗死后的第五年，赵构的和平安逸之梦就碎了。

第十一章 金亮之虐

金国一直是南宋的宗主国，按逻辑推算，它的每一位皇帝都应该活得比同时期的宋朝皇帝风光得多才对。严格地说，这没错，可对照一下就会发现，那实在是非常有限啊。

徽、钦二帝在北方为什么一直受虐待？

答案：金太宗过得一样憋屈，比他们强不到哪儿。甚至这人会无比愤恨地想到，这两俘虏曾经享受过的是怎样的神仙生活啊……是他的想象力发挥到做梦的程度都没法创意出来的！

不虐待你，这世界还有"公平"二字吗？

轮到金熙宗与赵构这一对时，情况仍然没有变化。赵构在江南被金军追得鸡飞狗跳，随时准备下海；金熙宗在北方以16岁的未成年年龄受制于一大堆如狼似虎的叔伯辈强人，只能在夹缝中求生存。

赵构在江南剿匪、抗金、压制北伐、杀岳飞，每件事都做得艰险无比、骂声一片，几乎搞得举国成仇、身败名裂；金熙宗在北方驱虎吞狼，在夹缝中一点点地谋杀了一个个金国强人，把一个个威名赫赫的叔叔、伯父送进地狱，只留下了金兀术一家独大。

绍兴第二次和议终于达成。

赵构在江南主仆易位受制于秦桧，丧失全部权力，每天委屈度日，过着狼狈不堪的生活；金熙宗终于把金兀术熬死了……他的好日子来临了吗？

不，更抑郁窝火的生活开始了。

由于金兀术在以往十几年里的活跃表现，我们还是先说一下他最后的时光，以及他应该得到的公平的评价吧。

金兀术死于安乐，绍兴和议达成，他晋升为金国的太师、领三省事、监修国史、都元帅、领行台尚书省事、越国王，可以说独掌大权，权倾天下。他死在烈火烹油、锦上添花一样的富贵中，从某种意义上来说，他真的是成功人士，而且他个人的成功是建立在他的国家富强的基础上的。由此，可以确定，他是金国的功臣，他的确是金之兀术。

女真语，兀术是"头部"的意思。

那么怎样评价他呢？我个人觉得，他像麦哲伦。

葡萄牙航海家麦哲伦在人类历史上有着重要意义，他用航海证明了地球是圆的。这无论如何是一个壮举，具有划时代意义。所以每一个中国的孩子在教科书上都知道了他是一个气宇轩昂、衣饰华丽、理想远大、重于实践的伟大人物。

实际上呢，他也是一个丑恶的海盗。

他的生平浓缩在菲律宾群岛中的一块石碑上。这块石碑正、反两面都铭刻着文字：一面上写着人类伟大的航海家、冒险家麦哲伦先生在此岛逝世；另一面上写着丑恶凶残的海盗麦哲伦在此地犯罪时被当地的原住民当场击毙！

完颜宗弼的一生也可以这样总结。

一方面，他对宋朝来说是一个屡战屡败、不停挑衅、没有勇气、败了就使阴招的可耻敌人，一生中极少表现出一个战士的本质，却每每以战士自诩，简直是不知所谓；另一方面，他为自己的民族的利益尽了一切努力，尝试了所有手段，最终还成功了。

如此而已吧，还能说什么呢？

金兀术终于死了，金熙宗桎梏尽去，一身轻松，是真正意义上的金国皇帝了。这时，他29岁，年富力强，学识广博，顺便说一下，他从小受的是全盘汉化教育，师资力量比赵构当年差不了多少。这些年来，他的政府、他个人的形象都有极其明显的汉化特征。举一个小例子，就在不久前他曾经外出打猎，向导把他误带进沼泽里，搞得他步行出来，满腿污泥。

就算一个平常人，这时也不免破口大骂。有权势的人，肯定会动用皮鞭或者刀子，让那个混账向导用哀号声来平息他的怒火。

可金熙宗没这样，他一笑了之，上马回家。

这是多么仁慈的心性，这是多么宽厚的胸怀！就算在汉族的贵人中也不多见吧。可是金兀尤死后没几年，这人突然没白天没晚上地喝酒，酒后性情大变，周围的人不是被鞭子抽就是被刀子砍，在一个月之内，他居然亲手杀了他的皇后……

这种反差显然不正常，其原因用现代人的目光来审视的话，不难得出答案。比如年龄和压力，金熙宗 16 岁登基，这一年才 30 几岁。这段时光正是一个人最青春、最跳脱、最富有想象力的岁月，可他却没法享受，只能在无尽的危机、压抑、刀兵血火的算计中度过。

这要积累下多少的负面情绪啊！

好不容易云开雾散了，却迎头撞上了一面更加坚硬、长久的墙——他老婆。金熙宗的皇后裴满氏出自女真大族，金国开国皇帝完颜阿骨打的几位皇妃中就有裴满氏的族人。这位皇后耳濡目染，从小被培养成了一位杰出的全职女性，就职之后把她老公搞得欲仙欲死。

按说皇后的地位是非常高的，从概念上来讲，她与皇帝是一体，两者没有高低。可无论怎样这是个男权社会，再强势也得让男人有点起码的面子吧？

比如职场上，再比如欢场上。

裴满氏一律无视，她醋味极重，她男人贵为皇帝，可只能与她一个人亲近，别说外面的野花，就连合法的嫔妃们也必须隔离；她权力欲旺盛，皇宫里唯我独尊远远无法让她满足，她如月的皓臂从皇宫深处伸出来，一直伸到了皇帝的宝座旁边，指指点点。

可怜的金熙宗，他工作的时候不仅要留神满殿的虎狼之臣，还得小心着后宫的虎狼之妻。长此以往，哪个男人受得了？

以前是不得不受，在忍受一大堆神勇的开国完颜的同时，顺带着忍受她。可大权独揽之后，这个疯狂的女人不仅没有产生敬畏及时收手，反而变本加厉了，她觉得形势大好，她的权力地位也得水涨船高……让金熙宗怎么办？

管教、冷宫、废除，这是后宫的三大管理手段，身为皇帝只需要对照执行就可以了。可这不适用于金熙宗，他饱受折磨的身心习惯性地遇到压迫就隐忍，隐忍，再忍，直到……爆炸。

金熙宗忍无可忍，剁了这个了不起的全能女士。平心而论，这实在是很血腥没必要，但是应该给他以足够的理解。

只是他收不住手了。见了血的刀子像是一道被冲开的堤坝，积压了15年的怨毒像洪水一样冲了出来，爆炸中的金熙宗觉得整个世界都对不起他，身边每一个人都是坏人，他受够了，再不想忍了，只想痛痛快快地报复、报复、报复！

在这个过程中，很多人血肉横飞屁股开花。注意，这些人无一例外都是权贵，以及经常出没于金熙宗身边的亲信。再注意，这些人都没死，只是被打出了血，捅了几个洞而已。

据此而论，金熙宗这个人还是心有善念的，没有借酒装疯以势压人，随便草菅人命。那么这代表什么呢？是事情还能挽回，他发泄够了之后恢复正常，金国长治久安？

错了，他就死在了这点残存的善念上。

女真人立国已到三代，其本性仍然凶狠野蛮，根本没有汉人礼教中的什么君君臣臣父父子子的啰唆，对于他们来说，欲望是本真而直接的。比如权力、金钱、女人和安全。这是他们的全部，无论谁威胁到了这些，都必须去死。

哪怕那个人是他们的皇帝。

金熙宗在发泄中打了一个侍卫100大棍，该侍卫叫大兴国；打了一个亲戚一顿板子，这个亲戚叫唐古辩，还有一大堆的人旁观，据记载他们被吓得整夜发抖睡不着觉，大家商量了一下，决定先下手为强，杀皇帝。

南宋绍兴十九年（1149年），金皇统九年十二月九日夜，这帮人带刀进入金国皇宫。大兴国是侍卫，有进宫符信，唐古辩是驸马，内廷熟悉，这让一切进行得静悄悄的，直到摸到了金熙宗的寝宫大门外。那一天，金熙宗和往常一样喝醉了，由于他每天都要砍人，所以手边常备一把宝刀。同样由于每天都要砍人，所以谁都躲着他。

寝宫内声息皆无，突然大门被撞开，一群人蜂拥而入！

黑暗中宿醉的金熙宗突然惊醒，他习惯性地向床边摸去，想抓起他的宝刀。可是什么也没有，夜是那么黑，来的人是那么急，他只来得及在床沿上划拉几下，刺客们就到了。

第一刀时他仍在找，第二刀时他倒下了，也许这时他会发现他随身的宝刀原来就在床下不远处，可什么都晚了。

大兴国是他的贴身侍卫，事先只是把刀从床上放到床下而已。之后的几刀是真正致命的，砍他的人牢牢地按着他，致使他喷溅出去的鲜血染红了这个人的头、面、衣衫（"血溅其面及衣"）。

金熙宗至死也不会相信，杀他的人居然是完颜亮。他俩在幼年时曾经生活在同一个屋檐下，那时金熙宗6岁，完颜亮3岁，两人不仅是同血脉的族人，还有亲兄弟一样的过往！

刺客们在皇帝的血泊中喘息，他们成功了。完颜亮在他族兄的床上坐下，确立了新一代金国皇帝的地位。这时天将破晓，他换上龙袍走向前殿。

完颜亮开工，金国一片血色。

他做的第一件事是宣召女真皇室当时资格最老的两个亲王——完颜宗敏、完颜褒上殿。这老哥俩当天还真在一起，已经喝了一夜的酒。两个醉醺醺的老完颜见到了一群杀气腾腾的小完颜，顺便说一下，主角完颜亮这时才 28 岁。

他下令立即处死曹王完颜宗敏，理由只有一个，这老头儿是金太祖完颜阿骨打的亲儿子，只此一条，必须杀了！

白发苍苍的老王爷不甘被杀，在金殿上"左右走避"，躲避武士，结果"肤发血肉，狼藉满地"，就在大殿上被当场杀死。

完颜亮是第四个金国皇帝，他是开国皇帝完颜阿骨打的直系后人，那么杀了亲叔叔除掉潜在的竞争者之后，就收手了。

轮到了金太宗一系，完颜亮诬陷金太宗的子孙们谋反，派人四下追捕，把散布在广阔的金国大地上的金太宗子孙自东京留守完颜宗懿以下 70 余人全抓起来，一个不饶地都砍掉。

金太宗绝后。

之后轮到了完颜秉德。这个人是杀金熙宗那晚上的同伙，位高权重造反坚定，是完颜亮的好帮手。可"杀"字临头，一样全家都死。杀完之后，人家惊醒，咦，这人原来是大太子完颜宗翰的孙子呀……完颜亮也发现了，那好，除了他全家外，搜捕完颜宗翰的其余子嗣 50 多人，全杀了。

完颜宗翰绝后。

在这一大堆的尸体里，有四个人是独立的。他们是完颜亭、完颜亭的儿子完颜羊蹄，以及完颜亭的两个老婆。尸山血海，按说四个不算什么，可杀了之后金国立即动荡！

因为他们分别是金兀术的独生儿子，单传孙子，以及两个儿媳妇。怒的人说这真是疯了，杀谁也不能杀金兀术的单传子孙，那是女真人的英雄；也有人报以冷笑，这就是报应，当年金兀术屠兄杀弟，首开金国皇室自相残杀之端，这时天道轮回，也让他自家尝尝滋味！

完颜宗弼绝后。

杀完勋贵杀功臣。

那天晚上合伙闯进金熙宗卧室的人，只有三个活了下来。一个是完颜亮本人，一个是大兴国，还有一个是完颜亮的妹夫完颜坦贞。

大兴国升官发财，在完颜亮当政期间，此人稳如泰山；完颜坦贞很久之后和儿子们一起被砍头，孙子们却都保全了下来，其中一个外孙大有来头，就是后来的金章宗。

这是仅有的两位幸存者。

总结一下，完颜亮杀了很多人，基本上都是男人，至于女人，据传说都被他收藏了。具体的情况请参照明朝人写的画本小说《金海陵纵欲身亡》，里边的内容是相当限制级的，以至于让人怀疑它的公正性。但是，又有《金史·后妃传上》与之前后呼应，那可是正史啊，是女真人自己主编的，难道也有假？

不好说，存疑吧。

综上所述，完颜亮是一个没有半点人性的色鬼屠夫。没错，这就是他在历史中的定位。可是与这些相比，另一些事就被人选择性忽略了。

比如政治。

完颜亮一边杀人如麻，一边大刀阔斧改革金国。之前，金熙宗把女真祖制改为汉族的"三省六部制"，这很好，可完颜亮不满意。因为还有官职制约着皇帝。他把"三省六部"改成了"一省六部"，三师、三公等职务都成了虚衔。元帅府、都元帅也都撤销，军权由皇帝直接掌握。

比如文化。

公正地说，完颜亮是一位文学天才，女真族最杰出的诗人。

他的诗性是飞越的，他的思维是灵动的，他的表现是豪迈的，单以天赋论，哪怕在宋朝，也是一等一的诗才。

他曾有言："大柄若在手，清风满天下。"

他曾说："生有三志：第一，国家大事尽出吾手；第二，率师伐国，执其君长，问罪于前；第三，得天下绝色而妻之。"

他曾经作过一首《念奴娇·雪》：

> 天丁震怒，掀翻银海，散乱珠箔。六出奇花飞滚滚，平填了山中丘壑。皓虎颠狂，素麟猖獗，掣断珍珠索。玉龙酣战，鳞甲满天飘落。
>
> 谁念万里关山，征夫僵立，缟带沾旗脚。色映戈矛，光摇剑戟，杀气横戎幕。貔虎豪雄，偏裨英勇，共与谈兵略。须拼一醉，看取碧空寥廓。

以上，尽是男儿之赏心乐事。

宋朝有首词传到了北方。

柳永的《望海潮》：

> 东南形胜，三吴都会，钱塘自古繁华。烟柳画桥，风帘翠幕，参差十万人家。云树绕堤沙，怒涛卷霜雪，天堑无涯。市列珠玑，户盈罗绮，竞豪奢。
>
> 重湖叠𪩘清嘉，有三秋桂子，十里荷花。羌管弄晴，菱歌泛夜，嬉嬉钓叟莲娃。千骑拥高牙，乘醉听箫鼓，吟赏烟霞。异日图将好景，归去凤池夸。

柳永并不是一味地婉转凄凉，不是永远陷在温柔乡里不知死活，单以这首词而论，用作杭州市旅游宣传词怎么样，还有比它更好的吗？

完颜亮被它迷住了，江南、钱塘、临安……拥有！他要以最豪壮的声势、最宏伟的举动，把这枚明珠揽为己有。

完颜亮下令在金国辖下的各族，凡是年满 20 岁以上、50 岁以下的都要从军。在这种力度下，集结起来的军队达到了传说级，很多的版本都没法确定到底是多少。

按完颜亮自己说，他南征的军力是 500 万；

据完颜亮本人写的那首最著名的诗采信，是 100 万；

据宋史大家王曾瑜先生考证，此次南征完颜亮自将中军是 17 万人，浙东水师 7 万人，西蜀道、汉南道共 7 万人，合计 31 万大军。

就算只是 31 万吧，看一下这对当时的金国意味着什么。按照《中国人口通志》里的数据，金国当时的人口总户数是 550 万户，总计人口为 3600 万人左右。于是可以得出，这次战争，金国约每 100 人养一个兵。

怎么个养法呢？

首先是马，金军上阵一般是一人配两匹马、三匹马，此时金国内部的契丹大起义还没有爆发，养马地很安全，又经绍兴和议的十余年的休养，马的集结在原则上是没有问题的。可是实际运作上困难重重，竭尽全力连公务员的专用马都没收了，也只搜刮到近 60 万匹。

运输途中损耗了十分之一左右，这样等到临战前，部队的马远远达不到要求，最多只有八成；还有粮。

30 万大军，按每人每天一斤的饭量算，每天就是 30 万斤。按宋时亩产量 120 斤左右计算，那就是每天要吃掉几千亩的产量。

跟百年不遇的大蝗灾差不多了。

有人会说，粮食每天都要消耗，这些人哪怕不当兵一样得吃，所以这笔账算错了。不，这里有个最根本的区别。

金国的军队不是府兵制，不是平时种地战时出征。他们平时是纯粹的手工业者、农民，可以养活自己，向国家缴税。可当了兵就是兵，开始了纯粹的消耗。

一出一入之间，是国家成倍的负担。

以上还只是小投入，只是维持军队的最基本存在条件，最大的开销——武器，还不包括在内。说到金军的武器，它们是非常有特点的，某些方面做到了中国历史上的极致。

他们的弓箭很简陋，甚至是原始的。史籍中记载的最强弓不超过七斗，既不美丽，也不强劲，简直像是土著用的。

七斗，岳飞的弓力是三石！

这就可以知道为什么在和尚原等地，宋、金两军对射的时候，女真人溃不成军了。弓力不强，箭支也很少，女真骑兵上阵，通常携箭不超过 100 支，最多时 300 支。这远远无法与后来的蒙古军队相比。可就算是这样，乘以 30 万的庞大基数，其数量也极其惊人了。

这是女真军队的短板，再看一下它的强项。

金军骑兵的特点在一个"重"字。他们披重甲，甲合 58 宋斤，约合今 70 斤，加上一顶只露出眼睛的头盔，以及披在马身上的马甲，重量会超过 100 斤。这还只是普通的骑兵。如果是全副武装的精兵的话，他们会是——"人马皆披甲，腰垂八棱棒一条或刀一口，枪长一丈二，弓矢在后，弓力不过七斗，箭支不满百。"

这些东西林林总总，在当时都是专业作坊才能做出来的高端产品，它们都是钱。

乘以 30 万基数的钱！

以上仍然还只是标准配置，真正的特需工具还得另算。比如攻城要云梯、鹅车，水军要海鳅、楼船，行军要帐篷，运粮要民夫，等等，等等，已经消停了十多年的金国一下子极速运作起来，怎一个"难"字了得。

所以，完颜亮需要充足的外交接触时间。

完颜亮读书有成，非常清楚金国是怎样从宋朝那儿赚取到最大化利益的，那从来都不是在战场上，而是在外交上。为此，完颜亮派出了他的第一拨使者。为首的是前北宋进士，时任金国礼部侍郎施宜生。

施宜生心怀故国，本不愿出使，到了江南之后忍不住像闲聊一样，对南宋人员张焘说："今日北风甚劲。"

张焘不解，施宜生拿起桌上的笔，敲了敲桌案，又说："笔来！笔来！"

张焘猛醒，这是在暗示金军必将南侵，而且为期不远。

这个暗示的代价极其高昂。

施宜生回到金国之后，全家被抄斩，他本人更是被扔进锅里活活煮死。如此惨烈，宋、金两国的官场却都波澜不惊。

第十二章　杀死完颜亮

回到政治上，朱熹学有所成，自然不甘寂寞，而其后几十年也几乎都在同朝廷一次回山，都会增加他的名望，这是他能展抱负的一方面。

是他能左右的，朱熹清楚地知道，孝宗同样心性坚定，左右那时像李心传这类人，道也是个疯子，跟谁也不讲道理，直到近几年，第四位皇帝宋宁宗上台，赵惇是个疯子，他自己也年过古稀，这时古稀，一世纪的管正常，他及时醒了出来，旗帜鲜明地支持赵汝愚，不点名地批评韩国戚定方被范朝野的六人，他对立即，一定会被得你永世不得超生，打压韩侂胄里，不点名地批评韩国戚定方被范朝野，让国变中不尽如人意的东西，他轻松日在地想，念几，办法是什么？他松了一口，那就是说，想反击。一个小团体，世事叫，心想这天生就是道学家们的皇帝，宋宁宗，想要为什么，你是好官，想反击？这时开始了，然后声称？那就像李他反应慢了。

一场搜罗战争宫廷内部上演，利害牵涉其中的只有一条路，那就是说，世间无满了凄苦，难逃半生在他的眼里，世间无满了凄苦，难逃一生，而其他人都造几人，都生有那那，都是真实的生活，干戈目从此一……他的心里如果当官什么都管，切都插插手，长此以往，到死都不……是这个天下的主人，……

完颜亮集结金国能召集起来的全部军队，对外号称百万，史料记载 60 万，专家分析 31 万，浩浩荡荡向南宋出发。

如此军力，分成了三条战线。其中最东端是浙东道水师，由完颜郑家奴、苏保衡率领，共 7 万余人，由海上直入两浙海域，突入内海在临安登陆，直接打击南宋的首都。

中路主要在淮南战场，也就是当年中兴四大将中张俊的战区。那一片地域广阔，大多是平原地带，有利于大兵团展开。这一路由完颜亮自将，是全军中的主力所在。

最西端照例是川陕一带，完颜亮划分出了中西部的西蜀道、中部汉南道两块战区，分别有 5 万、2 万兵力，领军的人叫徒单合喜。

顺便提一下，我们的老朋友，那位泪腺过分发达的完颜撒离喝将军已经死了。他倒在了完颜亮的皇室大清洗之中，并且毫无例外的是全家死。至于罪名，需要吗，真的需要吗？

完颜亮终于带着他的梦幻大军，开始了他史诗一样的征途。

军情传入临安，南宋举朝震颤。有人想到了逃，有人坚持抗战，有人吓得失态，等等，等等，唯有一个人很冷静。

赵构。

他一生中经历了太多的危难，所谓久病成医，已经对这事儿很精通了。他理智地对比了一下现状和从前，知道大势已去，他，可以亡国了。

如果说当年的北宋在精神上有灭亡的道理，从物理上却没有必亡的参数的话，现在的南宋是实实在在地满足了必亡的一切条件了。

南宋的军事体系从 1142 年杀岳抑韩之后，已经崩溃了近 20 年。这期间中兴名将全部凋残，曾经的精兵也早已老朽，在秦桧的管理下，根本谈不到后继之人。

民心士气更加不用提，还有人心怀故土想着报仇、北伐吗？连岳飞的名字都成了禁忌，还能奢望什么志向和恢复？

将近 20 年了，这个世界终于变成了赵构所希望的样子。他真的成功了，可突然间他一无所有。因为他的主子，他的宗主国不再想养他这条狗了，就是这样简单，他所有的努力、坚忍、付出、杀戮都失去了意义！不知这时他作何感想，他会怀疑自己的智商吗？

他连两国间绝没有永远的和平这一说都不知道吗？！

近 20 年之后，中兴名将仅存刘锜。

重病缠身、鬓发苍白的刘锜出征了，那一天他没法骑马，只能坐在轿中离开临安。在道路两旁是无数焚香列队送行的百姓，他们向上天祈祷这位老将的健康。他们清楚，如果南宋是有救的，那么只能寄希望于这个人。

刘锜只能做到带着庞大的辎重、人口撤向附近最大的长江渡口瓜洲，并在古运河边的皂角林边击溃金军一部骑兵，斩其万户高景山。此后病情加剧，再也没法支撑了。

四川方面，完颜亮派去的徒单合喜遇到了吴璘，败得比高景山还要惨。因为吴璘已经创出了宋军在战场上最先进、最复杂、最合理的以步克骑的阵形，其法如下：

> 临战时第一排是长枪手，以半蹲势踞坐，不得起立，形成一道矛墙。第二排是最强弓，第三排是强弓，第四排是神臂弓。相距不远，是另一块相同配置的阵地。阵四周以拒马为障，以铁钩相连，遇敌百步远时神臂弓先发，七十步时两队强弓再射，骑兵则隐藏在两翼。

这种配置让宋军走出了掩体，可以在旷野平地上与金军骑兵争胜。徒单合喜不仅没进去四川，反而被吴璘反败，收复了秦（今陕西华州）、陕（今河南陕州）、虢（今河南灵宝）等州。

东部战局发生在海面上，早在完颜亮大军开拔之前的一个月，金军浙东道水军就完成了集结，开始向临安方面运动。

他们的对手是南宋治海提督李宝，这位李将军之前声名不显，可他有一个举世震慑的身份——岳家军曾经的战士，岳飞的部下。

这些年他被秦桧一党贬到了海上，远离了政治军事中心，却不料阴错阳差地给南宋保留下了一份珍贵的元气。战争爆发前，他手边兵力不满 5000 人，船不过 200 艘。

在军力对比上，他能守住临安海域，就已经堪称奇迹了。

李宝本人最早的打算也是这样，在全国都在奢望防守成功的前提下，根本就不可能想到进攻。可是形势突然间变化，让他觉得不进攻就是犯罪！

这个变化完全由一个人单独造成，他叫魏胜，字彦威，宿迁（今江苏宿迁西南）人，出身农家，这一年 41 岁，曾经当过弓箭手。

这是一份在当时平常得不能再平常的档案了，作为一个身体健康的南宋男性公民，几乎每一个都是这样过来的。在年过 40 岁之后变得消沉低调，直到默默地衰老死去……魏胜正好相反。

当他听说金军在 20 年之后又要开战了，第一反应是今天的阳光真是灿烂啊……他站在当地向四面八方叫了一嗓子，300 多个男人听见了，大家一起抄起家伙冲向了淮河。

300 多人的民间武装临时性地集结起来，在一位大叔的率领下，渡过了淮河，冲向金国水军重镇涟水军。

居然一战成功，他们把涟水军打下来了！

南宋方面没有反应，金国方面大怒，具体人物是附近的最高长官海州（今江苏连云港）知州高文富大人大怒，这还了得，立即派兵去收复！

金军迅速杀向出事地点，凭经验一定得快，不然这帮人就跑了。现实再次让人冒汗，魏胜没跑，就在涟水军等着他们呢。

金军再次大败。

败了之后他们比来时更快地向回跑，这不是他们跑出了惯性收不住，而是魏胜不依不饶，正在后边追他们！

晕到崩溃，金军做梦都想不到有这样一天，几百个中老年汉人剽悍到这种程度。高文富更是没想到，他坐在海州城里等消息，等到的是涟水军还在丢失状态中，而劫匪已经冲进了他的城里！

那一天，魏胜带人冲进海州城，全城的汉人都疯了，一起满城追杀金兵。当高文富逃出来时，城里边死了至少 1000 个金兵。

光复海州，消息传到了李宝的耳朵里，那颗好战的心蠢蠢欲动了。拿后脚跟想都清楚，下一步金军一定会出动大军去围剿海州，魏胜那点人再狠也顶不住。而他李宝有兵、有船……海州临海。那还等什么？

李宝亲自率领 3000 多人，乘 100 多艘战船离开临安海域，杀向了金国境内。他来得非常及时，刚巧赶在金军围剿海州的大军到达时，他与魏胜里应外合杀万余名金军，稳定了海州局势。

克名城，杀万余敌军，这是巨大的战绩，可以说连当年的中兴将领们都会满意。可李宝、魏胜两人碰头之后，事情就彻底失去了控制。

"兄弟，海州其实不算啥。"

"同意。"

"再北点有个地方叫胶西，在山东附近，听说过没？"

"没。"

"那儿有大批的金国水军，要杀到临安的……"两个中年大叔互相凝视，眼睛里冒出一连串的火花。他们带上全部队伍杀向了胶西，那边正在开拔中的金国浙东道水师猝不及防，在一片火光中全军覆灭。

东部战势金国输到惨，貌似也没法更惨了，已经全军覆灭了啊。可是比起北端的话，还是比较容易被接受的。因为北边是指金国大本营的北。

那里出的事，是造反，并且成功了。

这要从最北边说起，完颜亮这次举国出兵，那么人人有份，除了女真人之外，汉、奚、契丹等少数民族也都在内。这些本来已经很苦的亡国人被逼着妻离子散走上战场，当苦难感、死亡感堆积到一定程度之后，反抗自然就出现了。

契丹人最先行动，辽国的遗民们在咸平府起义，攻向金国五京中的东京，之后转向攻克了辽国的故都临潢府。这计基数庞大的契丹人信心大增，也让金国变得严肃认真了起来。

事情到这地步还没什么，金国实力庞大到无视一切反抗的地步，派个人去镇压就好了。可是千不该万不该，不该派这个人去。

东京留守完颜褒。

完颜褒，女真名乌禄，金太祖完颜阿骨打之孙，在金熙宗时代受封为葛王。他和完颜亮同一个祖父，在全国性贵族大清洗中得以幸免，还能镇守一方，看来着实幸福。事实却蛮不是那么回事，他一直活在危险和屈辱里。

完颜亮没有杀他，但也没优待他，而是发配他去边远地区中京（今内蒙古宁城）站岗反省。完颜褒深知危险临头，到任之后恨不得每时每刻都给族兄送上奇珍异宝去讨其欢心。这很有效，时间不长完颜亮就被感动了，派人来下了一道命令。

令完颜褒的夫人乌林答氏进京。

完颜褒蒙了，全世界都知道完颜亮是色中恶鬼，妻子进京只能有一个结果。可不去行吗，百分之百全家抄斩……他的夫人很镇定，跟着使者走了，在临近京城时上吊自杀。

坚贞的妻子，痛苦的丈夫。

可据说最难受的是完颜亮，这么个美人近在咫尺，居然说死就死了！

前线败退下来的金军有很多是完颜褒的亲信，他用这些人迅速杀光身边的监视者，第一时间称帝，这个消息像一点火星落进了火药桶，金国一下子炸开了，报复、报复、报复！完颜亮这个色鬼屠夫狂人战争分子，早就恨得他牙根痒痒了……反了他！

完颜雍（完颜褒称帝后改名完颜雍）称帝的消息传到前线，正值瓜洲渡口前皂角林大战结束，金军向采石矶一线运动时。完颜亮震惊之余保持了足够的清醒，下了两条命令：

第一，严格封锁消息，不许扩散，绝不能让南征的士兵们知道。

第二，谨慎估算这次造反的能量。他要算清楚完颜雍的破坏指数，以便决定是立即起兵回国平叛，还是继续进攻南宋。

奈何他的智囊团没醒，认定完颜雍是个废材。他们的分析结果是，先不要理会国内，那是一个陷阱。如果回兵的话，无论是全军都撤，还是留一些继续保持攻势，都会造成一个结果——军队解体。

完颜亮上位以来，纯粹是以威压人，以杀服众，没有半点的恩德。如果不能保持这个势头，稍有颓败的话，比如此次亲征，没有实质性胜利，立即就会全民皆敌。何况完颜雍手握着军队的家属，这是无解的"撒手锏"，再精锐的军队遇上也得低头。

不能后退，只能前进。他们想到了一个光明的前景，如果强行、快速地渡江，征服南宋，达到之前历代金国皇帝都没能完成的伟业，那时全军回程，局面会怎样？

小小完颜雍，不过疥癣之患，举手之劳尔！

完颜亮决定从采石矶过长江。

这时在南岸，一个书生正快速地赶往采石矶一线。

他叫虞允文，职务是中书舍人兼参谋军事，干的活儿在近几年来看就是个跑腿的。比如说出长差，到金国去当使者；出短差，像这次到芜湖催李显忠走快点，到前线来交接军权，之后顺道一起去采石矶视师犒军。这样的差使，考虑到他的年龄，已经 51 岁，就可以知道他的官途实在不怎么顺畅。

这是肯定的，在秦桧当政时能官运亨通的都是些乌龟王八蛋。

虞允文在采石矶看见官兵们三三两两地坐在道边，马鞍子、铠甲扔得遍地都是，这哪里是兵，纯粹是从北边逃过来的难民！

也就是完颜亮没有望远镜，不然立即渡江，保准成功。意识到这些，虞允文那颗让当政者厌烦的心丙一次蠢蠢欲动了。

他决定做点什么。

冷静客观地分析的话，支撑他做出这点小小的心理波动的全部基石，当然有他强烈的、贯穿了一生的爱国忧国之志。可真要实施起来的话，他知道一切都因为他钻了一个小空子。

采石矶一线没有军方的统一指挥长官。

虞允文以犒师前线的文官身份召集将领们开会，抛出了自己的权限。他带着各种好东西来前线慰问指战员们，包括钱、布匹、委任状。他把这些都搬了出来，告诉军人们，只要立功，这些东西都是他们的！

军人们一下子干劲冲天，全都着火了，个个嗷嗷叫着请求立即决战。

这真是对症下药，宋朝的军人是中国历史里的特例，除了岳飞等极少数个例之外，荣誉、国家、民族是他们心底深处的不变的操守没错，可要论到怎样激发斗志，金钱永远是最重要的，没有之一！

这帮人能在战场上短暂的间歇里拿着敌人的首级找长官要功、要官、要钱，哪怕因此被反攻失败了也在所不惜！

就这样，爱咋咋地。

虞允文像闪电一样迅速地把尽可能多的战斗力团结在了一起，为同一个目标服务。他成了采石矶前线的最高长官，他清点了一下人数，此时共有军力 1.8 万人。

他命令全军于江边列阵，纯防御阵形。派五艘大船出港，其中两艘沿江边游弋，一艘在江心待战，剩下两艘藏在江畔小港里，伺机而动。

以上就是虞允文为这次决战所做的所有布置。这无论如何都显得单薄而仓促，尤其是南宋资以立国的江防水军居然只有五艘战船？！

当然不止这些，采石矶周边是重点防御地段，有建制庞大的水军力量，由两个分别姓韩、蔡的将军统领。可人家就是不出战，你能奈何？

就算动之以利都不成，还能怎样，毕竟虞允文没有军职没有任命，没法真正砍了他们。这是单薄的原因，至于为什么这样仓促，是因为江北岸。

完颜亮站在刀刃上，没有谁比他更急，虞允文刚到前线那边就已经开始渡江战役了！运气，这个词在前面那么多的意外之后，再一次抛弃了完颜亮。

完颜亮在一天前杀马祭天。按传统，战争将在第二天举行。就在这时，虞允文到了……当天虞允文隔着宽阔的江面，看到北岸上筑起了高台，台下有绣旗招展，台上的金国皇帝手里挥舞着一面小红旗，之后一大片的金国水军船只冲向了南岸。

时值阴历十一月，深冬天寒，北风大起，金军出动了数百艘中小型战船顺风吹向南岸。这一天的风真的好大，大到让完颜亮满意，他的旱鸭子军团可以不用划桨操橹就能快速冲过天险水面，哪怕南宋水军在江心布置了拦截船只也不起作用。

70 余艘金军战船抵达了南岸，其余的在江心打转，抵达只是时间、地点的问题。这些金军很快从船上跳了下来，冲向了虞允文布在江边的江防大阵。

时隔 20 年，宋军再一次在江边遇到了女真人。时光是白开水，是稀释剂，能让曾经铁血的女真人变得松软，更能让本来整体硬度就不够的宋朝人变得加倍稀松。70 多艘战船，最多不过 1 万人，这群人在晕船的痛苦里举起刀枪冲向了比他们人数多很多的宋军，后果是南宋军队的阵形散乱，开始了零星的溃退。

……典型的一触即溃！

这片江岸滩头阵地是南宋的立国之本，任何一步小退都是灾难性的，考虑到江心中还有三倍于此的女真人随时都会登岸，谁都知道那时会无法收拾。

虞允文真的急了，他至少不能让敌人在第一轮进攻时就得手！

他冲入阵中，找到了统制官时俊。虞允文把手放在对方的后背上，说了一句改变战局、扭转国运的话——将军，你以胆略勇武名动四方，这时怎么能像个女人一样站在阵后？！（"汝胆略闻四方，立阵后则儿女子尔。"）

这是一句很朴实的话，没有什么大道理，就是一个男人在告诉另一个男人，在打架的时候像个爷们，别像个娘儿们！

被告诫的那个受不了了，时俊大吼一声，拔刀就冲了出去。他身边的宋军被他带动，全都猛醒了一样收回了逃跑的脚，跟着他冲向了准备追杀的女真人。谁怕谁？开封陷落时或许女真人很猛，搜山检海时南宋人或许很软，可是自从和尚原、仙人关、黄天荡、顺昌、郾城之战后，谁是草包谁知道！

历史证明了南宋的军队只要站稳了脚，敢跟女真人面对面，胜利就不是什么奢侈品。战局很快扭转，上了岸的金军被反压回江边。

长江南岸战局逆转，江面上金军的水师战船也被击败。他们拼命地往北岸划，居然很多艘船都逃了回去。战斗结束，夜色下两岸都是灯火通明，各自忙得热火朝天。

南岸虞允文杀猪宰羊，犒赏三军，席间的娱乐活动是抓来那两个龟缩在水寨里不出战的水军统领，各打100军棍出气。

在北岸，完颜亮更加忙碌。他气得差点自燃，忙着连夜杀人。当天出战的全部金军，一部分死在了南岸，一部分死在了江心，逃回来的这些全被他宰了。理由是，谁让你们逃回来的，不过江就是罪，有罪必杀！

第二天才是见真章的时候。

虞允文命令南宋水师的大部分战船连夜起锚驶向上游，在杨林口一带埋伏。得益于刚刚结束的宴会上那 200 下血肉横飞的军棍，南宋水师的正规军终于能够上阵出战了。

金军发起了又一次的冲锋，北风依旧，战船依旧，仍然是大批量地蜂拥而出，在半天之后变成了江面上散乱分布随波浮动的一片片碎木板。这一次没有一个金兵能踏上长江南岸，当南宋水师从上游顺流而下冲入金军船队后，一切都结束了。300 余艘金军战船被焚烧击沉，江面上漂满了女真人的尸体。

金军向长江下游移动，把渡江点选在了瓜洲渡口。那里在皂角林之战过后，已经掌握在了金军的手里。南宋方面自从刘锜病倒之后，全面退到了长江南岸。

完颜亮的御营扎在瓜洲镇龟山寺。

完颜亮的心很乱，他隐约地感觉到大事不妙了。采石矶无法突破，转攻瓜洲渡口，这能行吗？军队还是之前的军队，所差者是士气愈加低落。战船还是那些战船，差的是数量越发少了，两相对比，瓜洲渡口之战比采石矶更加没有把握。

而国内叛乱改朝换代的消息却再也捂不住了，完颜雍变着法儿地把消息渗透进前线，每天都有逃兵出现，这种势头只会越来越严重，直到南征大军解体……完颜亮不寒而栗，到那时，他将如何是好？

之前有退路而不退，这时想抽身而不得。

后悔更是没法奢求的东西，留给完颜亮的只有孤注一掷：强渡天险。而他同时仍然坚信，只要他的数十万大军踏上了长江南岸的土地，天下就仍然还是他的，他还是会成为统一南北混同胡汉的一代大帝。

绝望与奢望交织，危机与梦想同步，完颜亮一会儿像坠入了冰冷的深渊海底浑身发抖万劫不复，一会儿又灵魂升腾自觉金冠加顶无上尊荣……他在悬崖绝壁的边缘上下了这样一条命令，来拯救自己的命运。

令：

> 转天即渡江，军士有临阵逃跑的，杀蒲里衍（小队长）；蒲里衍逃跑的，杀谋克（百夫长）；谋克逃，杀猛安（千夫长）；猛安有逃的，杀其总管！

命令下达，全军一片哗然。这是在干什么，全军连坐，也就是全军皆仇了？！这个念头在女真大兵们的心头闪过，被压抑了很久的暴戾和怨恨猛然抬头！

军队是个非常特殊的东西。从它出现之日起，就被要求必须无条件地服从任何命令。这是为什么呢？就是因为它有隐患，它会不服从命令！

完颜亮一步步成功地把他的军队逼上了绝路，让这种隐患浮出了水面。

完颜亮把全部的希望都押在了渡江成功上，却不知即使这时顺利渡江，也没有建功立业的可能了。机遇不会站着不动永远等人，他的机遇只停留在采石矶，那两天过后，好运已经先他渡江，站到了南宋一面。

金军从采石矶撤军东进之后，李显忠才带着生力军赶到，这里的防务立即充实。

虞允文准确预判到下一个战场是瓜洲，他向李显忠借了1.8万名士兵赶赴与瓜洲隔江相望的京口，途中顺路拜访了刘锜。

刘锜已到弥留之际。他拉着虞允文的手说："我的病没有什么可说的，朝廷养兵30年，最后大功居然出自君辈书生之手，真使我辈愧死！"

虞允文感叹，安慰了几句，匆匆赶往了前线。

刘锜不久病重身亡。这位老兵死了，其实他完全不必感觉惭愧。

"朝廷养兵30年……"

我个人觉得，这句话很可能出自宋人史官的捏造。南宋官方在这30年间做了什么天下皆知，杀功臣散军队败坏铁血军魂，哪一点称得上"养"？

刘锜是当事人，他像岳飞一样接到过十余块连续的收兵金牌，唯一比岳飞幸运的不过是躲过了一刀加身而已。

虞允文赶到京口，在这里他瞬间就放松了。这里有大批的战船，外加充沛的修补材料和工人，他能在很短的时间内改装甚至赶造战舰，加强江防力量。

陆地上，南宋军方终于完成了集结，在最初的混乱恐慌之后，杨沂中、成闵、邵宏渊等诸路军队会集到京口一线，军力达到了 20 万以上。

江北岸，完颜亮像往常一样入睡，没人知道他是否在南北受敌前进无路后退迟疑的局面下，辗转反侧难以入睡。

直到晓色初现，光明就要重临大地，完颜亮突然惊醒。

他听见了喊杀声，声音迅速逼近，几乎没有阻碍地接近了他。

下一刻，弓弦的嗡鸣声大作，有羽箭射进了他的大帐内！

完颜亮愕然，他起床亮烛，拿起那支箭，震惊于那是他的军队、金军士兵使用的羽箭。史料记载他叹息了一声说："不是南宋劫营，是自己人造反啊。"

他的内侍劝他逃跑，完颜亮苦笑，能跑到哪里去？皇帝不是富有天下，就是贫无立锥，今天他十死而无生。

这样想着，他没有束手待毙，而是摘下壁上的弓箭，准备拼死一搏。

他没有机会，那天他的大帐外聚拢着近 2 万名金兵，人有一弓，向大帐内射箭……每人哪怕只射一箭，覆盖面也足够让他千疮百孔。

奇迹的是，当叛军冲进皇帝御帐时，完颜亮还在地上抽搐着，没有咽下最后一口气。这让叛军们惊喜且满意，这些人用手里的弓弦送了皇帝最后一程。

以弑君得位，以被弑终局，中间贯穿无数的杀戮，这就是完颜亮作为金国皇帝的一生。评价他实在想不出什么新鲜的词语，一个典型的只以满足个人愿望为目的的独夫而已。

可以说，在他的心灵深处，皇帝的定义是很怪的。

皇帝自称"寡人"，意思是寡德之人，是古代贤君时刻提醒鞭策自己不要缺德的警句。而在完颜亮的心里，他肯定是这样定位的——皇帝之所以称寡，是因为天下无双，只此一位，所以他为所欲为。

第十三章　南渡以来仅见之锐气

这是完颜亮一个人发动的战争，也随着他的去世而烟消云散。剩下的都是收尾工作。

赵构一如既往地放弃了所有战胜之后的权利，连同虞允文也冷淡视之。同时做出了一个重大决定。

退位。

把赵玮推向前台去遮风挡雨，他退到后方只管逍遥享乐。这不仅符合他的个人利益，还能缓和眼下的政府信任危机。

他可以名正言顺地说，之前对金国的妥协政策的确是错的，而我已经付出了代价，皇帝都不当了，你们还有什么怨气？

宋绍兴三十二年（1162年）六月十一日，赵构先正常上朝，赵玮等在后宫；赵构在前殿发布退位诏书，一次全面总结之后，他总算公开承认了一次错误，说他——"朕在位失德甚多，更赖卿等掩覆。"之后他离开正殿，进入后宫。

后宫的赵玮，不，这时他又改名了。30多年间他从赵伯琮改成了赵玮，从赵玮改为"赵昚"，这就是他作为南宋皇帝的官方姓名。

昚，意为谨慎、慎重、实在、确实、千万、切切等，顾名思义，这是升格为高宗的太上皇陛下对新任皇帝的殷切希望，希望孝顺的儿子一定要三思于每一件事啊……一定别自作主张。

赵昚终于当上了皇帝，他在金殿上三番五次地拒绝，上演禅让的规范流程，标准地完成了每一个步骤，包括在雨天里亲自搀扶着他老爸出宫，坐上太上皇专辇，去皇宫外的新家定居。

第二天，再率领全体官员去太上皇新家问安。

新家隐于都市，缥缈于仙山。纵观古临安，它东临西湖，西临吴山，馥郁青葱，世称"清淑扶舆之气"。山势直入城中，尽头处立一山门，名"朝天门"。门前有山溪流过，溪上架一小桥，从桥上回望吴山，可见云雾中"如卓马立顾"。

这桥，名为"望仙桥"。

没错，就是这儿，秦桧的故居。临安城里最好的住宅，当然要住着权力顶峰的那个人，毫无例外，赵构一定会选这儿。

六月的南宋上演太上皇荣升大戏。在北方的金国，这个时段发生了更重大的事件——契丹大起义被扑灭了。

完颜亮南侵时契丹人趁机反抗，队伍很快发展到 5 万人，收复了原辽国都城临潢府，起义军首领移剌窝斡称帝，建元"天正"。辽国灭亡不过 30 余年，支系庞大，根本不用求助于南宋，就能让金国焦头烂额。

契丹、南宋、国内贵族……这三方面的压力如此巨大，而受力者又是一贯软弱的完颜雍，从哪方面看，他都承受不起。

可奇妙的是，挽救局势的偏偏就是"软弱"。

完颜雍先派人去南宋提请议和，希望保持、恢复绍兴和议条约的全部条款。不管怎样，先稳住江南；对国内春风化雨，专门提拔了一些完颜亮的前嫡系，借此告诉国内的骑墙派、犹豫派、反对派，所有的罪都是完颜亮一个人的，除他以外，全部赦免。

饱受摧残，在血海里泡了 13 年之久的女真人哪受得了这个，立即扑向了完颜雍温暖宽厚的怀抱，把他当成了再生的阿骨打。

最后是契丹。

辽金世仇，几百年间纠缠不休，近年来矛盾激化，按说绝无回旋的余地。可完颜雍做出的姿态低到了不能再低。他亲笔写了圣旨，所有起义的契丹人，凡自愿投降的皆不问罪，奴隶身份的升格为平民。这道诏书是历史性的，它展示了女真人破天荒的仁慈。尽管铁了心造反的契丹人宁死不降，可完颜雍的形象建立起来了。

契丹大起义被扑灭，在这个过程中金国的实力不仅没有被削弱，还增进了内部团结。而战事结束后，完颜雍让这种团结第一时间再次升级。

他宣布，凡是参加完颜亮南征的中原部队步兵全部遣返回家，山东汉人起义聚集地的农民们只要回家归农种地，罪名一律赦免，移居中原汉地的女真人，父兄子弟都参军的，免一人解职回家。

金国的形势迅速逆转，终于抢在南宋皇位禅让前完成了安定。这让荡漾在山水佳居间的赵构沉静地微笑，让赵眘刚刚戴上皇冠的头颅一阵懊恼。

新首相是原帝师史浩。

这位帝师先生快速收集即时信息，发现了一个对帝国安危影响极大的隐患。他以数十年的圣人学术为根基，判断出一个结果，必须立即阻止吴璘。

吴璘一直处于进攻状态。完颜亮南侵时，他击败了试图由陕入川的金军后顺势反击，这时已经收复了秦凤、熙河、永兴三路共十六个州军。这是空前的胜利，进兵速度之快，得地之广，唯有20年前岳飞的第四次北伐才可与之媲美。

可史浩认为，这是个天大的错误。

孤军深入，这是军事上最大的禁忌，唯有迅速后撤这一条路可走。这是铁律，只要稍微认字的都知道。

认字多的更是说得头头是道，他们会举例子说，远的如战国时期秦国的战神白起，孤军深入赵地，不是被召回了吗？近的有第四次北伐的岳飞，深入江北，也是被紧急召回。于是，孤军和召回是紧密相连的，除此之外任何举措都注定是错误！

哪怕白起挟长平之战大胜余威，岳飞百战百胜复国在望，也必须撤回来。

赵眘习惯性地听从了老师的分析，严令吴璘立即撤军。

吴璘不是刘锜。

事实上宋史近200年了，也只有刘锜在班师金牌面前挺直了腰。川军开始撤退，金军顺势反攻，之前所有夺回来的州郡都丢失，还在撤退途中被掩杀数万人……

活着回到蜀地的川军只有 7000 人左右。灾难就这样发生了。

赵眘对此一无所知，他坐在皇宫里构思着北伐复国大计，觉得西南一隅无关大局，甚至川军先回来整顿，之后配合中路北伐大军出击，这才是正途。他在展望中，一个在帝国四周再次开始来回跑的人回来了。虞允文，他十万火急地赶回来给新皇帝上课，您的老师是书呆子，成事不足，败事有余，西南必将因此付出血的代价！

像印证虞允文的警告一样，川陕大败的消息随即传来。赵眘呆了，他连声哀叹，史浩误我，史浩误我！接着紧急下令给吴璘，许他便宜行事，西南方面可以重新展开攻势。

吴璘冷笑，这都是一些什么命令。不是读书人吗，难道不知道白起收兵之后是什么结果？秦王命他再次出征，白起说什么都不去，哪怕被贬至士卒，流放外地，被逼自杀，都不奉诏；至于岳飞，他仰天长啸时说了什么还言犹在耳。

——"所得诸郡，一旦都休！社稷江山，难以中兴！乾坤世界，无由再复！"

南宋绍兴三十二年（1162 年）七月之后，赵眘振作精神，回忆近 30 年以来他对帝国的改造计划，开始一一实施。

第一，为岳飞平反。这时距风波亭冤狱已经过去了 21 年，岳飞之冤天下皆知，可谁也没办法做什么。赵眘也一样，他在 14 岁时曾经在资善学堂见过岳飞一面，那时岳飞大喜过望，认为江山得人，转身就向赵构建议早立皇储。

结果赵构心生杀机。

35 岁的赵眘回望前尘，从心底里怀念这位英雄。他下令恢复岳飞的名誉、官职、封地，接岳飞父子的家眷回原住地。岳飞的尸骨终于在临安城西北钱塘门外，九曲丛祠北山山麓的那块长着两棵橘树的坟里找到。

英雄被隆重地迁葬，赵眘以百万贯巨资为岳飞建庙立祠，赐名"忠烈祠"。

当年曾经参与构陷岳飞冤狱的秦桧走狗等，活着的一律处罚，死了的……就死了吧。

第二，平反扩大化。

近20年来被秦桧一党迫害的人，如李光、赵鼎、范冲、朱震、辛次膺、胡铨等人恢复名誉，已死的追封，活着的进京，加入新朝的政治班子，共同改革国家。

第三，重用张浚。

这位"中兴名臣"此时年过花甲了，作为新上任的儿皇帝，赵眘非常清楚这个国家是谁的，想用谁，只能去找爹。

赵构现在每天在望仙桥悠度岁月，已经修炼到了八爪大章鱼的境界。他坐在屋子里逍遥，触角牢牢地吸附在帝国的每个角落里，时刻监管全局。

赵眘得不到他的支持，一切名不正言不顺，并且不孝顺。话说每个月总有几天，赵眘要去看他爹，最近他去时总会情绪激昂，对爹讲帝国最新的可喜变化。而爹的反应是淡淡的，仿佛不关心，仿佛很放权，仿佛退居二线。

赵眘不甘心，终于某天下定了决心跟爹讲，俺要北伐！俺是说最近、立即北伐！却不料爹突然间勃然作色，清晰地对他讲——"待老夫百年后汝再行此事。"

当天，赵眘神情恍惚地出了德寿宫。

一路上他想了很多，北伐是不讨喜的，做下去很可能会导致皇位不稳，至少也会被人骂不孝顺……可是不做呢，之前35年间凝结了宋朝皇室数不清的屈辱，任何一个稍有血性的人都无法忍受，何况是他赵眘！

赵眘有着巨大的荣誉感，这种感觉很可能来自他的血统，那源自北宋开国皇帝赵匡胤的骄傲的血脉。但也很可能是他天生的独有个性，两宋18个皇帝里，唯他骄傲到了敏感的地步。

为了尊严，他能去做任何事。

他思前想后，决定不顾一切推行北伐，而这就得更加强硬地支持张浚。从这时起，赵眘坚定地站在了张浚的身后，他先是写了一篇《圣主得贤臣颂》送给张浚，给张浚定性。接着在皇宫深处的内祠中立下了张浚的生辰牌位，每次宣召张浚议事前，先要到祠堂里恭敬参拜一番，才会召张浚入宫。

这叫"示以不敢面诘"。

这是亘古未有之礼遇。

传到了外界，说什么的都有。有赞叹赵昚不愧厚德载物如大地，于国难当头时，能比当年周文王礼遇姜子牙做得更到位，很显然，宋朝必将因此中兴；有的摇头哀叹，这都是什么事啊，张浚何许人，有过啥建树，难道是富平之败、淮西兵变吗？

凭这些都能成中兴之贤臣，受不世之礼遇……这皇帝傻到底了。

传到了赵构的耳朵里，当爹的心里一哆嗦，这是真要重用张浚啊，为了他自己最后这段生命的舒服着想，是必须得做点什么了。

赵构很轻松就在儿子的心里种了一根刺，他说——儿子你要长点心，认真仔细地观察臣子做事。比如张浚，他常备一个记事本，凡有士大夫拜见他，都会记在本子上，私下许诺以后予以举荐。到了军队里，他又拿国家的金银财宝分给手下士卒，以笼络人心。不知官职是谁的，金银又是谁的！

其徒有虚名，唯好以国家名器为人情尔！

赵昚不管，他把这一年应该给金国的岁币省了，发给张浚当军费，整军北伐。

第十四章　隆兴北伐

江淮前线的军力号称 20 万，这与完颜亮南侵时南宋在京口附近集结的兵力相当，按说是可信的。实际是正兵 8 万，民夫 5 万。兵不多，将就必须强，此次北伐兵分两路，两位主将分别是李显忠、邵宏渊。

李显忠，绥德军青涧城人，初名世辅，至南宋时赵构赐名叫"显忠"。世人尽知，终宋一朝，"北宋缺将，南宋缺相"，这是导致南北两宋始终无法振作的根本原因。而这也变相地证明了南宋时名将如云的现实。

名将如云，韩、岳、吴、张、刘、杨等，不可胜计，可要论身世的传奇性，要首推李显忠。在这一点上，连从士兵开始崛起的韩、岳、张三人都无法相比。

李显忠家世极其显赫，是唐朝皇室后嗣，唐代宗李豫次子昭靖王李邈的后人，世袭苏尾九族都巡检使，典型的边疆贵族。

入宋之后，赵氏继续倚重他家长久以来的边疆势力，仍旧命其在陕西西安一带守边。李显忠的父亲叫李永奇，他的传奇性人生从出生起就开始了。

李夫人临产时一连几天不顺利，李显忠说啥都不落地。这时，有个游方的和尚路过，说这是位奇男子，要把剑、箭放在产妇的身旁，他才会出生。

果不其然，李显忠由此问世。

李显忠长到 17 岁时，宋、金交恶，金军攻到了西军的地盘上，李氏父子隶属于鄜延军。富平之战，西军惨败，川陕之王吴玠在蜀口外重立乾坤。在对面，整个陕西沦陷在金军铁蹄下，李显忠父子也无法例外。

刘豫命令李氏父子带兵进开封城，组成当时儿皇帝的军事班底。伪齐覆没，李显忠主管的是同州，这是金人往来的驿路，一条条好大的肥鱼时不时地就会游过去一大群，李显忠很挑嘴，他选的是最大最肥的那一条。

金军陕西主将完颜撒离喝。

这是地位仅次于金兀术的金军大将，大家都知道他，吴氏兄弟的死对头，大名鼎鼎的啼哭郎君，金人开国第一代将领。

李显忠趁完颜撒离喝某次路过时突然袭击，抓了就跑。他选择的路线是渡洛水、渭水，经商州、虢州进入南宋。同时，他的父亲李永奇会在陕西延安附近起事，夺粮杀官造反。

后路早就安排好了。这些年，他们一直暗中和四川吴氏有联系。这时里应外合，能迅速颠覆金人在西北的统治。

想得周全，干得利索，李显忠挟持完颜撒离喝直奔第一站洛水，渡过去就算成功一半，这条河至少能绊住追兵一天半夜的。

可恨的是，明明白白约好的渡船延期误点！

后边追的金军终于在洛水渡口追到了人。

双方血拼，李显忠的特点就是战斗时超级凶猛，看战斗风格以及战绩，他很可能与韩世忠在同一水平线上。当时双方在洛水渡口开战，李显忠的人很少，可每战皆胜，一直从渡口杀到了陕西的某片高原上，完颜撒离喝仍然在他的手上。

只是追兵越来越多，并且只会越来越多，从陕西的四面八方会集到这片高地的下边。李显忠知道，他把天捅破了，为了陕西主帅的安全，金军会不惜一切代价。

至此他清楚，挟持、突袭已经失败，哪怕他当机立断，拼个鱼死网破直接干掉完颜撒离喝，事后金军的报复也会让整个陕西变成尸山血海。

李显忠有亡命徒特质，更有大将的全局观。他选择与完颜撒离喝交易，他可以放人，条件是撒离喝事后不许杀同州人，不许杀李氏族人。

啼哭郎君全答应了。

李显忠挺坏的，放人时选了一处悬崖峭壁，把完颜撒离喝推了下去。可怜的元帅阁下一路翻滚，下边的金军全体大乱，抢着过去救人。

李显忠趁势杀出了重围。

话说想让女真人守信用，比让母猪上树还有难度。李显忠深知这一点，所以他想尽一切办法迅速脱离陕西。

他带着同州的家眷赶向鄜延，离老家很远就派人通知父亲。李永奇带着老家全体族人与他会合，一起逃亡。结果他们像在洛水渡口时一样倒霉，当天天降大雪，严重滞留了李家人的行程。

金军果然追了上来，李家全族200余人只逃出了26人，李显忠家破人亡。

以前是国仇，这时加上家恨，李显忠疯狂了，他心里只有报仇、立即报仇这一个念头，他没有办法忍受哪怕多一点点的时间！

他没有按原计划回归南宋，当时是南宋绍兴八年、九年之间，宋金正在讲和、理智告诉他南宋绝不会允许他去搅局，更何谈帮助。

李显忠选择了西夏。他带着26名骑兵冲进西夏，求见西夏皇帝。他向西夏保证，如果能借给他20万骑兵，他将杀回陕西生擒完颜撒离喝，以陕西全境回报西夏！

西夏皇帝很动心，只是思前想后觉得没底。这样吧，来个投名状，你是不是真的有这种能力，先证明一下。

当时，西夏境内有个造反的部落首领，外号叫"青面夜叉"。夜叉拥兵自重，西夏国拿他没办法。李显忠的投名状就是砍了这个酋长，灭了这个部落。

李显忠只带了3000名骑兵就出发了。漫天大雪昼夜疾驰，他杀到夜叉的帐篷外，带回来的不是夜叉的人头，而是夜叉的活人以及整个部落的服从。

西夏皇帝如获至宝，这是难得一见的战将，更是党项人的好运。他当场拍板，借给李显忠20万骑兵，去赌一直卡在西夏咽喉上的陕西五路！

李显忠回来了，带着20万党项骑兵，回来和完颜撒离喝死拼，回来报仇来了！可是临近延安，却发现城头上站着的是宋朝人。

第一次绍兴和议成功了，这时的陕西五路已经归还了南宋，不再是金人的土地了，城里边也没有女真士兵，这让李显忠可怎么办？

难道他率领西夏人马去攻打南宋的城池吗？！

那天李显忠在延安城下大哭，时局变幻，他和他的家人在时代里浮沉，谁能想到之前拼尽全家为国尽忠，转眼间一切都颠覆了。

情绪稳定后，他意识到有一个大麻烦产生了，那20万党项骑兵，他千辛万苦借来复仇的军队，现在成了一个必须迅速甩掉的大包袱。请神容易送神难，尤其是比金国人更不讲信义的党项人，百余年里哪怕有蝇头小利都会扑上来，何况这时金军退走，南宋只派了文职官员过来接收。

完全是送到西夏嘴边上的肥肉。

果然，党项人非常坦诚地告诉李显忠他们不走了，如果李显忠自己不能履行合同把陕西五路拿给西夏，他们可以自己动手。

先动手的是李显忠，地点是当时说事的现场，西夏军方的主帅大帐里。李显忠拔刀就砍了过去，西夏的主帅躲得快，跑出了帐篷。副帅被他一把抓住，变成了人质。

这解决不了什么问题，利益当前党项人什么都舍得付出，一介副帅随时都可以舍弃。转眼间大帐外人马调动，久负盛名的西夏王牌骑兵铁鹞子登场。

这是明摆着欺负李显忠人少，他当初逃亡时只有26骑，近日旧部来归也只聚集到800余人，对比外面整整20万党项骑兵，怎么看都不值一提。

可账不能这么算，都说李显忠有时跟韩世忠有一拼，这辈子打的就是以少胜多的仗。他手舞双刀，带着自己的800多人就冲了过去。当天，与他对敌的至少有两三万的铁鹞子，居然被他破开重围杀透铁壁。他像赶鸭子一样，驱动他们反冲向了西夏的主阵营。

这很可能是自李元昊创建铁鹞子骑兵之后，这支王牌骑兵军团的最劣战绩。他们败得不是凄惨的问题，而是过于丑陋了。

铁鹞子当场死亡过万人，接着人马踩踏导致整个大军败退，跑得那叫一个狼狈，并且在安全之后也没敢回头挑战，非常利索地回家吃饭，再也不提陕西五路的事了。

这还不是全部。如果他们在逃跑中能回头看上那么一眼，或许结果就不是这样了。因为李显忠也变得很累赘。他的队伍臃肿混乱，能保持着不散架就谢天谢地了。他有800多人，却在追击过程中抢劫收拢了4万多匹战马！

天知道他是怎么在一片乱战中做到这点的。很显然，这才是他的主要目的，根据马上就会发生的事情来看，这人在西夏大军主帅帐里拔刀砍人时就预想到了这一点。

他不只是要赶党项人回家，彻底熄了其对陕西的想法，还要借党项人的物资，做他最想做的事——报仇！

手里有了4万多匹优等战马，李显忠底气十足，他向周边州县放榜招兵，只要参军，立即就给一匹马。10天左右，他就有了4万名部下。

借此兵力，李显忠快意恩仇，把当年在鄜州帮助金人陷害他家族的人全抓到，血祭亲人。之后，兵发耀州，那里是金军主帅完颜撒离喝的驻地。

李氏与金贼不共戴天，必杀之而后快！

李显忠气势汹汹地杀了过去，憋足了劲要和撒离喝见个生死明白，却不料再一次砍在了空气里。啼哭郎君想起了悬崖峭壁自由落体的事，直接选择了回避。

完颜撒离喝躲了，李显忠快速追击，他打定主意，跑出了陕西那就进河南，总有追上女真人的时候！但是，命运又一次跟他开了个大玩笑。

他之前单枪匹马想怎么干都成，可一旦兵力过4万，还全是骑兵，就足以影响到国际形势了。尤其是他这么疯狂地追人报仇，一旦真的把完颜撒离喝砍了，让金兀尤情何以堪，让赵构情何以堪？

于是狂奔追人的李显忠被人以更快的速度追上了。南宋四川宣抚吴玠的信使到，带来了临安的最高指示——"两国见议和好，不可生事，可量引军赴行在。"

这就是结局。

李显忠归宋，先是吴玠接见，再是赵构接见，得到很多的歌颂和肯定，比如"忠义归朝，唯君第一"；比如他的名字，要从这时起，才叫李显忠；比如在镇江府有了大批的赐田……李显忠在南宋的军籍、辖区在淮南西路一带，具体隶属于张俊部下。

淮南西路是金军南下最频繁的地段，张俊是南宋中兴将领中最油滑的一位，两者加在一起，就注定了李显忠在南宋早期军事生涯的感受。

他有大量的交战机会，却总是被限制得很憋屈，有时眼看着金兀术在周边晃来晃去，却没法做出反应。他——得——听——命——令。

第二次绍兴和议成功，南宋杀岳飞、禁韩世忠、收兵权散家军，这一系列举动中说实话李显忠本是受益者，他是张俊的下属，属于唯一被提拔的军方主管，他本人在赵构老娘回江南时觐见了一次，加封到保信军节度使、浙东道副总管，可以说前程无限远大。

可惜，他仍然时刻想着和金国人较劲。

李显忠是老军务，宋金战场的死穴在哪儿他非常清楚，从川入陕，或者由陕入川，这决定着中原大江南北的国运走势。

这是中国古代战争的铁律。

也正好满足了李显忠的个人愿望。他的仇家在陕西，他要回去杀完颜撒离喝。为此，他精心炮制了一个作战计划呈上去，准备国恨家仇一起报，两全其美。

当时秦桧还活着呢，赵构也正不死万事足，李显忠突然搞了这一出，实在是站到了国家的对立面。

李显忠被剥夺一切军职，只挂了个宫观的闲职，下放到台州居住。等他重新起复时，已经另换了一片天地，秦桧死了，赵构老了，完颜亮上位，南侵开始。这时南宋才重新想到了他。

在完颜亮主力大军开动之前，李显忠到了淮河前线。

第一战，李显忠率200余名骑兵与5000名金军遭遇大人洲，关西将军勇不可当，首战大胜。之后金军后队源源不断地开到，很快达到 1 万人。李显忠稍有增援，却难以相比。

还是众寡悬殊，还是主动挑战，远离军营十多年的李显忠宝刀不老，率领骑兵冲击刚刚渡过淮河的金军。战斗从破晓时分一直绵延到正午，李显忠"以大刀斫敌阵，敌不能支，杀获甚众，掩入淮者不可计"，给了完颜亮一个干脆利落的开门撞山。

综上所述可以看出，李显忠之强，不亚于中兴名将，甚至个人之武勇要超过张、刘、杨、两吴，直追韩、岳。

只是全局掌控上一直没有体现出深浅来。

张浚主持北伐，李显忠是他点的头一员大将，也可以说是北伐的主将。而伐国大举不能只靠一个主体，张浚为他配了个副手——邵宏渊。

邵宏渊是河北大名府人，早年是韩世忠的部下，在淮南东路一带和金军打过很多阵仗，不过真正露头还是在最近几年。

准确地说，是南宋绍兴三十一年（1161 年）完颜亮南侵时。当时金军的中路主战场策略是兵分三路直击江淮。

第一路由万户萧琦率领 10 万骑兵由花靥镇出发，经定远县、藕塘关、清流关、滁州、真州，最后的目的地是扬州。之后夺取渡江口，袭击建康，从而进入江南。

其他两路跟邵宏渊没关系，只说萧琦。

10 万金军一路攻无不克，直到六合县，遇到邵宏渊，地点是真州城北门外的胥浦桥。

邵宏渊把自己的绝大部分部队派到了这里，由三名将官负责，尽全力阻击金军前进。

这是自开战以来所罕见的，在一片懦弱龌龊不知所谓的畸形败退大潮中，这显得非常醒目。不仅阻击，而且是出城阻击，这很有主动挑战的味道。

萧琦应对得非常果断，他命令全军压上，先是铺天盖地般的箭雨射击，压制得宋军无法抬头，紧跟着大量的稻草被抛进河面，很快没有河了，金军的铁蹄直面邵宏渊的部队。

邵宏渊是有一定硬度的，在10万金军的重压下，他一直坚持到三位领军将官全部阵亡、军队减员惨重，才下令退出战斗。

真州城是不能回了，那里的军力差不多全部顶到了胥浦桥，这时回去等于坐困愁城，坐以待毙。邵宏渊率领残部退向海边。

综上所述可以知道，他打了一场很硬的仗，如果要形容一下的话，是硬得不能再硬了，不愧是韩世忠的兵啊。

只不过可惜的是，他没有韩世忠的不世战斗力，一生不讲理，可总是赢！这是没法复制的，他像老领导一样硬碰硬，却于事无补。

金军没挡住，自己伤亡惨重，基本丧失了战斗力。

从这一点来说，他是个不合格的将军，国难临头，只知一勇拼之，往好里说，是精神可嘉；差一点嘛……这根本不是指挥大兵团作战的料。

可是再过几年后，这一场战斗的过程和结果，乃至意义都会发生翻天覆地的变化。首先胜负结果变了，邵宏渊从失败者变成了胜利者。

——"绍兴三十一年十月，步司统制官邵宏渊拒虏于真州之胥浦桥，获捷。"

很高明的文字游戏，亮点不只是最后的"获捷"两字，还有"拒虏于真州之胥浦桥"的"拒"字。单看这句话，明明邵宏渊以一城之众抗10万金军，使金军远离真州，连城门的边都没沾上。怎样，凶猛吧，偏偏还就是符合史实。

萧琦还真就没杀进真州城。

看意义，这是南宋鼎鼎大名的"中兴十三处战功"中的第十战，成了永垂青史万古流芳的英雄楷模事迹。究其原因，很多人会轻易地得出结论，比如几年后赵昚需要提升士气，要罗列出一些数字，而数字在中国古代最出彩的一般就是"十三"。

像孙武子兵书十三篇、金陵十三钗、汉分十三州什么的。

所以要有"十三处战功"，并且赵昚他老爹有严令，谁都可以上榜，唯独岳飞不行，哪怕已经平反昭雪了，仍然不行！

所以东拼西凑，无中生有，把邵宏渊弄进去了。那么请问，为什么芸芸众生，三十余年来无数征战，为什么一个小小的邵宏渊能排进这前十三，能和中兴名将如吴氏兄弟、韩世忠等比肩同侪？

答案应该只有一个。

——嫡系。

这是南宋官方所认可的人，需要树立英雄榜样的时候，总是会第一时间想到他。于是发光发热，荣耀千古，光辉夺目。

李显忠不是嫡系。

陕西李氏威猛强悍胆勇无双，是无可挑剔的战士。可他和他的家族先降金再降伪齐，不管内幕怎样，不管过程怎样，这都是铁打的历史，无可更改。回归南宋之后与官方也只有短暂的蜜月期，转眼间就和秦桧、赵构相忤，被打入冷宫。

如此经历，说得刻薄点，李显忠就是一个壮丁，需要时才被拉出来顶上去。官场是现实的，无数雪亮的眼睛都看清楚了这一点，于是北伐还没出征就出事了。

邵宏渊造反。

凭啥一定要让他给李显忠打下手，当二当家啊？！

邵宏渊抗命，直接向张浚提出了条件，他也是主将，一定要与李显忠分庭抗礼，不分大小。按说这是在找死，临战违命，完全可以使用战场纪律，轻则罢免，重则砍头。尤其主帅是以强势著称的张浚，他当年能把岳飞都硬生生地压制下来，这时一个小小的邵宏渊算什么？

找死就让他去死好了。

可怪事发生，张浚居然收回成命，让邵宏渊独领一军，允许其便宜行事。也就是说，从这时起邵宏渊想怎么干就可以怎么干，谁也没法约束他了。

而当初的命令是皇帝赵昚下达，由总指挥张浚颁发，向北伐全军公布的。

北伐军的军纪从一开始时就败坏了。

北伐的军队主要由两部分组成：一是江淮都督府张浚下辖的建康、镇江、池州、江州四支驻屯大军；二是临安禁军中殿前司、侍卫马军司两部合军。

追溯一下源头，建康驻屯军是原"油锤将军"张俊的部队，镇江驻屯军的前身是"韩泼五"韩世忠的部队，池州驻屯军是"草包衙内"刘光世的部队，殿前司是杨沂中的部队。

熟悉宋史的人一眼可以看出，南宋最强的两支部队，鄂州、四川方面的两支部队都被排除在外，没有参与这次北伐。

南宋军队兵分两路，李显忠自定远（今属安徽）渡淮之后，攻取灵璧（今属安徽）；邵宏渊自盱眙渡淮攻击虹县（今属安徽）。两军各达目的后，会师攻取宿州。

看今天的地图，战争的初步阶段控制在安徽省境内。翻宋代地图，可以知道很多的史书记载错了。前人说张浚的北伐路线选择在淮南东路，理由是盱眙在淮南东路内，而定远也在淮南西路的东端，紧靠东路。于是断定，战争爆发在原韩世忠的辖区内。

这不准确。

宋军由此出征，攻击的目标都在淮南西路的北端，那是当年张俊的防区，远远地离开了韩世忠的控制范围。

这一点区别，并不是史料对错的事，而是涉及海洋与水军这一战争胜负手的关系。张浚在战前做了详细的调查，了解到金军的重兵集中在河南一带，两淮相对空虚，并且水军在完颜亮南侵过程中被李宝打残了，至今也没有恢复。

那么，以淮南路为陆地总攻方向，东路水军相机辅助，才是最合理的配置。当年五月四日，李显忠率部率先渡过淮河。

这时，他做了两手准备：一是拔刀出鞘等待厮杀；二是他会搬出把椅子，安静地坐下来，等着金军的主将带另一把椅子过来，两人可以面对面地聊聊天。

因为对面的金军主将是萧琦。

萧琦是契丹人，哪怕在金国再受重用，也心向故国。偏巧当时完颜亮被杀，契丹人人起义，萧琦灵机一动，为何不在前线与南宋暗中勾结，里应外合搞垮金国，趁机恢复辽国呢？如果成功，南有宋朝，中有起义，再向北有西辽，金国还在自相残杀，无论如何都大有机会！

萧琦暗中派人联络李显忠，要实现这个计划。

李显忠很高兴，他不管萧琦的愿望能不能实现，他只需要萧琦配合他渡淮、入金、由宿州进亳州，直趋旧京开封，由开封通关陕，回到他的老家鄜延就可以了。在那里他的威名代表一切，汉人会立即响应，像当年一样迅速集结起数万军力。

到那时，单凭他自己，都可以尽复陕西五路。

北伐开始，李显忠的路线与当初的设想基本一致，他的前方正是盟友萧琦，就看这个契丹人是不是说话算数，有没有临战变卦。

李显忠觉得变卦的可能性大，理由是时间。如果当时就操作的话，萧琦肯定没二话，直接就当金奸了，可这时契丹大起义被扑灭了，完颜雍皇帝当稳了，西辽那边估计连信儿都不知道，再让萧琦履行合同，简直是不近人情。

如他所料，萧琦来时骑着马，带着一大群拐子马。双方在陡沟开战，李显忠的武器库里说实在的没有太多的花样，他就是一个关西汉子，像曾经的西军那样敢于冲撞，勇于野战，善于驰骋。

他在陡沟与拐子马野战，在剧烈的冲撞中大获全胜，之后紧紧地咬住败退中的金军骑兵，让他们不敢在野外立足，逼着他们向最近的大本营灵璧撤退。

灵璧是金军在这一片区域内最大的辎重据点，城池高大粮草众多，是北伐部队计划中必须拔除的钉子。当天，李显忠衔尾疾追紧紧地咬住萧琦，驱赶着金军到达灵璧城后，开始了第二轮激战。

攻城、杀敌二合一，把事情一次性做完。

当天灵璧城外一战，是萧琦一天里连续第二次大败，他部下的拐子马像当年西夏的铁鹞子一样，被李显忠打残，连退进城门的余地都没有，就在城墙下队伍散乱，四面八方地各自逃跑了。

这让城里的人情何以堪，拐子马是金军的王牌，萧琦是金军首屈一指的战将，这两根支撑女真人心理底线的柱子就这样被李显忠当众拧断，他们立即就崩溃了。

灵璧城城门大开，女真人列队出来投降。

李显忠入城，他向全城百姓许诺，只要拥护南宋，保持平静，他保证每一个人都会活得好好的，这一条同样适用于女真人。

灵璧城变得平静了，仿佛已经被李显忠治理了很多年。

同一时间，北伐的东路军陷入了……不是苦战，是尴尬。邵宏渊率领数万重兵渡过淮河，按计划攻击虹县。虹县城矮兵少，只有区区几千名金军，却让东路军无论如何都啃不下来。

消息传来，李显忠沉默了。形势要求西路军必须去拉一把，不然会影响围攻宿州的大计。李显忠想到了，却没有分兵支援，他只是把灵璧城投降的金军降卒派去了一些，在他看来，这就足够了。

李显忠目光如炬，一眼看穿了虹县的本质。那里的金军能顶住邵宏渊，凭的就是一口气。邵宏渊的刀把子太软，砍不断这口气，而他李显忠则不一样，根本不必动手，只需要带个口信过去，一切就会了结。

事实也的确就是这样，灵璧降卒一到，虹县金军立即就垮了。这帮人出城投降，放弃了抵抗。

终于过关了……邵宏渊气得要死。打不下城来已经很丢脸了，被人帮忙更是没有脸，而帮的方式居然是降卒劝降，这简直就是在打脸！

他的脸被李显忠抽得"啪啪"响，整个军营都能听到。

邵宏渊从此不说话了。李显忠问他下一步怎么做，他不说；问他什么时候行动，还是不说；告诉他西路军要按原计划进攻宿州，他仍然不说。

这不犯法吧，你管天管地再凶再狠，老子沉默还不行啊？况且说到底，你没法命令我，因为咱俩官职一样大。

至此，李显忠才看清楚了邵宏渊的真面目。这人不是硬汉，只是一块滚刀肉，是个兵痞子！军队里谁强服谁，或者像当年岳飞向韩世忠示好，立即可以得到回应，从此英雄爱好汉，好汉重英雄之类的事根本和邵宏渊不搭边。

奸狡黏牙，滚刀不烂。

李显忠只好单独行动。

他率军从灵璧城出发，挥师向北，进击宿州。宿州是安徽境内金军最重要的据点，由于它地处淮北，临近河南，更是金国军事政治中心的边境线，一旦突破这里，立即可以威胁到一大片要害地段。

向西北，是河南；向东北，是山东，哪边都够金国紧张的。

第十五章　宿州、七天

回到政治上，朱熹学有所成，自然不甘寂寞，南宋前几位帝王至多活了五
可都时间不长就出于这样的或者那样的原因重回山野。
朝，他也增加他的名望。
一次回山，朱熹清楚地知道，这是他能捞得的唯一政绩。
他能左右的，老宗清楚地知道。
通晋是个瘤子，他自己也思于过于高端。这时赵汝，一世将注
以他及时地跳了出来。淳熙鲜明地支持赵汝愚，打注赵的小人，
不点名地把韩国戚定为侏儒朝朝的小人。
跟催他不讲道理，直到赵了，久扯鼍朝地五十四名后宫
赵哲是个瘤于，他自己也思于过于高端。

他在朝的只有一条路，想反抗？好，你去奸邪，那就是自在地想了一会儿。
意什么。他轻松自在地想了一会儿，一个赤裸裸性理清理眼前。
一场微端戈在百廷内部上演，十三军机，法廷为灾，
对国朝大帅，仿效朱素的样子讲这性理学而不不是的生活。
峰冠大帅，一言不安，他心肠的公义还生开来。
佛他是上帝，而其他人都是凡人，都王上帝的
打在台下看看，郡是真实的生活。朱熹自从上朝的那一天起
的不是戏。朱熹自从上朝的那一天起。
的哨什么？都管对一切都插手，这下天下的主人。
是这下天下的主人。

西路军迅速抵达宿州，宿州之战展开。金军一如既往地骄横，这是特质，从金兀术时代就这样了，不管面对的是谁，曾经输成啥样，他们总是会先默念"我最强"，然后再出战接战。

很少会躲在城墙后面纯防守。

这正中李显忠下怀，他巴不得战斗就在野外。当天，两军在宿州城下决战，李显忠先是毫无例外地击溃了守军，可接着就遇到了大麻烦。

宿州城宁死不降。

这里是安徽的重镇，河南的前沿，城里女真人多汉人少，已经彻底地金国化了，李显忠要冒着枪林箭雨去爬城墙，才有可能征服它。而这还只是第一步，当李显忠的西路军继城外野战之后攻破城墙，才发现面对的是满城的刀枪！

……巷战开始。

这真是全套的战争三部曲。截至这时，战斗全由西路军单独负担，邵宏渊在哪里，东路军在哪里？据可靠情报，他们还在虹县休息。

李显忠就当他们不存在，权当北伐只有自己这一路人马。可是事到临头时，他发觉邵宏渊真是有才，这人干出的事，比一直躲在后边看热闹还可恨。

一直不出现，偏偏在宿州城门被攻破，西路军冲进城去时，这帮人神奇地现身了，尾随着李显忠的部队毫不费力地冲了进去。

谁说没参战，这不是来了吗？

这就是邵宏渊的胆子，赤裸裸地摘桃子又怎样，士兵夺降卒的佩刀你敢砍头，老子当面夺你的战功，你试试把老子也砍了？！

一样高的军职，一个嫡系，一个杂牌，今天你敢砍我的头，哪怕你北伐成功了，也别想有好结果。你比岳飞怎样，啥错没犯还不一样处死了。

李显忠只能忍了这口气，全身心投入到战斗中去。当天的巷战极其惨烈，宋军方面的阵亡名单里包括了统领级军官王琪，而金军的伤亡更大，死数千，擒8000名，也就是说参与巷战的金军接近了 2 万。

战后，在尸山血海里的宿州城，沉默的邵宏渊终于说话了。他向李显忠笑了笑，貌似恭维——"真关西将军也。"

关西将军，这是一个极其称赞，带有巨大荣耀甚至是传承的称呼。于当时的宋军而言，中兴大将们除岳飞之外，全部是关西将军！

张俊、韩世忠、刘光世、吴玠、吴璘，每一个响当当的名字，都深深烙印着陕西、西军的字样。于后世而言，关西将军更是变成了一种传说，哪怕国破家亡、全境沦丧之后，仍然承载着汉人的希望。

抱铜琵琶，执铁绰板，唱大江东去的关西大汉，做到关西五路廉访使的鲁智深，等等，等等，在文艺作品中被不断地传唱。

可此时此刻，李显忠大出风头之后，邵宏渊以"关西将军"赞叹他，味道却很不单纯。关西将军神勇，嗯，您真神勇；关西将军很威风，对，您威风极了……可这是赞叹还是怨恨呢？

邵宏渊是韩世忠的人，韩世忠是关西将军，而邵宏渊本人却是河北大名人，他的冤家李显忠偏偏是关西人。

这些叠加起来，邵宏渊还能淡定地赞颂，内容还就是"关西将军"四字。这里蕴藏的忌妒可见有多么强烈。

巨大的胜利带来了巨大的荣誉，从后方迅速传来嘉奖令，把整个事件推向了另一个高峰。看细节，此次宿州大胜，是南宋近 20 年以来主动出击所获得的空前胜利，朝野上下一片欢腾，自赵眘以下振奋欢悦。

赵眘传令重赏前线将士。升李显忠为开府仪同三司，淮南、京东、河北三路招讨使；升邵宏渊为检校少保，宁远军节度使兼招讨副使。所夺州县全部战利品可以随意处置。

连张浚都得了彩头，赵眘亲笔写信给他，赞美此次大胜，肯定了张浚识人之明。

面对升赏，邵宏渊大怒。凭什么又要让我当李显忠的副手？！凭什么，凭什么啊？！

每个人都会瞄准他的脑袋砸去一块砖头，告诉他清醒点。你打仗没水平，做人更没水平，看看你干那点事，虹县是你打下来的？宿州是你攻下来的？自北伐以来你干过什么？居然升官发财了，居然还耻于当副手，你以为你是赵构的私生子啊？

这些疑问没有一条出现在邵宏渊的脑子里。这人义无反顾地走上了一条不归路，决心不惜一切代价和李显忠死磕到底。

金国援军行动迅速，先到的前锋部队由大将纥石烈志宁率领。这人是金国军系中的异数，按理他早该死很多次了。

他出自名门，父亲是开远节度使纥石烈撒八，老丈人则名震寰宇，是地球人都知道的完颜宗弼，也就是金兀术。

由完颜亮掀起的皇室清洗风暴中，女真战神完颜宗弼是重要目标之一。他的直系亲属全部死光光，可纥石烈志宁偏偏躲了过去。

纥石烈志宁率领1万金军为前锋，临行前向完颜雍预计了一下战果。他说，陛下不必忧虑，此战必胜，所期待的是能不能活捉李显忠而已。

完颜雍沉默。李显忠的传奇人生在当时金、夏、宋三国之间独一无二，无论是在北宋西军时代、金时代，还是在伪齐时代、西夏时代都横行千里所向无敌，走到哪里都一片血雨腥风。这时更击破两淮防线，进逼河南旧京重地，从哪一点上来看，都让人心惊胆战。

想活捉？

几十年来很多人做过这个梦，可醒来时鼻青脸肿，一身冷汗。

在纥石烈志宁的背后，是河南境内主帅孛撒率领的主力近10万金军。在这种配置下，完颜雍的心情才稳定了些。

金国皇帝开始了煎熬的等待。

金国家大业大不假，可每一处角落都必须留兵镇守，黄河以南物产丰富，是金国的财帛重地，绝不容失，可是能派出的兵力也就只有这些。此时的态势，已经和当年岳飞北伐时相似了，开封区域内的兵力都已派上了前线，如果再被宋军击败，那么就会形成一片真空地带。

南宋军队可以长驱直入，恢复旧京，直至黄河南岸。那是刚刚站稳了脚跟的完颜雍无法承担的恶果，影响会迅速波及金国其他的区域。

当年的五月二十一日，纥石烈志宁抵达宿州。后方的皇帝急得要死，他却稳当得出格。仿佛忘了他是前锋官一样，不去挑战，只顾着把营盘扎得牢牢的，等后面的主力到达。

稳定，认准了就绝不动摇的一根筋。

第二天，等孛撒的 10 万大军到位之后，纥石烈志宁才出战，而且绝不是单独地只带自己的那 1 万人，而是全军皆动，四面围住宿州城，在南城门外列大阵，拥主将孛撒临战。

和以往金军自我感觉良好不管对手是谁都轻慢骄横待之何其不同！

李显忠出城应战。

这是关西将军的惯例，更是李显忠的风格。多年与金军打交道，他深知两军初遇时的战绩，绝大多数将主导整个战役的胜败。

一句话，对付女真人，必须首战大胜。

宿州城南门外，金军骑兵向李显忠的西路军发起冲锋，这是女真战史上的经典招数，一波接一波永无休止地冲击，哪怕不能击破，也要将其耗垮，何况这时金军数倍于李显忠所部，可以轮番出战，消耗西路军的战力。

提到冲击，要说一下数字。

金军骑兵一般连续冲锋十余次，足以解决战斗。通常这也是他们的极限。

这一天的战况是金军连续冲锋达到了数十次，这个数字是女真建国第一代军队里都少见的。效果显著，南宋将领的怯懦如期而至，军官李福、李宝带领部队想逃跑。李显忠跃马赶到，亲手挥刀立斩了这两人，才稳住了阵脚。

后退者死！

李显忠用血淋淋的将官人头告诉全军，这是一场敌死我活没有余地的战斗，只有胜利才能平安走下战场。没有比这更有力的命令了，每一个南宋士兵，不管他是勇敢的，还是怯懦的，都被或激励或恐吓出了惊人的勇气。

首战大胜。

在金军以绝对优势兵力，冲锋数十回合的战况下，北伐西路军取得了压倒性的胜利。当天李显忠收兵回营时心情应该是喜悦而轻松的，从以往宋金战史来看，之后的事情会容易很多。首先金军会后撤，其次接下来的战斗难度会锐减，再没有第一战这么艰难。

可是他错了，仅仅隔了一个晚上而已，当第二天早晨的太阳升起来后，金军又抵城挑战了。李显忠直觉地感到不对头，战局在向异常转化，单凭他的西路军很可能解决不了问题。为了保险起见，他硬着头皮去找邵宏渊。

他建议两军同时出战。

邵宏渊拒绝，理由是，据东路军观察，金国近期还会有建制巨大的军队增援，加上宿州城外的敌人，数量已经远远超出了北伐军的承受力。我们应该理智些，考虑……退守。

不仅不出战，还想撤退！

李显忠怒火升腾，忍了又忍，才克制住自己的冲动。事后很多年他反省一切时，最恨的就是这一刻自己为什么还要忍耐，后退者死！他应该像昨天在战场上砍掉那两个懦夫的脑袋一样，砍了邵宏渊这个败类，这样，就不会有后面那些事了。

可是这时他没法知道未来，只愤愤地扔下了一句话——"我只知有进，不知后退"，就带人冲出了宿州城，率西路军与金军决战。

这一天的战斗激烈程度是前一天的翻倍。金军在纥石烈志宁、宇撒的驱动下，创下了宋金交战史上的纪录，他们居然连续冲锋了百余回合！

还只是在一个上午内完成的。

这是一个前所未有的强度，11万金军轮番上阵，绞杀西路军不足4万人，结果居然是金军被阵斩左翼都统和千户、万户数人，5000名左右金军尸横沙场。

临近正午，烈日当头，空气闷热，疆场上每个人都剧烈喘息，金军最后一次发动了冲锋。史料记载，这一次李显忠后撤了，他的部队背抵城墙，以克敌弓远射逼退了金军。

很明显，西路军已经快被挤干榨尽，战斗力所剩无几了。好在金军同样如此，他们退了下去，战场出现了短暂的平静。

西路军没有回城，就在城外就地休整。一眼望去，数万人解甲坐地，战创遍体，浑身是汗，在烈日下艰难地喘息着。

斗志仍在，体力不济了。

这是急需援军的时候，大家都若有若无地关注着身后的城门口，要是那里冲出来一直养精蓄锐的东路军，那可有多好。

居然心想事成，城门开了，真的有士兵从里边跑了出来，更后边跟着的居然是邵宏渊本人！惊喜，一时间战场的焦点都聚集到了这里，邵宏渊是中心。

只见此人骑着马，在战场周边巡视，看了很久，等关注度达到顶峰后，终于说了一句话——"当此盛夏，摇扇于清凉犹不堪，况烈日中被甲苦战乎？"

这么烈日当头的，摇扇子乘凉都来不及，居然还有人披甲作战打个没完没了！

这句话瞬间传遍沙场，每一个打得浑身是伤累到吐血的南宋大兵都气得头晕，之前他们浴血奋战坚定不屈表现得越是正面，越是在这句话下感觉自己多傻。再没有自己认真做事，却被嘲弄成傻子更泄气的了……而有些所谓的"有心人"更是听出了话外之音。

这么热，众寡悬殊，还出城决战，为的是什么呀，如果不是主帅李显忠只凭自身激情，贪图一时之功，哪会像现在这样不顾将士们的死活？！

联想到之前不许队伍进城休整，不分发战利品，大兵们看向李显忠的眼神都变得怪怪的，之前英勇伟岸战神一般的无敌形象顿时大打折扣。

说完了这句话，邵宏渊施施然骑马回城了。外面太阳依旧毒辣，五月的艳阳天下，金军重新集结，又一次冲向了李显忠的西路军。

人，还是那些人。上午时还杀伐无惧，让金军创下了纪录，而他们打破了纪录。他们是南宋史上当之无愧的硬汉铁军。

可中午过后，一切都变了。这些人无精打采，铁血铸成的心被蒙上了一层阴暗可耻的幕布，变得犹疑、迟钝，甚至很逆反。

邵宏渊的话对战局起到了非常重要的影响，这一刻，他真的不是一个人在战斗，很多人都相信，一定是秦太师附体了，才让他把汉奸这个职业做得如此到位。

人心散了，李显忠也没有什么好法子，他只能亲自冲锋，以行动带动起后面这些灰心丧气的士兵。他坚信，北伐是他报仇的机会，也同样是后面这些士兵报仇的机会，他不信每个人都像邵宏渊那样自私卑劣！

他赌对了。

在他的感召下，仍然有足够多的南宋士兵冲了上去，帮助他再次抵挡住金军的攻势。而这，也是金军的极限了，片刻之后，中午时出现的对峙状态再一次出现了。

两军对峙，谁也无力主动挑战。太阳逐渐偏西，直至黄昏降临，眼看这一天就要过去，可变化突然间发生了。

宋军，还是南宋这一方，在李显忠的背后突然响起了一片嘈杂刺耳的锣鼓声，更多的杂乱声随之而起，像是很多人马在急速移动中。

李显忠无法回顾，他不知道后面发生了什么。查阅资料，那是中军统制官周宏鸣散播谣言，说金军新增大量援军立刻就要到了。一时间鸡飞狗跳，宿州城里人喊马嘶，最有身份的一群人开始了逃跑。

多古怪的场景，以宿州城城墙为界，城外的部队与金军对垒，死战不退；城墙里边连块砖头都没扔过的部队居然开始了逃跑！

逃跑的人里边就有邵宏渊的儿子邵世雍。

逃跑迅速波及了城墙外，本就觉得吃亏上当受骗的西路军顿时炸营了，士兵们乱成一团，军官们则反应很快。

统制官左士渊、统领李彦孚直接拍马就走，逃跑前还不忘带上所部人马。眼看着溃兵大势将成，再过片刻就会不可收拾，李显忠当机立断，下令全军回城。

这个命令是当时能做的最正确的选择，唯有让集体慌乱的士兵们进入一个相对稳定的区域内，才有可能阻止全体逃跑的可能。

可命令永远可能被执行走样。这回一大批的中级军官，共19人违抗命令，他们以主将不和无法再战为理由，拒绝入城，纷纷抛弃了部下，各自逃命。乱了套的西路军顿时乱上加乱，失去建制指挥的士兵们只知道跑，他们有的跑向了别处，有的争相入城，几乎是一瞬间就把城门堵死了。

拥挤践踏，尸体狼藉，本是一个完整的西路军像噩梦一样地自我崩溃了。对面的金军喜出望外，他们不知道发生了啥情况，可并不妨碍他们趁火打劫。

10余万金兵逼近城墙，要把西路军置于死地。

这时，宋军的特殊能力派上用场了。汉人都是生活在城墙内的动物，每个朝代的军队都非常精通于守城、攻城，尤其是宋军，他们爬墙的功夫绝对让辽、金、西夏乃至后来的蒙古军队望尘莫及。

金军只来得及放箭，射死一些爬墙中的宋军，就眼看着西路军集体爬上了宿州城墙。接着等他们开始往上爬时，情况就变得凶险了。

李显忠大怒若狂，打仗打到这地步，这简直是他一生的耻辱！进城之后他立即开始防守，这时他的兵力比原来更少了，可是有了这道城墙，也足以扯平刚才造成的劣势。

他仍然冲在了第一线，手举大刀连续砍断金军的攻城梯。他的部队这时最需要的就是感召力，他一定要做出表率来，主将越勇猛，他们才会越镇定。

事实如他所料，西路军渐渐地恢复了过来，当天夜里他们打退了金军如潮水一般的攻势，等战斗结束，城墙下金军的尸体在某些地段堆得与城墙几乎平齐！

深夜，金军暂时退去，李显忠终于见到了邵宏渊。

这是经典的一幕，杀得血染战袍精疲力竭的人站得很直，要求与敌决战。盔明甲亮，整整一天摇扇乘凉无所事事的那个却萎了，说啥都不同意。

好吧，那么帮忙一起守城行不？

仍然不行，邵宏渊振振有词——"金添生兵二十万来，倘我军不返，恐不测生变。"这人一定要逃跑，且逃得理直气壮，20万金国生力军啊，就算皇上站在跟前，这个理由都天公地道。

李显忠大怒，还有比这个更丑陋的吗？！

他再也无法控制，发泄一样地说出了下面一番话——"若使诸军相与掎角，自城外掩击，则敌兵可尽，金帅可擒，河南之地指日可复矣！"

这是他的抱怨话，也是这次战争的争议点。就在宿州城外尽歼金军河南来的军队，这是不可能完成的任务吗？战争打到了这份儿上，谁都知道李显忠能做到，只要兵力多一点点就成。

而整个东路军一直袖手旁观，坐视不顾。这已经不是渎职了，而是叛国！身为高级军官，邵宏渊不会不知道，可他就是干了。

对了，他儿子早就先于他干了。

面对这样一对父子，李显忠能怎么办呢？难道他能执行战场纪律，立即杀了这个腌臜泼皮，夺东路军军权为己有吗？

这种事在整个宋朝历史上都没发生过。

李显忠只能仰天长叹——"天未欲平中原耶？何阻挠如此！"他所能做的，只有让理智迅速回归，趁着战场间隙，立即率军后撤。

宿州城外金军达到了 10 万之众，城里的宋军四五万，如此规模的撤退哪怕再静默，也没法不让敌方察觉。

北伐军后撤的方向是符离（今安徽宿州市东北），那里有大批的物资辎重，一来必须带走；二来可以凭借之稍作抵抗。这在理论上是当时的最佳选择，可是在执行中才发现这是个更大的错误。

西路军久战疲惫有心无力，东路军全体软蛋一溃千里，这样的兵想脱离危险只有片刻不停全速逃跑，才有一线生机。

至于辎重和防守，难道符离会比宿州更有利吗？

北伐军与金军脚前脚后赶到了符离，仓促之间北伐军只来得及组织起薄弱的防线，金军趁势四面合围，把符离围得水泄不通。

只支撑了一个白天，夜晚降临时北伐军的极限就到来了。事实上早在宿州之战时的下午前，北伐军的极限就已经到了，能支撑到这时，完全是由于李显忠的个人感召力。而到了符离，身在绝境中，东路军不仅没能置之死地而后生迸发出临死前的反抗，反而动荡了北伐军的阵脚。

这帮人继续抢先逃跑。

黑暗中全军溃散不可收拾，将领们扔下部队独自逃生，士兵们丢盔弃甲，怎么方便怎么逃，一个个"奋空拳，挥赤臂"，四散逃生，"蹂践饥困而死者不可胜计"。

到天明后，战场一片狼藉。

北伐军全不见了，连同随军民夫在内的13万人被金军横扫一空，损失殆尽。符离储备的大批战械物资，包括1万余匹绢，6万余石粮食，17万条布袋，5万缗现钱，数万两金银，数额巨大的军衣铠甲、酒等，全部被金军缴获。

唯一所幸的是，黑暗中不辨敌我、不知方向、没有随从，北伐军的两位主将李显忠、邵宏渊安全逃脱，没有被金军生俘。

战争结束，南宋输掉了能输的一切。这不同于金国方面的两淮失守、宿州失守，那时金军有巨大的纵深空间可以撤退，有编制健全的生力军，而南宋的北伐军至此损失所有，再也没有翻身的机会。

这时距离宿州大捷，才仅仅过去了七天而已！

第十六章　男儿到死心如铁

回到政治上，朱熹学有所成，自然不甘寂寞，南宋那几位……朝，可都时间不长就出于这样的或者那样的原因回到山里……次不同了，朱熹清楚地知道，这是不容置疑的，都会增加他的名望。

是他能左右的，孝宗同样心性坚定，真到原时地不令分说的哦……赵停是个疯子，他自己也年过古稀，跟谁出不讲道理，这时不拂……曾正常，不点名地把韩国戚定为孀昆刮野的小……

所以他以及时跳了出来，旗蝇鲜明地支持赵沈凝。打坎被青……什么东西，简直是从根本上泛不上活，这……么对立向，扼反驳，"好"，"你这样坏"，……务略，孤翼太低，认那……

"记念稿你水世不得程走，他大生就被道学家们的巴……急什么，他将松日内部上演"，"会"，非常好……一场魁骗戏在宫过这内部上演……一个木供小……戏夏大祖，对国朝大政，仿牧朱熹的程于讲谣什讲道德……在台下看着，"而其他人都是凡人，都牛丰的凡聪哪……在他的眼里，世间无病什错说，谁都当自形态……的确什么都管，对一切都摒于，长此以往，到头来……这千天下的主人。

佛地是上诺，……他心底的怨？次连坎带弃，……都是真实的生活，本他们了……

兵败议和。

南宋的宰相汤思退比秦桧强多了，他为了达到求和的目的，敢于联合敌国向本国皇帝施压。汤思退暗中下令，为了确保议和必成，现在要做的是与女真人联手压迫赵昚，要赵昚不得不和，不想和也得和！

具体做法是派人联络金兵，要金人迅速南下，只要敢于进攻，那么必将势如破竹。接受过各种各样汉奸帮助的女真人第一时间信了，他们立即起兵渡过淮河，所过之处一马平川，根本没有堡垒路障，那些全都拆了，也没有军队阻拦，能打仗敢作战的都被关进了监狱。

金军前锋迅速抵近长江北岸。

什么叫通敌卖国，什么叫背信弃义，什么叫大逆不道丧心病狂？！

这就是求和派的真面目——当年绍兴议和时满朝百官都反对，秦桧敢让人冒充百官上朝去应付摆场。汤思退则更上一层楼，直接与敌国联手，暗算自己的皇帝。

消息传来，赵昚大悔大怒。他想起了张浚关于金人议和的总结——"金强则来，弱则止，不在和与不和。"一语中的，那根本就不是个讲信义的国家，尤其是完颜亮毁约南侵近例不远，他怎么会一时昏头听信了汤思退等人的花言巧语呢？

面对进攻，赵昚发誓——"朕有以国毙，不能从也！"哪怕亡国灭族，都别想威胁我服从金国。他下令各路军马立即开赴前线，使者所带的礼物金帛全部赏给士卒。

可是命令发出去，前线根本不执行。

都能通敌出卖你了，还想着能听命令毁了之前的安排？这是多脑残的奢望啊！有证据表明，这一时刻赵昚并不清楚真正叛变他的人是谁，甚至不知道前方已经里通外国陷害了他，他只是强烈地剧烈地反抗着，要不惜一切代价反击。

反击需要人才，他火速召回了前首相陈康伯，又召回了救火队队长虞允文，任命这位奇迹先生为副相兼同知枢密院使。要他们以最快速度组织兵力上前线，而他自己也将御驾亲征到江边。

唯独没提张浚。

张浚已经死了。

严格地说，张浚在符离大败之后之所以还能活着，完全是凭着一口倔强的、带有浓厚个人英雄主义、同时也包含着浓厚的爱国之心的气息，勉强支撑着操劳做事。

他不仅要与金国争，还要与后方的求和派战，这让他早就油尽灯枯了。一到赵眘决定与金议和，破坏他在前线的所有举措，他最后的一点生存意义也烟消云散了。

他的死是悲凉壮烈的。

去职临行前，他表示哪怕再受迫害，也绝不会随波逐流坐视奸臣当道：

> 君臣之义，无所逃于天地之间。吾荷两朝厚恩，久尸重任，今虽去国，犹日望上心感悟，苟有所见，安忍弗言。上如欲复用浚，浚当即日就道，不敢以老病为辞。

可见其壮心不已。

可惜走到半路时就体衰无药，耗尽了生机。弥留之际，他写了最后一封信给赵眘，然后向次子、未来的理学大家张栻说："吾尝相国，不能恢复中原，雪祖宗之耻，即死，不当葬我先人墓左，葬我衡山下足矣。"这是他对自己的评价。

可见人之将死，其心自平，还是有自知之明的。

古人云，看人要盖棺论定。个人认为这个说法很片面，难道说干了一辈子的坏事，临死前懂事了，之前就一笔勾销什么都算了？

这样说有些刻薄，可逻辑上绝对说得通。张浚以一介儒生在乱世中迅速升位，最初的几步实在是让人厌恶鄙薄到了极点。李纲抗金，力保开封城不倒，他弹劾李纲；韩世忠威勇无敌，是当时宋军的军魂旗帜，他弹劾韩世忠。而他自己，则在抗金之初毫无作为，开封城死难无数，节烈无数，不知这人藏在了哪里，才留下了一条命。

苗刘哗变，张浚得以一步登天。仅仅以所谓的救驾之功，就得到了整个西南西北的军政大权，之后就是富平大败，毁了西军百年的威名和实力。

直到淮西兵变为止，张浚没做过任何与国得利的事。再到赵昚登基，他发动北伐，导致符离之败。可以说，他一生中占尽了南宋的气运，富平、淮西、符离，让南宋总是在即将登顶的时候一脚踩空。这是命运吗，还是说这个人本身就有问题？

绝对是张浚的问题。他大事糊涂且嫉贤妒能。害曲端、迫岳飞、拆李显忠的台，这才是他的领导艺术的体现。

精细计算的话，他一生中唯一值得称道的只有气节。自始至终对外锐志抗金，对内不屈于秦桧，哪怕颠沛流离 20 年，也决不低头。

这绝不是谁都能做到的，张浚哪怕能力不够、私心过重，这一点也足以让人肃然起敬。他实实在在是为国操劳而死的。立足于这一点，我们原谅他，并且向他致敬吧。那些"浚征战一生，未获寸土与国""志大而量不弘，气胜而用不密"之类的精当评语都选择性忽略吧。

张浚的死让汤思退等败类如愿以偿，这帮从头坏到脚无可救药的民族罪人欣喜若狂，成批量有建制地上书，要赵昚尊重客观事实，尊重过往的历史，别再做没意义的抵抗，直接放弃两淮地区，退守长江南岸。立即遣使向金国乞和，这才是眼下免于国家沦亡的唯一机会，等等，等等。

不仅赵昚大怒，凡天下有血性者皆大怒，很多前线发生的隐秘事传回了后方，求和派的叛国行为逐渐地露馅了。

民心沸腾，除了主战派人士之外，民间知名人士、太学生集团同时请愿，要求严惩卖国贼，为张浚报仇，为前线将士雪恨。而赵昚知道了这些，不禁无地自容。于他而言，这不是所谓的游移、中计或者浮浅稚嫩就可以说得过去的，太学生请愿起自靖康国难时，枉他自诩中兴明君，正干着复国大计，居然搞得天怒人怨忠臣死于眼前还不自知！

何其羞窘。

羞窘化为怒火，烧向了汤思退等人。

这帮人按着惯性向自己的皇帝施压，以为有了秦桧的前例，那么照搬一些也无所谓。

这种心理很像是中唐时武则天篡位，之后韦后也想着照搬，结果弄得灰头土脸。利益当前，成例在前，基本上谁都会忘了自己的斤两。

汤思退被免去一切职务，削夺一切爵位，押赴永州（今湖南永州）管制。

如此重罪，还不砍头，这让全天下人不服，抗议像潮水一样涌来，这让政治新兵赵昚明白了过来，汤思退等人一样是他的敌人，不杀之，不仅会遗有后患，让后来的奸臣加倍肆无忌惮，还会冷了眼下抗战中的民心士气。

赵昚下令把求和派一锅端，王之望、钱端礼、尹穑等全部罢免流放各地，主战派人士陈俊卿、陈良翰、张栻等人上位。

汤思退走在半路中，得知消息直接吓死。这就是败类的本质，有胆子败坏国家民族，却没种承担半点罪恶的后果。

以上比较大快人心，南宋的士气也随之高涨了些。可惜，军事实力是个独立的现实单位，与这些挂钩，却没法因之改变。

长江两岸的实力对比，比完颜亮南侵时更加悬殊，赵昚这时哪怕真的"男儿到死心如铁"，也没法去只手补天裂。

他的怒火随着求和派的全部覆灭而熄灭，心气随之再次下降，觉得议和应该还是可以接受的，之前所强调的祖宗陵寝地、四州、国体互称等似乎也没啥大不了的。

赵昚悄悄地派使者过江，重开和议。金国见好就收，两国迅速地和了。

南宋隆兴二年（1164 年）闰十一月，宋金达成和议，主要内容有三条：

1.南宋皇帝对金主不再称臣，改君臣尊卑为叔侄大小；

2.双方疆界恢复到完颜亮南侵前，即以淮河至大散关为界，南宋在采石矶之战后收复的地方悉数归还；

3.改岁贡为岁币，每年金额由原来的银、绢各 25 万两（匹），减为 20 万两（匹）。

以上，史称"隆兴和议"。

其后岁月静好，金国的皇帝很理智，宋朝的皇帝变冷静，连同虞允文在内，所有主战派的努力都在或有意或无意的阻碍中变成镜花水月。

赵昚的心收了起来，他会专注地凝视自己的三个儿子，精心比较他们之间谁更加像自己一些，进而精心地给他们选媳妇，再精心地对比他们生下来的儿子，也就是他的孙子们，谁更加优秀。还时不时地会去探望他的老爹，陪着赵构在天竺寺、玉津园等临安著名旅游景点散步。

日子一天天过去，南宋、金之间越来越和谐美好，中原、江南、塞北一片平静……大理、西夏、吐蕃一片平静……这个世界几乎陷入了一个梦境一样的理想国度，仿佛战火、鲜血、死亡等丑陋凶恶的东西都统统不见了。这可能吗？

它们去了哪儿？

世人不会知道，在这片无比广阔的平和之外，还有一个男孩儿在受苦。

这个男孩儿远在极北之地的苦寒草原上，名叫孛儿只斤·铁木真。

第十七章　最北的北方

在政治上，朱熹学有所成，自然不甘寂寞，屡次前往临安朝列。可每次都在不长的时间里就因重回山林，一次次又回山，朱熹清楚地知道，都会增加他的名望。

真正不同了。孝宗同样心性坚定，也能在他临终前把他抱负的唯一，这是他能施展抱负的唯一。

曾正常，他自己当年过古稀，这时不想，第四次学术之争以失败告终，越悖是个疯子。跟谁也不讲道理，世任。

不点名地把韩国戚定为病乱朝纲的小人，在韩侂胄面前的只有一条，星空照耀上什么东西，简直是及猫本末亮定不亮十人。想反驳？好，你发出邪恶反抗，这已三。

对立面，一定会搅得你半山不得翻生气，谁都会这么讲安们的克虑。

咳没急，他大生就是道学家们的上。为什么，他轻轻息让学讲设性理道。

一场傀儡戏在百廷内部上演，一个僻在伏壁的样子，从未有过。仿效朱熹的样子讲设性理道。

对国朝大政，对百官形态，世间充满了归人，在他的眼里，都是对的。谁那么好这个天下的主人。

在台下看者，一直众，他心底的安于本真实的生活，一切都落手，此此过往，都是真实的生活，却不是戏，此处过往，端那才是此世。

蒙古高原自秦汉以来，一直是中原汉人的梦魇之地。那里遥远，远到只有最强悍的将军、最精锐的士卒才敢于梦想去奔袭。那里苦寒，传说只有最坚忍的狼和最凶残的人才能生存，不管中原的王朝怎样进化变换，秦、汉、晋、唐，无论是谁，那里都有与之相应的强悍民族出现。

如匈奴、鲜卑、柔然、突厥、回纥、黠戛斯以及蒙古。

据学术界目前占主导的意见，最早的蒙古人源自东胡，至唐朝时移居望建河（今额尔古纳河）之东，形成室韦蒙兀。蒙古即蒙兀的汉文音译名。

在中原两宋之交期间，这片高原上一片混乱，在今贝加尔湖以南，长城以北，阿尔泰山之东，兴安岭以西的广阔地域内，没有哪个民族能统一大漠南北。不管他们是操蒙古语，还是操突厥语；不管他们是游牧打猎的，还是采集渔猎的。

蒙古族只是其中一支而已，长久以来活得很是艰难。这不仅是因为环境的恶劣，还由于长期以来绵延的仇恨。

最长久的一个死冤家是塔塔儿人。

塔塔儿人与蒙古人的居住地都挨着一条河，蒙古族是斡难河，塔塔儿族是克鲁伦河。两河都发源于肯特山麓，斡难河在北，克鲁伦河在南，几乎平行着流向东方。

出了山区之后，两条河就大不一样了。斡难河一直保持了山区河流的特点，它的左岸一直是泰加森林。克鲁伦河正相反，它变成了一条草原河流，在一望无际的平坦草原上缓缓流淌，在注入阔连湖（今呼伦湖）时，河面仅宽20—40米，最窄处不过2米。

塔塔儿人离金国近，蒙古人离金国远。这造成了两个民族截然相反的命运。

塔塔儿人很聪明，一直很小心地讨好金国，长久以来很殷勤很狗腿，相应地得到了很多好处。蒙古人很直很倔，发现蒙古包里缺粮缺钱之后，只会骑马举刀去抢劫，而且抢劫对象只看有没有钱，从不看对方有多少人马刀枪。

那还有比金国更理想的吗？

于是历史的轮回规律出现，南方的人总被北方的人抢，而这个北是相对的，堪称没有最北只有更北。相对于金国，蒙古就是更北的北。

蒙古马来去如风，抢完就跑，女真人拿他们实在没办法，哪怕是金国由心比天高的女真战神金兀术殿下亲自带着8万精兵去讨伐，最后的结果也只是与蒙古诸部议和，把西平河以北之地尽割与蒙古，并且每年都要送牛羊、米豆、绢帛之类的礼物。

蒙古的战斗力可见一斑，而那时的蒙古还处于散沙状态，金国却已经达到了顶点。

长此以往，金国把蒙古恨到了骨头里，而塔塔儿则非常聪明地利用了一次蒙古族首领非常罕见的善意心肠，既为自己报了仇，也让它的主人金国雪了恨。

先说一下塔塔儿与蒙古的恩怨往事。

据可查的史料记载，两族最初时还算友好，好到塔塔儿人去蒙古部落出诊看病。那时，蒙古部落的首领是合不勒汗，病人是他的小舅子，请的医生是塔塔儿部落的巫师。很显然这是一次高档次的出诊，如果成功的话，非常有助于提升两个部落的外交和友谊。

问题是合不勒汗的小舅子死了。

医者无绝对，这是常识，可是病人死了家属一定愤怒也更是古往今来各地一致的。蒙古部落对这个巫师大失所望，愤怒中集体认定是该巫师出工不出力，有意把病人治死的。

合不勒汗的部下追上去，在半路上干掉了塔塔儿巫师，两个部落因此反目成仇。

仇恨一旦生成就会像滚雪球一样越滚越大，直至造成毁灭一切的大雪崩。这个过程在中原一般要经过几代人的努力才会实现，而在漠北草原上，两代人的遭遇就足够了。

合不勒死后，继任的蒙古首领是俺巴孩汗。这个蒙古人的心灵是厚道的，他知道之前塔塔儿是受害方，于是想到了弥补。

他把自己的女儿许配给了塔塔儿部的一个贵族，结婚时自己亲自送亲，随行的还有合不勒汗的长子斡勤巴儿合黑，这是多么大的诚意啊，尤其是带着合不勒汗的长子，这是非常明显的赔礼道歉的意思。可落在聪明的塔塔儿人眼里，就全都变了味道。

蒙古人自己送上门来了。

聪明的塔塔儿人最大限度地利用了蒙古人的一厢情愿。

蒙古的可汗被押送进了金国的都城，当时的金国皇帝是一直当傀儡，先后受制于权臣、后妃，积压了一生怨恨的金熙宗，不难想象这人会怎样残暴恶毒地对付送上门来的仇敌。他把俺巴孩汗、合不勒的长子一起钉在了木驴上，使之辗转惨死。

史载俺巴孩汗临死前，曾设法派人往告诸子以及合不勒汗最强大的儿子忽图剌，说——"我，蒙古人之最高首领，送亲女至塔塔儿部，为塔塔儿人所擒。汝等当以我为戒。当今之际，汝等纵令弯弓秃尽汝等之五指之甲，磨尽汝等手之十指，亦当誓报此仇！"

在咽气前，俺巴孩汗对金熙宗说——"我之子侄甚多，必有可怖之复仇。"

这句警告在当时没有引起多少波澜，围观行刑的金国权贵们只是一笑置之，甚至会鼓掌，把这个北方苦寒地带的野蛮民族的酋长的怨恨当成了行刑快感的增效剂。

还有什么能比仇人的惨叫咒骂更让行凶人快乐的呢？

然而，塞北大漠上的蒙古人听到了。从此之后，他们每个人都牢牢地记住了塔塔儿不可信、金国人是死敌这两点，在以后的岁月里无数次与这两个民族交战。直到孛儿只斤·铁木真出生，长大到 8 岁左右。他的父亲，蒙古的新一任首领，有勇士之名号的也速该犯了与俺巴孩汗同样的错误。

这事要从南宋绍兴三十二年（1162 年）正月初二说起。这一年，对南宋、金两国都很重要，完颜亮刚刚兵败身死，赵构也让位当太上皇了。

这都不是当时世界上最重要的事。

正月初二这一天，在遥远苦寒的漠北草原上，蒙古族乞颜部落的首领也速该有了自己的长子。这个男孩儿降生时右手紧握，等他张开时，才发现里面有一抹赤血，史料记载其色如肝，其坚如石，样子像蒙古战旗顶端的纛徽。

这一天刚好也速该外出作战大胜而归，作为一个男人，外战得胜长子出生，他还需要什么样的快乐呢？！兴奋中，为了纪念，他以此次俘虏的敌方首领的名字命名自己的长子。

孛儿只斤·铁木真。

铁木真，在蒙古语中的意思是"铁之变化"。

铁木真在漠北草原最优越的环境下长大，作为最优秀的男人的长子，他有很多的特权，其中之一是可以和草原上最优秀的美女结婚。在他8岁时，也速该带着他去著名的美女部落弘吉剌部挑媳妇儿。此行很成功，他与弘吉剌部族长的女儿孛儿贴定了亲，根据习俗，他要独自在女方家里生活一年。

也速该心满意足，动身回家。在路上，遇到了一群正在宴饮的塔塔儿人。

塔塔儿人主动邀请他去喝酒。

这情景，中原一个刚成年的小孩儿都知道——无事献殷勤，非奸即盗。也速该应该做的是冷笑一声，打马就走。

可他偏偏像俺巴孩汗当年一样，觉得凶拳不打笑面，冤家解了是好兄弟，一个强大的男人不能拒绝别人的好意……他下马喝酒了。

酒里有毒。

也速该及时发觉，快马加鞭赶回家里，只来得及把妻子儿女托付给一个叫蒙力克的侍卫，就死去了。

等铁木真连夜从弘吉剌部赶回来时，世界已经黑屏。

蒙古部落有着严格的传承规则，贵族是恒定的，他们称之为"黄金家族"。可首领是变动的，谁强谁当。只有8岁的铁木真，无论如何跟"强"字不沾边。

部落有了新首领，也速该的遗孤们彻底孤独。人们离开了营地，把他们抛弃到了旷野里，任其自生自灭。

从这时起，在斡难河畔无人的旷野里，铁木真一家开始了艰难的生活。他们有两位女性家长，分别是也速该的正妻诃额仑（月伦夫人），别妻速赤格勒。她们的孩子分别是铁木真、哈撒儿、哈赤温、铁木哥斡赤斤、帖木伦、别克帖儿、别里古台。

两家中男丁最年长的铁木真也只有八九岁，其余的都是幼儿园小朋友。他们没有牧场，没有牛羊，没有马匹，连起码的帐篷都没有，一切都要从最原始的状态开始。

每天他们在"穿着百结的衣服，扎着破乱的裙子"的母亲的带领下，拾野果，掘草根，挖野鼠洞的草籽度日，运气好时能从斡难河里钓上几条鱼来。

这几条有限的鱼，引起了铁木真家族内部第一次流血事件。

别克帖儿好几次抢走了哈撒儿钓上来的鱼，哈撒儿大怒，声称他再抢，就要与他比箭。长大后的哈撒儿是蒙古军队里最强的神射手，与后来举世闻名的神射将军哲别不相上下，这时他虽然很小，但已经能挽硬弓，射长箭了。

铁木真很警惕，一直留神弟弟们。可是某天事情还是发生了，哈撒儿的鱼再次被抢走，哈撒儿搭弓上箭喝令别克帖儿停步。

等来的却是别克帖儿率先射来的箭，哈撒儿躲了过去，随即还射。这一箭正中别克帖儿的要害，而铁木真的箭也到了，他本意是想射别克帖儿的肩膀，让别克帖儿的箭射偏，却不料也中要害，加速了异母弟弟的死亡。

事发瞬间，少年和孩子们都吓呆了。很多年之后，铁木真成为举世无双的大汗，威名震慑大地，可临死前仍然记得弟弟死时眼中的凄慌。这是他一生杀戮的开始，死者居然是他的弟弟，原因只是一条鱼而已！

事后母亲的责备，自己心灵的折磨，让他在野外跪了一天一夜，他发誓会待另一个异母弟弟别里古台如同母弟一样好。

心灵似乎升华了。

可另有一个传说，当他站起身走向帐篷时，曾经轻轻地对哈撒儿说："以后我们就要这样对待敌人，不等他拔箭，先射死他！"

上天赐予铁木真的路，与赵匡胤是何等不同。

少年铁木真生长在不断的打击折磨中，包括他被死敌捉住，拼死逃脱；包括他新婚的妻子被世仇掠走，夺回时已经生下了"长子"术赤。

术赤，蒙古语的意思是客人。

所谓的事业起步，是带着全家人、全部的财产，投奔到义兄札木合的帐下。非常像一个被打怕、抢怕了的小富即安的破落贵族子弟，去寻求勉强存活的安全。

未来站在有史以来全人类顶峰的世间最大帝国的开创者，安静地生存在一个蒙古大型部落里，每天牧马打猎喝茶饮酒，悠然地看天，豪爽地大笑。

似乎每一个草原上的男人都是这样生活的，可铁木真的大业就在这一天天看似平常的日子里，点点滴滴又不可遏制地高涨了起来。

他像一个突变的细胞一样，把札答阑部的牧民们感染，无论谁接近他，都会被他同化。这就是无可置疑没有道理的天赋。

就像刚刚离家出走的赵匡胤一样，无论到了哪儿，在极短的时间里就会赢得周围无数人的忠心爱戴，哪怕城墙上射下了雨点般密集房檩子粗细的巨箭，都会有人扑到他的身上替他挡住。

铁木真做得比赵匡胤还要出色。赵匡胤的第一站没能站住脚，在随州被当地的衙内董遵海挤走了。铁木真却在札木合的营地里落地生根，进而鸠占鹊巢，悄无声息地夺了札木合的大半产业。

在1189年前后，札答阑部开始了一次迁徙。这是例行的，牧人逐水草而居，每年都要转场，不可能只吃一块草皮。

札木合作为部落首领走在了最前面。在遥远的背后，他的部族突然间分岔了。一大部分人没有预兆地拐弯，走上了另一条路。

这一群人里包括了铁木真一家，也速该从前的部属、兄弟近支，他们远远地离开了札木合，在草原的深处举行了"忽里台"。

蒙古汗位不是世袭的，每当新旧交替，都会集合全部部民，搭起高台，亲眼看着贵族们当众选出最强的人。

铁木真成了"汗"。

就任仪式上，他的部属们这样对他起誓——"……你当了可汗，我们杀敌走在前头，掳来的美女骏马奉送给你，出外打猎，获得的野兽奉送给你。听你的号令，如有违反，你可以撤弃我们的美女，没收我们的财物，把我们的头颅抛在荒郊野外……"

铁木真则许诺，他会保证每一个蒙古战士都衣锦绣、跨骏马、食珍馐、挽娇娃。

历史证明，他许诺的这些都做到了。

第十八章　十年主角李凤娘

回到政治上，朱熹学有所成，自然不计寂寞，南宋前几位皇帝也是各有所成，可都时间不长就出了这样的或者那样的问题，直至重回山…

次问山，都会增加他的名望，这是朱熹清楚地知道，这是他能随随便便就…

他能左右的，孝宗同样心性坚定，九江即时他心中已…

赵抟是个疯子，跟谁也不讲道理，这时不楙，直到赵疙，一世将相，打到赖赖的…

智正常，他自己也乐过古稀，以他及时跳了出来，…蘯嗣新明地支持赵汝遇，是明的举…

可以很自在，在任性伤青面前的只有一条路，那里在名地把韩国破定为妨乱…那些年的小…

简直是从根本上否定…

急什么想去立面，好…你是奸宏，想反抗，更深沉…

他轻松自在他想了一会儿，办法尔不下…对国朝大政，仿佛来亲的样子讲…一个侧子找了好久，刘皇帝想通心…

他天生就是逗子家们的变…性情通弘之…

都仿佛他是上帝，而其他人都关心人，都关心那…对宫托心志，世间充满了调张，谁都…

在台下看着，一言不发，他心底怒气冲冲有…都是真家听的生活，来真自家的不是戏…长还过红，刘欣在生石，…

的确有什么都管，对一切都插手…

是这天下的主人…

南宋淳熙十四年（1187年）十月八日未时，赵构死了。

这个"人"终于死掉了，多么漫长，多么漫长，多么漫长！赵构居然活到了81岁。每一个中国人都应该记得，在他的统治下，中国陷入了前所未有的黑暗和憋屈。

整个民族因为这个人的懦弱、无耻、阴狠酷厉，而变得压抑、懦弱、无耻、阴狠酷厉。这是什么样的命运啊，让中华民族突然出现了这么一个怪胎？！

三年之后，赵昚63岁了，他也宣布升级当太上皇。官方说法是向祖宗致敬，在任时间太长就不孝了。其实真正的原因是金国的完颜雍死了，继位的叫完颜璟，璟是雍的孙子，按照宋金隆兴和议条款，赵昚得叫雍叔叔，这时璟即位，叔叔的尊称也得沿用。

璟这一年才22岁！

63岁的赵昚得叫22岁的女真小青年叔叔，而这个叔叔还是之前那个叔叔的孙子，这样论下去，赵昚的辈分得滑坡到什么程度？！

即位的是皇三子赵惇，时年42岁。

内禅的前夕，赵昚留下了东、西两府的宰执人员，最后一次咨询他们的意见。与会者都交口称赞皇太子非常完美，内禅意味着更好的明天。

唯有黄洽沉默。

赵昚问他为什么沉默，黄洽才说，儿子是好儿子，儿媳妇却是个祸根，李凤娘根本不足以母仪天下。赵昚怒形于色，大不以为然。

黄洽立即辞职，临行前说："异日陛下思臣今日之言，欲复见臣，亦不可得矣。"

这个儿媳姓李，叫凤娘。

李凤娘的出身很一般，她爹是庆远军节度使李道。一个武职人员，节度使官职，说实话，这在宋太宗后期就已经拿不出手了，说出去都觉得丢人。

可是她家的家传功夫就是会造势，她的儿子出生前她能做梦，她出生前的场景是梦想照进现实，她家的门前突然间从天空降落下来一大群的黑色凤凰！

从后面发生的事来看，当天有鸟降落是肯定的，黑色也是肯定的，至于凤凰肯定是假的，那一定是一大群的乌鸦。

这种家风可想而知一定会和各种各样的灵异人物长期挂钩，有频繁的互动友谊。在李凤娘10多岁的时候，也就是快要嫁人之前，她家来了一个非常著名的道士，叫皇甫坦。

这道士看见李凤娘立即震惊，下断言说，此女贵不可言，一定会母仪天下。

皇后。

这两个字映进李家人的心里，立即折射出无限的激情。可是怎样操作才能达到目的呢？就算宋朝的皇后大多出身一般，也不等于只要一般肯定中奖吧。

这就要继续借助灵异人物。

皇甫坦进出皇宫，面见皇帝，就跟饭后串门聊天一样随意。某天，他去德寿宫见赵构，开门见山地说："臣给陛下做媒来了。"

赵构愕然。

皇甫坦微笑："臣走遍江南，给陛下寻得一位孙媳妇。"他用各种专业知识详细论述李凤娘几乎每一处长相都代表着极致的富贵和端庄。

这些话当年把赵佶放翻，导致其终生沉迷劳改教育，现在对赵构也具有同样的杀伤力。赵构马上就信了，没去征求赵眘的意见，直接拍板定"案"。

李凤娘嫁入宋室，成了皇三子赵惇的老婆。

李凤娘是一种很难界定的生物，她的存在，是辽、金、西夏、蒙古、北宋、南宋加在一起也独一份的。之所以这样说，是因为每个理智健全的人，不管是男的还是女的，在做某件事之前，都会先考虑一下自身的实力、家族的实力、身份，才会量力而行。

李凤娘不是这样。

这女人出身一般，家族没有半点可以支撑她的地方。而她自己的实力，根本谈不到，她没法结交外臣，自始至终，没有哪位宰执人员与她内外勾结，形成利益链条。甚至她的身份，也不能带给她想要的那些特权。

试问她丈夫没登基之前只是皇太子，上边有皇帝外加太上皇，她有婆婆还有太婆婆，她是个地道的封建社会小媳妇，这身份能让她干什么？

这身份只能让李凤娘成为经典后宫戏里的受虐主角。可这女人就是有本事把一切颠倒过来，去虐待别人。

包括赵构、赵眘、赵构的老婆、赵眘的老婆。

李凤娘在皇宫里行走，走到了公公赵眘的面前，向他诉说皇太子，也就是她丈夫的亲信部下有很多失误。具体呢，就是没有按照她的指示去做。

赵眘很烦，让她滚远点。皇太子的亲信也是朝廷命官，办的是公家事，要你后院女人说什么三道什么四？何况那都是我配备给儿子的，他们做的事，都是我指示的！

李凤娘高高地昂起了头，没有像从前那样装鹌鹑，仿佛被她出生时那种黑鸟附体了一样，款款地走出了皇帝公公的视线。

没回她的院子，而是坐车出宫，去德寿宫。

第一，她私自出宫；第二，她未经宣召就去觐见太上皇。这都是莫大的犯规，足够她"停职"反省的了。可李凤娘就是不在乎，她来是向赵构反映别人的问题的。

她的老公公、皇帝赵眘的问题。

赵眘简直不知所谓，给她丈夫找的贴身公职人员个个不称职，她忍无可忍，去申请一下调动，居然被拒绝并且申斥了。

这……这太奇怪，太说不过去了嘛！

赵构默默地注视着这个由他所选出的太子妃、孙媳妇，心里喃喃咒骂职业骗子皇甫坦。都是这个道士骗了他，这样的女人居然是上天注定的母仪天下之人？当然，他绝不会埋怨自己的，他在这件事里起到的作用，甚至后来亲自出手绊住二皇子，才让这女人的丈夫上位，这些都被他自己忽略了。

岳飞都可以冤杀，这样的小事又怎么会动摇他的心理平静？

赵昚的反应就激烈得多了，他真的没有料到，一个小小的后宫女人，一个太子妃而已，居然敢越级向太上皇反映皇帝的所谓失误！

赵昚大怒，警告李凤娘，以后要向皇太后学习，要雍容大度宽以待人，再插手政务，小心废掉你！

这话不可谓不重，在这之上还要再怎样呢，难道是幽禁、赐死？相信每个后宫女人都会在这种力度下瑟瑟发抖。可李凤娘不这样，她毫不畏惧，仍然我行我素。

没有任何一个历史学家能分析出来她不害怕的理由，她凭什么呢？家世、地位、内应、外援、钱财、军队，哪一样都没有。

可偏偏就是不怕。

于是，她愈演愈烈，到她丈夫当皇帝之后上升到肆无忌惮、主动攻击的程度。某次她闹得实在不像话了，赵昚的皇后，当时的太上皇后谢氏好言相劝，要她注意不要做出格的事，不要干预政务。

婆婆训示，小户人家的媳妇也得静静听着吧。李凤娘不，她立即反唇相讥——"我是官家结发妻子，名正言顺，有何不可？"

此言一出，赵昚怒不可遏，谢氏脸色苍白。这实在是太伤人了，赵昚一生有三位皇后，原配郭氏早死，只活了31岁。第二位夏皇后也没能始终，这名谢皇后本是赵构的吴皇后赐给赵昚的一个宫女，逐年第及由贵妃而至皇后的。

名虽皇后，毕竟不是原配，更谈不到结发夫妻……有这么揭人短的吗？！哪怕不顾忌宫女出身的婆婆，也得看一下旁边就坐着的正牌皇帝老公公吧。

赵昚真火了，决心废了这个混账婆娘。这时他住的地方是原德寿宫，现改名为重华宫，这里照例成为南宋政权真正的核心之地。他找来了当年的老师，此时整个南宋年纪最大、品德最盛的前首相史浩。史浩这时快88岁了，这是个空前的纪录，比赵构高，甚至高于整个两宋官场。

他就是不死，一定要做完这件事，才会闭眼。

史浩颤颤巍巍地走进皇宫，最后一次帮助自己的学生。说李凤娘这个女人啊，真是该废、该杀、该冷冻，可是，现在新皇刚刚登基，就废掉皇后，让天下百姓怎么看，怎么说呢？

皇家的礼仪脸面是重要的，是全国乃至外邦的表率，是世间文明程度的一把尺子，是绝对不能有瑕疵的。

赵眘默默地听着，心灵深处最敏感的那根神经再次发作。他是要面子的，但凡与脸面有关的事，他都会不惜一切代价去抹平。为了面子，连皇帝都可以不当，何况要忍受一个小小的女人呢？

李凤娘再次逃过一劫。

这对李凤娘来说，都习惯了。雷声大雨点稀，赵家都是一些手不见血的男人，她早看透了，所以从心底里往外地不怕。之后，更加我行我素，想方设法地丰富自己的人生。

李凤娘被册封为皇后，刚刚得意了没几天，突然被刺激得发狂。

她的周围出现了海量的美女！

这实在是对她最大的挑衅，让她忍无可忍，可却又说不出什么。因为她丈夫的地位提高了，皇太子转正当上皇帝后，皇宫深处，佳丽如云，这都是赵惇的标准生活配置，她再怒再烦，又能怎么样呢？

一个宫女中奖了。

那天，赵惇要洗手，这个宫女捧着金盆过来侍候。只见金盆映清水，双手似柔荑，雪白粉嫩得紧。赵惇一时兴起，不禁赞了一声，好一双白手！

几天之后，李凤娘派人送了一个食盒，赵惇很随意地打开，往里一看，差点没吓晕。里边哪是什么食物，竟然是一双雪白粉嫩的人手！

……四五十岁的一对老夫妻，吃飞醋居然做出如此残忍恶毒的事来。可恨可恶亦复可笑。但效果是良好的，从此之后，皇宫里哪怕再新添多少美女，都远远地躲着皇帝，再不敢显露半点风情。

此外，赵睿是她最大的障碍。

李凤娘在赵氏父子之间搞事情，赵儿子中招，对赵老爸心生怨恨，很久不去觐见。

她还要搞丈夫。

事情发生在南宋绍熙二年十二月十五日。这一天是赵惇的大日子，他登基之后第一次祭天地。这是历代皇帝都极其重视的隆重大典，尤其是宋代，它上升到了一个让皇帝都得加班工作的高度。

十五日主祭，十四日赵惇就离开了皇宫。他必须率领皇室成员去太庙受誓戒，流程非常复杂，像沐浴、熏香等都只是前期的准备而已，做完了这些，他还不能回家。

回去后满宫佳丽，万一他把持不定呢，难道让他第二天带着一身的胭脂粉香去见上帝？所以，在祭祀活动结束前，皇宫里只剩下了李凤娘一个主事者。

李凤娘等这一天很久了，赵惇前脚离开皇宫，她立即宣布后宫进入紧急状态，所有嫔妃不许擅自走动，除黄贵妃外，都在各自的宫里待着。

提一下赵惇的后宫情况。女人迅速布满了赵惇周围，可有独立院落的只有不多的几位，分别是黄贵妃、张婉仪、武才人、潘夫人、符夫人、大张夫人、小张夫人。最尊贵的当然是唯一的一位贵妃，黄氏。她的出身特别，虽然不算高贵，却是南宋第一太上皇赵构当年赐予赵惇的，哪怕是出于尊重，也注定位居后宫之巅，只在皇后一人之下而已。

更何况她非常可爱，让皇帝着迷。

这让李凤娘情何以堪，她的眼前不停地出现一双双洁白粉嫩的小手，她奇怪，她砍了哪怕赵惇只赞叹过一句的宫女的手，可为什么女人们还不离她丈夫远一点呢？！

尤其是这个黄贵妃，仗着身份特殊，总围着赵惇转，赶都赶不走……那好吧，现在赵构死了，赵眘在重华宫，赵惇在主祭前夜不回来，看看这时谁还能阻止她。

李凤娘在皇宫深处，虐杀了黄贵妃。

注意，是虐杀。据史料记载，其残酷程度可以与历史上最著名的两次后宫虐杀——汉朝吕后虐杀戚夫人、唐朝武则天虐杀王皇后、萧淑妃相比。

杀完人后，李凤娘心情舒畅，一边向丈夫通报结果，说黄贵妃得病"暴死"，这大概是示威的意思，能让她的快乐升级吧；一边走出皇宫，去著名园林玉津园散步游乐。

赵惇在斋宫中接到消息，他没法相信半天前还活生生的黄贵妃会无疾暴卒，这一定是李凤娘搞的鬼！一时间痛悔交集，五内如焚，可是限于祖规，没法回宫。他只能默默地哭泣，继续执行自己的任务。

祭天地大典在下半夜丑时七刻（十五日凌晨3时左右）开始。当时夜色晴朗，星月璀璨，天地一片祥和。赵惇身着冠冕，手执玉圭，走上了祭台。这情景非常天人合一，像是上天也对南宋的第三位皇帝露出了微笑。

但是，不知为何，突然狂风大起，飞沙走石，祭台上的灯烛全被吹灭，四周瞬间漆黑一片。没等人们反应过来，一两片火星飞到了台边的帘幕上，火焰升腾，祭台一下子像是被火焰包围。接着，硕大的帷幕倒了，火舌遍地，燃烧一切，蔓延成了势不可当的大火。

赵惇惊呆了，他站在主祭的位置上，所有人都离他远远的。事发突然，没有人能反应过来，赶到他的身边。

狂风烈火却愈演愈烈，像是一定要把他烧死在祭台上。关键时刻，瞬息间大雨夹杂着冰雹劈头盖脸地打了下来。

如此这般，乌云、大风、火焰、大雨、冰雹……这绝对是魔幻大片嘛。好不容易风停雨歇，终于看见了星斗微光，陪祀人员清醒了过来，他们终于想起了皇上。

却发现四周一片狼藉，乱成一地的玉帛牲牢中间，赵惇惶惑无助地跌坐着。他衣衫凌乱、神情木然，连手里的玉圭都不知去向，嘴里念念有词，不知在说些什么。

侍从们一拥而上，扶起他退下祭台，赶回皇宫。这时没有人知道，宋朝历史的转折点到了，赵惇的人生已经拐弯。

南宋绍熙二年（1191 年）十二月十五日凌晨 3 时左右的祭天地大典是一个超现实主义的魔幻表演舞台，在极短的时间内祭台上经历了晴空万里—乌云—大风—火焰—大雨—冰雹—晴空万里的变化，云收雨住之后，台上一片寂静。

唯一的近距离观赏者宋光宗赵惇表情呆呆的。当时，人们觉得他是被吓呆了，事后发现他是被吓疯了。

太上皇赵昚、太后谢氏立即赶了过来。到了之后立马火冒三丈，怒不可遏。他们所看到的，是儿子赵惇脸如死灰、神色惊悸地躺在床上，满嘴胡话，陷入了深深的噩梦里不能自拔。

而床边，却没有皇后李凤娘的影子。

她看得准，最重视礼仪的宋朝绝不会公开处理她。理由无他，好面子，尤其是老公公赵昚，说啥都不会搞出家庭丑闻的。

疯掉的赵惇以各种理由不去探望年老的父亲，同时不上朝，不见大臣，旷工时间长达半年多。对此，太上皇赵昚痛心且无奈，李凤娘无动于衷，她觉得这样非常好。她发现她可以随心所欲地做任何事了。

赵宋帝国已经不能再阻止她了！

自赵惇祭坛发病以后，南宋"政事多决于后"。只是李凤娘的执政水平实在拙劣，几件事之后搞得她自己都兴趣索然，心烦之后，她重新调整了工作方向。

李凤娘全心全意地为娘家捞好处。

宋制遵循西汉初年刘邦所定的"非刘氏不封王"之制，严格控制外戚的势力，自开国以来，不能说完全杜绝外戚封王，但人次极少，并且基本上是在某外戚年高且病将死未死时才封，属于提前追赠一类。

李凤娘打破了这一切。

李氏"三代封王"，连她的侄子都官拜节度使。她归谒家庙时，推恩亲属26人，授使臣172人，门客都荫补进官。临走前她回头看了一眼，觉得家庙门前不那么恢宏，少了点什么呢？嗯，岗哨少了点。李凤娘下令增加防护侍卫。

人数比赵氏宗庙的还多！

第十九章 梦魇江南

政治上，朱熹学有所成，自然不甘寂寞，南宋那几位皇帝，在位时间都不长就出于这样的或者那样的原因重回山里，一次回山，都会增加他的名望，这是不容否认的，最行最远，最终能左右朝政，跟谁但心性坚定，直到那以他发挥跳了出来，漂飘鲜明地支持均衡，进入里，不点名地把韩侂胄或定为祸乱朝野的小人，人的东西，简直是从根本上完了这么人，在韩侂胄面前的只有一条路。那些茫茫未知，想反驳，无门反驳，你是奸邪想说，更无一定会搞得你水世不得超生。他大生就是道学党们的克星，急什么，他轻松自在地想，一场傀儡戏在宫廷内部上演，搅定大昏，仿佛朱熹的样子讲说性理论道，对国朝大政，世间充满了偌汉气，在他的眼里，对百官行迹性态度，仿佛他是上帝，而其地人，都是下着的，一言不发，他心底的怒火油然而生，在台下看着，都是真实的生活，对一切都插手，对此心当个裡捧子，这送不下的主，一切证据都表明，赵惇并没有真疯，可他就是不去探望年老病重将死的父亲。据传说，赵眘最后一次在公众面前露面，是他单独一个人走到望潮露台上时。

宫墙下市井民巷里小儿们在跑跳玩闹，嬉笑声清晰地传进了他的耳朵里。他听见孩子们在叫——"赵官家来了，赵官家来了！"

赵眘长叹一声，黯然自语——"我叫他尚且不来，你们叫也枉然啊。"他内心凄然不乐，病势陡然加剧了。

消息传到外界，本来已经烦恶透了，也腻味透了的人们再一次没能忍住，各方各面的人都用自己的分内行动，或警示或恳求或鄙视赵惇的行为。

起居舍人彭龟年在大殿龙墀处叩首直至血流满面，赵惇却无动于衷。

太学生写了篇文章，其中有两句——"周公欺我，愿焚《酒诰》于康衢；孔子空言，请束《孝经》于高阁。"拿中国文化礼教源头的两大圣人说事，可以说没法再升级了，赵惇没有反应。

首相留正这一次终于站了出来，他先是率领百官要求立即过宫问疾，赵惇拂袖而起，转向后宫。留正一把拉住了皇帝的衣襟，一路随行，一路进谏，啥用也没有。留正大怒，既然说什么都不听，还要我们这些官干什么，把我们都罢免了吧！

赵惇也怒了，要宰执都退出去。

宰执们和百官一起退出了城，在城外浙江亭上待罪。这回不仅是没首相了，所有官员都没有了。可是赵惇仍然没感觉。

谁都没招儿了，最后只能请求让嘉王，也就是赵惇的儿子替他去重华宫探病，这总行了吧？赵惇总算是点了一下头。

南宋绍熙五年（1194 年）六月十四日，嘉王去重华宫探病。这本是难得的好事，却不料反而加剧了太上皇的病情。

赵眘看着这个孙子，想到的是这个孙子的生母李凤娘。一时间懊悔交集，当初为什么要娶了这个儿媳妇，又为什么要选赵惇来当皇帝？！

懊悔莫及。

在这种煎熬下，14 天之后的凌晨时分，赵眘走到了生命的尽头，他死了。

赵眘的讣闻在凌晨时分送到东、西两府的首脑府上，而不是第一时间交给皇宫。这很反常，但人人都理解并认可。

第一时间交到皇宫……真傻。

话说这一天非常幸运，赵惇难得地准时早朝了。首相留正、枢密使赵汝愚联袂上殿，把他老爹的官方死讯呈给他。众目睽睽紧盯着，只见赵惇很平静地看完、收起、站了起来，往后宫走去。

他居然什么表示都没有。

宰执大臣们拥上去，要求他立刻出宫主持太上皇的葬礼，当时的情况真的可以形容为群情激愤、怒不可遏。面对此情此景，赵惇的运动神经瞬间增速，他快速地冲出了大臣们的包围圈，消失在了皇宫的深处。群臣的手里，只有从他身上撕下来的半截龙袍。

这就是为什么不能第一时间通知皇宫的原因。

指望这个人主持葬礼看来是不可能了，大臣们想来想去，只能去请赵构的遗孀吴氏出面。吴氏这时年过八十，精力未衰。她这一生跟赵构在一起经历了非常多的波折，如苗刘兵变，如搜山检海，哪一次都动辄就有生死大难。

熬过来之后，她的意志、见识自然与凡俗不同。

吴氏命宰执到重华宫发丧，她代行祭奠，对外宣布皇帝陛下得了急病，只能在皇宫大内服丧。葬礼在这种规格下进行，日子一天天过去，世界像是飓风来临前的海洋，平静的外表下孕育着可怕的破坏性能量。对此，赵惇一无所知。

他"安坐深宫，起居服御，并如常时，视父之丧，如他人事"。也就是说，连丧服都没有换。并且"宴饮如故，宣唤俳优"。

如果不看戏的话，非得在宫殿里走两步。他的手里会出现弓箭，就像时刻会有刺客来暗杀他，而所有的宫廷卫士都不足以信任，只有他自己手持利刃，才能保证安全一样。

这一幕落在任何一个现代人的眼里，都明白这的确是一个如假包换的受害幻想类精神病患者了。

可问题是这是在宋朝，每个人都受够他了。大臣们的怒火积累到了释服那一天，也就是可以脱掉丧服，换上常衣那天，终于爆发了出来。

大家坚持不释服，一定要赵惇出来给个说法。

身为人子，既不临丧，也不视殓；既不举哀，又不成服，这何以为人？！向金国告哀的使节已经派出，对方不久就会派来吊祭使，那时按礼必须在大行皇帝梓宫的素帷前受嗣皇帝的接见，如果赵惇不出现，岂不是侮辱来使，示乱敌国？

种种焦虑，长时间的鄙视，让大臣们心里一直隐约存在，却死死压制的那个念头浮了上来——赵惇，你还配当皇帝吗？！

大臣们以西府枢密使赵汝愚为首，决定再一次内禅。

赵汝愚，字子直，生于1140年，时年54岁。身世显赫，乃是宋代汉恭宪王元佐的七世孙。身为赵宋皇室，他本是没有资格进入东、西两府的，但他志高才更高，1166年，26岁的时候高中进士第一位：状元。进入官场后，先在文官系统里一路升迁，任职吏部侍郎，再转修武职，出任福建军帅，又入四川，平定羌族骚乱。

堪称文武全才。

赵汝愚任枢密使，没有任何一个人不服。

此时，赵枢密一下子激昂了起来。他说几天前还做了个梦，梦见死去的孝宗皇帝授他以汤鼎，他背负一条白龙飞上了青天。

难道命中注定，这件大事将由他来完成？！

赵枢密激昂之后发现不知道该怎么办。事情是这样的，按计划，他们需要太皇太后吴氏的支持，以她的名义授予嘉亲王赵扩皇位。这样哪怕程序上仍然不合法，可总算是说得过去。

至少，宋朝历史上也有类似的事，比如北宋时强悍的奶奶高滔滔等。可是实施起来的话，有道巨大的、几乎没法逾越的鸿沟挡在前面。

他是皇亲不假，可皇宫不是四合院，这宅门实在太大，再近的亲戚也别想随便溜达进去串门子。那么要怎样联络到吴太皇太后，说服她，让她插手此事呢？

这事儿姓赵的人做不到。

皇族无力，国戚上场。一个能办这件事的人，一个会在之后的历史里主导一切的人终于登上了舞台。他叫韩侂胄。

韩侂胄，字节夫，相州安阳（今属河南）人，北宋名相魏忠献王韩琦的五世孙。身世显赫，本人很矬，履历上显示他没有任何闪光点，完全凭恩荫当上了知阁门事。

这个官职的官方解释是"掌皇帝朝会、宴享时赞相礼仪"。说白了，就是官员不论大小，哪怕是宰执；皇室不分亲疏，哪怕是亲王，再加上外国使节、少数民族的首相，这些大人物来觐见宋朝皇帝，见面时的礼节、告别时的仪式、吃饭喝酒时的举止，都由这个官来指点改正。必要的时候，还要充当引座员，把与会人员带到指定的地点。

皇家服务员而已。

可见君子之泽，五世而斩。哪怕是韩琦，他的五世孙也混到了服务生的地步。那么请问，这么矬的人怎么可能参与宫廷政变，并且起到关键性作用呢？

答案很简单，韩服务员的家庭成员太给力了。他的妈妈是太皇太后吴氏的亲妹妹，他的老婆是吴氏的亲侄女。

这人可以轻松加亲密地与吴老太后见面聊天。

赵皇亲找到了韩国戚，双方的接触很成功，韩国戚同意加入政变队伍。吴太皇太后这边由他负责。赵皇亲转而去鼓动下一个目标。

禁军。

自古宫廷政变必须把禁军军权抓在手里，没有这一手，搞什么都是胡闹。这时南宋宫廷禁军的殿帅名叫郭杲，他本来不想掺和，奈何他是个知恩图报的人，他有个恩人叫赵彦逾，赵皇亲让此人去找他，两人翻了一下账本，郭杲就点头了。

禁军加入。

之后，他们度日如年地等着原重华宫，现慈福宫的消息。韩侂胄能不能鼓动得了这位久历险事、见识超凡的老太太，将最终决定整件事的成败。

这时，没有人对韩国戚有信心，他要官职没官职，要资历没资历，虽有那么硬的后台，这么多年下来居然只混成了一个高级服务员，让精英如赵汝愚之流拿哪只眼睛看他呢？

几天之后，事情办成了。

万事俱备，东风劲吹，至此政变基本已经可以宣布成功。赵汝愚们开始准备诏书，看管御玺，制定政变的细节步骤。

他们没有留意韩国戚，更没太在意韩国戚说服吴老太太的具体过程，要不然他们会深深地打量一下韩侂胄，然后才去造反。

韩侂胄没有亲自出面，而是鼓动了两个宫里的熟人，让他们具体执行了说服行动。他自己远远地躲在宫廷外面，这样成功了自然有他的好处，失败了……他没有亲自参与呀，以他的后台，谁能给他后果吃？

南宋绍熙五年（1194年）七月二十四日。

这一天在皇家大丧礼仪中名为"禫祭"，是除去丧服的日子。南宋所有的上层人物都要去大行皇帝，也就是宋孝宗赵昚的棺椁前，与他进行最后的道别。

赵昚，他终于走完了人生路程，退出了历史的舞台。关于他的一生，如果尽量精简地总结一下的话，我勉强归纳出了这样一句话——他的父亲，赵构，做了一生的坏事，得到了所有想得到的东西，而他，尽了一生的努力去做好事，想得到的，却没有一样能成功……

他是如此自尊，却料不到，连他死后也没法得到平安和荣耀。这一天，就在他的棺椁前，他的儿子将被一场宫廷政变所推翻。

当天的过场走得很短暂，程序由枢密使赵汝愚主持，他站在孝宗的棺前，向坐在帘后的吴太皇太后陈述过往各种事情，请吴氏定夺。

如皇帝因病，至今不能执丧，更无法上朝，他亲笔批示了准许册立皇太子，还有那八个字。太皇太后，现今要怎么办？

吴氏回答——"皇帝既有成命，相公自当奉行。"

这样滴水不漏的话几句问答之间，就越过了赵惇，使南宋的皇权顺利转让到了赵扩的手里。至此，南朝开国四代间，已经内禅了三次。

即日起赵扩上位。

皇宫的深处，大内寝宫里，赵惇对这些一无所知，最先通知他的人是他的亲信杨舜卿。第二个是国戚韩侂胄，赵惇直愣愣地看，硬生生地问，最后转过身向里躺去，谁也不再搭理。

这是他生命中最后六年里的主色调。

他先是牢牢地守住了自己的寝宫，无论谁说什么，他都绝不搬出去。按理，他是太上皇，要给新皇帝腾地方。而宫外面也给他选好了新家，先是在原秘书省，后是他老婆李凤娘的外第，名叫"泰安宫"，可他就是不去，于是只好新皇帝搬家。

赵扩活得也无奈，他爸可以对他爷不孝，而他不能对他爸不孝。他决定每五天探望一次赵惇，文武百官每月探望两次。

比当年赵惇探望孝宗的法定次数还要密集些。可是很遗憾，都没成功。赵惇是个始终如一的人，当年决不看爹，现在也决不让儿子看。

他每天紧紧地关上房门，呆呆地坐在角落里想着从前的是非得失。想得久了，偶有心得，他会突然间怒形于色痛骂自己，有时候伤心得没法克制号啕痛哭，更多时他喃喃自语，像是和很多人争论很多的事情。每当这时，李凤娘就再次出场了。

这个女人终于暴露出了真正的自己。她之前之所以无往而不利，完全是因为孝宗皇帝在乎皇家脸面，真是打掉了牙齿和血吞，不让外人见笑，她才能倚仗着无耻、泼辣、尖酸、狠毒等人世间女子最丑陋的恶习占据了上风。

现在她的公公死了，她的好日子也到头了。政变也好，内禅也罢，根本没有任何人搭理她，就当她是一团污秽的空气而已。

而她也什么都做不了，眼睁睁地看着失去了一切，只能陪着她的疯丈夫坐困愁城，躲在一间寝宫里苦闷地熬日子。

大家都知道，生存空间的大小直接影响生存者的情绪。赵惇从前主宰整座皇宫，每天歌舞宴饮，连他老爹病重去世期间都没耽误过，何等逍遥自在，到现在只守着一间寝宫过日子，这差距实在是太大了。很正常地，他因为憋屈变得暴戾了。

当年的冬天，新皇帝赵扩主持郊祀大典回宫，按礼先要去慈福宫向吴太皇太后致敬，之后才会在一片御乐声中回自己的宫殿。

音乐无国界，更无限制。它悠悠扬扬地飘过了数重宫墙，飘进了现太上皇陛下的耳朵里。插一句话，这是深冬早春时，按后来整理出的赵惇的病历，他的精神病发作是有规律的，深冬、早春两季他有时会正常，有限的几次看爹行为也发生在这个时段。夏、秋两季就惨了，比如著名的首相丢失140天、蜀帅没人多半年，都发生在这两季。

这时是深冬，正是赵惇脑子偶然正常的时候。

他听见了御乐声，突然间问李凤娘，这是怎么回事？李凤娘苦笑一声，她自然知道是新皇帝回宫了，可她怎么敢说？

她只能像往常一样骗他，说这是民间市井里谁家有了喜事吧。

赵惇骤然暴怒，御乐他还是记得的，这女人居然敢当面骗他！在这一瞬间，赵惇一生里的憋屈事是否都在闪回，这无人知晓，资料里记载的是，他暴跳了起来，喊道："你竟要骗我到这地步吗？"一拳就抡了过去。

李凤娘被打得向后跌了出去，像传说中先被门撞了，再撞到墙上，从墙上再撞到门上……如此来回，她在门框边上摔得鼻青脸肿痛不欲生。

这一天，是赵惇、李凤娘夫妻两人命运的分水岭。于赵惇，从这一天起，他的愤怒变得无法克制，他经常性地会有暴戾举动，动辄伤人毁物。平静时也没法像往常一样安静，他在皇宫中疯疯癫癫、神色恍惚地跑来跑去。宫女、内侍都怕遇见他，都叫他"疯皇"。

挨揍之后的李凤娘仿佛变了一个人，她再也不敢单独和赵惇待在一起，更不敢耍弄她可怜的脑容量去欺骗她既疯且傻的丈夫。

她躲了起来，不停地找算命的和尚道士，询问未来的吉凶祸福。

直到这一刻，人们才发现，原来事情竟然是这么简单。这个女人让人生畏的粗暴、让人厌烦却无奈的纠缠，其实是多么容易就能制止的啊。

只是一拳而已，只要打得狠，让她疼，立即就会产生效果，让她知道自己到底是谁。可惜的是，十余年间无论是皇帝还是太上皇，还是太上皇的爹，都没这么做……

遭到重创的李凤娘变得悲观多疑，这种情绪下她得到的谶语卦相可想而知。这加剧了她的绝望感，她搬出了太上皇的寝宫，在大内一处僻静的地方找了间屋室，每天独自居住，不见外人，除了必要的饮食洗漱之外，只做一件事。

——道装事佛。

穿道教的衣冠，去拜佛念经。这是怎么回事呢？难道是传说中的一仆二主，佛道同修，争取所有神界大佬的保佑吗？

不得而知。

她修炼得非常刻苦用心，一连六年，几乎都是这样度过的。到了南宋庆元六年（1200年）的七月十五日，世界终于又有了她的印迹。她的儿子，皇帝赵扩宣布大赦天下，为她祈福，因为她病了。

大赦从来不是什么良药，李凤娘在第二天就死了。

她死得无声无息，死后却非常独特精彩。话说无论如何她是南宋的正牌太后，不管她多招人恨，也会享受到最高等级的殡葬礼仪。可是多少年里，她对南宋皇宫的粗暴凶残压制，让这一切都消失不见。

先是入殡礼服。

长御为她去中宫取入殡礼服，掌管钥匙的人从中作梗，厉声呵斥道——"凭谁之命给她这皇后穿的翟袆？"硬是不打开久闭多年的中宫殿门。

没办法，入殡礼服没有拿到。

按礼，李凤娘的尸体要抬回原皇后中宫去治丧，没礼服也得抬着走。没奈何，几个内侍、宫女用草席把她包裹起来，抬走。正走着，突然有人喊："疯皇来了！"

抬的人扔下尸体，一哄而散。

七月的江南炽火流金，等人们发现赵惇根本没来，只是诈传时，李凤娘的尸体都晒臭了。据说，治丧时宫人们得把鲍鱼间杂摆放，再燃起数十饼莲香，才能淆乱难闻的臭味。

李凤娘死后两个月，赵惇因病去世。

两人本已分居，感情更早就破裂，可死亡时间却紧紧相连。这不禁让人想起所谓的"欢喜冤家"，或者"孽缘"一说。

除此之外，还能有什么解释呢？当然，也可以说南宋气运衰败，出了这么个极品的女人，她奇葩一样的人生，把南宋的上层建筑搞得乱七八糟，让赵氏衰上加衰。

至于赵惇，还是不评论了。这个人在当皇帝期间没有任何建树，在当儿子或者父亲的时候连起码的责任都不担负，一个男人堕落成这样，还需要评价吗？

鄙视。

只有这两个字。

第二十章 韩国戚与赵皇亲

到政治上，朱熹学有所成，自然不甘寂寞，南宋都出出出朝，可都时间不长就出于这样的或者那样的原因重回山中

次回山，朱熹清楚地知道，这是他原来臣民的名号次同了，都会增加他的名望

赵惇是个疯子，他自己也坚持心性坚定是他能左右的，孝宗同样心性坚定

以他及时跳了出来，跟谁也不讲道理。这叫不拘一世将过他以他及时跳了出来，漂瓢鲜明地支持起法嵩的智正常，他目己必生过古稀，真到秃了，到这时才四五十岁的年纪里，不点名地把韩国戚定为搞乱朝野的对面，相反驳了好；一条路，那里低处世的这个人

中人的东西，简直真从根本上否定了这个人，定会搞得你永世不得回山一，定会搞得你永世不得回山一

急什么？他轻松自在地想？合理他未生就赵道学术们的口有

一场傀儡戏在宫廷内部上演。一个不肯认命的书道大柑，仿效朱熹的样子许身在旁边。写出百形怪态，

对国朝大政，对百官形态，对百言形态，写出百形怪态

在他的眼里，世间充满了错误，谁都摆布不了他、谁都说不过他，这是天下的主人

南宋庆元六年（1200年）九月十七日，宋光宗驾崩，终年54岁。这一年是新皇帝赵扩登基后的第六年，六年的时间里发生了很多的事，让我们回到事发前，仔细看一看。

赵扩是幸运的，太皇太后吴氏以垂帘听政为资格，任命他为皇帝，而垂帘期只有一天。当天入夜，吴氏宣布撤帘。

赵汝愚升任首相。

赵汝愚执政，在很大层面上得到了认同。他的学识、资历、志向，在当时的南宋首屈一指，不管是谁，哪怕是愚悍泼辣的李凤娘，都没法否认。

赵汝愚真的有志向，他读万卷书，科考殿试第一；他兼资文武，两度为官鞭辟入里；他行万里路，江南蜀川间见多了吏治贪浊民生凋敝，这让他的正义感爆发，使命感丛生。

他决定要倾尽一生之力，把宋朝带回到北宋中叶时那种盛况里。两者间相距不远，他不信人力不可以回天，他深怀感慨：

> 国家自祖宗开创以来，盖历二百三十有余年，如大厦焉，岁月深矣。栋挠梁折，曾风雨不庇矣。兴滞补弊，正有赖于今日。

振兴天下，在他心中不外乎政、儒两道。政治方面，他自任领袖。精神方面，也就是儒家教派，他选择了当时不作第二想的那位大宗师。

朱熹。

这位在中古圣人史上排名第三，仅位列孔、孟两子之后的"朱子"，终于堂而皇之地登场了。他被赵汝愚请出山，担任经筵，也就是帝师。

这样的配置，无论是在当时，还是在后世，都挑不出毛病，堪称最佳组合。消息一经传出，天下立即沸腾了，但凡知道点帝国往事的人们，都把赵汝愚比作范仲淹、司马光，而朱熹当然是二程。这样一来，北宋时最了不起的执政者，最伟大崇高的大宗师，都在南宋找到了投影。

这简直是天不灭中华之元气，突然间在黑暗中爆发出了光明！于是，时人称这时为"小元祐"。

普天都在同庆，皇宫的深处有一个人低下了头，开始了喃喃地咒骂。他妈的……赵汝愚，你小子还真担得起这个"愚"字。为啥你就这么蠢呢，居然敢这样无视老子、消遣老子！

事情是这样的，政变进行中，赵汝愚作为执行者，他对同伙们有过许诺。他说，如果成功的话，"侂胄建节，彦逾执政"。

韩侂胄从高级服务员直升节度使，赵彦逾从工部尚书进入东府。

可是成功之后，尤其是把留正赶走之后，一切都变卦了。赵同伙找到他，他说"我辈宗室，不当言功"，于是赵同伙还是工部尚书；韩同伙找到他，他说："我乃宗室，你是外戚，怎可论功？"名正言顺地，韩同伙还是高级服务员！

韩侂胄怨气冲天，但还处在暗气暗憋跟自己较劲的阶段，以他善于观望小心谨慎的秉性，一定会先潜伏下来，等到时机成熟，能一击制胜时才会报复。

可不久之后，一件小事把他深深地激怒了，让他忍无可忍地选择了立即行动。

话说赵扩的宁宗朝的精英分子聚集得比较奇特，居然在知阁门事这个位置上，除了韩国戚之外，还有一位能人名叫刘弼。这人官职卑微但颇精权谋，平时冷眼旁观，把朝局看得清澄见底，至于为什么没有事迹，这就和机遇有关了。

韩国戚那么大的后台，不也得和他一个办公室混吗？

刘弼最近心里也有点不平衡，他自认为权谋在江南绝对一流，连韩国戚也不在他的眼中。这次的宫廷政变，为什么赵汝愚选择的同伙是韩侂胄，却不是他呢？

至少可以咨询一下吧。

人有不平，必发之于口。刘弼有事没事地接近赵汝愚，像闲聊一样地问，此次新皇登基，韩侂胄颇有功劳，想来高升指日可待。

赵汝愚漫不经心地应了一句——"他又有什么大功！"

刘弼转身就把这句话告诉了韩侂胄。韩国戚大怒，好你个赵汝愚，老子没有大功也没有过失，为什么人前背后一点体面都不给我留，你凭什么如此轻贱我鄙视我？！

但是，转瞬之间他又平静了下来。

刘弼是不是在挑拨……带着这个疑问，韩侂胄决定亲自去试探一下。他郑重地前去拜谒赵汝愚，希望能有个好结果，这算是给自己一个机会，也是给赵汝愚一个机会。

两人见面，按说政变刚刚成功，两人还是战友，赵汝愚无论如何也得亲近些才是。不料新首相正襟危坐，黯然不语。

韩侂胄很快就告辞了，在外面，他长长地叹息了一声："刘知阁没有诳我。"很好，从此之后，知道怎么办了。

赵汝愚，有你没有我！

有个人悄悄接近了韩侂胄，对他耳语了一句话，让他瞬间茅塞顿开。刘弼，另一个皇家高级服务员，他告诉韩国戚，您还有另外两件武器没动用呢，那才是扳倒赵汝愚的关键点。

——御笔和台谏。

御史台、知谏院。这两个部门是北宋设立起来，用以监督百官、制约相权的，到了南宋，它们在朝局中的地位更加凸显。

京官万千，只有三圈。第一，三省二府，即中书省、门下省、尚书省，门下中书、枢密院，这是宰执圈；第二，给事中、中书舍人等的侍从圈；第三，台谏圈。

这三个圈子中，论权力当是宰执圈最大，国之大政，尽出其中。侍从圈也未可小觑，官阶不高，可有一样很要命的权力——封驳。皇帝下的命令不合他们的心思，这帮人就能驳回去，让皇帝重改。另外，他们与皇帝非常接近，能随时提出各种建议，哪怕皇帝不听，也能潜移默化地施以影响。

上述两大圈集朝局权力于全部，建议权、决策权尽出其中，可以说两者联手，则天下尽在手中。可是，在面对最后一个圈子时，他们仍然心惊胆战。

言官，"言及乘舆则天子改容，事关廊庙则宰相待罪"。这帮人就像评书演义里的八贤王一样，上打君下打臣，打谁谁死，打错了没责任。

有宋一代权臣，不管是好的还是坏的，都离不开台谏，都得把这个圈子牢牢地攥在手心里。

而御笔，是比台谏更直接的打击武器。

御笔，也称内批、御批。是皇帝处理朝政时的专属指令。它直接由大内发布至朝局，不经中书拟议，绕过封驳程序，避开言官论谏，可以说是把三大圈子都扔到一边，独行其是，不受任何监督阻挠的快速通道。如果想从历史上找到相似的，那就是北宋灭亡前夕的那位隐相大人梁师成。

梁大太监凭着这个，让蔡太师都退避三舍，礼敬有加。

刘弼的确是个人物，他一针见血地点出了这两样东西，给韩侂胄的权臣之路点亮了路灯。赵汝愚则根本没有防备，在台谏官的重大人事任免上连续失利，尤其是他把赵彦逾也踢出临安城，出知建康府。

赵彦逾，当初政变的真正发起者。他本是上天赐给赵汝愚的天然伙伴，两人从出身到志向完全契合，无论从哪个角度来说，都会团结到死党的程度。可赵汝愚偏偏就不履行承诺，说好的官职不给，并且没过几天就把他贬出了京城。

这是为什么呢？

赵彦逾无论如何想不通，难道说这个命令不是赵汝愚下的？可是签发部门是都堂，尚书级别官员的调动必经首相批准才能实行，赵汝愚肯定是知道的。想来想去，只有一个可能，赵汝愚过河拆桥，恩将仇报！

赵彦逾怒了，你做初一，我便做十五。

他找到韩侂胄，说了一句话："内禅都是我俩之力，赵汝愚不过坐享其成而已，现在他自居相位，擅作威福，视我俩如无物，怎么办？"

韩国戚立即认可了这个同伙。

这次会面很可能被赵汝愚知道了。几天之后，赵彦逾的调令有了更改，不去长江边的国防重镇建康府，而是去四川当安抚制置使。

火上浇油，外调成了半流放！

赵彦逾气到头晕，再没了顾忌。他在临行前争取到一次面见皇帝的机会，把一份名单交了上去。他说——"老奴今去，不惜为陛下言，此皆汝愚之党。"

这些都是赵汝愚的死党。

这种揭发在官场上是大忌，毁了对方，也会同时毁掉自己。赵彦逾这样做，纯粹是气到没想好，而效果也的确达到了。

赵汝愚是皇亲，很多人提醒过赵扩，宗室为相凌侵君权，是赵匡胤当年定下的国之禁忌。赵扩不相信，毕竟他之所以能上位，全是赵汝愚操作的。而这时不一样了，赵彦逾同样是拥立大臣，同样是皇室宗亲，他出面指正，由不得赵扩不信。

至少，一片阴霾笼罩在了赵汝愚的头顶上。

赵汝愚连战连败，有人坐不住了。

圣人朱熹。

朱圣人是赵皇亲推荐入朝的，两人说好了携手改造宋朝，使之政治、精神双丰收，创南渡以来未见之美好局面，可以说荣辱与共。这时赵汝愚根基动摇，朱熹自然要出面。

要说一下朱熹。

朱熹，生于1130年，南宋江南东路徽州府婺源县（今江西婺源）人，福建长大。字元晦、仲晦，号晦庵、晦翁、考亭先生、云谷老人、沧州病叟、逆翁，等等。履历表里显示，他从小聪明，近乎于生而知之，于《孝经》等读物几乎一见即懂，懂了就有见解。

朱熹19岁科考中举，进入仕途，没多久就重归湖海，再读诗书，开始了考问天地宇宙思考人伦根底的大事业。

也就是在这时，他继承了北宋的二程道统。前面讲北宋时，曾经详细记叙过神、哲两宗时期的党派之争，洛、蜀、朔三党各有首领，各不相让，最后三败俱伤。二程是洛党，他俩以河南农村书生的身份硬生生地与国家顶级大臣分庭抗礼，对国家大政指手画脚，凭的就是学问。

即"理学"。

二程中小程更了不起，关键是活得久。他的众多弟子中有一位叫杨时，是南剑州将乐（今属福建）人，世称龟山先生。他南归时，小程高兴地说："吾道南矣！"

一语成谶。

杨时传罗从彦，罗从彦世称豫章先生；罗从彦传李侗，世称其延平先生；李侗传朱熹，朱熹不称先生，称圣人。至此，小程之学终于光大宇宙，主宰天地。

当然，朱熹之所以位列孔孟之后，排行第三，凭的不只是继承，还有发扬。他认为"理"是一切，是先天地而生，为万物之先的存在，是超越现实、社会等真实存在的一种永恒的标准，即"天理"。

"天理"如此神奇，在朱熹的理论中，还是可以实际触摸到的。办法就是"格物致知"。

要做到"穷格"，格到了极处，天理自现，只有天理出现，世间才会有真、善、美；反之，破坏这种真、善、美的，就是"人欲"。所以要存天理灭人欲，建设出人世间和谐的完美环境。

如此伟岸的理论，如此高尚的追求，当然是珍贵无比的。于是，道学的传播变得神圣、挑剔。

朱熹时代，要到后面，理学家们才会露出他们凶狠酷厉的嘴脸。但是，既然要认真地、公平地说朱熹，以及他所创立的学术，那么就一定要结合他所处的时代来评判。南宋，自从赵宋南渡之后，就一直存在着一个反思。

——为什么会失败？

北宋如此文化昌明，为什么会败给野蛮的、刚刚开化的女真人呢？！绝对不应该。于是他们分析，找根源所在。当然这会有无数种答案，可在理学家们看来，是思想病造成的。是人的心变得贪婪，去追求财富，比如王安石等改革派，让人的心乱了，从而天降灾祸。

又如人的心残忍了，总想着打仗，与辽国战，与西夏战，与吐蕃战，搞得帝国元气大伤，最后败给了迅速突起的女真人……所以，战争也是错的，也有罪。

等等，等等，都是"人欲"。所以要破灭之，根除之！然后才会存得天理，复归昌明，重新振兴华夏。

所以后世也有人提醒，哪怕理学有种种不妥、不近人情之处，但是也有它积极的一面，甚至是实用的一面，不能全盘否定。

朱熹在当时并不能统一天下学术，就算在理学内部也有不同的声音，著名的一位名叫陆九渊。陆九渊认为"理"并不是至高无上的，与之同等的还有"心"。

"心即理"。

陆九渊痛快淋漓地说："宇宙便是吾心，吾心便是宇宙。"宇宙万物之理就是每个人心中之理。所谓"万物森然于方寸之间，满心而发充塞宇宙，无非此理"。

这个理论一经提出，让朱熹一脉大为光火。试想，朱圣人要穷尽一生之力，玩了命地格物致知，才能知道理是什么，才能通过理去涵盖万物，高于一切。可陆九渊倒好，直接就天人合一了，他就是宇宙，宇宙就是他，这还让朱圣人怎么搞？！

一怒之下，文人开始互殴，两人隔着很远很远喷很多口水，有人看不过去了，索性给他们提供了一个专门的大舞台，让他俩登台辩论。

组织者名叫吕祖谦，时间是南宋淳熙二年（1175年），地点在信州（今属江西）鹅湖寺，后世人称之为"鹅湖之会"。

这次大会上两派各自夸耀，互相贬低，从学问辩论到人身攻击，堪称全武行。朱熹讽刺陆九渊的学术过于简易，陆九渊反击说朱学支离破碎。

时间可以验证一切。

朱熹在南宋时棋高一着，死后十几年间就奠定了理学圣人的地位，他所提倡的理学观念也成了官学，他注释过的四书位居五经之前，成为后世历朝历代科考、官用的不二经典。

相比之下，陆九渊没这么风光，官方一直不大认可他。从根本上论，也是他的学术不那么招人喜欢。领导们一眼就能看出，朱熹的理论是以先天的理驾驭人心，管得民众老老实实的，非常方便实用；陆九渊的心学过于注重个人心灵强度，稍一不注意，就会出现思想叛逆的动乱分子。

回到政治上，朱熹学有所成，自然不甘寂寞，南宋前几位皇帝都曾召他入朝，可都时间不长就出于这样的或者那样的原因重回山野。

每一次回山，都会增加他的名望，这是不恋富贵、品行高洁的象征。

这次不同了，朱熹清楚地知道，这是他施展抱负的唯一一次机会。赵构不是他能左右的，孝宗同样心性坚定，尤其那时他学术名望还在完美中，赵惇是个疯子，跟谁也不讲道理，直到赵扩，第四位皇帝年纪既小，理智正常，他自己也年过古稀，这时不搏，一世将过。

所以他及时跳了出来，旗帜鲜明地支持赵汝愚，打压韩侂胄。在他的奏章里，不点名地把韩侂胄定为祸乱朝野的小人，是阴险卑劣手段见不得人的东西，简直是从根本上否定了这个人。

摆在韩侂胄面前的只有一条路，那就是低头认罪，判什么罪就认什么罪。想反驳？好，你是奸邪；想反抗，更该死了，站在了道学的对立面，一定会搞得你永世不得超生，遗臭万年。

韩国戚没急，他天生就是道学家们的克星。朱熹害我，搞倒他就是，急什么。他轻松自在地想了一会儿，办法就出来了。

很快，一场傀儡戏在宫廷内部上演，一个木偶在优伶的操纵下峨冠大袖，仿效朱熹的样子讲说性理道德。该木偶嬉笑怒骂，对国朝大政，对百官形态，对皇帝的起居日常无不横加指责，在他的眼里，世间充满了错误，谁都要接受他的斥责。

仿佛他是上帝，而其他人都是凡人，都生有原罪。

赵扩在台下看着，一言不发。他心底的怒火迅速升腾，台上演的不是戏，都是真实的生活。朱熹自从当上他的经筵官之后，的确什么都管，对一切都插手。长此以往，到底谁才是皇帝，谁才是这个天下的主人？！

韩侂胄冷眼旁观，又加了一把盐。他说："陛下行动必有千乘万骑，而朱熹要求您每天一次朝见太上皇，这实在是无理取闹。"

说到了赵扩的心坎上。

几天之后，赵扩御笔下发，贬朱熹回乡，只授予宫观闲职。

赵汝愚第一时间知道了朱熹被罢职的消息。他利用首相职权把御笔封了起来，不给别人看，之后迅速去见赵扩，希望能够挽回。

首相在皇帝榻前且拜且谏，说了很久。皇帝没有打断他，只是一个印象随着时间的增多而加强——赵汝愚，你跟我对着干。

你居然助朱熹不行君命！

赵汝愚那天失望而归,第二天朱熹被罢职的御笔传遍朝野,事情开始大发了。道学,在当时只是显学,是南宋学术界的一大主流,并没有成为官学,但受众众多,朱熹的门徒、崇拜者遍布官方民间,想罢免他,完全是在捅马蜂窝。

先是侍从圈炸了,给事中、中书舍人轮番上阵,动用封驳权阻止罢免;再是省部级高官,吏部、工部的侍郎们一起上阵,向新皇帝叫板;最后一锤定音的人是一位负责登闻鼓院的牛人,名叫游仲鸿,他告诉皇帝:"……朱熹一去,则谁不欲去?正人尽去,则何以为国?"

上升到了这种程度,任何稍有理智、逻辑的人都能看出来,游仲鸿说的不是某位德高望重的大教授,而是国家唯一的领导人。

韩侂胄要的就是这个结果,大家都闹起来,让皇帝看一下,到底谁是忠君的,谁是另立山头的。对号入座之后,事情就简单了。两天之后,御笔再次从天而降,直接交给了朱熹本人,让他立即滚蛋。这下朱熹彻底没话说了,只要是个人,要点面子,都没法再赖着不动窝。

朱圣人卷铺盖回乡,这时距离他入朝只有 46 天。

或许他真的是位圣人,人生遭遇与排名前两位的如出一辙。都是活着的时候东跑西颠,到了哪儿都不受待见,身后边一大群徒子徒孙,集体齐心合力做一件事,为他歌功颂德,推他到宇宙第一宝座上,可都要在他身后才能实现。

韩国戚对赵汝愚出招了,联合了几个赵皇亲平时积攒下的死冤家,罗列出三条罪行。

罪名一,内禅前,赵汝愚说过:"只立赵家一块肉便了。"话里话外,赵扩并不是唯一的选择,其他的赵家皇室也有继承权。

罪名二,赵汝愚说过"郎君不令",即赵扩不聪慧,不是帝国的理想领导人。怎样解决呢?太学生根据他说的这四个字而上书,要求赵扩尊赵汝愚为伯父,从而监国。

罪名三，政变前，赵汝愚曾说过，他梦见前太上皇赵昚授予他汤鼎，他背负白龙升天。鼎乃国器，龙乃人君，赵汝愚应于一身，这是想干什么？！

赵汝愚从权力之巅一跤摔了下来，直达底层。至此，韩侂胄终于松了口气。他报仇了，也安全了，剩下的就是开始享受生活。

他庆祝得太早了，他完全没料到刚刚惹的是什么祸。按常理来说，帝国首相的更替再常见不过，南宋自开国以来，四朝君主除了那个疯了的以及秦桧之外，哪个都像按季节换外套一样，几个月、半年就换一个，每次都波澜不惊。

可这一次，居然闹到了天翻地覆的程度。大臣们、太学生们、名士们、侍从们从四面八方跳了出来，不要官职、不要性命、不要脸面地群起反抗，挺赵汝愚贬韩侂胄。

震惊过后，韩侂胄迅速透过现象看穿了本质。赵汝愚何德何能，一个只当过几年枢密使、六个月首相的人，对国家有什么贡献，对官僚有什么影响？那张与生俱来的臭嘴，外加刻薄寡恩的性情，根本让他得不到哪怕一个真正的盟友。

之所以出现这样的局面，完全出于一个原因——道学、朱熹。

与其说这些人在挺赵汝愚，不如说他们是在为道学，为朱熹正名。意识到了这一点，韩侂胄冷笑了，一群不知所谓的书生，不知天高地厚的东西，也不知道是谁给了他们如此的自信，面对皇帝敢指手画脚，命令之呵斥之，面对权臣更加放肆到敢于反抗，敢于丑化！

很好，那就见个真章吧。

韩侂胄命令言官们火力全开，针对所有敢于上书言事的人，不管是官员、太学生、名士，有一个算一个，全部贬职远徙。在这个过程中，出现了著名的"庆元六君子"，也就是被远徙的六个太学生，更出现了某官被御笔贬职流放，赵扩本人却不知道的事。

奇妙的是，韩国戚的御笔露馅了，赵扩却不追究。

到了这地步，任谁都应该绝望了，韩国戚与皇帝成了同伙，世间已经没有任何事物能够撼动这对组合。可偏偏事情就反常了，反对派们一点没怕，仍旧前仆后继地往上冲。

这让韩侂胄警醒，打压的力度必须加大。他做了三件事：第一，继续揪住赵汝愚狠打，打到赵汝愚死。实际操作是由胡纮出面，揭露赵汝愚："自称裔出楚王元佐，乃正统所在；准备挟持太上皇赴绍兴，称绍熙皇帝。"这里的太上皇指的是赵惇。

不同于上次的三大罪名，那些是史实所承认的。这回是赤裸裸的诬陷，完全是无中生有。它达到了目的，赵汝愚在当年的十一月被贬至永州安置。寒冬时节，赵汝愚孤身上路，他先是受了风寒，又在衡州受到了州守钱鍪的百般凌辱，正月十八日时突然死亡。

有说他服药暴卒的，也有说他中毒死的。

史料缺失，无法证明哪一种是对的，但他终究是死了，韩侂胄从根本上消除了来自他的威胁。皇亲与国戚的争斗告一段落，余波却远未平息，居然有无数的人怀念追忆赵汝愚，因为他的意外死亡而火冒三丈，认为韩侂胄不仅卑鄙狠毒，还毁掉了南宋振兴的未来。

这实在让韩侂胄费解，也让后世读史的人想不通。赵皇亲到底做过什么了不起的事，能得到如此高的评价？

历数功绩，无非是内禅而已，那还是赵彦逾、韩国戚两人跑东跑西，他坐镇中央。除此以外，几年的枢密使、半年的首相，从哪儿论什么成就呢？

面对一拨一拨没完没了的弹劾、抗议及小人、卑鄙之类的谩骂，韩侂胄终于怒了。作为一个长期在内廷工作的高级服务员，他还真的不熟悉外廷的政治生活气氛，不知道道学家是种什么生物。他居然选择了牙血相还，变本加厉。

第二件事，搞死朱熹。

朱熹被赶回原籍，闲职宫观，看似风光不再，可斯文还在，光环还在。很好，继续恶搞。言官沈继祖列举了朱熹不忠、不孝、不仁、不义、不恭、不谦六大罪状，再爆出来朱熹"诱引尼姑，以为宠妾"的桃色往事，以及他儿子死了多年，足不出户的儿媳妇居然怀孕了……从根本上破坏圣人形象。

著名的南宋文人，《容斋随笔》的作者洪迈在《夷坚志》庚卷第十里记载，朱熹在孝宗时期曾任提举浙工常平仓，与早年相识的台州知府唐仲友较劲，一定要扳倒对方，罪名是与歌妓厮混，有辱官体。这位歌妓名叫严蕊，她不愿违心指认，结果被朱熹下狱痛打，再发配，直到岳飞的儿子岳霖提点刑狱时寻查，才揭露出这件事。

严蕊求自辩，岳霖令她以一首词为状。这首词写得特别好：

不是爱风尘，似被前身误，花落花开自在时，总是东君主。
去也终须去，住也如何住，若得山花插满头，莫问奴归处。

岳霖释放了她，并且许她从良。

这首词迅速流传开，朱熹迫害同僚，痛打逼供弱女子的恶行也随之风行天下。有这样的前科，哪怕有再多的道学门徒为他辩白，那些丑事也无法彻底撇清。

朱熹很痛苦，在郁闷中还得写奏章认罪，哪怕是非常有选择地部分认罪。他清楚地知道必须得这样做，不然赵汝愚的下场就是他不久的将来，韩侂胄是个非常合格的政客，懂得与其费死力消灭一个人的思想，不如消灭一个人的肉体更彻底。

朱熹的身体出了状况，几个月之后就生病去世了。他的死应该不算意外，毕竟年岁很大了，已年至 70。可是后果仍然很麻烦，他的众多弟子、同道者、同情者风起云涌、前赴后继地……为他办丧事。

以及报仇。

他们认定了是韩侂胄害死了朱熹，圣人不能白死，韩侂胄必须为此负责！付出代价还不够，得永远地把这个敌人刻在耻辱柱上，万年不得翻身！

他们真的这么做了，很多年以后，如果有人翻阅《宋史》想找韩侂胄的话，在正常的官员列传中是找不到的，得到最后几篇的极特殊人物，奸臣的群落里去仔细搜，才有可能发现。

他与万俟卨、丁大全、贾似道为伍，排在黄潜善、汪伯彦、秦桧之后。

作为韩琦的后人，韩侂胄不缺乏斗争基因与凶狠基因，为了根除后患，他使出了第三招——伪学党禁。

先把道学定为伪学，道学家都是伪君子。这事儿可以从孝宗时代追溯起，那时的朱熹等人就很让孝宗恼火厌恶，直接导致了朱熹第 N 次的归隐。这时上纲上线，把伪学晋升到伪党，由伪党再提升到逆党，道学派全体成了违禁品。

一声令下，天下遵从。

基层工作从科考抓起，从这一年开考起，试卷只要稍微涉及义理就成废卷，《论语》《孟子》都成了不能引用的禁书；

在中层，规定但凡是道学门徒一律不得担任在京差遣，历年考进来的各科进士、太学生等要查清楚是不是"伪学之党"，官员推荐、进士结保等环节要在有关文件上特别注明"如是伪学，甘受朝典"等保证；

在高端，事情是最严重的，北宋元丰榜、元祐碑的死灵复苏，韩侂胄列出了伪学逆党名单。其中，甚至有宰执 4 人、待制以上 13 人。

这次党禁在南宋史上占有重要地位，史称对南宋的伤害无与伦比。原话是"绍熙之前，一时风俗之好尚，为士者喜言时政，为吏者喜立功名"，党禁之后"世俗毁方为圆，变真为佞，而流风之弊有不可胜言者矣"！

照这话，仿佛孝、光两朝里的士大夫都积极向上，没有不作为，更不会整天清谈。是韩侂胄的党禁之后，才败坏了天下风气，谁都不敢干工作，不敢说话了。

奇妙呀，韩国戚是不是秦相公呢？

两宋间只有秦相公才有这么大的威力吧。韩侂胄的所谓党禁除了赵汝愚、朱熹两人的非正常死亡之外，一个人都没有死，也没有见谁进大牢受大刑，为时也不过七年，与北宋元丰、元祐党人动辄几十年不死不休的争斗比，完全不可同日而语。

并且在后期，韩侂胄表现得非常宽容。据记载，一个叫赵令宪的官员受邀去韩府拜访，仓促间把正在阅读的经过朱熹批注的《论语集注》放入袖中，施礼时这本书落在了地上。赵令宪心惊胆战以为大祸临头，韩侂胄却只是报以一笑。

或许在韩侂胄的心中，道学之流只是些不值一提的跳梁小丑吧，痛打之后扔到一边，时过境迁不必再理会就是了。

党禁之后，把所有的敌人都扳倒，韩侂胄环顾四周，突然有了点小迷茫。当初只是因为心中不平，受不了闲气，才与赵汝愚叫板。谁承想开始之后欲罢不能，一路斗下来前方再没有拦路的了，于是抬眼一望，发现了一个现实。

自己居然成了第一权臣！

这个结果让韩国戚有些不适应，毕竟他的官途长跑从开始时并没有确定到达权臣这一终点站，可是既然达到了，谁会放开手呢？韩侂胄牢牢地攥住了这来之不易的权柄，决定谁也不给。

第二十一章　宰相飞头去和戎

韩侂胄的权臣之路是两宋间独此一份的特殊存在。他的头衔很多，搞倒赵汝愚之后，他官拜保宁军节度使，终于圆了节钺梦。之后，开府仪同三司，封豫国公、少傅，再封平原郡王，加少傅，再封太傅、太师。至此，他的爵位已无可再升。

韩氏一门也达到了五世建节，这在宋史中绝无仅有。

他的权力超过了蔡京，达到了秦桧的程度。蔡京并不能一手遮天，还有梁师成等人与他分权，内外之间互相依托制约。秦桧总揽天下，连赵构也退避三舍，可论到实质，秦桧是汉奸国贼，有江北的女真人为其撑腰才能达到这地步。

韩侂胄纯粹靠自己，没有外援就做到了。几年之间，"宰执以下，升黜在手""朝士悉赴其门"，第一权臣地位不可动摇。

可他本身的实际职位却只是……别被上边那堆吓人的头衔震到，那都是些荣誉，他的实际职务是知阁门事兼枢密院都承旨。知阁门事，皇家高级服务员；枢密院都承旨，是军方最高机构的办事员，待遇不低，相当于六部的侍郎，可官职仍然是办事员而已。

这人就以这样的官职号令天下，导致时人莫敢不从。

300余年宋史就这么一个妙人。至于他为什么这么做，据史家估计是他觉得这样比他亲任宰执专断朝政要妥帖些，没人说他外戚专权的闲话。

日子一天天地过，韩国戚的美好生活一直飘在云端。在工作上，首相大人会把盖上公章的空白文件交给他，随便怎么写、写什么，连复议都不看；在生活上，他在临安城里走来走去，选好地方盖宅子，发现好地段都有人住了，比如望仙桥那片……他总不能让太皇太后搬出去吧。没办法，只好再找。他继续走，结果发现了一座山，叫骆驼岭。

就是这儿了。他在这座山岭上开山伐林，建楼造馆，盖起了一座占地庞大精巧绝伦的豪宅，很长一段时间，入夜之后他都会登山入宅，歌舞达旦。

很美妙是吗？骆驼岭下边是太庙！

太庙周边隔绝人迹，一草一木都不许碰触，其敏感度高于皇宫，神圣度堪比天地，前者靖康之难时什么都可以舍弃，唯独太庙里的祖先牌位一定得搬走。

这可好，韩国戚每天傍晚都在山顶喝酒作乐，居高临下凭栏俯视赵家祖宗，这怎一个嚣张了得？！按说他有十个脑袋也肯定砍了，全家流放，祸延祖先韩琦都是有章可查的。可偏偏啥事也没有。

赵扩知道这事，脸上毫无表情，看不出喜怒哀乐。

有些人不禁猜测，赵扩是不是城府太深，打算把韩国戚养肥了再杀？这个不得而知，不久之后又发生了一件事，让更多的人大跌眼镜。

那一次，赵扩率群臣去慈福宫朝见吴氏。礼毕起驾回宫，刚走到大门外，突然有人传报，韩侂胄到。就像有谁命令一样，在场的人一下子集体转身，侍从、大臣们立即折回来排成两排，手持朝笏恭敬等候，仿佛来的是天下至尊。

真正的皇帝被晾在了一边。

如此威势，当然会映射进平时的日常生活。韩国戚的生活质量横跨时间长河，迅速进入了蔡京、秦桧等超级权臣的行列。仅以南宋庆元三年（1197 年）的生日宴会上的礼金收项为例。那一次，内至宰执、侍从，外至监司、帅守都争送寿礼，为节约篇幅，临安城外的就不赘述了，只说说城内官员们的。

吏部尚书献上 10 张红牙果桌，很精致，也很节制，算是自重身份；工部尚书钱象祖是韩国戚的亲信，寿礼唯恐不重，献上的是 10 副珍珠耳珰，光彩夺目，富丽难言，是北宋时一位长公主出嫁时的妆奁故物；还有一位临安知府，他的寿礼最出人意料。

他没备礼单，只捧着一只小木盒——"穷书生没有什么好献，有小果聊佐一觞。"他打开了盒子，所有人都倒吸一口凉气。

里面是由赤粟金铸成的一座葡萄架，上面果实累累，计有上百颗，全都是上好的东珠!

的确是"小果"啊。

如此生活，更不知人间还有没有更上等的档次。说到享受，他甚至比正版的皇帝还要更舒适，毕竟他有皇帝的权力，却不必受帝位的约束。

日复一日，韩侂胄在幸福的海洋里荡漾，终于撞上了"幸福墙"。这是注定的，因为这个世界里的一切感知都在于"对比"两字。

幸不幸福、快不快乐、忧伤与否，都要有参照物才能分辨清楚。韩侂胄亦不能例外，他天天吃着蜂蜜，时间长了，觉得日子很无聊。

这是人之常情。

又想起了那首诗——

终日奔忙只为饥，才得有食又思衣。置下绫罗身上穿，抬头却嫌房屋低。盖了高楼并大厦，床前缺少美貌妻。娇妻美妾都娶下，忽虑出门没马骑。买了高头金鞍马，马前马后少跟随。招了家丁数十个，有钱没权被人欺。时来运转当知县，抱怨官小职位卑。做过尚书升阁老，朝思暮想要登基。

截至这里，韩国戚的人生都经历过了，再也没有什么兴趣。

——"一朝南面做天子，东征西讨打蛮夷……"

这一句才正中要害。

他不是天子胜似天子，这么多年以来唯我独尊，早已养成了睥睨天下的气势，当各种舒适性的享受不再中意之后，自然要追求刺激。

男人的刺激，更有哪种可以高过征服?

韩侂胄在金楼玉宇间、脂粉腻堆间忽发雄心壮志，决定重新开启北伐，既报国仇又愉悦自己。这个决定传到外界，整个江南一片惊诧。这实在是太突然了，难道帝国的安危、人民的福祉只在某个人的心念一转之间就决定了吗？

这在后世也引起了长久的惊诧。因为关于北伐这个念头升起，历史给出的答案是这并不是韩侂胄某天吃饱了撑的，随手拍了一下脑袋的产物，而是某个人的怂恿。这个人是谁，出于什么目的，都是谜，没有确切的正解。按官方的史书说，是——"……或劝侂胄立盖世功名以自固者，于是恢复之议兴。"

只是"或劝"，没有具体指出是谁。

宋史的官方、私人资料是非常详细的，基本上每句话都会注明由何人在何时因为何事而说，一点点小事都考证得清楚明白。

那么为何灭国级大政的初倡者是谁，却讳莫如深呢？

不是韩侂胄自己，史书说了是"或劝"；不是韩党内部人，不然道学家们绝不会放过他，必将其铭刻于耻辱柱上万年不朽。那么会是谁呢？

呼之欲出，你懂的。

终于再次北伐。时光漫步到 1205 年左右，汉族的群体思维早已有了新的共性，曾经拥有的奋锐之气，如神宗改革、绍兴北伐等一一失败，造成了严重的思维后果。人们再不信努力可以成功了，而是认为越是努力，越是悲惨，一动不如一静，务外不如守中。

惰性、悲观接近定型。

尤其是孝宗时代的雍熙北伐，历时不过几十天就输赢易位，更为上述的理论找到了佐证。这时，韩侂胄提出北伐，赞成的人全国海选也没有几个，反对的人倒是不停地跳出来，公开议论，私下谩骂，写信给韩国戚本人挑衅的，都大有人在。

不一一细数了，韩侂胄抄起专治大棒，劈头抢过去，很快世界变得安宁，鸦雀无声了。

江北当代金国皇帝完颜璟，女真名麻达葛，他与赵惇同一年登基，在他治理下的金国，与南宋截然相反。

南宋权臣一手遮天，金国的皇权却空前巩固。

完颜璟是金国诸帝中的一个异数，他才华横溢，不能说超过了完颜亮，但是他文能出口成章，使用汉语出神入化，另外，他封王时入谢，能用女真语和他的爷爷金世宗问答，这让毕生强调女真传统的金世宗非常感动，觉得找到了真正的继承人。

历史证明，他错了。

完颜璟保持着女真人的辫子，骨子里却是个再地道不过的汉人。他所受的汉化教育之深，连隔江而治的南宋皇帝都不见得能比较。在他的治理下，全体女真人都被他带进了汉族文化的氛围里。他尊孔子，即位次年，山东曲阜的孔庙就被装修一新，碧瓦廊庑，雕龙石柱，极其壮观。金国全境州县开始为孔子立庙，避孔子名讳。

孔子门徒的地位也水涨船高，完颜璟完善科考制度，下至童科，上至特设制举宏词科，来区别对待不爱考试自命不凡的文化人。没过几年，金国皇廷上的宰执队伍里就有了一道亮丽的风景线，通过科考上位者能前后相望。

汉化加深，女真人本色消退。完颜璟废除了奴隶制度、限制女真人特权、保护封建农业、允许蕃汉通婚，并且严厉通知天下，谁敢称女真人为"蕃"，小心翻脸。

这一系列高难度动作搞下来，金国的经济达到了有史以来的鼎盛期，人口达到了历史的最高峰值，税收同样是金史上的最高值。史称："……章宗在位二十年，承世宗治平日久，宇内小康，乃正礼乐，修刑法，定官制，典章文物粲然成一代治规。"

貌似非常了不起。

江北越是鼎盛，有人越是对韩国戚的北伐说三道四。认为在宏观的对比上，同时期的南宋比金国差远了，以弱伐强，主动找抽。

这是韩国戚的一大罪证。

可惜的是，某些人隐匿了自己的良心，或者一叶障目学识不到，看不到 1201 年左右开始的变化。首先金国是人多了，钱多了，可那又怎么样，会多过北宋时代吗？它的人民，国家主体的女真人，已经脱离了原轨道，视自己民族的立身之本为耻。

他们热衷于舞文弄墨，以考取进士、穿长衫立朝堂为最高荣誉，以世袭猛安谋克等武夫官职为莫大耻辱。曾经的铁血精神彻底远去了，他们在北部边疆居然不再以骏马刀枪为国家屏障了，而是去修筑像长城一样的防御工事。

他们在临潢至泰州一线，开凿了绵延 900 里，深 3—4 米，宽 10 余米，内侧筑有墙堡的界壕。

以此来抵御来自更北方的威胁。

这些严格地来说，是人祸，是主政者脑力不足的外部表现，是不清楚本民族内核是什么，弃本逐末，丢西瓜捡芝麻的愚蠢行为。这很严重，但还不致命。

但是天灾就不好说了吧，这段时间前后，中原区域水、旱灾情频发，黄河也跟着凑热闹，连续三次大决堤，河道南移夺淮入海，搞得金国手忙脚乱。

得治水吧，得救灾吧，没赋税了吧，死人破财了吧……这些让金国的实力一落千丈。而完颜璟本人还是个享受派，单说他重新装修自己的宫殿，想加点针织品什么的，规模就让人头大。他每天动用 1200 名绣工，两年过后，才搞完了这批窗帘、被褥、坐垫之类的花边儿。

韩国戚选择这时候给他来点雪上加霜的事，难道不合时宜吗？

南宋开禧二年（1206 年）五月中旬，韩侂胄下令北伐开始。

此次出兵分为三路，东路战场在两淮，由御史中丞邓友龙任宣抚使，郭倪以副殿帅兼山东、京东路招抚使，为东路主将。

中路在湖北，兵部尚书薛叔似为湖北、京西宣抚使，担任主将，鄂州都统赵淳兼京西北路招抚使，皇甫斌兼京西北路招抚副使为辅佐。

西路的主将是程松，副将是吴曦。

东路军初战告捷，紧跟着各条战线上捷报频传。中路宋军由江州统制官许进克复了新息（今河南息县），进而又攻克内乡（今河南西峡），由金国归宋的忠义人孙成也收复了褒信（今河南息县包信镇）。四川方面吴曦也出兵攻入了天水地界。

形势大好，临安一片振奋。韩侂胄请赵扩正式下诏伐金，同时请幕僚中最著名的笔杆子水心先生叶适为北伐写出师诏。以宋、金不共戴天的君父世仇，以水心先生与朱熹不相上下的道学大宗师身份，两者再合适不过，一定会对民心士气，对北伐产生巨大的推动作用。

奈何水心先生不这么想。

哪怕他之前支持，也只是口头支持，绝不会在胜负未分之时，让北伐与自己个人实际挂钩。

叶适说，俺写东西超慢，要十天半月才能搞定，这样会耽误您的大事。韩国戚，您另请高明吧。

韩国戚无奈，请的是礼部尚书兼直学士李壁。

他请对人了，李壁的《出师诏》名传千古，每一句都深深地铭刻着宋人近百年的屈辱仇恨，它道出了宋人群体的心声：

> 天道好还，盖中国有必伸之理；人心助顺，虽匹夫无不报之仇……衣冠遗黎，虐视均于草芥；骨肉同姓，吞噬剧于豺狼……兵出有名，师直为壮，况志士仁人挺身而竟节，而谋臣猛将投袂以立功。西北二百州之豪杰，怀旧而愿归，东南七十载之遗黎，久郁而思奋……为人子，为人臣，当念愤。益砺执干之勇，式对在天之灵，庶几中黎旧业之再光，庸示永世宏纲之犹在。布告中外，明体至怀。

这样的字句，道学家怎么写得出来？

战场上形势却急转直下，宿州再次成为北伐的梦魇。宋军在宿州城下只坚持了十余天，就开始了后撤。8万余宋军在没膝的泥泞中向蕲县（今属安徽）方向撤退，没走多远就被金军追上了。

宋军中军逃跑，后面约半数断后的宋军全被俘杀。

东路军至此大败。与此同时，中路军曹统制的数万步骑在溱河方面也遭到重创。溱河水大涨，他坚持渡河，结果渡河将半，金军突然杀出。

渡河未半而击之——教科书一样的失败！

长江北岸的宋军全体溃败，在中原大地上狼奔豕突，向长江边逃跑。彼时前军皆败，后续无兵，再也没有力量能够阻止金军。

雪崩之势已成，整个江北将全部丢失，金军直抵长江北岸。

临安震怒，具体地说，是韩国戚大怒。他在战前是想不到手下的将军们会败得这么惨，这么快，这么不要脸。他真的不知道，这都是些什么型号的酒囊饭袋！怒火中，他做了一些从前历次北伐都没出现过的事。

执行战场纪律。

从前无论发生多么卑劣的事情，比如隆兴北伐中的邵宏渊，他做了也就做了，战场上没人敢管他，战后也没啥大不了的处罚。于是兵越来越懦，将越来越骄，军纪荡然无存，上了战场后丑态百出，连缚送自家战友给敌人的事都做得出来！

韩国戚是不惯这种病的。

有人被连夺三秩，再连夺五官，流放安置；有人被直接斩首。一句话，在战争中出丑的、卑鄙的、战败的，都付出了代价。

责任还追究到了最高层，这么多年以来，枢密院的主管是苏师旦。这人是韩国戚多年的铁杆嫡系，政治觉悟上非常过关，指哪儿打哪儿，从不含糊。可是军队烂到这地步，他的官儿也做到头了。韩国戚把他一撸到底，再抄出他历年来卖官鬻爵得来的赃款，用作四川、两京湖、两淮战区的犒军费。

可以说，在韩国戚的领导下，南宋的军队从三十多年无战事的颓唐糜烂状态下迅速苏醒，在战争中学习战争，完成了改造。

可是，突然间风云变幻，西南方向，南宋蜀川的门户大散关丢了。

这绝对在意料之外，根本不可能发生的事。大散关，在宋、金战史上是不破之雄关。别说是这时退化严重的金军了，第一代女真人都止步于关下，无可奈何。

临安实在是没法理解这件事，16天之后，答案传了过来。蜀川吴氏子孙吴曦于蜀中自立为王，反叛南宋。

为了让金国成为后盾，吴曦不仅献出了不破雄关，还把阶、成、西和、凤关外四州也无偿赠送，换来了金国使者授诏书、金印，册封其为蜀王。

蜀川居南宋上游，就像北宋先灭后蜀再灭南唐一样，蜀川一破，顺水而败，下游必败！

韩侂胄立即向吴曦示好，许诺比金国更多的好处，然而毫无效果。连川中原有的南宋官吏都开始集体逃亡，一切征兆都预示着宋朝失去了关键的上游门户。

谁也没有料到事情的转机出现在哪里。

蜀川有个人叫安丙，是原大安军的知军，文官。他本是程松的部下，严格遵守以长官进退为行止的标准，奈何程长官跑得实在太快太突然了，他没跟上，被迫滞留蜀川。这很倒霉，更郁闷的是，他刚想躲起来保平安，吴曦的一个亲信忽然做了个梦。

梦里神灵指示，只有安丙扶保着吴曦，吴曦才能平安。安丙别无选择，只能加入叛军阵容，哪怕从没上过一天班，天天在家泡病号。

有一个底层小官叫杨巨源，是合江仓的仓监。他痛恨卖国贼，暗地里联络了几位川军中的将领，随时可以起义。但是他非常有远见，没起义之前，就想到了起义之后。如果成功了的话，川中大乱怎么办？必须有一个能稳定局面的人。

他想到了安丙。

杨巨源、安丙、张宁、李好义集结了74个人，在月圆之夜，忽然大呼着冲进了吴曦的伪皇宫。那座宫殿就算再小，也有千人以上的卫队，但是当李好义高喊奉临安朝廷密诏杀贼时，这些卫兵全都扔了兵器站到一边，听任这74人冲向吴曦的卧室。

吴曦的梦做得正美，无论如何没有料到会有敌人直接冲到他的面前。仓促间，他的卧室里连把刀都没有，很快就被两个士兵直接砍掉了头颅。

这时距离他叛变称王仅仅过去了41天！

他为什么会死，原因有很多，最重要的一条是他光荣的父辈们。吴玠、吴璘、吴挺，哪一个都铁骨铮铮，与金国不共戴天。在他们的带动下，蜀川百姓也都有强烈的自尊，绝不向异族人屈膝。所以，从他叛变的那一天起，他就已经是蜀川公敌了。

他死时，没有任何人与他站在一起。

背叛的代价是巨大的，吴曦的人头被送往临安，赵扩将其献祭于宗庙、社稷，全城示众三天。吴曦的妻子儿女被处死，男子年15岁以下者送两广州军编管。

吴璘的子孙全部从蜀川迁出。

吴玠的子孙免连坐。

吴氏四代忠义功勋，至此化为泡影。

韩国戚挺不下去了。

宋朝的立国之本——钱，终于告急。国库空了，皇家开始动用私房钱，比如太皇太后谢氏捐了100万贯犒军，韩国戚本人也把国家历次赐予他家的金器，总和6000两黄金捐了出来。可结果居然是一片骂声。无数国人说他故作姿态。

和平时代，以政治手段建立起来的独裁局面，终于在军事失利的大势下动摇了。

无可奈何，韩国戚决定派人渡江议和。

金国开出的条件除了割地、赔款、称臣之外，还要韩侂胄死。

韩国戚是真怒了，金国不是强势吗，他必须更强一些。在临安，他宣称"有以国毙"，大不了与宋朝共存亡，哪怕死后洪水滔天，都与他无关。他下令蜀川全力备战，要在近期形成战斗力，出川入陕，在其余两战区保持平稳的前提下，主动进攻。

这么做时，韩侂胄的心里是妥帖的。环顾南宋，军、政、财三界都是他的人，甚至经历了开禧北伐，亲信中的不坚定者都排除了，他的势力越发变得坚挺。

没有危险，无论怎么看都没有危险。

韩侂胄疏忽了，有一个地方他没有算到。

后宫。

这才是一个封建帝国最凶险诡秘、不测难防的地方。它对权力的掌握，从某种意义上来说，要比军、政、财还要直接。

韩国戚本人说到底就是以后宫起家，按说他无论如何也不会漏算这一点，可偏偏他就忽视了。这很可能是因为他多年以来对后宫的全面掌握，让他的安全意识淡薄了。说一下这时的南宋后宫，皇帝还是那个皇帝，皇后却已经另有他人。

韩皇后在六年前病逝，上位者姓杨。

杨皇后出身低微，生身父母、家世、籍贯等连正史都失载。她出现时的第一身份是南宋后宫乐班中的杂剧孩儿，相当于嬉戏要乐的儿童演员。她天生是与众不同的，小小年纪，姿容秀丽也就算了，还举止得体，从不怯场，大得赵构老婆吴氏的欢心。

之后，又把年轻的赵扩迷住了，从一介寒微戏班女子一步登天，进入帝国后宫。她先封婕妤，再进婉仪，一年之后升至贵妃，已经是皇后之下第一人。

天赋再次显示出了奇迹。没有人教她，她自己去熟读诗书经典，还补全了自己的短板，给自己找了一个武进士出身的"哥哥"杨次山。

从此，她是良家子女，功名在身的人的亲戚。

这些在南宋庆元六年（1200 年）发挥了作用。韩皇后死了，皇宫需要新的女主人，竞争者有两位，一个是杨贵妃，一个是曹美人。

赵扩游移不定，都美啊，不好办。关键时刻韩国戚出现，他不管谁美，他需要听话的。杨贵妃心机深沉，曹美人柔顺低调，选曹。

这给杨氏带来了巨大的麻烦，韩氏一门对南宋已经掌控了近两代人，她一个没根基的前儿童演员有什么办法去抗衡呢？

她被逼进了绝境，尽管自诩智慧女性，也只能用出最原始的那一招——和丈夫卧室说事。魅力搞定一切，她如愿当上了皇后。可她心里非常屈辱，从那一刻起，她把韩国戚恨到了骨头里。

宫廷深处还隐藏着另一个人。这人在开禧北伐前夕还只是个六品京官，在汪洋般的官员队伍里像一滴水一样随波浮沉，没人注意。

北伐伊始，此人升官，任礼部侍郎，兼资善堂翊善。到这一步，开始引人注目，不是因为侍郎，而是那个兼职。

资善堂翊善，皇子老师。

这个职位一来敏感，二来是此人的家学渊源，是祖传的绝活儿了，谁也不敢小看。他叫史弥远，他爹就是孝宗朝的名臣史浩。

史浩的一生都在致力于不断地坏孝宗的事，从最开始勒令吴璘退兵，搞得川军死伤惨重，到最后驳回废掉李凤娘的命令，让南宋三代君主都在这个悍妇的阴影下发抖，堪称自始至终，"毁"人不倦。

真是孝宗的好老师啊。

史弥远走上了和他老爹一样的路，眼见韩国戚把持朝廷一手遮天，他没去争，而是悄悄地退到最深处，着力培养绩优股。

杨次山找到史弥远，替皇后带了个话儿：搞倒韩侂胄，与君共富贵。这次私下接触是历史性的，杨皇后的天赋再次决定了一切，她于万千官员中一眼就看准了史弥远，而史弥远真的是她所需要的人。

南宋开禧三年（1207年）的十一月二十三日晚，杨皇后一个人走到了皇帝的书案前，拿起御笔写了一份诏书——"已降御笔付三省，韩侂胄已与外宫观，日下出国门。仰殿前司差兵士三十人防护，不许疏失。"

韩国戚最重要的武器被盗用了，长期以来，他以御笔睥睨百官为所欲为，这一次杨皇后同样私下里瞒着皇帝用御笔决定了他的命运。

这份御笔把他的官职一撸到底，还派兵押送外放，可以说一旦实施，会彻底终结他的政治生命。为了确保成功，杨皇后又写了三份内容相同的御笔，都盖上了刻有虎符印的皇帝牙章，一份传给了史弥远、钱象祖；一份授给张镃；还有一份交给了赵扩父亲光宗赵惇的李皇后的兄弟李孝纯。

第二天的凌晨，大醉的韩侂胄上早朝。走到太庙时，突然前面有几十名殿前司的士兵拦路。

与十几年前的政变一样，殿帅被策反了。这时的殿帅名叫夏震，太庙前的拦路军士首领是护圣步军准备将夏挺。

夏挺放过了韩侂胄的先头护卫，拦住了轿子，当众宣读御笔。韩侂胄大声抗议，被捉出轿外裹挟至六部桥，在这里，政变军士增加到300多人。

政变军士继续转移，直到皇家园林玉津园外围的一个夹墙里，这些人才开始行凶。韩侂胄平时软甲不离身，这时既要保存他的头颅，又得要他的命，只好用了一些下作的办法，比如用铁鞭狠击他的下体。韩太师、平章军国事大人，就这样谢幕。

与此同时，杨皇后在皇宫深处向赵扩施压。估计政变成功了，她向皇帝摊牌，赵扩大惊，立即亲自写御笔批示殿前司——"前往追回韩太师。"

杨皇后一把夺过御笔，对赵扩哭诉——"他要废我和儿子，又杀两国百万生灵！"并以死威胁，韩不死则她死。赵扩愣住，他没法解决这种局面，于是一直愣，直到韩侂胄的死讯传来。

韩侂胄死后，宋、金两国的和议迅速达成。南宋赔款 300 万两白银，岁币增至 30 万两，送韩侂胄、苏师旦首级过江。

金国归还川陕关隘、淮南地。

开禧北伐就这样结束了，它在历史中，严格地说，在正史中一直是负面形象，似乎一切都像杨皇后哭诉的那样，韩侂胄杀了两国百万生灵。

问题是，杨皇后有女真血统吗？杀金国的人让她如此难过，以致流泪。还是说，她是穿越者，早就知道了并且体验过现代时期的民族大融合，汉人满人是一家，谁杀谁都不好？

这是什么混账逻辑。

实事求是地说，韩侂胄以政变起家，也死于政变，在这一点上不冤枉，可死后给他扣上一顶奸邪帽子，并将其钉到历史耻辱柱上，就实在不地道了。他终生没有背叛过南宋、赵扩，所以他是权臣不假，却不是奸臣。这一点，在金国都得到了尊重。

韩侂胄的首级送至金国，金国的官员对他的评价是——"……（韩）侂胄忠于其国，缪于其身。"缪，指错误、违背、荒诞不经等，不是好字义。但这只是针对他个人如何，大前提是，韩国戚忠于国家民族，何况缪通"穆"。

武功未成，曰"穆"。

完颜璟追封韩侂胄为"忠缪侯"，把他的首级安葬在其祖先韩琦的墓旁。韩琦的墓在江北，金人并没有破坏它，一直保存完好。

回过头来继续说忠奸，开禧北伐处于相持阶段，南宋自断手脚，果断认输，并把韩国戚的脑袋进行高级防腐处理，送到江北，这个事情先不说是否开中国历史之先河，也不说是对还是错，谁让那时的宋人那么爱好"和平"呢。

只说这帮人稍后的举动。

韩侂胄斥道学，尊岳飞，贬秦桧，这些不论是在当时还是在现代，都大快人心。杨皇后、史弥远等人反其道而行之，岳飞他们没敢再抹黑，但是把秦桧的丑谥又调了回来，恢复了之前的王爵、赠谥。

谁忠谁奸，可见一斑了吧。

最后再说一句，我想一定会有人说，韩侂胄哪怕不是奸臣，只是权臣，这也很不好。舞弊弄权、自作主张，大失臣道。可是对比一下吧，隆兴北伐是皇帝主持的，只打了几十天就败得稀里哗啦，丑陋到了灵魂深处。开禧北伐这不好那不好，跟金国较量了一年半，胜负未分，两国对峙。

谁高谁低，一目了然。

这样的权臣有什么不好呢，国家不需要吗？

第二十二章　蒙古史诗

且到政治上，朱熹学有所成，自然不甘寂寞，人朝，可都时间不长就出于这样的或者那样的次问山，那会增加他的名气……他就左右……孝宗同样……赵惇是个疯子，跟……智正常，他已七……里，不点名地把韩……所以他及时骂了出来……淳熙年间……

简直就从根本上否定了这个人……一定会搞得你永……你是妖孽，娶回三……或近，他天生就是道学家……急什么，他轻松……一场偏偏就在……仿佛未来的样子……对国朝大戏，到百官延……在台下看看，而其他人都……似乎他是上章，一言不发……儒释道、彼真实的生活……的确什么都管，对一切都插手……在他的眼里，世间充满了精彩……结局，是这个天下的主人。

开禧北伐结束了，它在历史中很重要，人们记得它开始的时间——南宋开禧二年（1206年）五月。可是在大历史的天空下，这一年里真正的大事绝不是它。

是漠北草原的统一。

在这一年，铁木真扫平漠北诸雄，一统蒙古。走到这一天，路途是很漫长的，以铁木真强绝人类之巅的武力，也用了17年之久。

回到最初的时光。

铁木真在1189年前后成了"汗"，地位很显赫，实际很微小。这个"汗"既没有特殊的、独有的称号，也没有与之匹配的实力，给铁木真带来的只有烦恼和仇恨。

源头是他的义兄札木合。

札木合在历史上有两面性。在很多记载里，他是一个心胸狭窄、反复无常、报复心强烈的阴险角色，他见不得有人位居其上，尤其是他帮助过的、扶植起来的弟弟铁木真。所以他不择手段地去破坏，联合所有与铁木真有仇恨的人，一起去覆灭乞颜部。

不死不休。

可在另一个层面，他是当时蒙古的另一轮太阳。他有强劲的军事实力，卓越的领导能力，不可思议的沟通、联络能力，不管失败到何种程度，都能重新找到盟友，再次投入战争。他无比顽强。

尤其是他的声望，他这时是"札答阑汗"，意指蒙古札答阑部的汗，与铁木真平等。不久之后，他获得了"古儿罕"，那是蒙古自古以来的共主的名位。

这让他如何能甘心屈居于铁木真之下？

战争开始，人脉充足的札木合纠集了泰赤乌、塔塔儿等13个部落，起兵3万，分十三翼攻打铁木真。铁木真兵力不足，人心不固，开战前连亲兄弟哈撒儿、别里古台都纵情声色，想在灭亡前尽量享乐。

没有人看好他。

漠北草原对失败者极其残酷，他将失去所有，将比童年时更悲惨，他、他的家族都将被抹去印迹。绝望中，铁木真决定迎战，直到荣耀战死。

可是，一个人悄悄地在黑夜里来找他了。

蒙力克。

他父亲的亲卫，他曾经的后父。一别很多年，蒙力克在关键时刻出现，带给了铁木真一线生机。他要铁木真后撤，在人生的第一场战斗里主动选择失败。

有一处绝地，名叫"哲列险地"。那里三面悬崖，只有一个出口，先把部落迁移进去，准备尽量多的食物，坚守尽量多的时间，平安就会到来。

不是胜利，是平安。

蒙力克之所以敢肯定，是因为他的儿子阔阔出是蒙古诸部落间的巫师，能在札木合的后方散布谣言，让这场战争无法长时间继续。当然，这需要利益，没人会白白付出。铁木真给出承诺，阔阔出将是蒙古部落里唯一的巫师。

而蒙力克，将是"蒙力克父亲"。

事态一如计划，铁木真的争霸之路从一场失败开始，他率领部落退入哲列险地，在围攻的煎熬下等待渺茫的机会。在煎熬中，每一天都是漫长的，他被迫向部属们立誓，他是有准备的。

很长时间之后，平安终于到来，十三翼兵马撤退了，铁木真松了一口气，他准备像童年时在荒原上生存一样，再次默默地充实自己，一点点地爬起来。但是时间到了，一代天骄腾飞的日子已经来临，熬过这一次的厄运后，金色的阳光笼罩了他。

他要的只是平安，得到的却是胜利。

札木合在战争中失望，在撤退中发泄。他把抓到的敌人、与己不和的人扔进铁锅里活活煮死。这样的恶行让他众叛亲离，很多部落投奔了铁木真。

铁木真乘势展现恢宏的胸襟气度，无论敌友，只要来的，他都欣然接受。他给每个人以公平的待遇。这让他迅速缩小了与札木合之间的差距，同时他在另一个方面表现得足够聪明。

漠北草原当时实力最强的是克烈部的王罕，心高气傲的札木合只称之为兄，而铁木真一来因为现实需要，二来王罕曾与他的父亲也速该结为兄弟，他肯低头，一直以父事之。

王罕与他结盟，铁木真在草原上站稳了脚跟。

七年之后，好运再次降临。

铁木真最大的仇敌塔塔儿部出问题了。它与强大的宗主国金国交恶，金国派丞相完颜襄统兵进剿。

塔塔儿部并不惊慌。它是非常强盛的，在苍茫的大草原上且战且行，整个部落都在移动中，庞大的金军兵团拿它没什么好办法。

完颜襄很聪明，他命令草原上的其他部落发兵与之配合，剿灭塔塔儿部，金军要威严，实利可均分。消息传到乞颜部，除铁木真之外，无人赞成出兵。

金国是蒙古人的死敌，不要忘了俺巴孩汗的血仇！

铁木真不这样想，仇要报，势更要借，如果能借助仇人的力量壮大自己，进而报复，更是赏心快事。更何况塔塔儿人是害死也速该的直接凶手，大好机会，不容错过。他不仅自己出兵，还鼓动义父王罕共同出战，组成漠北草原上最强的联军。

结果大胜。

塔塔儿人衰弱了，铁木真得到了金国的"札兀惕忽里"的官职。这个官不高，意指不详，大约是强有力的长官之类。王罕的好处更大，几乎是金国官方所承认的草原最高首领，王罕自此有了"王汗"的味道。

战争，在某些时候是人类白痴暴戾到一定程度时表现出来的某种病态的外延，而在当时只是一项劳动形式。

蒙古人积极地"劳动"着，吞了塔塔儿的一部分，让蒙古人迅速壮大，消化了五年之后，札木合来了，新的机遇出现。

札木合集结了弘吉剌、塔塔儿等 11 部，兴师西袭乞颜部，铁木真迎战。这一次不再有退却了，乞颜部独力击败了 11 部联军。战后弘吉剌部，也就是铁木真老丈人的部落趁机投奔过来，札木合的实力、声望进一步降低。

札木合清楚自己的机会越来越少了，时间成了他最大的敌人，再不能让铁木真继续壮大。他以最快的速度在草原上奔驰，联络到了几乎所有铁木真的仇敌，在一年之后，集结于阔亦田。

战报传来，铁木真沉默了，决战将至，可他解决不了这局面。

他只有一条路可走，仍然像从前一样，去向王罕求助。

阔亦田之战爆发，铁木真在此战中凶险极大。在对阵中，他选择了死敌泰赤乌人，就是他们的首领当初取代了他父亲也速该的汗位，逼迫铁木真一家孤儿寡母在荒原上生存。之后更是不停追杀，差点让铁木真戴枷受刑而死。

此仇不共戴天！

草原全骑兵兵团决战的凶险无法提防，铁木真击败了仇人，在绝对优势下追击，居然被一箭射中了咽喉，摔下了马背。

这一箭让他死去活来，整整昏迷了一天一夜。他醒来后，得到了礼物。泰赤乌人的首领死了，部落投降，射他一箭的那人名叫只儿豁阿反，后来此人为他征战亚、欧两洲，兵锋所向，无论是党项人、女真人，还是西辽人，都无可抵挡。更深入至俄罗斯的斡罗思、迦勒迦河畔，大破斡罗思、钦察联军。那时的他，名叫哲别。

哲别，蒙古语中枪矛、箭矢的意思。他是铁木真的神箭，一生征战从未有败绩。另外，王罕击败了札木合，札木合投降了。

草原上的局势简明了，铁木真与王罕之间复杂了。两强相邻，要铁木真如何自处？像从前那样甘愿当一个义子，还是展翅高飞，把克烈部当作垫脚石？

他没有纠结很久，一年之后，克烈部让他清醒了。

王罕率军突袭铁木真于金、蒙交界处的驻地，铁木真仓促应战，只来得及孤身逃走，事后清点，只有19名骑兵跟在他身后。

撕破脸就只能刀锋相向了。可铁木真不这样，他派人去道歉，去询问王罕——"为什么不让你的儿子儿媳安睡，是他们做错了什么吗？如果是，请命人责备。现在他非常害怕，不敢来见你，要等到道歉得到你的原谅后，他才会孤身到来。"

王罕被感动了，他觉得铁木真还是从前的那个儿子，被他的恩德收服，被他的强大震慑，克烈部已经成为漠北草原的最强霸主。

克烈部开始狂欢庆祝，临近暮年的王罕本人更是节约生命里的每一天加紧享乐。据说他的大帐灯火彻夜不熄，歌舞永不间断，是漠北前所未有的奢华。

克烈部日渐腐烂，铁木真抓到了王罕的亲信，由这人带路，轻骑突破层层营帐，在一个黑夜与黎明交替的时段突然进攻，局势发展和之前王罕突袭铁木真时一模一样。

王罕一样逃了出去，身边只有十几骑。绝境中他的头脑恢复清醒，知道唯一的希望是西北方向的乃蛮部落。乃蛮部的太阳罕实力无比强大，每一代都号称一生征战，从未让敌人见过战马的臀尾和自己的后背，永远进攻，永远获胜。

目标是正确的，实施是悲剧的。

强大尊贵的王罕出现在乃蛮边界上时由于过于狼狈，被乃蛮巡逻兵怀疑，不管他怎样表白证明，还是被巡逻兵一刀砍倒。

王罕就这样灭亡。

铁木真终于到了临门一脚的时候。乃蛮部是他称霸漠北的最后一道障碍，而这个障碍太巨大了，一言以蔽之，如果之前草原上有霸主的话，就是它。

乃蛮部名传各国，辽史称"粘八葛"，金史称"粘拔恩"。它初居谦河区域（今叶尼塞河上游），后逐步南迁，散布于阿尔泰山一带。当铁木真兴起时，它东邻克烈部，西至也儿的石河（今额尔齐斯河），北抵吉利吉思，南隔沙漠与畏兀儿相望，也达到了历史峰值。

乃蛮的特殊不只是大，还在它的文化。

很难想象，同样是漠北草原上的游牧民族，为什么克烈等蒙古诸部一直打打杀杀，说得刻薄些，除了有语言能沟通，会游牧能生产之外，与原始人没有多少区别，而乃蛮部居然建立了国家机构，有严格的军事部门、财政部门，处在部落、国家之间的分界线上。

可这一定是好事吗？

历史早已证明，直到现代工业文明的光芒出现之后，所谓的文明，才有了实际上的强大意义。

不然，文明只会让民族弱化，财富只会引来强盗。

在铁木真之前，从没有蒙古人想过要进攻乃蛮，尽管铁木真有强绝人类的雄心壮志，敢于想任何人所不敢想。

他要认真准备这个过程，是威震万邦的蒙古军的基本军制的形成初期。

此前，蒙古人作战以部族为单位，以血缘家族为维系，以将官首领的勇武为凭借，之后才是各种临战经验、智慧等。这很有效，可弊端也多。比如首领一旦战死，部族立即失散，从而被吞并。

铁木真把这些都废除了，改以"千户制"。

具体方法是把所有的部族打散，每十户设一个十户长，每百户设一个百户长，每千户设一个千户长，由下至上，层层隶属。千户长之上，分设左、右两翼万户长。这两人对铁木真直接负责。这既是军事组织单位，也是行政管理单位。

独裁者必须有独领的军队。在蒙古，它叫"万人怯薛"。

万人怯薛即护卫军，它起源于氏族社会崩溃过程中出现的伴当，蒙古语称"那可儿"。它由1000名宿卫、1000名箭筒士、8000名散班共一万人组成。人员从各千户长、百户长及蒙古人自己的子弟中选拔。万人怯薛的执事分为四班轮换，故称"四怯薛"，分由四位开国元勋，即四杰博尔忽、博尔术、木华黎、赤老温及其子孙世袭率领。

做完了这些，铁木真向乃蛮进军。太阳罕发挥祖传特点，终生不让敌人见到自己的后背和马屁股，于是他主动迎战。

两军在杭爱山麓相遇。

杭爱山在中国很有名，就是汉代所称的燕然山。宋朝完人范仲淹《渔家傲》词中提到的"浊酒一杯家万里，燕然未勒归无计"，指的就是它。

那里非常冷，此山以北，古中国人称之为"极北"，视为蛮荒地带。

这种环境是漠北各寒带民族的最爱，他们的马要到冬天才肥，士兵们在冬天时才状态最好，所以寒带游牧民族的战斗基本都爆发在这个季节里。

铁木真却反其道而行之。

他在1204年的早春时节出发，他的士兵比乃蛮部要少很多，他决定虚张声势。蒙古军队每晚宿营时，每个士兵要点燃五个火堆。这样在远处看几乎遍地烽火，比天上的繁星还要震撼。

太阳罕被震撼到了，虽然还能迎战，却士气低落。这招儿怎么样，熟知中国历史的朋友很容易在孙膑、孔明等人的战绩里找出同样痕迹，可那是集几千年的战史之后产生的智慧，而铁木真终生大字不识一个，他是怎么搞出这一手的呢？

决战当天。太阳罕在山顶观战，铁木真在山下指挥。自始至终蒙古人没有给乃蛮人所谓的平等机会。部落间像定式一样的集团决战根本没有发生，蒙古人从早到晚以千人队为单位，不断轮番冲击乃蛮人全军，一点点一块块地蚕食掉对方的实力。

等到乃蛮人觉醒过来，想集团冲锋时，士气、实力都已天差地别。堂堂的漠北第一强族居然在决战中相当于安乐死！

太阳罕在逃跑中被射死，他的后背不仅让敌人见到了，还插满了箭。

最强大的敌人倒下，铁木真终于君临漠北。他用了两年的时间消化掉各部残余势力，包括走投无路的札木合。

札木合先是投降王罕，挑起克烈部与乞颜部之战，再投靠乃蛮，想借用太阳罕之手铲除铁木真，可惜都失败了。他在逃亡中被自己的部下绑了回到故乡，重新站在铁木真面前。

曾经三次结为按答的兄弟胜负已分，铁木真替他杀了叛变的部下，提议重结按答，还是兄弟。札木合却平静地说："祝你一切都好，让我不见血而死。把我埋在当年我们结义的山坡下，我就喜悦安乐了，我会祝福你的子孙后代。"

札木合被装进一个大皮口袋里，马群从上面奔驰而过。他死了，这个形式以后成为蒙古黄金家族处罚有罪族人的固有方法。

南宋开禧二年、金泰和六年（1206年），铁木真在蒙古人的母亲河斡难河的源头，召集诸部首领召开了忽里台。

在全蒙古最大的巫师阔阔出的主持下，铁木真成就汗位，得长生天指示，赐名为"成吉思汗"。成吉思，蒙古语意为大海。

蒙古人从未见过大海，新汗以大海命名，足以预示未来国运之昌隆。这让新生的漠北部落欣喜若狂，铁木真本人也极其兴奋。

他在忽里台上分封诸部，全部落分为95个千户，以蒙力克、博尔术、木华黎等为首。他的义弟失吉忽秃忽为大断事官，总掌刑、政两途；蒙力克辅佐有功，允许他在议事时"坐在贵座上"，给他重赏，直至其子孙，"永远不绝"。

武将中，以虎必来为首的"四狗"，是铁木真的"像猛狗似的忠实同伴"，他因此被封为国王，"坐在众人之上"。左、右两翼的万户长，是蒙古最具天赋的将才木华黎、铁木真穷困时结识的好朋友博尔术。以上这些奠定了大蒙古国的雏形。

一切在顺利进行，成吉思汗成了全蒙古唯一的神……可就在这时，一个很妖的声音响起：铁木真是你们的主人，会带你们走向昌盛，可是他也会犯错，我派我在凡间的仆人阔阔出监督他，随时指正他的错误。这样，你们才会平安。

巫师阔阔出，蒙力克的长子，他居然以神灵附体的方式成了铁木真的监管人！

当时的蒙古人信奉长生天，神灵的旨意就是最高指示，一瞬间他们不仅有了前所未有的神武大汗，还有了活生生的神明，这让他们快乐得真的发了狂。

铁木真脸色铁青，铁血打成的江山，居然有了另一个主人，这让他忍无可忍，却毫无办法。一代天骄成吉思汗在他人生最重要的时刻被人偷了，最荣耀、最根本的东西被打劫，只能干瞪眼生气，什么话都说不出来。

这是 1206 年时的铁木真，他的路还很长，在这时他的欲望并没有长出翅膀飞越万里边疆，飞到漠北草原的外面，更不知道同一年在很远的南方，有两个民族狠狠地打了一架，不管谁输谁赢，都在为他铺路。

开禧北伐消耗了南宋的国力，也消耗了金国的国力，在历史的大天空上俯瞰，不过都是为铁木真做了嫁衣裳。

这些宋、金两国都不知道，它们沉醉在战争结束之后的轻松氛围里。煎熬了一年半，各有各的放松休闲方式。

第二十三章　西北落日

朝可都时不长就出于这样的或者那样的名。云增地加他的名……次不同了，朱熹清楚地知道，这是他庭庭愧了……到政治上，朱熹字有所……自然不甘寂寞，南……

是他能左右的。孝宗同样心性坚定，几其那时他不答应一次，赵惇是个疯子，跟谁也不讲道理，真……
智正常，他自己也年过古稀，这时……起惇以他及时跳了出来，颤栗……所以他东西，简直是从根本上……一定会懂得你水世不……你是好你，想攻机……里，不点名地把韩国感定为祸乱朝野的小人，一世将……

人的东西，那就是摆得起，那……面，一定会懂得你水世不……他生活是读字……他轻松扫目在地想……什么……一场傀儡戏在宫廷内部上演，一个……仿佛未裴的样子讲说……大概，对百官忠心……在他的眼里，世间充满了错误……

是真实的生活，都是真实的生活，对……是战，都管……一切都……的确为什么，都管……于是，都管……他是上帝，而其他人都见让人，他心底的慈悲汛速消失，在……着泪，眼……是这个天下的主人……

秦桧、韩侂胄、史弥远，这三个南宋权臣按时间顺序排列，人们会得出一个好玩的印象。秦桧是个大妖精，能让山河变色，能使国家移风易俗。不管忠奸，这实在是大气魄大能力；韩侂胄主掌天下，一言决贫贱富贵，一言定灭国大政，老实说，他行使的是人主之权，已经不是臣了。这也是一时之天骄，骄横跋扈不可一世，气焰之嚣张，连圣人也低头。

这两人非常强势。

史弥远不是这样，他是一团轻柔绵软的风雾，遮迷了天地，笼罩了万物，不管他是不是借此机会腐蚀侵害了什么，从远处看，这团云雾还增加了美感。

他从不让人难堪，非常讲究吃相。

比如韩侂胄死后，出现了一首很别致的歌谣——"释迦佛，中间坐；罗汉神，立两旁。文殊普贤自斗，象祖打杀狮王。"

韩国威生前满朝尊称其为师王，而政变方的最高头衔者是参知政事钱象祖，多么生动贴切。

攀上官员之巅的人有两个，右相兼枢密使钱象祖，参知政事卫泾。至于史弥远，他在政变前是礼部侍郎，是卫泾的直属部下，连卫泾这一关都过不去，更何谈迈过老牌宰执钱象祖。

钱象祖暂时站在帝国最高峰，自然急于保持。卫泾是吧，装什么好人，你当初暗地里送韩侂胄螺钿首饰的事别人不知道，俺清楚。

他走到官员队伍中，在大庭广众之下掀了卫泾的老底，还不忘冷笑一声，从此卫泾倒台。

钱象祖趁机上位，成为左相兼枢密使。史弥远补缺，升右相兼枢密使。这里要说一下，宋朝自开禧北伐之后官场出现了最大的变局，从前相权三分，军、政、财各不相统，尤其是东、西二府，除非战时危及国家安全，才会暂时集于一身。

开禧北伐之后，"宰臣兼使，遂为永制"。也就是说，这帮人一边到处骂韩侂胄专权揽政，一边沿着韩侂胄的路走下去，牢牢地抓住韩侂胄首创的权柄死不放手。

一边当婊子，一边立贞节牌坊，除了这一句，实在想不出更贴切的形容了。

史弥远拜相仅一个月，家里出事了，他的妈妈去世。母丧按例必须辞职守孝，这样就会便宜了钱象祖，造成独相的局面。

尽管不情愿，可事实必定如此。但奇怪的是，10天之后，居然是钱象祖被贬职外放，史弥远成了独相！

这个戏法变得太波动了，很多人搞不清状况，史弥远是凭什么在下课之前把政敌先打倒的呢？说起来，那实在是一整套复杂的组合拳，已经是韩国戚击败赵皇亲时的高难度动作了。

他收编了台谏官，时隔多年后再次弹劾钱象祖在韩国戚手下时打击道学，尤其是逮捕庆元六君子的旧事。道学家们的记忆力都是非常健全的，谁得罪过他们，死了都不原谅。同时皇宫深处杨皇后手拿御笔分发文件，皇太子也为老师说事，如此力度，只为放翻一个区区的钱象祖，真是大材小用了。

史弥远登上南宋权力之巅。

所用手段安静平和，堪称没有烟火气。一点点的血腥、阴暗之流的招数都没有显示，非常正统地，由众多道学家欢呼着轻松上位。

做完了这些，他还严格遵守国家制度，放弃权位回乡守孝。他走得很坚决，哪怕皇帝在京城给他特赐一座宅第，要他就地守孝，都没能留住他。

怎样，无可挑剔吧！

史弥远守孝一年之后，赵扩派人请他回临安上班。这不是赵扩犯贱，离了权臣就活不了，而是史弥远在家乡遥控朝局，每多一天势力就增长一分，一年之后几乎整个朝廷都在敦促皇帝，必须让首相兼枢密使大人上班了。

皇帝只好"俯从"众意。

南宋正式进入史弥远专政时期。这时是南宋嘉定二年（1209年）。

宋人再次沉醉在歌舞升平之中，以为宋、金之间无战事，即天下太平，可以无忧无虑。至于权臣，他们早就习惯了，更何况史权臣是最温和最优雅的一个，他们根本看不到，也不相信在遥远的北方，孛儿只斤·铁木真已经羽翼丰满。

1206—1209年，这三年里漠北草原发生了许多事，说铁木真羽翼丰满了，并不是单纯地统一蒙古甚至整合内部那么简单。蒙古人终于露出了獠牙，把马头掉向了外界。

漠北草原归于铁木真一人之手。按照人生规划层次图，他也达到了"一朝南面做天子，东征西讨打蛮夷"这一关口。

铁木真开始回忆。

他的思维沿着部落里古老的传说溯游而上，寻找人生指南。可是毫无效果，蒙古部落在他之前或许要到唐初时期才偶然达到过强盛，可时间久远，只有查汉人的史书才有些蛛丝马迹，部落内肯定失传。那该怎么做呢？

当一头猛虎在山林里震慑万兽之后，遥望平原，它还是踟蹰的。它不清楚那里会有什么样的对手，不清楚自己在山林之外是什么样的等级。

犹豫中，他突然想起了不久前。

那是在覆灭乃蛮部之后，乃蛮的太阳罕懦弱愚蠢，当场死亡，可他的儿子屈出律则大不一样，这个乃蛮太子冲出蒙古战阵，摆脱了众多的追兵，连长途奔袭能力举世无双的蒙古战马的追逐都没能把他抓回来。

屈出律卧薪尝胆，与蒙古人的故事很长，不久就会再次出现。

铁木真想到的是在追击这个人的过程中，曾经遭遇的另一个遥远的人种。据说，这个人种历史悠久强悍善战，文明奢华，占地广大，拥有自己的文字，非常了不起。他们是党项人，没错，也就是久违了的西夏人。

蒙古军队在追击屈出律时路经西夏，与党项人有了第一次接触。

很久没说西夏了，似乎从北宋靖康之难亡国起，就把它忽略了。这其实不是疏忽，西夏当时的君主非常出色。

夏崇宗李乾顺，这个人极其机灵，在女真人瞬间爆发击溃辽国时，他按照习惯性思维觉得契丹人仍然是东亚最大，于是曾答应援救辽末帝耶律延禧。但是被女真人随手打得鼻青脸肿之后，他立即认清形势，站到了金国一边。

它是东亚传统三强宋、辽、西夏中第一个归顺金国的。

党项人以投靠起家，这次也以投靠获利。在金国灭辽、亡宋的过程中，它趁火打劫，在辽金战争中、宋金战争中隔岸观火，看准时机几乎无代价地夺取了河西千余里之地。

大势已定，金国独大之后，西夏放低身段，主动奉金为宗主国，在一片乱世中保西夏平安富足。

夏崇宗李乾顺堪称是继景宗李元昊以后西夏最有作为的君主。

之后的西夏与大历史无关，它安静地躲在西北老老实实地做顺民，而金国发展得太快了，骤然间地域广袤到比原辽国还大，这让它忙于消化，更疲于消化，西夏那点边远贫瘠的土地，对它没有半点的吸引力。

之后，夏崇宗去世。李仁孝，即西夏的仁宗皇帝。在他"任"内，西夏权臣任得敬风生水起，逼着他把西夏西南路、灵州罗庞岭划给了自己，任得敬建国号"楚"。当他进一步逼着李仁孝派使者去金国为他谋求封号，使强抢合法化时，金国当时的皇帝完颜雍哭笑不得。

这真是开历史之先河，一直以来还没有哪个皇帝被如此打劫还替强盗办过户证明的。完颜雍鄙视之余，决定为同一阶级主持公道。他拒不承认所谓的楚国，在给西夏的回函中表示，如果李仁孝需要帮助的话，金国支持他。

夏仁宗命族弟李仁友于南宋乾道六年（1170 年）的八月三十日设计捕杀了任得敬兄弟，之后尽诛其党羽，新兴的楚国瞬间灰飞烟灭。

西夏度过了一次分裂割据的危机，让党项人的事业延续了下去。

皇帝的素质是国家命运的缩影，西夏在李仁孝的管理下勉强保持着一个主权国家的存在，它没有再次分裂，仅此而已。

李仁孝死后，他的儿子李纯祐即位，是为夏桓宗。这是个命苦的孩子，在他的"任"内，铁木真羽翼丰满，向往漠北草原之外的天空了。

1205 年，也就是铁木真称"成吉思汗"的前一年，蒙古军队追击乃蛮太子屈出律进入西夏境内。这对彼此都是初次体验，习惯了平静生活、全民族汉化的党项人惊愕于突然出现的漠北游牧战士，对方的强悍勇武让他们举族震惊。

严格地说，党项人从李继迁开始，甚至更早一些，就不是纯粹的毡帐游牧民族，与其说他们仰仗起家的是刀枪战马，不如说是诡诈机变无原则。这注定了党项人的战士素质永远达不到历史长河里的顶峰。蒙古人则不同，他们的智谋、管理、文化、宗教等都与最强不沾边。可是，只要他们拔刀上马，整个世界就会陷入黑暗和沉默。

无一例外。

这次偶遇持续了一个月，蒙古人三月来四月走，深入河西走廊，劫掠瓜、沙诸州，像一团肆虐的狂风刮遍西夏的边城，西夏军像在狂风中低头忍受的羔羊一样，不知所措，一任蹂躏。党项人彻底地慌了、怕了，以致蒙古军队抢足了物资撤军之后，他们举国欢庆，夏桓宗高兴地把都城兴庆府改名叫中兴府。

大难不死，必将中兴！

……被吓脑瘫了，神志不清说胡话。

在蒙古军队撤退不到半年的时间里，刚刚把国都改名叫中兴府的夏桓宗就丢掉了皇位，成了囚徒。上位者名叫李安全。

李安全是夏仁宗李仁孝的族弟李仁友的儿子。从任得敬灭亡时开始，就全权负责皇族安全，对内打压异己，对外抵抗蒙古。李仁友死后，夏桓宗把李安全降级了，从亲王降到了郡王。理由是他"天资暴狠，心术险鸷"。

纯粹是看不顺眼。

李安全理所当然地怒了，你恶搞我……看我怎么恶搞你。

李安全用的办法也比较少见，他经过仔细思考，决定去讨好夏桓宗的亲生母亲罗太后。让罗太后出手，对付亲生儿子夏桓宗。

这个绕口令一点都不精彩，相信古往今来但凡看到的人都会不屑一顾。得有多疯狂的脑子才会想出来这种烂招数，得有多古怪的亲妈才会听别人的话找亲生儿子的麻烦？

事实却让人惊掉大牙。

罗太后出面废掉了自己的亲生儿子，扶植李安全上位，当了西夏皇帝！这实在是太极品了，太奇葩，太不可理喻了！

不知道有多少人怀疑，是不是李安全才是罗太后的亲生儿子……

别管怎么怀疑，这就是事实。罗太后对他无比亲爱，特地写信给金国，称她的亲儿子不中用，没法保有国家，所以换了一个新皇帝，云云。金国这时的皇帝是完颜璟，他没有当国际警察的魄力，每天提防着江南韩侂胄的入侵就够他受的了，面对这则通告，他直接同意了事。

西方人曾说，报复是神才能品尝的快感。

李安全上位之后，应该是真的快乐了。可惜，他的命比苦命孩子李纯祐强不到哪儿去，从某种程度上来说，还更悲惨，因为成吉思汗惦记上了他。

1209 年春，蒙古军由黑水城（今内蒙古额济纳旗达来呼布镇东南）北的兀剌海关口突入西夏。

夏襄宗李安全的儿子李承祯以5万之众拒敌，大都督府令高逸副之。这在当时而言是超级重兵，想想以南宋大国，北伐时的实际兵力也不过如此，而蒙古新兴，它的全部战士加在一起，也不足5万之数。

可惜的是，蒙古军队的战斗力永远不能以单纯的数字来说事儿。在他们出现以前，没有人会想到一两万人就能横扫整片欧亚大陆！

西夏军队在河西走廊的北端入口几乎全军覆灭，主将李承祯不知去向，被蒙古人给打丢了，大都督府令高逸被俘，宁死不降，于是死了。此战过后，西夏右厢各路兵马几乎损失殆尽，半壁江山处于不设防状态，剩下的只够扼守几座通往都城的关隘。

西夏是世上第一个与蒙古人交战的国家，它是试吃螃蟹的人，不知道要注意些什么。他们的战术从古至今就没有变过，一直像宋神宗五路伐西夏时一样，冲出关隘与敌野战。

这正中蒙古人下怀。

要再过一段时间，蒙古人才见识到火炮的威力，从那以后，蒙古人的铁骑加载了火药的翅膀，真正变成了许多民族的噩梦。而在那之前，比如这时，党项人躲在城墙后面死守，才是应对良招。

从理论上来说，党项人也应该具备这种能力，毕竟他们与北宋打了百年战争，六成以上是在城池与堡垒之间进行的。

可惜党项人脑袋严重僵化，根本不知道变通，知道时也晚了，至少在下一个重要关隘兀剌海城（今内蒙古阿拉善右旗西南）时无效。

兀剌海城陷落，太守西壁讹答被俘。

至此，河西走廊即将被打穿，横亘在西夏都城中兴府前面的只剩下了一座关隘，设在贺兰山的右厢军总部克夷门（今宁夏贺兰山三关口）。

这是一座难以想象的雄关，倚贺兰山险峻之势，常备军达到了7万以上，这时夏襄宗李安全又从各路增派 5 万援军，由名将嵬名令公率领火速驰援。

依山建堡，12 万重兵，这是自有宋代以来，各国从未出现过的超级重镇。就连号称城内常驻百万禁军的名都开封，在实际战争时也没能达到这种程度。

克夷门之战连绵近三个月，蒙古军轮番强攻不止，却始终不能逾越城墙半步，战争陷入了消耗战的泥潭，而说到消耗，只能是蒙古军先崩溃。

克夷门背靠西夏都城，都城背后是另一半江山，无论如何在军需粮草方面是充足的。蒙古军却是客境作战，且第一次远离本土作战，两相对比，蒙古军队的劣势一目了然。

嵬名令公只需要让这种态势继续下去，胜利是可以奢望一下的。可惜党项人的僵硬大脑再次短路，他居然率领重兵出城与蒙古人野战……

一个连战略方针都无法彻底贯彻的将领，居然担当了驻守国门的重任，这就是西夏百余年经营之后的局面。他率领十余万重兵出城野战，导致全军覆灭，本人也被蒙古军俘虏。

克夷门就此陷落，西夏都城中兴府再无遮拦，洞然暴露在蒙古军面前。

中兴府，原兴庆府，西夏之国都，今日的宁夏回族自治区首府银川。它呈长方形，周长 18 里，护城河宽近 10 丈，南、北各两门，东、西各一门。它的前身要追溯到北宋早期西北重镇灵州城（今属宁夏）的陷落，党项人得到了它，才算在当时站稳了脚跟。

李继迁死后，他的儿子李德明认为灵州是四塞之地，不利防守，在 1020 年派大臣贺承珍北渡黄河，在灵州城北方的怀远县营造城阙宫殿宗社籍田，不久迁都于此，是为兴州。之后历代夏主不断营建，至夏崇宗时趋于大成。

算来也是 189 年的名城了。

这些数字对蒙古军队来说什么意义都没有，这只是一圈比克夷门要塞大一些，险峻程度差一些的城墙罢了，他们要干的就是毁掉它，或者爬上去，就这么简单。

实际操作起来无比艰难。

夏襄宗李安全吓瘫了。他打定主意一心死守，无论什么情况都缩在壳里，尽一切可能挺住。这个主意拿定之后，基本上来说他就真的安全了，蒙古兵从七月强攻至九月，中兴府城墙之下尸横累累，可半点进展都没有。

铁木真暴跳如雷，绝不甘心就此罢手。可是老天也不作美，九月的秋雨如期而至，西北骤然寒冷了。雨季中，泥泞中，成吉思汗游目四顾，忽然间灵机一动。

他看见了黄河。

中兴府依河建城，这时正是雨季，河水大涨，此时不引水灌城还等什么？

说干就干，蒙古兵以百余匹战马的代价掘开了黄河大堤，滚滚河水冲向了中兴府城门。

蒙古军早有准备，驻扎高地之外，还垒起一条外堤，用以阻挡水势。引水灌城从九月起，至十二月时才见分晓。

久被浸渍的中兴府城墙岌岌可危，已经处于随时坍塌的边缘。可是相比之下，那条外堤就更加不堪，它率先倒了。

黄河水浸漫蒙古军营，军械物资，尤其是随军食用的牛羊几乎全被冲跑，蒙古远征军没有吃的了。成吉思汗当机立断，在战斗力未失前，全军撤退。但在撤退之前，还要让西夏人怕到骨子里，才算利益最大化。

西夏向蒙古称臣，并把公主嫁给成吉思汗。蒙古释放嵬名令公。

第二十四章 一战江山野狐岭

回到政治上，朱熹学有所成，自然不甘寂寞，南宋前几位
朝，可那时间不长就出于这样的或者那样的原因重回山野，
次回山，都会增加他的名望，这是他...

朱熹清楚地知道，这是他...
孝宗同样心并不喜...
唯也不讲道理，直到赵...
跟他同样是个瘸子。

南宋嘉定四年（1211年），蒙古伐金。成吉思汗历数多年以来蒙金世仇，其间不只有俺巴孩汗被钉死在木驴上的贵族阶层仇恨，还有着金兵北上灭丁的民间惨剧。

金国为了控制来自蒙古人的威胁，在很长时间里每隔三年就会纵兵深入草原，遇到蒙古人，高于车轮的男子全部杀死，矮于车轮的男孩子全被砍掉拇指，让他们终生无法握住刀剑，更没法拉开弓弦。

女真人的恶毒可见一斑。

蒙古军攻击的目标是金国的都城。

金国的都城已经不是当年的上京黄龙府，而是定名为中都的现北京市。从草原进攻它，要穿越野狐岭、浍河堡等地，突破长城的居庸关等关隘，才能抵近中都城下。

这一条路上全是在中国历史中占有重要地位的险关重隘，每一处都充满了往事，每一个名字都浸染了无数年的鲜血。

比如野狐岭。

它位于今河北省张家口张北县与万全县的交界处，这道岭高深险峻，从地域上划分，它是农耕民族与游牧民族的分界线；从军事上划分，它是通往坝上蒙古高原的一条军事驿道。如分水岭一般，横亘于蒙古、金之间。

金国作为东亚最强势力，触角早已伸过这条线。成吉思汗想要接近野狐岭，要做的事很多，比如怎样突破那条金国在北疆筑起来的长达数百里的长墙。

蒙古军二月起兵，三月向西攻略云内、东胜等地。这一连串的行动惊醒了金国，金帝卫绍王完颜永济命平章政事独吉思忠、参知政事完颜承裕建行省事于宣德（今河北宣化），屯军地点在桓、昌、抚三州之地。

金军的兵力达到了45万。

空前的数字，自宋史开篇以来，没有任何一次战争中的一方动员了如此军力。

独吉思忠，本名千家奴。他率领金军主力进抵北部边疆之后，第一件事做的是视察那道号称平原长城的巨长的墙。

这道墙长达 600 里。很宏伟的工程，应该算是女真人在历史长河中留下的为数不多的珍贵印迹。不过它作为战斗屏障，弱点还是非常明显的。

它只是一道单纯的墙，中间某些地段设立了堡垒，却没有女墙副壁，一旦战斗发生，它的防御会非常单一脆弱。

金国的平章政事大人果然能力非凡，他要在尽量短的时间里完善这道巨大的防御工事。为此他调用了近 75 万名民夫日夜不停地……砌墙。

他成功了，成吉思汗率军南下，这道墙变成了双层。

如此代价，女真人觉得值得且安全，却没有料到它是一个空前的笑话，千年之余想起它都让人不禁摇头叹息。600 里长又如何，难道蒙古兵是水，涌来时会平行均匀地冲击这道墙的每一寸砖面？

再长的墙只是一条平行线，一点突破则全线皆破，所谓的防御立即烟消云散。这是多么简单的道理，女真人却在几十年间一直加强着它，越是危急的关头越是依赖它。这说明了这个民族全体都在做梦。

成吉思汗先是分兵 3 万给自己的三个儿子，由他们去攻打金西京（今山西大同），去牵制那的守将纥石烈执中，他自己率剩余的 7 万余兵力冲向了乌沙堡。这实在是大材小用了，这点阻碍根本无法抵消蒙古战士的冲击力。

乌沙堡转瞬陷落，蒙古兵锋毫无减弱，卷向了金军下一个据点乌月营。

重兵集结的乌月营根本没能发挥出数字应该体现出来的实力，它只是蒙古军刀下的一层纸。

成吉思汗只用了不到半天的时间就越过了这条金国前后用工超百万的平地长城，把这条 600 里长的界壕甩在了身后。

战报传进中都，金国举朝震惊。蒙古人的血腥强悍早有耳闻，但在意想中还要很多年才敢向久居东亚王座的女真人展露不逊。

哪知道开战之初半天就撕开了北疆的防线。

卫绍王完颜永济吓坏了，他像每一个胆小的人一样，恐惧很快就转化成了烧向自己人的怒火。他把独吉思忠火线撤职，改由完颜承裕裁夺军事。

临战换将不能说一定就是错的，而不知道自己手下是什么人就不可原谅了。独吉思忠是失败了，可他自始至终都顶在第一线，与蒙古人寸土必争。新上任的完颜承裕呢，他太聪明了。

完颜承裕为蒙古军队狂风暴雨般的攻势所震慑，认为自己无论如何也没法正面抵挡，准确地说，是没法在军事常识的攻防体系里抵挡，于是他用了个不大常见的招。

他主动放弃了桓、昌、抚三州，直接退向野狐岭。

这实在愚不可及。

桓、昌、抚三州是金国北疆上多年经营的要塞，城墙坚固，粮草充足，运用得当的话，足以滞怠蒙古铁骑的速度。哪怕不能真的挡住，也会让蒙古战士大量减员，退一万步说，蒙古军队不与之死拼，越过它直奔金国都城，那么在蒙古军队背后，这三座要塞就会变成蒙古人的隐患，会像当年辽国萧太后进犯澶渊之后，附在辽军背后的定州大阵，让契丹人不敢与宋军真的决一死战。

更进一步，如果完颜承裕把手中庞大的40余万兵力合理分配，比如各分一半，分守三州、野狐岭的话，就会形成更有效的阶梯式防御，让蒙古人流尽可能多的血，从而使中都安全。

这些他都没有想到。

事实上，自从他下令全军退守野狐岭，就让金国的整体实力乃至国运下降了一个档次。桓、昌、抚三州落入蒙古人的虎口其实并不算什么，重要的是桓州的牧监。

那是金国最重要的军马场，里面有数以百万计的精良战马，那是当时最重要的战械，没有任何东西能与之相比。

北宋丢掉灵州之后怎么样，金国丢掉桓州就怎么样。堂堂金国，同样以弓马起家的塞北民族，从此之后居然要为战马而发愁了。

战争嗅觉超级敏锐的成吉思汗当然不会放过摆到嘴边的肥肉，他的部队像蝗虫一样扫过金国北疆三州，所过之处，一根毛都没给女真人留下。

剩下的就是退进山里的完颜承裕了。

让我们再次回忆一下关于习惯性思维的问题。西夏人在战场上百年不变，一条道跑到黑，从前怎么死现在就怎么败。

女真人也一样。

独吉思忠在几天前因为兵力平均分配在600里长墙里，导致被蒙古军队以点破面，长驱直入。几天后完颜承裕在野狐岭有样学样，他再一次把兵力均匀地散布在这条农耕、游牧两民族的分界岭上。

……无言以对。

面对像榆木一样固执僵硬的女真脑子，成吉思汗的策略几乎是尽善尽美的。再次以点破面，突击点就定在金军的最强点——统帅完颜承裕的中军大帐。

之所以这样，完全是针对完颜承裕的弱点。这个女真人是怯懦的，放弃三州，放弃百万军马与其说是昏聩，不如说是胆怯，他不敢直面威胁！

看准了这一点，成吉思汗等于抓住了金军的生命线，剩余的就只是战场表现了，而这正是蒙古人纵横世界无与伦比的地方。

完颜承裕的中军大帐设在獾儿嘴（野狐岭北山嘴）。蒙古军中最具战争天赋的万户长木华黎请战，这位最有智慧的蒙古人选择了最血腥最单调的战术，没有其他，唯有强攻！只有这个才能确保胜利。木华黎率领蒙古军杀进野狐岭，山势险峻，沟壑纵横，草木杂乱，根本不是骑马的地方，进攻的蒙古将士全体下马步战，仰攻杀向完颜承裕的中军大帐。

直到这时完颜承裕才发现他犯的另一个致命的错误。山地还不如平地，在那道600里的长墙间，金军可以随时支援目力所及的目标，可在山地间，他根本没有办法调集军队指挥作战！

也就是说，木华黎集中精锐进攻他，他只能靠一点可怜的亲卫、有限的部队挺着，所谓的40余万大军根本起不到半点作用。

这是完颜承裕绝对没法忍受的，这人跳起来就逃，根本不给蒙古人纠缠的机会，一溜烟儿地逃下了野狐岭。据说他背后尸山血海，惨呼哀号声响成一片，他本人的身上连一点小伤口都没有。

他像当初放弃三州一样，抛弃了野狐岭，带着身边能调动的部队逃向了宣德方向。木华黎紧追不舍，他的任务就是盯紧这个完颜承裕，后面野狐岭内庞大的金军部队自然有成吉思汗，以及众多的蒙古军将处理。而在这个过程中，蒙古人显示了让人胆寒的群体策略。

他们没有僵化地执行战前方针，当战斗进行到木华黎追击、成吉思汗堵截时，两人同时做出了巨大的让步。木华黎让完颜承裕逃出了百里之远才追上，成吉思汗在野狐岭大肆杀戮，却留出了相当多的空隙，让金军士兵趁机逃脱。

当然，这也可以说是完颜承裕跑得够快，木华黎重新找马再追耽误了时间；也可以说野狐岭地势多变，蒙古军客境作战，没办法全山堵截。

可在之后就不一样了。

野狐岭至宣德这100里的距离，是金军的死亡线。他们没命地跑，蒙古人像牧马一样在后面有节制地追，女真人疲于奔命，不得不逃，不停地有人倒下，被蒙古人压榨出最后的一点点活力，直到这时，100里才跑完。浍河堡到了。

木华黎已经在这里把完颜承裕重重包围，剩余的，还有30余万的金军从后面赶到，木华黎瞬间让开包围圈，让所有女真人聚集在一起。

成吉思汗随后到位，10万蒙古军包围了30余万金军。浍河堡之战正式打响。

这期间战局变幻。

古时，没有电话、电报等通信手段，一切只能靠将帅之间的战场默契。从野狐岭突击开始，至浍河堡包围圈形成，蒙古军没有任何失误。他们把金军从野狐岭赶了出来，胜负易位后驱赶、围追、让路、包围，每一步都精确到位。

到浍河堡时，蒙古人完成了天翻地覆一样的戏法，他们居然把全部金军都压缩在了一块小区域内。纵观全局，这真是无与伦比的控制力。

也是让人胆寒的群体策略。

之后的浍河堡是一个巨大的屠宰场，蒙古人不停地攻击，一点点蚕食金军残存的可怜的斗志。三天之后，当斗志消失，求生欲都不足时，蒙古军才开始了决战。

成吉思汗率领3000名精骑亲自突击，随后蒙古全军皆起，浍河堡立即沦陷。那里成了地狱、绞肉机、杀戮场……用什么形容都不过分。

因为除了完颜承裕再次成功逃跑，参战的金军基本全死在那儿了。野狐岭、浍河堡之战，金国失去了全部的中央机动兵力，使中原一带形成了势力真空，蒙古人纵马驰骋随意来去，再没有任何阻拦。

蒙古军进攻战前既定目标——中都。

在这条路上，只剩下了最后一座要塞，长城居庸关。居庸关，是京北长城沿线上的著名古关城，关城所在的峡谷，属太行余脉军都山，地势极为险要。与紫荆关、倒马关、固关在后世并称京西四大名关。其中居庸、紫荆、倒马又称内三关。

最后一道关口，蒙古军非常重视，派哲别进攻。可是没等开打就有了新情况，金国居然有军队前来主动挑战。

来人是纥石烈执中，也叫胡沙虎，是金西京留守、行枢密院兼安抚使。他率领7000名精骑日夜兼程赶过来助战。

然后他趁着夜色，又日夜兼程地跑了回去……这人来的时候太着急，根本不知道战况如何，到了现场才知道是这种状况。

胡沙虎正式登上历史舞台，开始了他的极品人生。

这人趁夜带着少数亲卫逃跑，天亮时分蒙古军进攻，7000名精锐全军覆灭。这时，他已经快马加鞭跑到了蔚州，环顾周围，人少、没钱、缺粮，种种窘状怎么配得上他如此隆重的头衔？

胡沙虎下令，先把蔚州府的库房洗白了，尤其是库银一项，当作他的路费。再去抢官马，以保持速度，两样都到手，再杀一些平民百姓，身上溅上点血，也像是从前线杀回来的样子。要说明的是，在这个过程中，他还把涞水县的县令拖出来当街打死了，估计是碍了他的好事。

如此这般，金西京留守、行枢密院兼安抚使胡沙虎大人终于取道紫荆关，奔向金国都城。

在另一边，居庸关方向，蒙古军开始了强攻。哲别临阵，锋锐难当，不管是他之前在草原上，还是不久之后在更远更大的草原上……也就是说，他必须在草原上，才会无与伦比。可这次是居庸关，他之前的全部战术都要重新制定。

更要命的是，居庸关上有大炮。

这时的大炮仍然是巨型的投石机，要再过四十多年，世上第一件以黑火药燃烧为动力的武器才会在南宋军队中出现。可这并不妨碍哲别被从上方砸下来的大石头砸得满头包，他怒从心头起，以极快的速度冲了上去，减少了头上包的数量，之后他对这些大炮起了浓厚的兴趣，并把它介绍给自己的大汗。

蒙古军纵横欧亚大陆，靠的不只是战马、弓箭、长刀，很多时候都是大炮。

居庸关陷落，金国都城中都大兴府祖露在蒙古军面前。这座城市在唐朝时称幽州，辽代称燕京，是燕云十六州之首。经辽、金两国二百余年的经营，它已成为当时中国北部最大的军事政治中心。中都分内、外两城，外城四周还建有子城，城上楼橹城堞、兵库粮仓俱在，内外两城间有通道相连，是具备立体、梯式防御的重镇。

金帝卫绍王完颜永济下令全城戒严，男子不得出入城门，以待蒙古军临城。

1211 年的九月，蒙古军出现在中都城下。

双方在城墙内外进行了残酷的消耗战，蒙古军队意料之中地没占到便宜。

以西夏都城中兴府为例，蒙古军对峙数月，连黄河决堤都用上了，也无济于事，可以想见强攻金国都城对现阶段的蒙古军来说，仍然不大现实。

可金国更悲惨。

不是每座金国城池都像中都这样坚固的，寒带游牧民族打仗非常精明，知道怎样从根本上削弱对方。成吉思汗亲自兵临城下，震慑金国上层，他的三个儿子尢赤、察合台、窝阔台分别袭击燕云十六州的其余州城。

蒙古军所过之处，不管是契丹人、女真人，或者是汉人，都"所过无不残灭，两河山东数千里，人民杀戮几尽，金帛子女牛羊马畜皆席卷而去，屋庐焚毁，城郭丘墟"。

很残酷，可这正是这场战争的所谓"意义"。

通过无节制无原则的抢掠烧杀，毁灭金国最富庶的区域，从根本上打击女真人的实力。"两河赤地千里，人烟断绝。"这不是短时期能恢复的，哪怕具 10 年之功，也无法尽复旧观。

中都城下。蒙古军抵近城墙强攻不止，三个月之后，中都的外城被突破，而内城的防御更强，原有的兵力在更小的防御范围内更能持久，一切迹象都预示着蒙古军无法大有作为。

但是金国的上层挺不住了，卫绍王完颜永济遣使求和，愿意像西夏一样献出公主与成吉思汗和亲，至于称臣则绝不屈服。

成吉思汗冷笑，和亲急什么，蒙古大军至此，难道没有犒劳？他提出索要骆驼 3 万匹、牛羊各 5 万匹作犒军物资。

金国人不傻，知道蒙古人没吃的了，要真给了这些，这些漠北野人更不会走了。他们说可以给东西，但只限于金银绢帛，还真的把数百袋丝帛送出城来。

成吉思汗大怒，瓮中之鳖还敢反抗，甚至嘲弄他！他下令当场烧掉丝帛，继续强攻，无论如何要攻破中都的内城。

可是并没有进展。怒火有时可以转化为实力，却不能直接对等。

这一年的春节就在攻守之间过去了，转年年初，蒙古大军的粮草终于断绝，而在超级广阔的金国辖区内，各路援军也在向中都逐步逼近。形势所限，成吉思汗下令退军。

蒙古第一次伐金至此结束，看战绩堪称辉煌，简直是无与伦比的效率。从野狐岭、浍河堡全歼金军主力 45 万，到长驱直入围困中都，再到掳掠周边大伤金国元气，每一个步骤都做到完美。如果非要说瑕疵的话，那就是中都没有拿下。

这的确是蒙古军这时的短板，由于地域的原因，他们很少面对城墙作战，这让他们骤然面对当时世界上最高大坚固的城墙时无计可施。

第二十五章　天亡此仇

回到政治上，朱熹学有所成，自然不甘寂寞，南宋前几位皇帝都出而问学，可都时间不长就出于这样的或者那样的原因道不同山，一次不同了，都会增加他的名望，这是他孜孜追求的。

他能左右的，孝宗理学心性定之，也不讲道理，直到死时把他没有过去的古板，这时不需要，尤其朝廷照顾过时跳了出来，襁褓离世持封过，人的东西，简直就是根本上否定了这个人，在韩侂胄面前的口有，各路那就是好戏，想反抗，更活不了，这对立面，他生来就是道学们的冤家，在他的眼里，世间不满了错误。

一定会搞得你永世不得超生，愈是妊娠。一场觉偏戏在宫廷内都上演，对百官形态，面其他人都是上帝，一言不发他心服脱从。

急什么，他轻松自在地想，一个典型都是真实的生活，木茶叶什么都管。对一切都插手，一那还什么都管，进这天下的主人！

1212年的秋冬之间，蒙、金之间彻底决裂开战，眼见得天翻地覆，大乱已成，曾经的东亚第一强国摇摇欲坠。如此巨变，南宋、西夏却无动于衷，各自忙着自己的小事情。

先说一下西夏。

西夏的皇帝又换人了，靠取悦老妇人得以上位的夏襄宗被堂侄李遵顼推翻，一个多月后突然暴病。李遵顼自立为帝，改元"光定"，称夏神宗。

夏神宗是西夏诸帝中最有文采的一个，他是夏桓宗天庆十年（1203年）的廷试进士第一，也就是西夏当年的状元。说实话，这真是历史上少见的奇才，以汉人五千年历史来算，也没一个皇帝达到过。

全世界都期待着这位状元皇帝的表现。

南宋实在没有什么好说的。新上任的权臣史弥远实在是太卓越了，他迅速进入角色，干得比曾经的韩国戚高明得太多。很多人想不通，一个没有经历过巨变，没有经历过血泪发家史的中下级干部，怎么可能一下子就达到权臣的最高境界呢？

通过秦桧，我们知道权臣的最高境界是——把国家搞沉默。看似平静祥和，实则一潭死水，没有任何不同的声音发出。

至于他是怎样达到的，就与秦相公不同了。秦桧与女真人联手，压制南宋整个国家，连皇帝在内也不敢不从。这是强迫。史弥远却是阴柔狠毒，不动声色，必要的时刻他懂得妥协。

比如就在这一年，在他的推动下，南宋颁布命令，朱熹撰写的《论语集注》《孟子集注》作为太学读本，以后官方科考的取才高下以此为标准。

理学界道学家们一片欢呼！

这就是南宋在天地如此巨变时所做出的应对。完全是鸵鸟行为，把脑袋扎进土里之后，就觉得天下仍然太平，可以安然高卧。

再强调一点，南宋对刚刚发生的蒙古、金之间的战争并不是一无所知。开禧北伐结束之后，南宋还像从前一样每年都派使者在各个特殊日子去金国访问，最近几次因为战争没能进入中都，回程时两河、山东地区的惨状都被他们看在眼里。

这样，仍然无动于衷。

江南的天空笼罩在粉红色的桃花雾中，风光旖旎；塞北的风云继续变幻，有寒风从最北方不断地吹来。一年之后，1213年的秋天，成吉思汗决定再次出兵。正巧，同一时刻金国的东北方出现震荡，兵力为之分散，这让蒙古军平白获得了额外的助力。

那是成吉思汗在金西京城下中箭的前后，金国皇帝卫绍王完颜永济不知哪根筋扭到了，突发奇想，在整个国土面积上寻找潜在的危机，觉得辽东那边最紧迫，准确地说，是辽东方向的契丹人。

为了防止契丹人借机报复，完颜永济下令每一户辽民由两户女真人夹居。这是赤裸裸的怀疑、猜忌、歧视、威胁，本就长期处于民族压迫的契丹人再也忍受不了了，他们选择反抗。

辽籍金国千户耶律留哥出逃，在隆安（今属吉林）一带聚集契丹军，很快达到了十几万军力。作为现役高级军官，他非常关注国际形势，在第一时间派人与蒙古联络，效忠成吉思汗。

后院真的起火了，完颜永济在佩服自己的远见卓识之余，迅速派出大军平叛。原以为这些辽国遗民祖辈忍辱偷生，只是一些蛇鼠之辈，肯定手到擒来，却不料起义之后的农奴焕然一新，比金国的正规军强多了，耶律留哥大败金军，在辽东割据称王。

金国的发源之地空了，蒙古人趁机发动了灭金战争。

这一次金国藩篱尽破，国家内忧外患，没等蒙古军杀进国都，胡沙虎就开始篡权，完颜永济就此下台，一个月后暴毙，新皇帝是金世宗完颜雍的孙子，金章宗完颜璟的哥哥完颜珣。

完颜珣称金宣宗，胡沙虎要挟他把完颜永济废为庶人，以便为其抹去弑君的罪名。金宣宗觉得不错，这样也正好表明自己的上位很合法。

这就是为什么完颜永济的头衔是"金国皇帝卫绍王完颜永济"，此人当了五年金帝，却没有庙号没有谥号，金国不承认他是正统，与从前的完颜亮差不多。

转年成吉思汗回到中都城下，城里的敌人已经再次更新换代。

金国大将尤虎高琪率军杀进中都，让皇城第二次流血。胡沙虎被杀，军政要权落进了尤虎高琪的手里。金宣宗、尤虎高琪根本不敢应战，金国求和，把卫绍王完颜永济的女儿岐国公主嫁给了成吉思汗，并以金帛、童男女500人、绣衣3000件、御马3000匹为献。

蒙古满载战利品回返漠北，在他们身后，是更加残破的中原大地。如果说上一次战争金国元气大伤的话，这时几乎伤到了元气尽失。

眼下的中都城，仿佛是汪洋中的一只孤独小船。周边远至千里之外都成了大片的焦土，河东、河北、山东全被烧掠一空，连粮食都没法支援都城，更谈何效忠？

金政权名存实亡。蒙古军还在塞外虎视眈眈，朝发可夕至，这样下去，简直是坐以待毙。中都城再也没法支撑，已经是定局。

金廷遂出现迁都的提议。

弃守分为两派，正在相持不下，一个消息传进中都，金国派去征讨辽东耶律留哥的40万大军败了，女真发源之地真的失去了控制！

1214年五月，金宣宗留右丞相兼都元帅完颜承晖、左丞相抹捻尽忠辅佐金国太子完颜守忠留守中都，他带着百官、后宫仓皇南窜。

目标是前北宋国都开封。

蒙古军卷土重来。六个月后中都陷落，抹捻尽忠趁还能行动，及时南逃，完颜承晖服毒自尽，与中都城共存亡。至此，由金海陵王完颜亮迁都伊始，六十余年的金国都城陷落。

金国随之而倒塌。

黄河以北所有一切都归附蒙古。成吉思汗返回漠北，临走前把中原交给了木华黎——"太行之北，朕自经略；太行以南，卿且勉之。"等于裂土封王，把广袤的中原赐给了蒙古第一智将。

木华黎是蒙古军人中的另类，他似乎不是在漠北草原上土生土长的蒙古人，他不粗鲁，连成吉思汗在对待敌人时都会蔑视地骂人、吐唾沫，可他不会。他温文细致，安静理智，仿佛是很早时曾秘密地走出草原，进入汉地留学过。

连他的战术，都层次分明，有着与漠北寒带民族野战截然不同的策略。于是，他在蒙古攻入金国开始就被成吉思汗委以重任，单独负责了超大面积的攻击权、治理权。

这样的能人，他的出身却只是一介奴隶。

如果说蒙古人的崛起是因为他们无与伦比的勇武，是因为有铁木真这样不世出的大天才，那么木华黎也毫不逊色，像是奇迹一样，不识字的塞外潦倒贵族，不识字的奴隶天才将军，这些都是无法解释的，却实实在在地存在，改变了人类的历史。

木华黎的身影笼罩着辽东，很快就会向南发展，进而拓展整片中原地带。要注意的是，他只有 1.5 万名蒙古本族的战士。

这点兵力，金国如有喘息之机，更可能反攻倒算，杀回黄河北岸。

冒着巨大的风险，当然是要干更加危险的事情。成吉思汗是不世出的自我完善型的枭雄，他这样做的唯一可能就是，新兴的大蒙古国面临了比金国更加强大、危险的对手。

花剌子模。

这个国家的名字并不陌生，托古装武侠电视剧《射雕英雄传》的福，我们知道了成吉思汗曾经西征这个国家，郭靖在悬崖之巅飞跃而下，夺得其都城撒马尔罕。这很不错，也算是普及了历史知识。

只不过，电视剧的编剧、导演们不细心，把它叫"花剌子模"。

第二十六章 西域传说

历史中真实的花剌子模是伟大的，它的起源、生存、壮大是人类历史长河中的一首壮丽史诗，一点也不比其他民族差。

花剌子模古国，旧译回回国，或火寻。它位于中亚的母亲河阿姆河的下游、咸海南岸，今日的乌兹别克斯坦和土库曼斯坦两国一带。在蒙古人没有兴起之前，它也随波逐流地活着，在铁木真发迹之后，这个国家几乎同时也出现了一位了不起的大人物——摩诃末。

摩诃末的祖先是塞尔柱突厥帝国算端（皇帝）的奴隶。起点如此之低，想发展完全只能靠奋力挣扎。这位奴隶祖先以一生时光奋斗，在死之前给儿子留下了一个好出身，其子忽都不丁·穆罕默德受任为花剌子模地区的行政长官，袭用"沙"的称号。

到摩诃末掌权，花剌子模仍然随波逐流，它已经是一个国家了，可它有很多同等级的竞争对手，以及一个宗主国。这个宗主国我们曾经很熟悉，就是西辽。由辽国的后嗣，杰出的耶律大石所创建的第二辽国。西辽是辉煌的，它抵御了第一代女真人的进攻，在沙漠的两端与金军分庭抗礼，它的疆域之广大，绝不在曾经的东亚第一强国"辽"之下。

花剌子模是它的属国。

摩诃末即位，先击败了古尔朝，势力大增，进而挑战西辽，一战而胜之后又迁都撒马尔罕城。再灭亡了古尔汗国，据有哥疾宁全境，再进攻报达（今巴格达）的哈里发。

在铁木真统一蒙古、进攻金国夺取中都时，摩诃末已拥有整个波斯、伊拉克、呼罗珊、阿富汗以及河中区，建起了雄踞中亚的超级强国。

纵观其上，摩诃末的功业、发展的速度一点也不亚于铁木真，两者雄踞亚洲的各一端，平心而论，如果大蒙古国是东亚最强的话，那么中亚，甚至西亚第一非花刺子模莫属。

相比兴起于寒带闭塞地区的大蒙古国，摩诃末的花刺子模在文明程度上要领先，尤其是在与外界的交流上。

花刺子模主动接触蒙古，与蒙古人通商。

整个过程就是花刺子模的商人去蒙古使劲忽悠骗钱，蒙古商人到了花刺子模被官方打劫，人全死货全部没收。

成吉思汗大怒，这太出乎他的意料了，他以公正待人，却被蔑视欺侮到这种程度！尽管如此，他的理智仍然占了上风，他决定派使者去质问摩诃末，这是怎么回事，你打算怎么处理？

成吉思汗难得一再忍让，反而让花刺子模上下集体鄙视了。他派去的使者马合木非常硬气，绝不向不讲信义的强盗低头，结果在花刺子模的金殿上站着被砍了头，随行的四个伙伴被烧光胡须赶回漠北。

铁木真瞬间沉默了，他一动不动地坐着，喃喃自语："我的勇敢的马合木！"很久之后，他流下了眼泪，独自向山顶走去。

蒙古大汗在山顶上解下腰带，摘下帽子，光着头，将脸贴在地面上，不断地祈祷、号泣、断食长达三天之久。之后，他站了起来。

征讨花刺子模！

两个强国的碰撞非同小可，成吉思汗仔细思量，尽量把每个步骤都完善。封木华黎为国王，代他伐金。

成吉思汗传令蒙古各部精锐尽出，随他西征。同时向畏兀儿、哈刺鲁、西夏征兵。

前两者同意了，很有当小弟的自觉性。西夏却不一样，反复无常、只认眼前小利的遗传病再次发作，他们拒绝为蒙古人出力，声称成吉思汗如果无力征战的话，就放弃吧，别硬撑累着。

成吉思汗大怒。

也许西夏人说的是实情，可是他们忘了，蒙古人倾巢远征，实力一空，怎能放任他们这样一个已经表现出不逊的后患留在身边？哪怕只是为了安全，不去考虑什么尊严，都得狠狠地教训一番。

蒙古军队立即翻脸，再次进攻河西走廊，攻破西夏半壁江山，围困都城中兴府。夏神宗吓晕了，有样学样，像金宣宗一样提前逃跑，扔下国都，跑到了西凉府。

等蒙古军终于退走，这人主动派人去求饶，说这回真的是派不出兵了，千真万确的，不骗人的，都被你们蒙古军杀了……

蒙古西征开始。

这次成吉思汗带去的兵力约有 20 万，成员和装备与之前大有不同。不再是纯粹的蒙古军人了，西征大军里近半数以上是汉人、契丹人、奚人等。军种也不再是单一的轻骑兵，而是加上了炮石、火器、战船、桥梁架设、攻城器械以及医疗卫生。

这都是成吉思汗攒下的家业。当蒙古军纵横河南、河北、山东地界，动辄屠城时，他们总是先把居民集中，把里边的手工业者、年轻妇女筛选出来，才大肆杀戮。

手工业者让蒙古迅速提升了文明进程，年轻妇女让无数的新生儿诞生，组成新的蒙古军队。要特别指出的是，蒙古人并不以民族论，只要忠心，只要努力，只要干出了成绩，不管什么民族，都会得到认可，变成蒙古人。

以上这些，都是蒙古西征军的实力所在，但都是表面的、常规的。成吉思汗有一个不为世人所知的秘密武器，就隐藏在他的身边。

这个武器的名字叫耶律楚材。

耶律楚材，生于 1190 年，契丹皇族，辽太祖耶律阿保机的九世孙，字晋卿，号玉泉老人，又号湛然居士，蒙古名吾图撒合里。

他对大蒙古国的重要性怎么说都不过分。

成吉思汗和他的兄弟、伙伴、儿子、孙子们用足够的武力开创了疆域，这非常了不起，是人类有史以来最大的奇迹，可是要把它们转化为一个国家，那么就需要耶律楚材。

耶律楚材是大蒙古国的灵魂，从某种意义上来说，他的作用不比成吉思汗本人小。他的祖先世代生存在中都城，中都陷落之后，成吉思汗发现了他。

蒙古军一路清除了西辽、乃蛮、蔑里乞残部，摩诃末也从西向东，逐渐接近花剌子模的东端。速不台、脱忽察儿率领一支近万的部队，正在追击蔑里乞残部，已经获胜，正要返回主力军团。此时摩诃末挥军疾进，迅速靠拢，在对方没察觉的情况下，接近了以行动迅速、行军诡异著称于世的蒙古骑兵。

这里边有出其不意的成分，但是考虑到花剌子模是全军皆在，其难度仍然是惊人的。这意味着花剌子模的军队也拥有巨大的移动优势。

骤然遭遇花剌子模皇帝，哪怕速不台是当世名将，很快就将震惊世界也不免有些惊慌。可是真的打了起来，他才知道谁是真正的强者。摩诃末率领着花剌子模大半精锐亲征，遇到的只是蒙古军前哨的肃清残余部队，居然被对方压住了狠打。

速不台迅速在庞大的战阵中确认了摩诃末的中军位置，之后蒙古铁骑放任其余一切敌人，全力猛攻摩诃末本人。

摩诃末在蒙古军孤注一掷的狂攻面前很快就动摇了，他的中军，整个军团的核心所在变得支离破碎，他本人在他的长子札兰丁的拼死护卫下，才能活着脱离战场。

在他身后，汪洋一样巨大的花剌子模军团群龙无首，陷入了茫然失措中。他们仍然有着无可比拟的巨大优势，仍然可以凭借人数把蒙古军堆死，可他们什么都没有做。

花剌子模的所谓精锐就是这种程度，要强调的是，这是花剌子模开国第一代的创业精锐。当天战斗在摩诃末脱离战场之后停歇，在入夜之后见了分晓。

蒙古军一直停留在战场上，仿佛战意正浓，想在第二天扩大战果。他们燃起的篝火声势浩大，经点数，花剌子模人确认在傍晚时分蒙古人的增援到了。

一夜忐忑，第二天清晨时分心灵饱受折磨。花剌子模人发现蒙古军不见了，只留下了一堆堆未曾燃尽的火堆。

蒙古人早就撤退了。

在战场上一败涂地，在智商上也被侮辱，花剌子模人的心灵扭曲了。此前他们很高傲，哪怕知道蒙古军队在东方杀到尸山血海仍然不在乎，说抢劫就抢劫，说抵赖就抵赖，所谓弱国无外交，欺负的就是蒙古人既原始又弱小。

可真正开战之后，摩诃末本人战栗了。蒙古的一支前哨小部队就让他近距离体验到了死亡的滋味，那么后面的蒙古大军呢，成吉思汗本人呢？！

摩诃末逃跑，居然是直接逃出国境。

堂堂花剌子模，雄踞中亚，是迅速飞升的超级大国，是主动挑起战争的有准备有预谋的一方，稍微接触之后，居然胆怯到了这种地步。

国内剩下的是他的妈妈，秃儿罕·可敦。

花剌子模的皇族是突厥人，母族则是康里族伯岳吾部族。秃儿罕·可敦把康里族的利益放在了第一位。她私人的令旨与摩诃末的诏旨同时颁行于整个花剌子模，往往两份命令同时抵达同一地区，涉及的事是同一件，可处理决定截然相反。

康里族的将领们还把持了花剌子模全军的绝大多数军权。

军权之后是财富，可以这么说，摩诃末冲在前面东打西杀，干掉西辽挑战报达，打下了很大一片基业，可全被后面他妈妈的族人接手了。

有这样一位极品老妈，摩诃末再面对成吉思汗这样的对手，他不慌不乱才真是有鬼了。实事求是地说，他是前院有虎，后院有狼，内忧外患，还不忍心直接砍了亲娘，注定了只能得过且过逃跑了事。至于说为什么当初急于亲征，再之前为什么主动挑衅，那就是主观之罪了。

他久经大敌，动辄灭国，可也从来没想过世上会有蒙古铁骑这种怪物存在。

摩诃末严格地遵守着最初订下的计划，从前线逃往河中，从河中逃向哥疾宁，如有必要，继续逃出国境，逃到印度。

这样跑，他收获了古往今来以及当时所有人的鄙视。他妈的族人，也就是康里族的贵族官员们首先受够了，当花剌子模算端大人东征西讨如日中天的时候他们都敢违逆，都保持了鄙视，何况这时如丧家之犬惶惶不可终日的摩诃末？

祸起身边，危难临头的摩诃末保持了足够的机警，他连夜出逃。当第二天清晨返回原驻地时，发现他的御帐射满了箭，跟刺猬似的。

差一点就成了完颜亮第二。

众叛亲离让摩诃末逃得更加坚定，尤其是哲别、速不台等追兵迅速接近。他一口气逃到了里海的一个小荒岛上，到了这里应该是彻底地远离了陆地，以当时的条件，蒙古军基本上不可能再抓到他。可是他仍然觉得不安全，每天患得患失、忐忑不安，想来想去，似乎只要还活着，就还是危险的。

那么只好去死了。

1220 年年底，摩诃末死于不知名的荒岛。临死前，他把算端之位传给了一直不喜欢的长子札兰丁。札兰丁身材不高，面色黝黑，勇武过人，母亲是印度人，是花剌子模灭亡前仅存的两名硬汉之一。

花剌子模地域广漠，无法一一细数，但几个要点分布得非常协调，可以瞬间明白战局的关键。撒马尔罕作为花剌子模的新国都，地处帝国中央。旧都玉龙杰赤位于它的西北端，八鲁湾在它的东南端，再向东南延伸，即达到了吐蕃。

蒙古军从东方入侵，摩诃末向西方逃去。西方，即呼罗珊等地，再向西伸展，即摩诃末病死的无名小岛。

札兰丁要从这里出发，目的地是旧都玉龙杰赤。那里有庞大的军队、丰裕的物资，是他掌握巨大力量的最直接方法。

但是难度也相当大，他不仅要穿越重重蒙古军队，还要面对自己的奶奶秃儿罕·可敦。

秃儿罕·可敦坐镇玉龙杰赤，在蒙古军西征之前是儿子摩诃末的心头之患，在蒙古军西征之后她变成了成吉思汗的障碍。成吉思汗派人去劝降，这个女人沉默，既不同意也不反对，当蒙古使者离开之后，她瞬间跳了起来，带着摩诃末所有的妻子儿女、金银财宝开始了逃亡。

……知道摩诃末的逃跑基因从哪儿来的了吧。

她逃到了亦剌勒堡中，这里深山老林地势隐秘，是典型的贵族避难所，一般来说，足以让她躲过危机。

可惜的是，哲别、速不台等人满世界地抓摩诃末，办法用尽一无所获，怒火攻心时突然想起了她。花剌子模不是一国两制吗，抓不住儿子就去抓他妈。

秃儿罕·可敦和绝大多数花剌子模皇族被生擒，至此摩诃末一脉只剩下了札兰丁以及他的两个弟弟作为算端的直接继承人。

如此身份，按说只要顺利抵达玉龙杰赤，就可以得到城中所有，可出人意料的是，札兰丁挨了迎头一棒，几乎死在自家的旧都城中，不得不再次开始逃亡。

问题仍然出在内部，玉龙杰赤城内的突厥、康里两族的将军们习惯性骄横，拒不相信摩诃末的死讯，更不承认札兰丁的继承权。

札兰丁被迫率领70余精骑穿越沙漠，向八鲁湾方向逃亡。事后总结，他唯一的收获是得到了灭里可汗的信任，两人一起逃向帝国的东南方。

城里的将军们如愿以偿了，他们终于摆脱了摩诃末父子的统治，终于让他们所蔑视的"怯懦"血统滚得远远的。之后，他们迎来了蒙古军队的攻击，蒙古之王成吉思汗的长子尤赤、次子察合台、三子窝阔台同时率军兵临城下。

光是察合台、窝阔台所部人数就达到了10万以上，作为长子的尤赤更是在征伐花刺子模的战役中迅速壮大了自身，为以后早做打算。

如许重兵，本应迅速结束战斗，像撒马尔罕城一样，面对毁灭的命运。可是一连七个月，玉龙杰赤居然岿然不动，相反蒙古军队在城下屡遭败绩。

不是城里的突厥、康里诸将神勇，而是城外大王子、二王子的宿怨爆发，没有成吉思汗本人的现场压制，尤赤、察合台没有立即翻脸火并，已经是很给未来的大汗窝阔台面子了。

成吉思汗闻讯大怒，令人传令一切听窝阔台的，不从者立斩！玉龙杰赤的命运就此确定，蒙古军几乎是当天就狂攻进城，之后战斗在玉龙杰赤城内的每一条街巷里展开。

花刺子模终于在玉龙杰赤之战中证明了自己的勇气，连妇女儿童都参加了战争，让后世翻阅史书的人能正视这个曾经一度极度强盛的中亚大国。

这是荣耀，只是代价惨痛。玉龙杰赤的毁灭比撒马尔罕更加彻底，它的人口全部消失，除了少数儿童、少女和工匠之外，全部被杀，城池被决河灌水，消失在一片汪洋之中。

玉龙杰赤从此在史书中消失。

战后的蒙古军也在这里分裂，令人心寒的歧视让尤赤彻底绝望。再留在蒙古军中，再宣称自己的忠诚还有意义吗？他是长子，既得不到诸弟的友爱，也永远无法得到父亲的认同，看之前的命令，全军的主帅是窝阔台，这就是他的地位！

尤赤取尽城中财富，率本部军马向锡尔河北部进发。他一路向北，向遥远的、不可知的地域前进，他要建立自己的国家，哪怕在名义上仍然是蒙古人，可在实质上，他一定要得到自由和尊重。

历史做证，他做到了。

回到当下，尤赤远行，察合台、窝阔台没有阻止，甚至坐视兄长带走玉龙杰赤的全部财物。他们并不是心胸狭窄之人，不只是窝阔台，哪怕是以残暴凶狠著称的察合台也有着他严明的一面，他是蒙古军中威望最高的裁决者，凡有纠纷，由他决断，总是很公正。

可惜的是，尤赤的问题与公正无关，血脉的联系是人类最基本、最强大的一面，谁让当年发生了那样的事。多年以来，察合台三兄弟一边与长兄拥抱，心里自然生成一奶同胞的温暖，可一边会会狠狠地在心中咒骂，该死的蔑里乞人！

但是，他们的祖母，所有蒙古人心中的圣母月伦夫人也是蔑里乞人……也就是说，哪怕没有尤赤，没有那次抢劫，他们的身上，他们伟大的父汗身上，也流着蔑里乞人的血液。

人生的滋味就是这样复杂难明。

尤赤远走，察合台、窝阔台回到成吉思汗身边，他们合军一处，沿阿姆河向呼罗珊、哥疾宁进发。那是花剌子模最后的一片土地，在那里，准确地说，在八鲁湾附近，蒙古军遭遇了札兰丁。

八鲁湾在现今的阿富汗喀布尔附近，札兰丁竭尽一切努力，终于在成吉思汗的大军到来之前积攒下了一些实力。当蒙古军的前锋部队抵达附近的瓦里延堡的时候，他突然出击，消灭了这支部队。成吉思汗闻报，只觉得意兴阑珊，这就算是最后的抵抗了吗？

他懒得派任何一名将军去，而是顾念旧情，让自己的义弟，月伦夫人的养子失吉忽秃忽率领 3 万精骑去征讨。

失吉忽秃忽是大蒙古国的大断事官，负责掌管民户分配、审断刑狱、惩治盗贼、察伪施刑，在帝国中位高权重，在最早确立的 95 个千户那颜中排名第十八，享有九罪不罚的特权，是第一等的蒙古贵人。成吉思汗之所以派他出征，完全是蔑视摩诃末家族，想把这最后一击的荣耀送给义弟，以告慰母亲的在天之灵。

3万蒙古精骑进抵八鲁湾，他们无论如何也想不到，等待他们的居然是全军覆灭！这是个让世人震惊到无法相信的战绩，是蒙古起兵以来前所未有的大败，甚至翻阅蒙古战史，这也是绝无仅有的一次失败。

由札兰丁所创造，由花剌子模人所缔造。

札兰丁、灭里可汗的惊人战斗力，以及宁死不降奋战到底的斗志，是这些，加上失吉忽秃忽的非专业低能，造就了这场世界军事史上的唯一性奇迹——蒙古崛起第一代时，成建制覆灭的唯一一次，也是最大的一次失败。

事实上，直至蒙古在中原建国，元朝成立之后，渡海东征日本之前，蒙古军也从没有这样失败过。甚至连东征日本那次都计算进去，也是败在海啸上，而不是输给了日本军队。

消息传来，蒙古全军震惊，连同成吉思汗在内，都无法相信这个事实，直到失吉忽秃忽逃回来。成吉思汗立即结束其他战场的战斗，召回主力，直赴八鲁湾。

全力消灭札兰丁！

没料到去的路上也变得不顺，蒙古大军自塔里寒南进，逾大雪山进围范延城，察合台的长子莫图根就被射死在这座城下。成吉思汗素来钟爱此孙，说来察合台是他真正的长子，莫图根就是他的长房长孙！居然丧生在这座城下……

成吉思汗下令昼夜强攻，不拔此城誓不罢休。

范延城下尸积如山，蒙古军是踩着这些尸体攀上的城头。城破之后，城中所有生物，从人到牲畜，全数被蒙古军屠绝，真正做到了鸡犬不留。

赶到八鲁湾，却找不到札兰丁。说起来上一次举世震惊的空前胜利，带给札兰丁的不是荣誉和威望，从而导致后面更大的胜算，反而是众叛亲离。花剌子模人的劣根性真是没法说了，战后分赃，为了一匹蒙古骏马，统帅集团里居然内讧到火并。

札兰丁只能再次出逃，这一次山穷水尽，只好去投奔他妈的娘家印度。在他背后，乌云一般的蒙古铁骑蜂拥而至，在申河（今印度河）边追上了他。

前有波涛滚滚的两国界河，后有残暴凶狠绝世战斗力的追兵，札兰丁、灭里可汗再一次展示了宁折不弯的硬汉本色，两人战至一兵一卒不剩，仍然苦斗不止。灭里可汗在哲别的刀下逃生，向遥远的下游单骑逃去。札兰丁则在二十余万蒙古铁骑的注视下，手持花剌子模战旗，纵马跳进申河。

在他身后，成吉思汗命令蒙古战士不得放箭，他欣赏这个永不低头的年轻敌人。他放他就此逃去，当目光不可及之后，他派 2 万铁骑横渡申河，直入印度，抓捕札兰丁。

札兰丁的故事没有结束，他从印度到波斯终于积攒下反攻的本钱。之后，10 年间辗转攻战，或胜或败，始终不屈，直到灭亡。

与其说他是败给了蒙古人，不如说他的能力中短板严重。札兰丁在战场上是不屈的硬汉，极富号召力，怎样失败都有新人跟随。可是在治国方面他实在是太差劲了，花剌子模的人民从没有在他的治理下得到过幸福，哪怕是幸福的一点点影子。

第二十七章　最愚蠢的权臣

到政治上，朱熹学有所成，自然不甘寂寞，再
次回山，都会增加他的名望，这延于他恬恬自喜。
朱熹清楚地知道，这是他展现抱负的
就是能左右的，孝宗同样心怀至心。左
赵构是个疯子，眼谁也不讲道理，真翁挺
曾正常，他自己也年过古稀，这时不戳，
以及时时跳了出来，郑鲜明地支持赵汝愚。
中，不点名地把韩国戚定方横乱朝野的小人，
人的东西，简直是从根木上否定了这个人
里往韩侂胄面前的只有一条路，那就快
成什么，他经松自在地想了一会儿，觉得反
急什么？他云确得你身世不得罪惟生
一场魂臘戏在宫廷内部上演，一个人的起降
博，他是上荣，而其他人都是几个，都干利益
寒，对国朝大度，仿效从朱意的杆子讲说性理道德，
荡在台下看看，朱熹日从无从求永，对皇帝的态度，世间充满了，
的确不是戏，都是真实的生活，朱熹日从从太儿，对皇帝的态度，
的都普斗，一切都插手，上此以行，到
是个天下的主人！

成吉思汗用了两年多的时间吞并了与大蒙古国同样大小的花剌子模，让大蒙古国在实际上已经屹立于世界之巅，哪怕没有灭亡金国，更没有征服南宋，它也成了自有人类历史以来疆域最广袤宏大的帝国。

在以后只有更大，一步步攀登上让世人瞠目结舌前无古人后无来者独此一份的高峰。

蒙古西征大军终于北归，他们的根终究在漠北寒带草原，他们的心灵深处，最想做的仍然是灭亡世仇女真人。

近三年过去了，中原大地同样天翻地覆，这个变幻莫测的乱世，像一个巨大的、永不停止的旋涡，每个人每种势力都身不由己地被它旋转着裹挟，奔向不可知的明天。

乱世也有主动方，史料证明逻辑学是强大的，因为让中原乱上加乱不可收拾的那个主导者，就是百余年以来最善变最没底线的民族——党项。

由于判断错误，夏神宗被成吉思汗西征前腾出手来一顿胖揍，打得晕头转向，好不容易躲过了风头，蒙古人找摩诃末的麻烦去了，他慢慢地手扶后腰终于挺直了身子，决定做点什么。

日子再也不能这么过了，蒙古人过于凶残！他对比了一下，这些年来女真人比他更惨，那么看在病友的分儿上，两家能重新和好，共渡难关吧？

西夏向金国伸出了友谊之手。

金宣宗在这只手上放了一堆垃圾，推了回来。

夏神宗决定报复，他派人联络南宋，咱们宋、夏联手，一起消灭金国，如何？这个提议一直等了三年，南宋才给出答复——同意。

之所以会等这么长的时间，完全是因为白痴是一种可怕的传染病，女真人被党项人传染了，做出了让世界更加瞠目结舌的事。

话说金国在蒙古的进攻下千疮百孔，元气丧失殆尽，现在放弃了整个河北，退到黄河以南，以大河为天堑，以潼关为藩篱，从理论上来讲，足以再次支撑很多年。可这要建立在一个前提下，钱。

国家无钱，万事艰难。

钱从何处来呢？人民被杀大半，土地丧失大半，连吃饭都成问题，怎能谈到国防开支？于是，女真人的大脑急速转动，想出了一个好主意。

向南宋要钱。

他们逼着南宋开战。

战争在金兴定元年（1217年），同时在两淮、京湖、川陕三条战线上打响。金国做了充分的准备，除了声势浩大兵力众多之外，还难得地暂时性原谅了西夏，宣布两国结束敌对，转入战略防御。这让天才的搅屎棍夏神宗得到了喘息之机，为以后的激情演出埋下了伏笔。

这是一个权臣的时代，北边的权臣尤虎高琪说，开战！南边的权臣史弥远说，应战！于是两国平静，全身心地投入到战争之中。

这场战争打了近五年之久，也就是说，站在历史的大天空下，会发现成吉思汗远征西域，蒙古军力空虚，在这极其难得的重要时刻，金、西夏、南宋，居然不仅没有联手互保，以求生存，反而进一步自相残杀，争先恐后地帮蒙古人挖坑，再自动跳进去。

这样看，似乎除了蒙古人以外，其他民族都已经疯了，这么蠢，除了灭亡以外，还有别的路好走吗？乃至从逻辑上也讲得通，可以顺利推导后来历史的走向。

如果真这么想，就犯了研究历史时经常会犯的"理智冷漠罪"。

每个年代能攀至人生顶峰书写历史的人，就算不是人中之杰，也都各有长处，怎么会蠢到自取灭亡？！比如上面所说的金国开战派，诚然宋、金联手，生存概率大增，可有实际意义吗，宋、金可能联手吗？！又如南宋，站在南宋的立场上，根本指责不出之前的国政方针有什么问题。

北方大乱，蛮夷互斩，那就杀好了，打得越狠死得越多越好，要是长江以北全部死光光，大宋疆土自然光复，就实在理想了。

难道要为他们调解，促进世界和平吗？还是强行插进手去，在一片混乱、自己清净的时候，选一个盟友，把自己扔进血腥动乱里去？

这才是真正的脑残。

所以说，历史是不能理智冷漠的，它是人书写的，是人就有感情，就有主观能动意识，受各方面的引诱制约，根本没法做到真正冷静、理智，完全从利益角度出发。哪怕他们本身就是智者。

每个人都只是在潮流里升沉，在大海的浪涛中躲避大鱼，猎杀小鱼，去尽力地生存，能依凭的，根本不是什么才智，或者勇力。

而是命运，或者说，是运气。

理解了这一点，才能公正地看待后面发生的历史。反之，难免会一边看一边鄙夷地冷笑，把一连串的不得已，解读成了群体精神分裂大发作。

一场战争打了接近五年，光是时间就说明问题了，这么久，爱情长跑都会脱力，何况举国征伐！

旷日持久地打，波澜只起过两次。一次是刚开战时，金军突然进攻，南宋措手不及，在三条战线上都吃了小亏，旋即全力反攻，战局爆出了火花。

其中最炫目耀眼的一朵姓孟，名叫孟珙。

孟珙，字璞玉，随州枣阳人。生于1195年，他的曾祖父孟安、祖父孟林都是岳飞的部将，父亲孟宗政在开禧北伐时崭露头角，到孟珙这一代已经四世从军，是南宋的将门世家。

这场战争爆发时，孟珙22岁，随父镇守京湖重镇襄阳。

他有谋，事先料定金军必定先攻襄阳的子城樊城，建议父亲事先渡过济河埋伏。

果然金军来犯，孟宗政趁其渡河未半时出击，大获全胜，斩首过半数。他有勇，父子同陷敌阵，万马冲突中他发现重围中有人白袍白马，他大叫"此吾父也"！跃马入阵，救父出险。

两年之后，20万金军逼近襄阳，孟珙独立城头引弓毙敌，箭无虚发，传为一时盛迹。这在当时已经很轰动了，却没有人能预料到后来孟珙会成长到什么地步。

历史给出了答案，在某些层面上分析，他堪与岳飞比肩！

战争不久后就陷入了泥潭，胶着拖沓，输赢难分，南宋、金两国都苦不堪言。然则更没法收手，试想南宋求和，地位更加低落，金国割地赔款的勒索答应还是不答应？金国更难，想打胜是千难万难，想罢手……抛开海量的军费开支打了水漂之外，国际地位比南宋还要尴尬。不仅在蒙古人那儿灰头土脸，连传统软蛋南宋都没法收拾了。

思前想后，唯有硬到底。金兴定三年（1219年），金国趁着战场小占上风，派出使臣，试图逼迫南宋议和纳币。南宋憋了一肚子火，躺倒都中枪就够衰的了，居然还要认错赔钱？！一怒之下，干脆拒绝金使入境。这下把金国逼上了绝路，它只有忍住了心慌，把战争进行到底。

金国派出名将仆散安贞为全军统帅，正式下诏伐宋。注意，战争打了好几年了，居然才正式"开始"。金军分成三路。一路攻黄州麻城，一路犯和州，还有一路出盱眙，破全椒、来安，攻克天长、六合，前锋游骑直抵长江防线的滩头阵地采石矶。

兵锋锐利，建康府震动，临安府动荡。

金国能突然发力，全是仆散安贞个人的能量。他家三世名将，祖父仆散忠义，父亲仆散揆，都是当时女真军人的核心人物。轮到他，不仅在战场上战力惊人，在政治上也非常成熟。他深深地知道金国是没法和南宋彻底分输赢的，所以万事都留了一线。

比如不轻易发动渡江战役，去威胁南宋的底线；又如不杀俘虏，尤其是在俘虏中发现有南宋皇室成员，他都严密保护，送到后方给金国朝廷。

这种举动，放在任何一个时代，哪怕是宋朝，都会博得君主的欢心，这样的枪才真正地握在了朝廷手里，多好的同学啊！

……该死的是，问题就出在这一块上了。

金国的重要衙门尚书省不知哪根筋拧了，成心找仆散安贞的毛病，弹劾他通敌谋反。消息传出，仆散安贞没当回事，大兵们也一通哄笑，尚书省这群白痴，什么都敢说……可紧接着金宣宗说话了，"前日之俘，随时诛戮，独于宋族，曲活全门"，这的确是通敌谋反！

仆散安贞就这样被赐死了。

长江南北大兵们的下巴掉满地，兵当到岳飞那样不听话是谋反，当到仆散安贞这样听话也是谋反，这个职业的风险实在太大了。

仆散安贞是当时金军唯一的将才。此人一死，战争立即崩盘。历时五年的找钱之战结束了，发起方事后盘点，发现不仅没按计划在南宋身上捞到便宜，反而军费开支庞大刮净了国库，连军队本身都"兵马折损，十不存一"。

实在是亏大了。

并且在原基础上，与南宋仇恨变本加厉，为不久的将来蒙古、南宋联手灭金埋下了伏笔。

北方权臣尤虎高琪阁下运气非常好，赶上了蒙古西征花剌子模，这几年里北方压力不大，可以尽情享受。富易妻贵易友，以权臣阁下之富贵，难免会看老婆不顺眼。这通常很好解决，冷淡之，退货之，再娶之就是，要么就干掉，隐蔽无声地干掉。这些都是富贵者们的常规动作了，可换到了尤虎高琪阁下，这白痴居然唆使一个家奴，把他原配老婆杀了。

杀完之后，必须灭口。试想北方权臣阁下的威力连金国皇帝都敢怒不敢言，杀谁只需要一个眼色，杀一个家奴，简直不费吹灰之力，可他的办法竟然是让开封府代劳。

消息传出，举国都笑了，之前他越令人恐怖，这时就越幽默，谁都不再怕他了，这货一定是老年痴呆提前发作了。大家趁此机会干掉他！

尤虎高琪被公开处死。

金宣宗终于大权独揽，这是自蒙古人崛起之后两代金国皇帝所没能享受到的美妙滋味，可惜的是好景转眼即逝，他居然紧跟着就死了。

1224 年，金宣宗在开封病死。他的儿子们上演了一出真正的宫廷大戏，才争到了金国最后一位皇帝的宝座。

他有三个儿子，长子完颜守忠是皇太子，既然身为国储，当然要承担重任，被老爹留在了中都当人质。几个月后他从中都逃回开封，连吓带病，就此死去。这也算是为国捐躯，奖励是国储仍然是他家，由他的儿子继承。

没想到小孩子也死了。

剩下的是二儿子完颜守纯、三儿子完颜守绪。按原则，嫡长子、长孙死了，继承权在次长子，可是三儿子得天独厚，是被久不生育的新皇帝养大的，所以后来者居上，被立为皇太子。

这让二哥非常恼火。

金宣宗死的那晚，皇太子殿下睡在温暖的床上进入梦乡，他二哥提前进入皇宫，封锁宫门，只等第二天天亮矫诏，宣布合法地位。关键时刻，三弟醒了，带着 3 万东宫卫兵直闯宫门，把二哥囚禁，才登上了帝位。

第二十八章　最成功的权臣

回到政治上，朱熹学有所成，自然不甘寂寞，南宋前几位宰相最喜欢
入朝，可都时间不长就出于这样的或者那样的原因被赶下来。

这一次回山，朱熹增加他的名望，这是不容置疑的，总行将名列的老师，跟他一次不同厂，朱熹清楚地知道，他会向他旗展抱负的小人，七比那时他的时候，直到到子
是他能左右的，老宗同样心性卒定，世比那时的时候，第四的龙子也没了
赵怪是个疯子，他自己也罢过古砸，这叫不细，渐似鲜明地文战的决定，世臣对他
管正常，喜欢去立即出来，渐积鲜明地文战乱却朝廷的小人，孔玉韩侂胄了
以他及时踏了出来，确定方砸乱却朝廷的小人
甲，不总名地把根本不吾言下吾言了一这个人
什么思想没动。一条路是好邪，那就是道学之门
成绩没题，急什么，他轻松自在地想了一个一个，想反正，你发这子
鹿笑大政，伤效朱熹的样子已经排理好吾，功绩吾吾，
对国朝大政，目目日日形无？会比，功绩吾吾吾
一场纯偏战在宫廷内部上演，一个人朝代他就是宫廷主人，更吾言，理吾高古吾
而其他人都是凡人，都生有后辈
仿佛他是上帝，他心底的这个进化开始，永此吾言世上到到武大之高太吾
扩在台下看着，而其真实的生活，年此比吾到到到武大之高太吾
的确什么都没，对一切都插门了，长此比吾言到到武大之高太吾
是这个天下的主人，世间无异手物造

金国皇位交替不久，长江之南也发生了同样的事。南宋的皇帝，宋宁宗赵扩死了。赵扩的一生在这本书里基本上没有什么交代。

要交代什么呢？

赵构为万世唾弃，是因为他有一个盖世权臣秦桧存在。赵扩更上一层楼，前期有韩侂胄，后期有史弥远，两大权臣排排站，哪有他什么事。

宁宗之"宁"，真是大有学问，极其贴切。所以死也就死了吧，不解释。而南宋在这段时间里发生的事也很少，最刺激的也不过是几个孩子争糖果的故事。

头一个孩子叫赵与愿，是宋太祖赵匡胤的长子德昭的九世孙，入宫时年仅6岁，后被封为皇太子。他29岁病死，谥号景献，葬在杭州的太子湾。

也就是今天的杭州西湖太子湾公园所在地。

第二个孩子名叫赵贵和，是沂王赵柄的儿子，入宫时已在15岁以上。少年人有了自己的好恶，早在入宫前就对史弥远深恶痛绝。这被史弥远迅速发觉，安排了一个后手。

继位者名叫赵与莒，是一个宗室远族的微末子弟。他出生在绍兴府山阴县虹桥里，他的父亲是山阴县的县尉。要查非常久远详细的族谱，才能确定他是德昭的十世孙。当宋宁宗广召赵宋宗室15岁以上子弟入宫筛选时，他已经18岁了，正在母亲的娘家由舅舅抚养。

赵与莒，不仅出身微末，还幼年丧父。

这个孩子沉默低调，有着两宋皇室间前所未有的坚忍。这种素质同样被史弥远迅速发现，他决定，推荐这个孩子去给沂王赵柄当世子，以代替入宫的赵贵和。

赵贵和被赐名为竑，赵与莒被赐名为贵诚。

贵诚的生活在沉默低调中继续，哪怕一步登天当上王爵的世子，也没有让他改变。天知道他从哪里学到、养成的大地一般深沉厚重的理性，在深渊般不可测的大贵之家中保持着平静。这位曾经的王爵世子，如今的帝国皇子就表现出了卓越的才智、高雅的情趣，以及鲜明的爱憎，真是一位受过优秀教育的良品少年。

在皇宫深处，他保持独立思考，清晰地记着在外界所看到的史弥远专政的恶果，决心在不久的将来，自己登基之后，为帝国彻底铲除这一毒瘤，还宋朝一片朗朗乾坤！多么伟大、正义的理想，环顾四周，他还缺什么呢？

缺一个美妙的倾听者。

一朵美丽的解语花适时出现在他身边，这个美人精擅音律，每每与他单独相处在花园深处，静静地听他不凡的抱负，比如他在地图上找到琼崖（今海南岛）说，今后如得志，必决配史弥远八千里，到这里编管……史弥远转眼就都知道了。

史弥远迅速发现了他缺少什么，那美女就是权臣阁下派来的。

之后的岁月继续安静，每个人都像往常一样生活，宋嘉定十七年（1224年）的闰八月，宋宁宗临死前的那一晚。史弥远先派人通知沂王世子赵贵诚做好即位的准备，然后把宰执大臣、专司草诏的翰林学上都隔绝宫外，另召直学上入宫，替他矫诏。

一夜之间，伪造诏书25道。

废立皇太子是一个系统工程，涉及的方方面面实在是太多了，只说其中最关键的三道诏书。第一道，改立贵诚为皇子，赐名赵昀；第二道，晋封皇子赵昀为武泰节度使、成国公。

截至这里，赵昀与赵竑的地位已经平等。注意，赵竑此前是皇子，并非皇太子。政变成功之后，史弥远命人把这两道诏书的签发日期前移四天，造成是宋宁宗亲自决策的假象。

第三道诏书则是给皇子赵竑加官晋爵，封他为济阳郡王，出判宁国府。

准备妥当，却不能静等天亮，皇宫深处除了已经死了的宋宁宗，还有那位扳倒韩侂胄，杀得韩国戚身败名裂，党羽尽散，头颅都被砍下来送过江去当和谈信物，再另立一个权臣史弥远的强势女人，杨皇后。

要征得这位女士的认可，行动才能开始。

史权臣秉承其一贯的传统，万事礼仪深执，哪怕杀人放火灭人九族，都要雍容典雅，做得风轻云淡没烟火气，绝不去亲自劝勉、威胁。

他派杨皇后的侄子们去沟通。这个工程是很浩大的，侄子们一共往返了七次，杨皇后都没同意。第八次，侄子们哭了，说再不同意，杨氏一门就全完蛋了。

杨皇后沉默，才重新想起来，这不是16年前了。那时史弥远不过是她选的搭档，而这时，她是史弥远所利用的配角！

天，终于亮了。宋嘉定十七年九月十九日的凌晨终于来到，南宋都城临安的皇宫重门被一道道地打开，百官鱼贯而入，里面有压抑不住的兴奋、认定自己立刻可以大展宏图的皇子赵竑。他怎么也没能想到，等待他的居然是梦魇般的一幕。

他站在百官中间，听见的遗诏是——"皇子成国公赵昀即皇帝位。尊皇后为皇太后，垂帘同听政。"他看见他亲生父亲的养子，他名义上的弟弟堂而皇之地走上了天下至尊的宝座！

这噩梦般的一幕让赵竑无论如何都不敢相信，遍查两宋至此二百余年，图谋皇位者有之，阴谋诡计者有之，各种传闻者有之，但从来没有事到临头突然换人这样的硬伤场面。

赵竑直挺挺地站在金殿上，拒绝向"新皇帝"参拜。

曾经手刃韩侂胄的殿帅夏震再一次出现，这条皇家豢养的恶狗，每每向皇亲国戚下手时都兴高采烈勇往直前，他抢上去摁倒赵竑，强迫他低下了头。

第三道诏书就在这时颁布，晋封皇子赵竑济阳郡王，出判宁国府。数日后，改封济王，赐第湖州，即刻起程。

赵竑到了湖州就被监管了起来，不久之后，他被卷入了一场闹剧中，以谋反罪被宋廷赐死。

新登基的皇帝赵昀，就是后世所称的宋理宗。

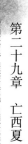

第二十九章　亡西夏

回到政治上，朱熹学有所成，自然不甘寂寞，南宋那几位皇帝都不待见他。可都时间不长就出于这样的或者那样的原因重回山野，一次闷山，都会增加他的名望，这是他越展越危的资本，总行动话加身，欲休不同了，朱熹清楚地知道，九五那时他一次次地左右了，孝宗同样心性稳定，总有离心性也稳定，是他能左右的？跟难也讲道理，真闹弱时，罢黜又拿不点赵悍是个矮子，他自己也年过古稀，一世官道生涯，打压永的以他及时跳了出来，趁勤朝暗地处持故迷，许人的东西，简直是以根本上否定了这个人在韩侂胄面前的只有一条路，那就是低头认领，想反抗，更该头？一肆或或急，他天生就是道学家们的克星，遭意不同对立面，一定会搞得你水里不时增市，急什么，他轻松且在地想到了？全凡，为流不尽急仿效朱熹在宫廷内部上演，一场瘦臃戏，对这性泡洒迷。这个不能说玩弄大地，对国朝大政，由充满了销氏，那是底生反凡人，那生有怕那在台下看着，他心厥的只要卫者怕是真实的生活，朱熹目从不对上的哨的不是戏，都是真实的生活。是此以往，谁都抽手乙北社，刘歌样了技术之，在他的眼里，一切都抽手乙北社，刘歌样了技术之，是这个不天下的主人。

西征归来，成吉思汗本人的气魄、识见、心性都达到了人类有史以来最高峰的程度，回望中原、河套一带局势，哪怕再乱，也是轻松。

几乎所有的难题，都能给出答案。

西夏或者金国，蒙古的首攻点是前者。因为西夏处于它发展的肋部，不灭掉它，总让蒙古军队不敢真正发力攻击远方。

成吉思汗下令夏神宗必须退位。状元皇帝哪怕再不情愿，也只能乖乖地去创造另一项纪录，他成为西夏历史上唯一的一位太上皇。

太上皇在三年后去世，西夏的新皇帝是他的次子李德旺。

李德旺是一个非常现实的人，没有他老爹那么高的智商。根据形势，他派人去金国结盟，没等金国同意，这边就单方面急巴巴地以兄弟相称了。他急，催得蒙古人也加速，河朔地区，与西夏距离最近的蒙古军木华黎部率先动手。

这时，木华黎已经病死，这位命运赐给铁木真的天才将领没有能亲自灭亡金国，可他走过的人生之路是完美圆满的。从奴隶到将军，从将军至国王，征战一生，堪称辉煌。

他的战绩要超过当年金国初建时的常胜将领完颜娄室。他的政绩更凌驾于战绩之上，天知道他怎么能以1.5万人的本族部队，就在广阔复杂的异族区域内建起稳固的、不断扩张的新帝国雏形。

攻打西夏的部队由木华黎的儿子孛鲁率领，蒙古军势如洪水，很快攻克了西夏重镇银州，之后大加杀掠，留下蒙古守军，却没有进一步攻进西夏腹地。那是留给成吉思汗的礼物。

西征归来，成吉思汗意识到自己老了。他曾经在回来的路上从马背上摔下来，就是在那场著名的、声势空前浩大的围猎聚会上，那对一个蒙古人来说是不可想象的事，尤其是不可能发生在神勇天纵、举世无敌、永不衰老的成吉思汗身上。

它发生了，意味着他终于老了。

回到蒙古本部，成吉思汗长时间地思索着一个问题——既然他不能永远生存，那么他应该怎样去世呢？难道要像蒙古老人那样穿着厚厚的衣服，坐在阳光里晒太阳，等着死亡降临吗？！

绝不，他宁愿死在战场上。

灭亡西夏，与其说是为了蒙古大业，倒不如说是他一生征战的终点纪念。1226年，也就是蒙古结束西征花剌子模的次年春天，成吉思汗征讨西夏。

那一年，他骑上战马又一次离开故乡。他频频地回望春天里的怯绿连河，那里有他早年的记忆，有他一生的开始……这时，他奔向自己一生的终点。

战争在当年二月爆发，被10万蒙古铁骑淹没的第一座西夏城池是黑水城，之后兀剌海、肃州（今甘肃酒泉）、甘州（今甘肃张掖）相继陷落，入秋之后蒙古军攻克了西夏重镇西凉府，至此河西走廊被打穿。与此同时，被打穿的还有西夏皇帝李德旺。

李德旺吓死了。

马背民族的皇帝居然因惊忧致死，实在是独一无二。不过考虑到党项人总是很奇葩，所以也不必奇怪。他的弟弟南平王李睍继位称帝，史称夏末帝。

秋季到来，蒙古军重新启动攻势。成吉思汗兵分两路，东路攻占夏州（今陕西大理河以北的红柳河流域及内蒙古杭锦旗乌审旗等地区），西路则从西凉府进军，穿越沙漠，进抵黄河九渡，下应理（今宁夏中卫）等县，完成了对西夏都城中兴府和灵州的合围。

西夏集全国精兵于灵州，共10万人，由名将嵬名令公率领，与蒙古军决一死战。

这一战使蒙古遭遇了少有的惨烈局面，面临亡国灭族之祸的党项人自知走投无路，难得地爆发了一次。

那一天，灵州城外的旷野上20余万人舍生忘死地厮杀，战斗在日出时分开始，日未落就结束。成吉思汗驻马高坡，瞩目战场，一道道指令由亲卫们传达下去。他身边的人都深信，随着这些命令，这位人间的速勒迭（蒙古战神）会轻易地带来又一场胜利。

灵州陷落。

当地之所以还能有些许的活人，全靠成吉思汗的妃子耶遂的一句话。成吉思汗许诺将西夏的土地赐给她，她问："大汗，你把人都杀光了，要赐给我一片荒地吗？"

成吉思汗的回答更经典："没什么，亲爱的，人太多，就没了牧场，你会没有羊肉吃的……"

灵州陷落之后，成吉思汗的身体急剧地衰弱。他全身酸软烦躁不安，正值盛夏来临，他决定远离战场，去六盘山避暑。

另一边，战场的进度已经到了围困中兴府，灭亡西夏国都的地步。

西夏再不足虑，成吉思汗在海拔两千多米树木葱茏空气清新的清洁世界里只关心着三件事。

第一，南宋。

这个国家是一定要征服的，这与征服欲望无关，而是必然。他的疆域已经达到了人类前所未有的庞大程度，从帝国中心骑马向四面八方前进，都要一年的时间才能到达边境，到此地步，吞并已经是趋势，哪怕自我克制都无法收手。更何况为什么要克制？

在此次灭亡西夏的战争打响后不久，南宋宝庆三年（1227 年）的二月，另一支蒙古军队进入四川境内，克阶州（今属甘肃），围西和州（今属甘肃），下文州（今甘肃文县），一路势如破竹。南宋四川制置使郑损下令放弃关外五州，退守三关。

蜀川防卫在于五州三关。五州在川外，分别是阶、成、西和、凤、天水军。三关是七方关（今甘肃康县东北）、仙人关（今甘肃徽县东南嘉陵江畔）、武休关（今陕西留坝县）。三关是蜀之门户，五州是蜀之屏藩，郑损未经接战轻易放弃，让蒙古军长驱直入。

好在五州易得，三关难破，蜀川的复杂险峻地貌是蒙古军从未遇到的新战场，很多地方战马都无法驰骋，这些因素加在一起，让蜀川暂时安全。

这一年是丁亥年，宋史称之为"丁亥之变"。

在蒙古这是一次可虚可实的试探。如果南宋很软一触即涂的话，蒙古不介意就此攻克蜀川，控扼长江上游，随时东下扫平江南；如果进展不顺的话，也可以切断西夏向南方可能存在的退路，保证灭夏一役斩草除根。

第二，金国。

不管史书上怎样强调金宣宗弃中都保河南是多大的败笔，但至少真的给蒙古人设置了足够的障碍。

以黄河为险，以潼关为堡，山河之固无以复加，蒙古人想强逾这些天险不是不能，可代价之大会让任何新兴的帝国都承受不起。

成吉思汗胸有成竹，只是时间未到，最高的军事机密只潜藏在他个人的心里，才是最保密的，最有突发性的。

第三，他的儿子们。

世界广大，生民众多，成吉思汗当年对后嗣们许诺过，要尽量开拓巨大的领地分赐给他们。在那时想，这样就解决了分家产这一老大难问题。可事情出现了意外，准确地说，是术赤。这个倔强的儿子长年受气，终于不辞而别远走高飞，在天边一样遥远的钦察草原上打下了几乎不次于蒙古本部大小的领地。

这样，问题出现了，蒙古部落的共主会产生在哪里……

所以他把原花剌子模区域赐给了二儿子察合台，希望他能够挡住术赤回归的路，把钦察草原的影响力永远地隔绝在阿姆河以北。

同时，他悄悄地对未来的蒙古大汗窝阔台、最小的儿子拖雷说，永远记住，不可以让钦察草原的金帐汗国和察合台汗国合二为一，那样的话，蒙古的和林将再也不是发号施令之地了！

做完了这些，成吉思汗仍然不放心，他要在健康还能允许他主导这个帝国的时候，把可能的隐患扼杀在摇篮里。他派人去征召长子尤赤来见。

尤赤再一次拒绝。

成吉思汗的心性由理性转向了阴沉，他怀疑自己的担忧成了现实。尤赤，这个不是他亲生的孩子终于还是有了异心，不再以蒙古人自居。那么，他更要让尤赤走回正轨！这样想时，成吉思汗的身体到了崩溃的边缘，有生以来第一次没法骑上战马。

他无可奈何地躺在毡帐中，身上盖着五层的毛毯仍然觉得像躺在大地上一样僵硬冰冷。他知道自己的时间不多了，一个消息适时传来。

远在万里之外的钦察草原上，他身经百战而锋镝不伤正在壮年的长子突然死亡了。

尤赤死了，他的死在历史中是一个谜。

有记载说，在成吉思汗征召他时，他真的正在生病，而不是心生怨怼，自外于蒙古。

成吉思汗已经命察合台去拘捕他，大军正要成行时，他的死讯传来。这让成吉思汗的心灵大受打击，回望一生，他的长子从来没有真正地快乐过。

成吉思汗的病由此变得更重。

还有另一种说法，成吉思汗的征召令到达钦察时，尤赤正在举行一场声势浩大的围猎。当夜色降临，篝火燃起时，所有人都到了金顶大帐，唯独宴会的主人缺席。

人们在一片长草间发现了他，尤赤死了，他的腰骨折断，躺在草丛间，两只眼睛瞪得大大的，凝望着黑色的天空。

他死于暗杀。

是谁主使的，谁能做到，每个人的心中都有答案，简直呼之欲出。可没有证据，而所有的蒙古人也拒绝那么想。

术赤死时年仅40岁，继承钦察草原汗位的是他的嫡次子孛儿只斤·拔都。这个刚刚进入少年期的孩子骑着他父亲的战马驻立在高坡上，像他爷爷当年那样，向蒙古战士们许诺，他将率领他们越过高山、沼泽、一切的阻碍，去征服怯懦的民族，直到瀚海边缘！

这个孩子说到做到，他是所有蒙古黄金家族这一代中长子的长子，他的征战欲望会挑起举世沸腾的空前浩大、空前辉煌的征服者史诗。

成吉思汗知道了这些，心情激越而复杂，他祝福这个孙子，并派去了蒙古军中硕果仅存的老将速不台去钦察草原，帮助年幼的拔都站稳脚跟。

成吉思汗到了最后的时刻，他真的走到了自己的终点。这一时刻，陪着他的有自己心爱的妃子，自己最疼爱的儿子拖雷，还等到了最想听到的战报。西夏最后一座城市，都城中兴府终于撑不下去了。党项人像是被上天遗弃了一样，噩运接连而至。

外面围着如狼似虎的蒙古军，城里居然发生了强烈的地震……

地震过后，中兴府内瘟疫横行，人畜倒毙，成了一间巨大无比的病房。再也撑不下去了，西夏末帝李睍主动请降。

投降有一个附加条件，李睍请求蒙古给予一个月的宽限时间。如果同意，届时他将亲自去六盘山谒见成吉思汗。

成吉思汗冷笑，准降。但是投降之日，即西夏亡国灭族之时。他恨透了这个反复无常、无胆无勇、两面三刀的无赖民族，像牛皮糖一样斩不断扯不烂。他深信，哪怕这时吓破了党项人的胆，可是危机过后，这个民族仍旧会在背后搞小动作。

天性如此。

成吉思汗死于当年的七月，蒙古军封锁死讯，秘不发丧，直至党项人开城投降。蒙古军冲进城去，杀光了所有人，烧光了一切东西，把大地上所有关于党项的一切印迹都抹平。立国190年，历10位皇帝的西夏至此灭亡。

千年以后，能证明西夏曾经存在过的证据，只剩下了几座孤零零耸立于戈壁荒漠上的西夏皇陵。

至此，蒙古军才为成吉思汗治丧。他的灵柩要千里迢迢被运回蒙古故土，在他生前自己选定的地点下葬。那个地点是神秘、神圣、不许外界知道的。为了保证这一点，路上所遇到的所有生物全都杀掉，到了墓地，以整棵树挖空作为棺材，外面以三道金箍扎紧，挖出巨大的深坑，挖出的土层严格区分，怎样挖出来的，再怎样填进去。

落葬之后，纵万马在上奔驰踩踏，与周围浑然一体。留500名士兵守护一冬，至第二年春天青草长成时才离开。

离开时选一峰母骆驼与它的幼崽，杀幼崽，留母驼，再过一年来时，只见茫茫草原四野无涯，纵目所见毫无区别，而母骆驼走到一处悲嘶长鸣、踟蹰不动，那里就是当初杀幼崽的地方，也就是成吉思汗的葬地。这时，再杀掉母骆驼。

从此之后，再没有任何线索能找到这片墓地，那里就是蒙古人所称的"起辇谷"。

成吉思汗驾崩，世界暂时停转。这是一个定律，每当蒙古铁骑纵横大地四处肆虐彻底失控时，只有一件事情能让他们立刻消停。

时任蒙古大汗去世。

这意味着巨大的权力出现真空，所有人必须立马回家去投票。政治无处不在，利益每多纷争，没有谁能置身事外。

成吉思汗生前有过遗嘱，蒙古大汗的继任者是他的嫡三子窝阔台，可是说到底这是一个无可奈何的打折决定，窝阔台本人是嫡系四子里能力最弱的那个，连脾气都温和得不像一个蒙古男人。至于说什么唯其温和才能团结，那只是宣传口号。

成吉思汗自己都不当一回事，他把汗位传给了三儿子，所有的精兵却都留给了四儿子拖雷。孛儿只斤·拖雷在蒙古享有盛誉，人称"仁侠"。他几乎集蒙古男人的美德于一身，他强悍得百战百胜，动辄屠城；他仁爱，为了父兄儿女可以做任何事；他公允，在他的统治范围内，没有谁敢仗势欺人。

这么说吧，蒙古史里曾有记载，如果不是因为限于蒙古习俗，幼子必须守灶，继承父亲的帐篷、领地、财富，那么蒙古汗位必然是他的。

这让蒙古军政界出现了畸形，人人都知道谁是大汗，可拖雷说了算。他是名副其实的摄政王，时称"监国"。

在这段时间里，蒙古权力金字塔的顶峰处于一片真空，没有谁能做什么决定，窝阔台是不敢，而拖雷，他没法放弃手中的军队，因为英雄不可以自剪羽翼，那样的后果不堪设想。可他的天性也不允许自己鸠占鹊巢，真的把三哥架空，甚至赶下台。

于是整个世界也因此而受益，蒙古铁骑安静地收起了刀枪，等待着下命令的那个人出现。而这个人的出场注定很难。

1229年八月，全体蒙古高层，包括尤赤的儿子们、远在中亚的察合台在内，从四面八方赶往位于斡难河、怯绿连河一带的成吉思汗的斡耳朵（宫帐），他们要在那里举行蒙古习俗上最神圣的选举大汗的聚会。

忽里台。

聚会在蒙古黄金家族高层们的主持下进行，耶律楚材则站在相对低调的位置上提醒他们怎么做。

窝阔台终于成为蒙古大汗。

那一天，蒙古黄金家族成员脱掉帽子，把皮带扔向肩后，察合台引着窝阔台的右手，斡赤斤引着左手，象征着全体宗亲，把窝阔台拥上了至高无上的宝座。

拖雷举杯奉觞，表示忠诚，大会尊奉新汗为"合罕"，意指大汗。史书里全称其为窝阔台合罕。之后是最重要的一幕。

由耶律楚材提议，以察合台为首，率皇族及臣僚向窝阔台合罕跪拜。"国朝尊属有拜礼自此始。"蒙古的内部问题解决了，他们的脚步开始向外部顺延。

第三十章　百年最强了无痕

但到政治上，朱熹学有所成，自然不甘寂寞，南宋前几位皇帝都昏庸无道，可都时间不长就出了这样的或者那样的问题闹罢山朝，郡会增加他的好名声，这是不怎怎可……次回山，朱熹清楚地知道，这是他愿意做的呀？

他能左右局了，跟谁也不讲道理，直到为了赵构是个疯子。他自己也年过古稀，这时不拘一世将以他及时跳了出来，蒙着鲜明地支持赵汝愚，不点名地把韩侂胄定为祸乱朝野的小人，打压陈汝秋人的东西，简直是从根上掐上去了……乏于根了韩侂胄面前的只有一条路，那就是拼……吗？对立面，一定会搞得你永世不得翻生……想反驳？好，你是好说，相反抗，……他大生就让你进学家们的立场反……有没……意什么？他经松得自在地想了会儿，也就到……一场闹剧在宫廷内演上演……，仿效失意的柱子消极抵抗道理续大袖，守百官形态，刘皇帝的……对国朝大政，世间兔不了清次……淮庙大政……他的眼里，准备落得个好的佛是他是上帝，一言九发，地心底的坚实决这开……而其他人都当是凡人，都只有看看，朱帝向山……么都不是戏，都只是真实的生活，在他以以……的难什么都管不对一切都靠于……是这下天下的主人……

怎样灭金，蒙古内部有两个计划。

一个来自去世两年之久的成吉思汗。他曾经在死前秘密地告诉了两至三人，他个人制订的灭金计划。他们是窝阔台、拖雷，或者还要加上耶律楚材。

成吉思汗的计划是——"金精兵在潼关，南据连山，北限大河，难以遽破。若假道于宋，宋、金世仇，必能许我，则下兵唐、邓，直捣大梁。金急，必征兵潼关。然以数万之众，千里赴援，人马疲弊，虽至弗能战，破之必矣。"

这个战略不像是蒙古人制定的，印象中蒙古铁骑以纯粹的战力碾轧一切，不必用什么阴谋诡计，就让全世界臣服。

这不是真的。相比于战力，蒙古人的智慧更加出色，后世人们只看数据的话，会找出哲别、速不台以两个万人队攻略阿塞拜疆、谷儿只、阿速、钦察、斡罗思诸部直至克里木半岛等匪夷所思的一长串战绩，一定以为蒙古人神勇天纵，是天生的战士。

这没错，可其间哲别等人频繁使用反间、离间等计，一次次从内部瓦解了敌方联军，这才取得了上面辉煌到不可思议的胜利。

所以产生自成吉思汗头脑中的灭金计划，必然是智取，绝不会只使蛮力。既然这样，人类历史长河中首屈一指的战术大师订了计划，还有必要有别的说法吗？蒙古人像神一样地崇拜他，又怎么会有反对的意见呢？但真的就有。

新任大汗窝阔台。

越是资历浅薄的领袖就越急着证明自己，他有新的点子。即位的第二年，他亲自出征主持灭金大计，所制订的计划与成吉思汗的借道宋境、迂回埋伏正相反，他要强攻卫州（今属河南），进而强渡黄河，之后就会直面开封。

那时再强攻开封，就可以灭亡金国，这多省事。

窝阔台合罕认为凭借着蒙古战士无与伦比的肱二头肌可以搞定一切，那么战争机器就要以这个思路开动。

这位蒙古大汗二世命令蒙古汉族系统里的史家，史天泽进攻卫州。

金国在上一场胜利中沉醉，很多年没有舒展过的心灵变得强健，蒙军来犯是吗，打回去！金国皇帝给完颜合达增兵至 10 万，完颜合达给完颜陈和尚增兵至 3000 名，渡黄河支援北岸的卫州。

完颜陈和尚是跨越时代，搜遍东亚、中亚都难找的猛将兄。他本名叫完颜彝，字良佐，小名陈和尚。沿袭宋人对异族的称呼习惯，比如辽国最伟大的皇帝辽圣宗叫耶律文殊奴，所以没人叫他完颜彝，而是完颜陈和尚。

完颜陈和尚出身军人世家，父亲完颜乞哥死于金、宋战争，他和他的哥哥完颜斜烈参与蒙、金战争，全被蒙古军俘虏，连同他们的母亲一起供役于蒙古大帅帐下。

很惨，成了战俘加奴隶。

时年，完颜陈和尚 20 岁刚出头。他生性刚烈自视极高，尤其在乎名声，这个特点贯穿了他的一生，真正地做到了宁教身死不教名灭。这样的人绝不会忍受被俘为奴的耻辱，他要逃。一年多之后，他和哥哥完颜斜烈杀了看守，带着老母亲一起逃亡。

逃亡之路充满艰辛困苦，蒙古军沿途追捕，他们被迫弃马走小道，兄弟二人以鹿角车载着年迈的老母亲，一路逃回黄河南岸。

这件事让人肃然起敬，自古非孝子不忠臣，这是衡量一个人本质的唯一准则。完颜兄弟宁死不弃老母亲，不仅为他们赢得了巨大的声誉，还是他们一生忠勇事迹的源头。

高傲的人是不能被激怒，更加不能被侮辱的，完颜陈和尚重回军队，对蒙古人的怒火再也不可抑制，哪怕金国分派给他的是杂牌部队，仍然被他训练成了一支硬到难以想象程度的铁军。

他曾以 400 名骑兵击败了蒙古军中顶级豪强，与木华黎、博尔术、博尔忽齐名，为蒙古"四杰"，世任万人怯薛之首，十大功臣之一，世袭"答剌罕"称号，享有九罪不罚特权的赤老温。

赤老温当时的兵力是8000名！

这时再次开战，像是回到了蒙古初期、金国初期的时代，两个少数民族拔出刀子来聚堆互砍，看谁先扑街……既然是这样，那么人数翻倍的忠孝军成了战场上的太阳，完颜陈和尚复制了不久前在大昌府的奇迹，他再一次击败数倍于己的蒙古军。

之后，世界突然间安静了。

蒙古军居然一败之后全军退走，没有再纠缠卫州。这是为什么，女真人想不通，难道成吉思汗死了，蒙古人武功全失？

武功全失的是窝阔台合罕，他被迫回到了他老爸的思路上去。铁一样的事实让他清醒，他真的不是他老爹。

成吉思汗拥有至高无上的管辖力度，在本族内部予取予夺随心所欲。他则不行，他对于大蒙古国，尤其是军队，基本上只有征调权，而没有领属权。这个折扣非常大，打得蒙古大汗很是自哀自伤，他算是主人吗？行动只要一不顺，下属们立即强迫他回到老路上来。

成吉思汗灭金计划得以执行。

当年五月，窝阔台合罕下令分蒙古军为三队，他自领中路军攻河中府，下洛阳；斡陈那颜率左路军攻济南；拖雷率右路军由宝鸡南下，借道宋境，沿汉水出唐、邓诸州，从侧面迂回至金国后方。三路军相约明年春季会师开封城下。

左路军、中路军没有什么好说的，无论是济南府所在山东道，还是位于山西永济县附近的河中府，都是蒙古人常去的地方，木华黎早就一遍又一遍地杀人放火了，以蒙古大汗之威亲征，一点难度都没有。所注重的，是拖雷率领的右路军。

难点首先在于"借道"。

成吉思汗觉得行，是因为"宋、金世仇，必能许我"。可惜的是，他不清楚关于仇恨，各个民族各个时代的沸点不同。

他可以因为一位祖先被女真人钉死在木驴上，就跟金国不共戴天。女真人能够因为几斤东珠、几条人命、几位姑娘的名声，就跟辽国死磕到底，可他不清楚世上还有赵构、秦桧之类，对全体家眷被虏为奴都不在乎。

那么还何所谓仇恨呢？

所以拖雷想借道宋境，去抄金国的后路，本身就有先天缺陷性难度。果然，拖雷率军南下，先攻下了天水军、成州、西和州，再向前就接近了南宋的军事要塞沔州，拖雷决定展开政治攻势。

他派使者去沔州陈明利害，无非是给俺闪条道俺替你砍仇人决不动你家一草一木之类，得到的回应是南宋沔州统制官张宣把该使者砍了。

理由很充分，你带这么多人想进俺家之前抢劫了俺家好几座城池还保证一草一木都不动，当南宋人这么好骗吗？！

金国你们想打，南宋也不放过，才是你们的真心事吧。之前的"丁亥之变"早就印证了这一点，贪得无厌的东西，别想从俺这儿占便宜！

平心而论，张宣的决定没错，这么想更没错，蒙古人自始至终打的就是这种主意，之前是打西夏不忘南宋，这次是打金国不忘南宋，总之只要大蒙古国存在一天，那么吞噬就永不停止。这是再简单不过的事实，但凡有点理智的人都能想明白。

拖雷火了，以抢劫起家的寒带民族本性发作，蒙古军全力攻陷沔州，之后兵分两路：一路迅速向东攻击兴元府（今陕西汉中），夺取饶风关，这是原定的行军路线；另一路南下，一路抄掠蜀川腹地，直到果州（今四川南充北）。

看样子拖雷很像是被激怒到头晕程度了，他扔下战前策略专心和南宋较劲，其实这正是他精明的地方。如果不想一路与南宋死磕，在每一座城池前都陷入苦战，那就只有在最开始进攻时就凶猛无比，让南宋不敢拒绝他的任何要求。

他得逞了，南宋四川制置司被迫供应粮草，提供向导，送瘟神一样沿途详细指点，保证这帮蒙古大爷不走错路，不砍错人。

拖雷有吃有喝沿汉水东下，出邓州，遥遥间对开封城形成了战略包围。

金廷慌了，新上任没几天的金哀宗完颜守绪面无人色，大后方告急，所倚仗的天险成了摆设……他骤然觉得末日临头。紧接着蒙古大汗窝阔台亲自近距离给了他迎头一棒，窝阔台合罕的中路军攻陷郑州，前锋游骑已经出现在开封城下！

十万火急。

再也顾不得许多了，必须调精兵回防。而精兵在哪里……潼关，完颜合达、完颜陈和尚都在那里，集结有重兵15万之众。

金国就是这样陷入了成吉思汗给他们挖好的泥潭，就是这么无可奈何，哪怕知道这时从潼关调兵回防是百里争利，必蹶上将军的事，也没法不这么做。难道还有别的办法吗？能眼睁睁地看着都城被攻占，自己保存实力吗？

那还有什么意义！

金国15万精兵，其中骑兵2万，步兵13万，在1232年正月的严寒大雪中千里狂奔回救开封，他们不顾一切了，第一，倾巢出动，没留下什么人，连潼关都不要了；第二，为了速度，只带了几天的粮食，彻底轻装上阵。至于饿倒了怎么办，这个简单，只有尽快冲回都城就有饭吃。

金国版破釜沉舟。

这样的速度，真的似乎迎回了转机，他们在邓州境内的禹山就堵住了蒙古右路军。拖雷也变得被动，他被迫兵分两路，使本就居于劣势的兵力更加分散。一部分甩开金军，继续向既定目标挺进，去与窝阔台合罕、斡陈那颜会师围攻开封。另一部分与金军纠缠，但是效果不好，金军没有被截断，连方向都没被扰乱，仍然在向开封城尽全力运动。

这是那个时代最艰苦的一次行军，金军行动仓促，衣衫单薄粮食缺少，恨不得一步迈到都城，哪怕立即接战，也能喘口气。

可实际情况是，他们连眨眼都是奢侈的。蒙古骑兵仗着马快弓劲，时刻与他们保持着距离，在他们行军时随时偷袭，他们每当要安帐休息时，都会有蒙古骑兵突然间出现，黑暗中一阵箭雨，射得金军帐篷千疮百孔，等他们抄家伙冲出来时，人早跑没影了，现场连根蒙古马毛都没有剩下。

金军没法休息。

形势很快变得更加令人发指，蒙古兵不仅在晚上骚扰，连金军白天埋锅造饭时都要前来捣乱。这群寒带草原战士在冰天雪地里玩得很开心，时间久了，女真人发觉不对劲。

这到底是谁在堵截谁?

之前15万金国精锐从潼关不顾一切急行军回救都城，拼死拼活在禹山把拖雷堵住，之后两军纠缠在一起，怎么看都是蒙古人联宋灭金的意图落空了，可现在看来，味道怎么品怎么不对。

金军真的堵住了拖雷吗?

拖雷分出一部分兵力仍然向开封进军。

金军敢就地歼灭拖雷大部队，不受这种疲劳战术的损耗吗?

当然不敢，威胁到开封城的不只是拖雷这部分，蒙古大汗窝阔台亲征，游骑已到开封城下，那边十万火急，哪怕再大的损耗也得受着。这就造成了金军咬紧牙关不吃不喝不睡觉，时刻承受着巨大的折磨，在冰天雪地里迅速筋疲力尽。

而蒙古军像狼群一样环伺于周围时隐时现，控制着行军的速度、疲劳的程度，精确地掌握着那个临界点的到来。当时的金军并没有意识到这一点，等他们走到了钧州以南的三峰山时，才猛然发现不对。

他们竟然已经陷入绝境。

拖雷近三分之二的兵力一直和他们纠缠，近三分之一的兵力急趋开封，窝阔台临近开封……所有的情报都直指开封，可在三峰山，金军猛然发现不仅拖雷那三分之一的兵力突然出现，连蒙古大汗窝阔台都挡在了他们的前头！

直到这时，女真人才如梦初醒，知道了蒙古人的攻击点到底在哪里。哪是什么开封城，根本就是潼关这支金国仅存的精锐部队。所有的调动都只为了这一个目标而服务，怎样调他们出关，怎样逼迫他们，怎样使他们疲劳，怎样掌握住节奏，使包围圈形成，且形成时正是他们筋疲力尽之时。

这些，蒙古人都做到了，在河南境内的三峰山一带。

三峰山地势非常一般，只是低矮平常的三座连在一起的小山头，在全国各地都有类似的地貌。如果一定要说这座三峰山有什么特殊，只能是独一无二的历史人文传说。此地是钧州，相传有钧台，是华夏第一王朝"夏"开国时，夏禹王举行祭典的地方，后来又成为夏桀囚禁商汤的地方，这些都是华夏文明的源头之处，意义重大非同小可。

可在1232年的冬雪中，这里充满了绝望和暴力，15万名饥寒交迫的女真士兵面无人色地在寒风暴雪中瑟瑟发抖，他们的手甚至没法握住比寒风还要冷、结满了冰凌的刀枪。蒙古军在外围围而不战，分批燃火烤肉。一阵阵的香气飘了进去，那比致命的毒气还要歹毒，让女真大兵们饿得发狂，却没有勇气，更没有体力冲出去决一死战。

直到这时，蒙古兵仍然没有发动最后一击，他们还在算计，要怎样才能以更加小的代价，覆灭这支金国仅存的精锐。

蒙古军放开了一条通往钧州的"生路"……

很多人不明白为什么到了这一步，蒙古人还不集体冲锋，把三峰山变成屠宰场，杀光里边的金军。他们不是纵横世界无敌手，动辄毁灭数十万计的敌军吗？这么想应该没有错，可是里面有些内幕并不是谁都了解。

蒙古军惯于以弱胜强，两个万人队横扫欧亚，可是东亚的对手与那些不同，女真人毕竟雄踞世界之巅近百年，瘦死的骆驼比马大，比如这15万名精兵，仍然是世间不可低估的强大力量。

蒙古人对此相当重视，不仅借道南宋，还出动了……4万骑兵。

这个数字怎么看都有些不着调，且不说是不是过分小觑了女真人，至少也是太不把蒙古大汗本人当回事。才4万，领军的又是大汗又是监国亲王，这不是君子自处险地，没事找死吗？

可查资料能得到答案，蒙古人基本也就能派出这么多人了。

蒙古军开国时期全部兵力只有15万—20万，这时家大业大地跨欧亚，哪一处都得留人，导致的后果就是大汗亲自出马砍人，也只能凑出区区4万兵力。

好在蒙古军完美地制订了计划，完美地执行了计划。

这时满山冰雪中，蒙古人闪开了一条小道，饥寒交迫的金军明知凶险，明知后果是怎样的，也不得不开始了逃亡。

教科书般的一幕出现，"道路"闪开，重围中最生猛的一小部分金军冲在最前面，他们向北面的钧州跑去。蒙古军没有理会他们。

落在后面的、反应迟钝的都是精疲力竭只剩一口气苟延残喘的，这些人占绝大多数，他们被蒙古军斩成几段，分割屠杀。

血色三峰山，除几千人之外，15万金国潼关精锐都死在了这里！

逃出去的人命运也很悲惨，先是完颜合达的副手移剌蒲阿，他跑得最快，目标不是钧州，而是原定的目的地金都城开封。也就是说，不管情况怎样，他一定要去拯救京城和他的皇帝，哪怕是败了，也要冲到那里才行。可惜的是，他在半路被追上了。

移剌蒲阿被俘，遭劝降，答以"我是金国大臣，只应死在金国"，于是被杀。

完颜合达在完颜陈和尚的保护下冲破蒙古重围，逃进钧州城。蒙古军随即杀到，城池几乎立即失陷，完颜合达在乱兵中被杀，身份确认后，首级被送至开封城下示众。

战斗逐渐平息，没人发现完颜陈和尚。

完颜陈和尚已经杀出了蒙古军包围圈，如果要逃，他能逃走；如果要隐藏，他能静悄悄地活下去。可是他没法容忍这些。

宁教身死，不教名灭。

如此大战，金军最后一支精锐之师全军覆灭，他身为全军名将，怎能默默偷生！思前想后，完颜陈和尚觉得生无可恋，难道说，金军还有重新振作反攻蒙古的可能吗？没有，那么何必活着。

完颜陈和尚单骑来到蒙古军前，自陈身份，要求见蒙古主将。蒙古军如临大敌，层层围住，押送他去见拖雷。

完颜陈和尚见拖雷而不跪，朗声说道：“我乃大金忠孝军统领完颜陈和尚，大昌原、卫州、倒回谷之胜皆我为之！我如死乱军中，人将谓我负国家，今日明白来死，天下必有知我者！”

蒙古人爱的就是这样的硬汉，拖雷亲自劝降，可以想象，他被拒绝得有多么冷硬倨傲。蒙古人的另一面随即出现，只要是敌人，哪怕是札木合也要被铁木真杀掉。

完颜陈和尚被先后砍断膝、胫、足，他怒骂不绝，蒙古人用刀把他的嘴划开，一直割到了耳际。他“血而呼，至死不屈”。

如此忠烈，让蒙古人也收起了刀。自拖雷起，蒙古人围在完颜陈和尚的尸体周围，以酒洒地祝祷——“好男子，他日再生，当令我得之。”

完颜陈和尚是女真人的英雄，他的死不应以胜负论之，更不能以聪明、愚蠢论之，甚至英雄也不应该有国界之分。

纵观女真发迹百年间，大人物出过很多，战争狂人更是不计其数，以“女真战神"完颜宗弼，也就是金兀术为例，他再怎么样，也没法让人敬佩，更弗论赞他一声英雄。

因为他无信义、不勇敢、无原则，只是一个在满足国家的大前提下满足自我杀戮享乐愿望的强盗罢了。完颜陈和尚截然不同，他不只是由于悲情而感染我们，更重要的是人生的精神内核。由女真人所修的《金史》中记载，此人每每于军中读《孝经》《论语》《春秋左传》等儒家经典，"军中无事，则窗下作牛毛细字，如寒苦之士，其视世味淡然"。

这样的人，与汉人何异？不管其他民族的人怎样看他，汉人们认可、敬佩他的所作所为。

三峰山之战结束，蒙古人得到了所有想要的，蒙古、金之间的分水岭出现，三峰山这边瓜熟了，开封那边的蒂也落了。

蒙古军从四面八方堂而皇之地向开封城挺进，他们攻克了饶风关，进占没有了兵力的潼关，只在洛阳城下受到了阻力。

洛阳城里只有3000余名三峰山残卒、百余名忠孝军余部，留守官撒合辇病重无法出战，绝望愤郁中自投护城河而死。金将强伸领军，率士卒于冰雪寒风中弃甲裸身死战，又命令数百名壮士在城头上奔跑呼喊，声势与数万人相似。又创制了一种叫"遏炮"的发石器，击毙数千名蒙古军。

洛阳城被围困三个月，蒙古军始终无法破城。

当然，这也是因为洛阳无关紧要，不足以影响大局。蒙古军像洪流一样南下，直赴开封，主导这一战的是蒙古名将，曾横扫中亚的速不台。

为什么不是拖雷？

孛儿只斤·拖雷刚刚完成三峰山之役，为大蒙古国征服东亚奠定了坚实基础，这时他应该乘胜前进，进一步建立不世功勋才对，怎么会突然在战场上失踪呢？

他不是失踪，而是死亡。

那一年的五月间，窝阔台合罕突然间病了，病得很重，眼看要死。按蒙古惯例，蒙古最高档次的巫师登场。该巫师竭尽全力终于得到了病因的真相，他说，是历年以来蒙古人杀生太多有违天和，长生天降罪，山川泽林生怨，所以蒙古大汗必死。

拖雷当时侍病在侧，问怎样禳解。

巫师给出答案，必须由黄金家族的直系亲王代替，蒙古大汗才会安全。

成吉思汗子孙众多，然而真正的直系只有四人。尤赤早死，窝阔台本人生病，察合台远在中亚，只有拖雷近在身边。

仁侠拖雷没有半点迟疑，直接问要怎样代替。巫师要他去野外向天地祈祷，之后喝下了一碗据巫师说是从他三哥身上洗涤下的罪孽的水。

拖雷——照办。

孛儿只斤·窝阔台的病随即痊愈，孛儿只斤·拖雷死亡。

哪怕再单纯的人，也会从上面的事情里嗅出阴谋的味道。甚至可以说，这根本就称不上是什么阴谋，而是赤裸裸的谋杀。

最重要的战役打完了，拥有全蒙古最强军力的拖雷还需要活着吗？作为新一代大汗，难道要永远仰四弟的鼻息，时刻战栗在四弟的威胁之下？

无论谁都忍不了。

那么拖雷看不穿这些吗，身处乱世，在尸山血海中杀出来的枭雄怎么会不懂这些？他完全有能力拒绝，甚至以此为由，与窝阔台决裂，索性就真的当一回大汗！

但他什么都没做，只是安静地喝下了那碗水，让混合着阴险、龌龊、痛苦、犹疑、毒药的液体流进自己的身体，他用多年的回忆去沉淀过滤，让这些只剩下亲情。

拖雷死了，年仅40岁。

随着他的死亡，窝阔台安心了，合罕陛下从战场上退了下来，返回熟悉的漠北草原。在那里，有无数的各族美女、醇酒在等着他，幸福的生活开始了。

金国的苦难正式到来了。

战斗发生在城墙内外，所以拼的不是马刀弓箭，而是各种攻防器械。由于年代距离北宋亡国时已有百余年，所以科技也着实先进了一些。

双方都有新家伙登场。

金军先动手，他们向城下扔石弹。每弹一两斤重，不太沉可以迅速不停地扔，算上重力加速度的话，实战效果应该挺狠。

蒙古人回敬以更大的石头。他们抬出来当时世界上最可怕的抛石器。这种巨大的抛石机在蒙古西征途中攻城略地，把中亚一带的人都砸服了。这时在开封城四角的每一角都集中了几百架之多，而且炮弹充足，从周边搜罗到了足够多的石碌磕。

也就是石头大磨盘。

大家想一下，得用毛驴等大牲口才能拉得动的石头大磨盘从天而降是啥情景。在当时基本上没有任何东西能够遮挡，尤其是城头上的木质防守器械。几天之后，开封城头全是碎木头、碎骨头，而石碌磕们"几与里城平"。

本来是没有办法的，砸得多了就有了办法。金军在城头上用麦秸、马粪裹住尚存的器械，用索网、牛皮作为悬空防护减少大磨盘的冲击力，暂时让情况好转。奈何蒙古人在破坏方面着实有天赋，他们不用石头了，而是发射燃烧着的大木头。

大块木材上浇上从西域带回来的石油，仓促间根本没法用水扑灭，开封城就此陷入一片火海。所幸开封的城墙岿然不动，由后周世宗皇帝柴荣所督建的外城墙，墙土皆取自虎牢，"紧密如铁"，巨大的石碌磕砸上去，只是稍微凹下去一点点而已，没有半点开裂崩塌的迹象。

这道城墙既然这么牛，三百余年了还这么无解，那么就先解决它。蒙古人想出新办法，为了防备城头上砸下来的小石头，以及一些火器，他们用大量的生牛皮围成了一条通道，直达城脚下，立即开挖，挖出一个能容三四个人的小洞穴。

有了这个洞穴，里边的三四个人像土拨鼠一样，很快就挖出了一条地道。几天之后，地道多至上千条，只等一声令下，就要挖通城墙，进入城里。

等来的不是速不台的命令，而是金军的新办法。女真人在南方住的时间长了，大脑的智慧增长也很快，他们推出了一种新武器——震天雷。

这是用大铁罐子装火药，点燃引信之后，用抛石机扔出去。"其声如雷，闻百里外，所蒸围者半亩以上，火点着铁甲皆透。"

这东西平时用都给蒙古军以沉重打击，这时金军把它顺绳子悬至蒙古军挖的小洞穴近旁，轰隆一声巨响之后，"人与牛皮皆破迸无迹"。

挖洞至此失败。

金军开始反击，他们使用了"突火枪"。这物件像近代的喷火器，"注药，以火发之，辄前烧十余步，人亦不敢近"。蒙古军实在也拿这东西没辙。

攻城战整整进行了十六个昼夜，蒙古军使尽招数，不能攻克开封，而城里城外死伤者无数，"内外死者以百万计"。

百万计应该是夸大了，可实际情况的惨烈可以想见一斑。事到这一步，速不台本人也知道短时间内再也没法奈何这座坚城，而蒙古军主力已返回漠北，他不可能迅速得到补充。速不台派人进城允许金国求和。金国上下有死里逃生的感觉，立即同意。

金国献上海量珍宝、犒军物资，速不台率军后撤，蒙古军散布在河洛之间，休整以待时机。

开封城里陷入狂欢状态。死里逃生的感觉是那么动人，金廷百官相率入宫庆贺，金帝完颜守绪本人也及时向上天感谢，减御膳、罢冗官、放宫女，上书不得称圣，改圣旨为制旨……一大堆的做派，让人搞不懂他是女真人的皇帝，还是汉人的皇帝。

老天爷对这似乎也糊涂了，郁闷之余给了完颜守绪一个回条。既然不办实事，那就给你一个最起码的结果。

由于城里城外死尸太多，没有及时处理，开封周边瘟疫流行，两个月内又死了近百万人。

1232年的蒙古人和1127年的女真人一样，在和与战之间毫无诚信。居住在开封城里的一方，一次次没完没了地受骗。

早春时节以极大代价送走了瘟神速不台，才到了八月间，蒙古草原深处就传来了新的价码。窝阔台合罕又说话了，他要金国的皇帝陛下亲自去漠北草原深处，与他面对面地敲定和平条约。

……完颜守绪直接"病"了，声称连床都下不了，绝对没法长途跋涉。

蒙古人派来一个叫唐庆的使者就近观察，唐使者在历史中名声不显，做起事来却非常认真。他来到金国的大殿上，发现对方的准备工作很到位，一张大床摆在殿上，完颜守绪本人躺着，等待他的检查。

这真的是彻底放低了身段，想当年北宋灭亡前夕，赵佶父子也没这样迎接过金使。可惜这对唐使者无效，唐庆作为一个汉人，在成吉思汗时期就出任蒙古军职，历任万户、元帅左监军、龙虎卫上将军，怎么看都是一个狠角色。

狠人自然办狠事。

唐庆围着金国皇帝的御榻来回转圈，边转边看，边看边问，几次三番强迫金国皇帝从床上爬起来，跟他出城去漠北。

完颜守绪躺在床上说啥都不起来，装孙子装得那叫一个地道。你蒙古使者再凶，总不至于把他硬拎起来提出城去吧？

唐庆当天没这么做，事情总要再观察一下。他约好明天继续观察，然后下殿回驿馆吃饭睡觉。睡到半夜出事了，一大群女真人涌了进来，把他和其余随行人员全部砍死。金国除了像完颜守绪这样的怯懦版滚刀肉之外，还是有些倔强凶狠不自侮的男人的。

事情发生了，完颜守绪再害怕也没法追悔。他下令对此沉默，不追究，也不向蒙古方面解释。当然他更清楚，这事闹大了。

参照摩诃末的遭遇，完颜守绪决定逃跑。

皇帝本人想去汝州，可是全体部下都被吓着了，提醒他那是开封的西边，那个方向300里以内连个活人都找不着！

年底时，金帝率领半个朝臣班底，带着数万军队逃出了京城。临行前，他与太后、皇后、公主等宗室痛哭告别。之所以不带这些家眷走，一来是要安定开封城内民心；二来也实在带不走，巨大的后宫会把他拖成龟速。

金帝的逃亡之路第一站是攻击卫州，这主意是元帅出的，领军的却是宰相，多么完美的和谐之道，军政双方都照顾到了。

卫州城里是金国的军民，之所以造反，都是因为粮食。开封城里的军民饿疯了，官方派人来强抢，卫州城的人也要活着，当然会反抗。

反抗的结果是金国皇帝亲自带人来抢。

兵临城下，卫州城城门紧闭，完颜白撒大骂城里人无君无父罪该万死，正来劲，蒙古军到了。速不台知道金帝出逃之后，一边调集人马重围开封，一边火速追击，终于在卫州城下把金帝最后的一支军队堵住。

战斗在卫州城下展开，在白公庙结束，除了完颜白撒本人身先士卒光速逃跑成功之外，数万名金军全军覆灭。金帝完颜守绪在稍远处的魏楼村傻等，直到完颜白撒跑来报信，才知道死到临头。

完颜守绪以前所未有的果断和速度继续逃跑。

目标归德。

夜幕下，金国皇帝、宰相一行六七人爬上一条小船渡过黄河，逃往归德。其实当时战场上金军覆灭了，可还有很多零星的战斗和抵抗在进行，他们一逃，一切立即结束。

好不容易逃到归德，聚拢了些人马，所有军民都忍无可忍，要求处死完颜白撒。金帝也早就受够了这个皇族公子哥，痛恨之下，给他安排了一个别致的死法。

把完颜白撒关进一间空屋子，不给饮食，整整七天之后，这个总嫌宰相工作餐不可口的顶级纨绔终于被活活饿死。

卫州之败的消息像长了翅膀一样传遍河朔大地，也传进了开封城里。民众们终于知道他们被抛弃了，恐惧绝望转化成了愤怒，发泄目标当然是朝廷，具体的倒霉对象是留守的两个宰相完颜珠颗、完颜奴申。这或许是人类情绪的自然表露，却不料带来的是真正的地狱。

有人利用了民众的愤怒，此人叫崔立，时任金国西面元帅，他带着二百名甲士杀掉了京都里两个宰相、部分高级将领，自称太师、军马都均由、尚书令、郑王，他的弟弟崔倚当平章政事，崔侃当殿前都点检，一言以蔽之，他总揽了金国大权。

百姓们很高兴，终于出口气了，有希望了……崔立给出的希望是身着御衣，出城与蒙古军主将速不台议和，条件是蒙古人立他为儿皇帝。

北宋的张邦昌是不得已而为之，皇冠落到头顶上时痛不欲生，崔立则欣欣然努力争取。面对送上门来的"儿子"，速不台微笑着表示赞赏。崔立精神大振，回到开封，立即着手去做他盼望已久的赏心乐事。

破坏，永远是人类的原罪，永远能勾起人类灵魂深处最原始、最邪恶的快感。

崔立回开封，第一时间下令烧掉城墙上的各种防御器械，宣布这是蒙古人接受投降的最基本条件，而他就是蒙古人授权的受降监督人，开封城的死活，全在于他是否满意上。

怎样满意呢？破坏。

崔立下令搜捕跟随金帝出逃的官员的家眷，抓到之后拷打玩亵无所不为，全部家财都搜刮殆尽。这种恶行迅速波及城里的每一个角落，上至公卿贵族金国皇室，下至各级官员、平民百姓，全都被轮番胖揍，直至吐出每一个铜板。

民间的钱、皇宫的钱，都流进了崔立的私宅。

搜刮得差不多了，崔立才想起了蒙古爸爸，他把金国两宫皇太后、梁王、荆王及宗室 500 多人押进 37 辆大车里，送俘北行，交给了蒙古大军。金国皇室一锅端了之后，他又选"三教、医流、工匠、绣女"各色人等送出城。

凡此种种，除了贡品里缺了两个落难皇帝之外，1127 年北宋灭亡时的情况宛如重现。这一幕是如此鲜明，除时空倒流的感觉之外，不禁让人浮想联翩。这是报应吗？这是报应吧！当年北宋只是没有遵守几个小条约罢了，就被女真人空前残暴地欺侮，天理何在？！

就在此时。

唯一遗憾的是，不是宋人亲手还报而已。只是事情还没有完，什么样的机会都有可能出现。回到开封城，崔立的风光时刻转眼即逝，因为蒙古军还是入城了。蒙古人是很有黑色幽默天赋的，他们进城之后，没有第一时间铺开军力，扑向满城的平民百姓，而是集中人手，先去了崔立的家。

速不台从中亚打劫到东亚，是一位资深型强盗，非常精通怎样用尽可能少的精力，抢到尽可能多的财宝。何必费力去亲自搜刮呢，先让崔立忙，把好东西都集中在崔宅，之后一锅端，多省事。

所收之财连同崔家本来的财产，一起被蒙古军搬走了。崔立欲哭无泪，想讲理没胆，只好眼睁睁地看着一切离他远去。至于他的下场，同样是碎的。

蒙古人抢完他家，对之彻底放弃，开封全城的百姓一拥而上，他、他全家全部变成碎块。

老窝被端时，在外的金帝完颜守绪也正忙着，他在最后仅存的几个部下中间巧妙斡旋，成功地使之互相残杀，丧失了金国最后一丝元气。

　　事情是这样的，"金国政底"抵达归德，人员共计如下：皇帝一名，完颜守绪；元帅一个，蒲察官奴；统兵元帅一个，马用；大臣一个，李蹊；马军总领一个，纥石阿列里合；还有一个是归德府当地的知府兼武官石盏女鲁欢。

　　大猫小猫三两只，矛盾仍然深深深几许。

　　先是石盏女鲁欢，作为坐地户，他深深地感到了危机。这么多的大佬驾临，置他于何地？这都什么时候了，哪有什么君君臣臣父父子子那一套，骨子里的化外野人气息发作，最先想到的就是机遇。

　　把皇帝老子据为己有，进而号令另外那几个。

　　石盏女鲁欢以城里粮少为理由，要求这些天里陆续集结的兵力分散出去，到外围自己找食吃，只留下元帅蒲察官奴统领的45名忠孝军、马用嫡系的700名步兵。对于这事，军方倒没什么反感，这是正常反应，平时也会出现。

　　军队争权嘛。

　　可金帝陛下郁闷了，他找到元帅蒲察官奴，小声说，爱卿，这个石盏女鲁欢把咱们的军队分散了，你要小心些啊。

　　蒲察官奴怒了，他想到自己高贵的身份——元帅！不是什么西面元帅、统兵元帅，是元帅！他早就看石盏女鲁欢不顺眼了，当然还有马用，现在皇帝有了暗示，那还等什么？他立即行动，目标是鼓动皇帝跟他走，离开归德去海州。

　　金帝不明所以，反应迟钝。元帅大人不悦，行为举止开始反常。金帝再一次心理波动，莫非元帅也有了异心？他派马军统领纥石阿列里合去监视一下。不料该统领是元帅的亲信，转身就把这事挑明了。金帝既惊且愧，决定表现一下风度。

完颜守绪派大臣李蹊摆下一桌酒席，请蒲察官奴、马用去赴宴，希望他们以国事为重，都大度些，杯酒解恩仇，一笑了之吧。

很男人的感觉。

马用喜欢，他欣欣然赴宴。蒲察官奴也去了，他带了把刀……酒宴上血肉横飞，马用、李蹊全都被砍死，事态紧接着扩大，蒲察官奴再接再厉，把石盏女鲁欢也捆了，搜刮其家所有财产之后，一刀砍倒，接着又屠灭其家族。

做完了这一切，蒲察官奴意气风发，觉得自己此时才真正是一位名副其实的元帅。金帝完颜守绪吓得魂飞魄散，一顿饭居然吃出了这等后果，实在太崩溃了。好在他的元帅大人体会到了他的心情，把他关进了一座独门独院的大房子，名叫照碧堂。

让他在里边享清福吧！

军政大权由蒲察官奴一手掌控，他也干得着实有声有色，不出一个月，居然大败蒙古军队。事情的起因是上一次卫州大败的时候，蒲察官奴的老妈也被蒙古军俘虏了，他以此为由，暗中与蒙古军联系，要以实际行动救他妈。

蒙古军欢迎这种孝顺，多次接触中逐渐放松了警惕。在端午节的晚上，蒲察官奴突然率领忠孝军450人登船，偷袭了蒙古军的驻地。战果非常辉煌，蒙古军主将撒吉思卜华败死，3500名蒙古军掉进河里淹死，被杀的超过3000名之数。

蒲察官奴得胜归来，更加趾高气扬，完颜守绪在照碧堂里长吁短叹，以泪洗面，哭诉这种日子什么时候是个头，难道一直要受这个奴才的挟持吗？左右亲信侍卫适时出现，给他出了个主意，陛下先是吓了一大跳，之后细想，似乎除了这么办之外，也真没有别的法子了。

某天，金帝约元帅聊天。元帅很傲然地来了，他问心无愧，眼下虽然跋扈了些，但绝没有背金降蒙的心思，他用实际行动证明了这一点。至于说皇帝的感受，乱世啊，再考虑那些心情啦、礼仪啦什么的，还让不让人活了？他是强人，就要起到强人的作用。

蒲察强人被皇帝陛下亲自拔刀砍中，紧接着侍卫们乱刀齐下，变成了蒲察肉泥。

金帝完颜守绪终于结束了归德之旅，他重新带上人，嗯，比之前少了太多的人，去心目中更好的地方蔡州。如果说归德之旅有什么收获的话，就是他成功地把身边随行的所有大臣都玩死了。

一路无惊无险到蔡州，这一带很安全，蒙古军的兵锋过不及此。当金国皇帝策马进城时，满城的百姓都哭了。

不是感动，是可怜他。堂堂大金国的皇帝陛下，居然只带了几百个随从、50匹马，满脸菜色，衣衫褴褛，像逃难似的躲到这地界来了。

人们出于习惯，给金帝以全城最好的吃住待遇。

三个月之后，蒙古人与长江南岸取得联系。窝阔台合罕派使者过江，南宋迅速同意联手灭金。很多人，包括绝大多数的史学家都判定南宋这个举动，和当年北宋联金灭辽一样，只顾着眼前小利，却招来了日后大祸。

其实不然，这一次南宋的决定半点错误都没有。首先蒙古约宋灭金早在十几年前就开始了，南宋一直没有同意，为的就是不想走老路。至少不想在敌方互噬胜负未分之前选合伙人。可这时不一样了，金国灭亡在即，哪怕完颜阿骨打复生也绝无转机。

开封都已经陷落，国土只剩下长江北岸一线，如此绝境，再加上百年间的不世血仇，不痛打落水狗更待何时？！

蒙、宋联手的消息很快传过长江，被完颜守绪知道了。这位金国皇帝给宋朝写信，里边说得倒也透彻——"……蒙古灭国四十，以及西夏，夏亡必及于我，我亡必及于宋。唇亡齿寒，自然之理。若与我联合，所以为我者亦为彼也。"

这个道理很浅，相信谁都能理解并且想得到，可这时让南宋与立马灭亡的金国联合，共同对抗本来没有怨仇的蒙古，难道南宋疯了吗？

更何况，完颜守绪说着这些话，做着相反的事。他悄悄命令秦州元帅粘哥完展进攻饶风关，他本人也会随即向蜀川方向移动，双方合力攻击兴元府，进而谋取南宋的四川之地。

……这就是金国的诚意。

哪有什么唇亡齿寒、合则两利，都是一些政治上的托词，都是些以骗人为生的强盗杀人犯！金国是这样计划的，真正的实施人是当年封建九公中的恒山公武仙。这个汉人对金国的忠诚度无与伦比，为了金国，哪怕所有的完颜都往后躲，他也会往前冲。

武仙集中兵力猛攻南宋川陕重镇光化，历史证明，他真不是一般的衰，光化区域的守将是孟珙。他非常准确地踢中了当时南宋硬度最高的那块铁板。武仙偷鸡不成反蚀把米，死伤惨重往回跑，孟珙不依不饶穷追不舍。

双方在马蹬山再次大战，武仙输掉了所有筹码。孟珙击破了他九寨重兵，武仙本人只带了六七个人仓皇逃走。

金国偷袭四川，挖南宋的肉补自己疮的美梦就此破碎。

蒙古军很快到来。

主将名叫塔察儿，是蒙古黄金家族中的显赫人物，他的爷爷是成吉思汗的幼弟铁木哥斡赤斤，父亲名叫只不干。这一支派的人出生就注定了啥也不用干，什么好事都会从天而降，每一次的封赏都比别人加三倍。

幼子守灶，天然优势。

塔察儿很聪明，出兵之前先与南宋官方打招呼，选的人也非常讲究，是襄阳知府史嵩之。史知府本身能力出众，更重要的是伯父无比高大——史弥远。权二代之间的沟通非常顺畅，史嵩之立即派兵调粮，支持蒙古灭金。

九月，蒙古军兵临蔡州城下。十一月，南宋以孟珙为主将，领兵2万，运粮30

万石，相继抵达。塔察儿热烈欢迎，孟珙满脸微笑，双方划定围城地界、主攻方向，约定互不侵犯。另有小道消息，据说两人互相看着都觉得对方英明神武，于是结成了兄弟。

这样很好，便于互相配合攻城。

这时，蔡州城里金军的实力比三个月之前要强很多，散落在江淮之间的败兵散勇们向金帝身边会集，已经达到了万人之上。

阴冷的寒风中，蔡州之战开始。数万蒙、宋联军分地段向城里猛攻，大体上蒙古军主攻西门，南宋军攻打南门，不过战场瞬息万变，总有些时刻比较特殊，让一些郁闷的事在不经意间发生。

某一天，塔察儿命令蒙古汉系大将张柔率 5000 名精兵强攻。张柔工作认真，身先士卒，冒着枪林箭雨奋勇先登。结果很遗憾，当天的雨下得大了些，他身中数箭从半空中摔了下去，眼看这位"蒙古人"就要死在城下，南宋的前锋军突然出现，把他救了。

张柔活了，很多年之后，无数的汉人都痛心疾首地追悔，为什么为什么为什么要救他？！

这是 1233 年，张柔要在 1238 年才能生出他那个"著名"的儿子——张弘范。就是这个张弘范率领蒙古军进攻南宋，擒文天祥，败张世杰，在崖山逼得陆秀夫背负南宋末帝蹈海自尽，灭亡了南宋。

早知如此，当时在蔡州城下，会有多少把南宋的战刀，把张柔砍成肉泥！

战争在继续，蒙、宋联军先后掘开了柴潭、练江之水，使蔡州失去了本就不深的护城河，之后合力齐攻西门，蔡州的外城就此陷落。这时距开战仅过去了一个月。

内、外城之间被金军挖出了一条深壕，就是这条战壕让很多的事有了发生的时间。先是金帝完颜守绪的哀叹。他深知大势已去，对内侍叹息道——"……我为金紫光禄大夫十年，太子十年，人主十年，自知无大过恶，死也无恨。所恨者神宗传祚百余年，至我而绝，与自古荒淫暴戾之君同为亡国之主，唯此让人愤愤不平！"

这番话让他在历史上赢得了不少加分，元代名儒郝经就发出了"天兴不是亡国君"的感叹。真是这样吗？

逃跑家族的遗传，搞死所有高级将领的事迹，灭亡前也不忘享受的无耻，这些都是谁干的？

这人发完感叹之后，仍然想突围，哪怕外面的天地再没有金国的半寸土地，他仍然要把逃跑进行到底。可想而知，他被堵回来了。

蔡州内城变得比当初的开封城还要地狱，被围三个月之后，城内物价腾贵，粮食断绝，居民只能以人畜骨和芹泥充饥，最后的一次盛宴是完颜守绪杀了 50 匹厩马、150 匹官马给守城士兵吃，老百姓眼看着没份。想当初，迎金帝入城，可曾想过有这一天？

1234 年正月，戊申夜，南宋主将孟珙下令对蔡州发动总攻，蒙古军也把蔡州西门凿开了五个通道，双方几乎同时杀进内城。

同一时间，金帝完颜守绪召集百官，传位给金国东面元帅完颜承麟。完颜承麟，金皇族，前宰相完颜白撒的弟弟。

蔡州临时宫殿里，场面肃穆庄重，金国君臣并没因为灭亡在即而慌乱，他们有条不紊地举行着仪式。完颜守绪让位，完颜承麟推辞。

完颜守绪说："朕体素肥，鞍马驰突不便。爱卿敏捷有将略，万一能免，能保我大金国祚不绝，也了却朕的心愿。"

这话让完颜承麟没法拒绝，金国最后一位皇帝就此诞生。

大礼刚毕，四面喊杀声已近在眉睫。完颜守绪立即走回后院，在幽兰轩自缢身亡，史称其为"金哀宗"。这个皇帝哪怕有万千错谬，可国君的本分已经尽到。"国君死社稷"，面对亡国之祸，他不乞求，不投降，更没有被绑缚献俘，殿廷受辱，这份硬气让他远远超出了其他的亡国之君。

比如北宋的徽、钦二帝！

金末帝完颜承麟在外殿听闻金哀宗死讯，没有急着突围，而是率群臣入内殿举哀。"哭奠未毕，城溃。"大家七手八脚忙着焚烧金哀宗的遗体，可这也是蒙、宋联军所必得的战利品，全城的焦点瞬间就凝聚到了这里。乱兵杀入，金廷权贵刹那间全成肉泥。

金末帝完颜承麟死，这是中国历史上在位时间最短的一位皇帝，大约只有一个小时的时间。

城里的战斗仍在进行，大臣完颜仲德率领 1000 名金军精锐与蒙、宋联军展开了激烈的巷战，直到金哀宗、金末帝的死讯传来。残兵只剩 500 余人，他们在完颜仲德的率领下集体投汝水殉国。至此，金国灭亡，立国 120 年。

这个崛起自白山黑水之间的塞外民族在最后时刻保持了铁血风骨，却没法改变灭国时的惨痛经历。说它的建立，起于反抗，过程神勇，让人情不自禁地为之鼓掌叫好。事实上我们也这样做了，一如当时为完颜阿骨打的喝彩。

可是穷人乍富之后就迅速迷失了自己，为了利益最大化，压西夏灭北宋，残酷荼毒无所不用其极。赵佶父子哪怕再有错，就真的值得用困饿侮辱杀戮灭国来报复？还有那些皇族的无辜女子，她们又有什么不对？！

人在做，天在看，一切都有报应。

当年宋太祖赵匡胤平定天下，不杀一降王。轮到赵光义，杀李煜逼小周后毒钱俶，杀德昭、德芳、廷美，坏事做尽。开封沦陷时北宋皇族，也就是他的直系后代的命运众所周知。

如今金国怎么对北宋的，蒙古人就怎么还给了他们。

而元世祖平灭南宋，免去宋帝系项牵羊的俘囚之礼，授上司徒，封瀛国公，日支羊肉 1600 斤供养南宋皇族，可称丰厚。即使后来有宋人以宋帝旗号造反，蒙古人也没有借机加害。对世仇金国，窝阔台合罕的命令是："除完颜氏以外，余皆赦免。"可见杀戮的对象只是金国皇室。

日后朱元璋兴起，元顺帝逃归沙漠之后，其子孙数百年绵延不绝，这难道不是证据吗？冥冥天意之中，谁敢说做错了事不用埋单？！

金国灭亡了，实事求是地说，除了女真族之外，没有谁怀念它。它留在史书中的印迹，除了鲜血、暴戾、破坏之外，很难找出其他的闪光点。最起码不像蒙古，蒙古人在史书中留下的印迹，除了鲜血、暴戾、破坏之外，还有广阔的胸襟、恢宏的气度、不变被征服者的衣冠、不限制宗教。而这些，也同样适用于辽。

金？不让人愉快。

至于说文化贡献，就更加可怜了。大金国百余年间雄踞东亚，是当世最强国。再 400 余年后重新出现在世人面前，居然又回到白山黑水间，过着和完颜阿骨打早期一样的日子了。这说明了什么？没文化真可怕，在刀枪上输了之后，只能被打回原形。

金国无文化。

第三十一章　南方天空最后一抹晚霞

蔡州之战结束，塔察儿和孟珙重新强调了友谊，平均分配了战利品，包括金哀宗没有烧完的尸骨，各自回国交差去了。

于蒙古而言，塔察儿带回来的东西很一般，全在意料之中，只需要签名查收就可以了。对南宋则不然，南宋举国上下欢庆若狂！

金哀宗的尸骨被奉献于太庙徽、钦二帝的遗像前，算是为两位"落难"祖先报仇雪恨。孟珙还顺手牵羊抓回来金国的参知政事张天纲，赵昀派人去羞辱之——"有何面目至此。"同时祭扫河南祖宗陵园的准备也在紧锣密鼓地进行中。

一切都预示着南宋的春天到了。

不只是灭掉了金国，更重要的是赵昀终于亲政了。10年，整整10年的时光，他一直坐在皇帝的宝座上沉默着，一语不发，做垂拱状。

这时，史弥远终于死了。

史权臣死了，对于他的死，笔者无言，南宋也无言。他做得实在太成功了，不仅让整个国家沉默，也让任何想诅咒、想痛斥的人说不出什么。在他任职期间外部发生了那么多的事，他都很清醒地应对了，历史证明，就像直到蔡州之役时才答应蒙古联合灭金一样，他的选择总是那么恰到好处。

不吃亏。

能指责他什么呢，无非是把南宋搞得更加文适武僖，加倍的死水一潭。可这说到底，又不是自他而始，他只有连带责任，不必论杀论剐地上纲上线。如果实在要加罪名的话，只能说史弥远听任外部世界千变万化，他只冷静旁观。

现代人都知道，不能与时俱进的，只能被时代淘汰，南宋看似在紧要关头痛打落水狗，既灭了世仇，还交好了蒙古。其实，大谬不然。

这些都是后话，南宋这时的主题是庆祝，是自豪。尤其是赵昀本人，他雌伏10年，早就有了自己全盘的打算，正好一一实施。第一，确立史弥远的历史地位。这至关重要，要知道他之所以能当上皇帝，完全是史弥远一手策划的，如果史弥远是错的，那么置他自己于何地？

所以当有人弹劾史权臣时，赵昀统统不听，反而为其歌功颂德，树立成南宋的政坛偶像。

反对声很快就平息了，因为史权臣的敌人本就不多，基本上都在活着的时候被他本人处理了。至于世间所有事物的估价者道学家，也对他没有恶感。

史弥远一生不与道学为敌。

于是乎，史权臣比之前的韩国戚要幸运多了，名列宋史的正臣栏，不必与秦桧、张邦昌之流为伍。怎样，生前身后都妥妥当当。

真聪明人也。

赵昀也很聪明，他保全了史弥远，却狠抓史弥远的党羽。只用了很短的时间，朝廷的中下层干部成功大换血，权柄快速回到了皇帝本人手中。

南宋开始了一段舒适生活，蒙古人的主攻方向是遥远的西方……

尤赤死得太早太突然，金帐汗国的压力大增，身在异域，不进则退，蒙古人为此召开全族大会，商量怎样解决。

这次举族大会定下了一个空前绝后的决策，为了西方，蒙古黄金家族的所有支脉、万户以下所有那颜的长子全部聚集出征。

引用《元朝秘史》中的原话是：

> 其诸王内教巴秃（拔都）为长，在内出去的教古余克（贵由）为长。凡征进去的诸王、驸马、万千百户，也都教长子出征。这都教长子出征的缘故，因兄察阿歹（察合台）说将来：长子出征呵，则人马众多，威势盛大。闻说那敌人好生刚硬，我兄察阿歹谨慎的上头，所以教长子出征，其缘故是这般。

这种语言风格很有特色，元朝百年之后，到了明朝初年，朱元璋他们说话也这个味道。限于篇幅，不然把朱元璋立在太学里的一块训诫碑原文录上来，可以互相印证。

长子西征名义上以长子中的长子拔都为主帅，实际上的前军主帅是横扫欧亚，不久前还随成吉思汗攻略过那片土地的速不台。

这场声势空前浩大的西征要在第二年，即1235年时才展开，可准备工作要提前很多，至少兵力都在向西方集结。

1235年，蒙古军从漠北老家起兵，向整个世界四面八方同时发动进攻。

向西，浩大的长子西征开始了。以拔都为首的蒙古第三代战士从这一年起，至1241年，他们连续攻灭了不里阿耳、钦察、斡罗思、也烈赞等区域，进而破莫斯科、罗斯托克、阿速国、乞瓦、伽里赤，兵锋直入马札儿（现匈牙利）。

1241年春季开始，长子西征进入爆发期，第三代蒙古战士彻底熟悉了沙场，他们攻入西里西亚境内，与捏迷思（德国）军激战于里格尼茨，获压倒性大胜。在冬季，他们把战线推进到了维也纳多瑙河一带。这时漠北传来了必须撤军的命令。

长子西征结束，拔都率军北还，在伏尔加河下游的营地立国，建萨莱城（今阿斯特拉罕附近）为国都，统有东起也儿的石河，西至斡罗思的辽阔地域，史称其为钦察汗国。

向东，蒙古东征高丽，高丽人这次惹了大麻烦，不仅被赶回老家，还被一连攻破大半个国土，最后只好把太子送了出来当人质，表示永久性真诚臣服。

向南，蒙古人非常重视南宋，派出了窝阔台合罕的二皇子阔端率西路军攻打四川，三皇子阔出率中路军南下荆襄，大将阿木鲁率东路军进攻两淮。

战斗在南宋的三个国防区域，四川、京湖、两淮同时打响。

先说四川战场。蒙古人是有备而来的，他们似乎认真了解过中原历史，知道欲取江南，必先取四川，之后顺流而下，无所阻挡。

窝阔台合罕的二皇子阔端负责这一战区。攻川必先取蜀口，两军都直奔要害，在蜀口、沔州一带展开激战，四川战区最高长官制置使赵彦呐被击败，兵困青野原。危急关头，宋军都统官曹友闻率部死战，冲破重围，终解青野原之围，把蒙古军挡在阳平关、鸡冠隘一线。

这只是开始。

第二年的秋季，阔端再次出击，赵彦呐本人带头逃跑，蜀口守军立即一哄而散。四川门户大开，蒙古军长驱直入。川北重镇相继陷落。

十月，成都的受难日到了。

蒙古军化装成宋军混进了成都，成都失陷。残忍的阔端下令血洗锦官城，城池被烧毁了，民众被屠杀，有记载一共死亡了 140 万人。

南宋的上游重镇尽失，国都安全顿时下降，可以说蒙古人掌握了灭亡南宋的钥匙。

中路京湖战区同样惨淡，蒙古军自河南南下，唐州、邓州、均州相继投降。枣阳、光化、德安先后被攻陷，这些州县除了道士、儒生等极少数人之外，全被屠杀。次年二月，蒙古兵临京湖区域最重要的据点襄阳，这里由宋军统帅赵范亲自坐镇。

大敌当前，赵氏兄弟的本质暴露。号称一时名将的双兄弟连内部问题也处理不好。"北军"出事了。北军，是金国灭亡之后投降南宋的女真军队，他们与蒙古人有灭国之恨，会真心为南宋出力。可赵范居然在各种小问题上一错再错，搞得北军叛变。

襄阳丢了。

襄阳城非同小可，城里有着自岳飞开始就一直积攒的战械、粮草，这些数十年如一日的积累，都毁在了这时。

南宋京湖防线崩溃，阔出率领的蒙古军直线突破，随州、荆门、郢州等城相继失陷，江陵（今湖北荆州）近在眉睫，最后一道防线长江已触手可及。

当此时，四川陷落，京湖崩溃，三大战区只有两淮一线由于长年备战，防御体系完善，能与蒙古军抗衡。国家形势之危急，是南宋自开国以来之最险。宋廷上下真的慌了，他们找不出任何可以挽救危机的办法，最后只能选在理论上最靠谱的一个试试。

孟珙。

毕竟是联蒙灭金的现场实施者，他应该有能力。可是之前出于种种原因，比如他是史嵩之的部下，一直被冷藏在战场之外。

事有轻重缓急，当务之急，在于京湖。它离临安太近了，蒙古军渡过长江，南宋将立即灭亡。孟珙以最快的速度赶了过去，到位之后心里一片冰凉。没有兵，没有船，而对面全是兵，全是船！战争说到底是力量的对抗，这种局面会让任何一名战将绝望。

只剩下一个办法了——事急用奇，兵危使诈。

孟珙下令封锁江面，用疑兵之计，列烛照江达数十里。煌煌烛火下，宋军军队来往频繁调度，旌旗服色各自不同，像是有巨大的兵力在疾速集结。对岸的蒙古军迷惑了，他们变得小心翼翼，放慢了进攻的速度。可孟珙却突然不顾一切地提高了速度！

他派兵到对岸把蒙古军的战船一把火都烧了，彻底断绝了蒙古人渡江的可能。

京湖危机暂时解除，换作其他宋人，或许会得过且过，只要还活着就很享受。孟珙不然，他得到补充之后迅速渡江，夺回了襄阳等城镇。战略要地回来了，可里边的物资战械全部损毁，面对超级大烂摊子，孟珙要做的事实在是太多了。

南宋朝廷变得理智，要员们发现了孟珙的才能，那么很好，就尽量使用。京湖一带完全交给了他，总原则是，在这一块区域没有安定之前，孟珙不派他用。

京湖安危在三年之后，1238 年左右彻底得到了解决。孟珙找到了一个人，他叫杜杲。杜杲，字子昕。出身刑狱世家，走上战场，纯粹是一个偶然。

宋、蒙战争初期，杜杲所在的位置在两淮区域。

1236 年，杜杲知安丰军。蒙古人在年底寒冬时围城，各种蒙古传统战术统统出笼，比围攻蔡州时更上一层楼。没人期盼杜杲能有惊艳表现，一介文官能有什么作为？可整整三个月里，安丰军的城头战械毁了一批又一批，杜杲能保证城上的防御始终不懈；安丰军的城墙被摧破一块又一块，杜杲能让它们迅速修补，保证强度。

蒙古军蛮性发作，派出敢死队，头戴金属面具，身穿牛皮厚甲爬墙仰攻。杜杲命善射之人专以小箭射其目，使之无法得逞。

三个月之后，援军终于到了。这时连蒙古人都没有预料到，杜杲居然还能保持住出城野战的实力、士气，派人里外夹攻，大败来犯之敌。

蒙古军在安丰军城下损兵折将达 1.7 万余人。

到 1238 年，杜杲因战功升任淮西安抚使兼知庐州（今安徽合肥）。城大了，敌势更大。蒙古军在城外堆起了一座高于城墙的土坝，在上面安装火炮、投石机，日夜不停攻击城内。仗打到了这地步，传统的弓箭刀枪等人力能使用的武器已经失效了，难道杜杲能派人出城，一只手拿刀，另一只手拿铁锹，把土坝拆了吗？

杜杲在城里同样筑起一座更高的土坝，在上面同样安装火炮、投石机，两军隔着城墙互相对射，南宋大胜，蒙古军的战械都被焚烧砸碎。

安丰军城外的一幕重现，杜杲乘蒙古军势竭，出城追杀数十里，毙敌 2.6 万余人。这是宋、蒙自开战以来南宋军方取得的最大胜利，同时也开创了城市保卫战的成功先例。

他的战术，非常像南宋初年镇守蜀川的名将吴玠。

杜杲的及时出现，让孟珙腾出手脚，可以重铸蜀川防线了。这时的蜀川已经支离破碎，曾经超级稳固的蜀口防线完全失效。

蜀口，在与金国对战时，指的是以秦岭弧圈上的大散关、黄牛堡、皂郊堡，这是第一道防线；其中大散关、黄牛堡控制着陈仓道，皂郊堡控制着仙人关。这一关二堡，就是史书中经常提到的"蜀口外三关"。

外三关以南的阶、成、西和、凤等州，以及天水军，是蜀口的第二道防线。

第三道防线是武休关、仙人关、七方关。其中武休关控制着陈仓道入汉中的道路，仙人关控制着从仙人关入汉中的道路，七方关控制着从阶州入汉中的道路。

这是史书中所说的"蜀口内三关"。

第二道防线中的四州一军是内三关的前沿阵地，称为关外五州。

蜀口外三关分布在秦岭的南北弧圈上，很难被敌军迂回，在历次战争中损伤较小。内三关的小道和斜径很多，很容易被敌军迂回偷袭，吴玠就吃过大亏。宋、金当年在这片区域内一共爆发过四次重大战役，导致内三关严重损毁，不可修复。

在吴玠时期，蜀口兵力在 10 万左右。到宋、蒙交战时，兵力最多时为 7 万，几乎全是步兵，战马只有几千匹。

如此兵力如此残关，而蒙古纵横天下百战之师，结局可想而知。至 1139 年前后，蜀口关隘全部被拔除，四川成为不设防之地，东、西两川任由蒙古军出入。而蒙古军在这一年的秋天，更是调集重兵，对外号称 80 万，攻重庆、破开州、抵万州，直达夔峡。

下一步很显然，是占据长江上游，顺流而下，直破江南。

南宋彻底慌了，赵昀不再只调孟珙入川，而是命令孟珙以最快的速度，率领本部军马入川，哪怕京湖一带空虚，也要先挡住蜀川敌军。

孟珙火速沿长江逆流而上，在归州、巴东一带与蒙古军交锋。他是那个时代最神奇的万金油，无论是在陆地，还是在水面，是在川中，还是在平原，都百分之百地起效。

孟珙顶住了蒙古军！

他顶着号称 80 万的蒙古大军，使其一路沿原线返回，沿途连想停下来攻克重庆都做不到。这一战持续到了第二年的初夏时节，蒙古史书里宣称是出于天气的原因，仅仅是天气，立即就要炎热了，所以蒙古战士才回家度假。

战争告一段落，工作才刚刚开始，孟珙要把蜀川修复一新才行。

原来的蜀口关隘不合时宜了，孟珙提出了新的三关概念。他要在夔州设置制置司副使，调关外都统司驻防，负责涪州、万州以下江面河堤，成第一道防线；以常德府、澧州一带作为第二道防线；以辰州、沅州、靖州、桂阳军、郴州为第三道防线。

这套方案既能防御蒙古军从川东东下，又可以抵御蒙古从云南、广西方向迂回穿插。历史会证明孟珙的眼光有多么独到老辣，不久之后这两个方向都给南宋带来了巨大的威胁。

破坏如果只需要 1 秒，那么建设或许要经历 10 年。孟珙入川百业俱废，要一点一滴做起，这实在是太难了。而这时他身膺南宋三分之二战线上的国防事务，也真的没法全身心投入一时一地的建设上。

得另找人。

非常幸运，余玠适时出现了。余玠，字义夫，南宋分宁（今江西修水）人，侨居蕲州（今湖北蕲春东北）。自幼家贫，不务正业。史称"落魄无行，喜功名，好大言"。曾先后在沧浪书院、白鹿书院就读，中途辍学。

一般资料里找不到余玠辍学的原因，仿佛讳莫如深有多少内幕似的，其实很简单的一点小事。少年戒斗、中年戒色、老年戒得。余玠少年求学，犯了头一条。

某一天，余同学去喝茶，很可能是当天风和日丽让他精神愉悦，一不留神与茶博士吵了起来。双方越吵火越大，于是决定动手。

余同学年少力薄，初战失利。余同学狠辣彪悍，决定再来。他抄起了一根木棍……对方死了。余玠只有辍学逃亡。

去当职业匪徒呢，还是选个类似的？余玠选择了后者，他投身到淮东制置使赵葵门下，当了一名幕僚。时也命也，正赶上宋、蒙交战，余玠立即脱颖而出。

前面提到的杜杲成名之战，安丰军之战，杜杲固守三个月之后得到外援，里应外合大败蒙古军。那位外援，就是余玠。事后在余玠的功劳簿上静静地躺着一个显赫的名字，蒙古军主帅叶国大王，这人被当场击毙。

次年，1238 年的寒冬，余玠守招信军，与蒙古军血战三日，身负重伤，保住城池不失。

再一年，余玠的伤好了，越想越生气，决定报复。

蒙古人家大业大手笔大，入驻开封之后，把早就淤塞的河道都疏通开了，开始大造战船，预谋水陆并进攻打江南。每一个宋朝人都知道这有多危险，当年宋太祖赵匡胤就是这么干的，强极一时的北宋水军就从这里开始起步。

余玠突然间率兵启动，出两淮入河南，在敌占区穿插自如，奇袭开封城，一把火把蒙古军的造船厂烧成一片白地。做完了这些他仍然觉得自己委屈，顺势又威逼归德府，等蒙古军终于反应过来，向归德府集结时，他突然转向，猛攻宿州。

……宿州被他攻破了。

这之后，余玠才全军南归，安然回到南宋境内。这番壮举是南宋几十年以来所未见的，一时间余玠声名远播，广为传颂。

赵昀亲自接见他，据说仔细看了他很长时间，决定把蜀川交给他。

余玠是个划时代的人物，他对蜀川的理解，超出了当时所有人，包括孟珙。因为他发现了宏观方面的大差异。在整个东亚，甚至欧洲，蜀川都是极特殊的一块区域。

它是山地。

蒙古军横扫世界，不外乎战马、弓箭、投石器这三样武器。它们足以毁灭军队和城市，却没法征服高山和大河。

高山、大河，正是南宋所拥有的。具体到蜀川，就是高山。此前蒙古军攻破蜀口，肆虐两川，记录显示的全是成都被攻破，开州被攻破，重庆被威胁，等等，等等，这就是问题所在，都是城池受损，那么山呢？

和平岁月，没人愿放弃平原去山上居住，导致蜀川的山地还处在原始状态，余玠要把它们利用起来。为此，余玠把治蜀的任务分成了两步走。

第一，聚拢人才。

蜀川多杰士，只要用心，自古不缺。余玠精心搜寻，得到了王坚、张钰、张实、冉琎、冉璞等人。前三者在日后大放光彩，成为南宋战将群落里的璀璨明星，支撑着汉族与蒙古军死战到底。后面的冉氏兄弟更具有决定性。没有他们，就没有蜀川。

冉氏兄弟帮助余玠完成了蜀川中独特的山城防御体系，其中的代表作是处于重庆合州附近的钓鱼城。钓鱼城石壁陡峭，山势耸立，相对高度达 300 余米，山下嘉陵江、涪江、渠江三水环绕，南、北、西三个方位临水，只有东面可以登临。

山水之利，足以固险；山水之便，可以通达蜀川各地。如此雄关，地处如此要害，正是上天赐予蜀川的天然要塞。

可是当时却没几个人赞同，传统思维是人类的共性，千古以来只有极少数的人杰才能破除之。余玠想在原有的钓鱼寨上扩建钓鱼城，上下一片哗然，觉得新来的长官真是不着调。放着现成的城池不加固，跑山顶上去喝冷风？

余玠力排众议："城成则蜀赖以安，如果不成，我一个人独自上钓鱼城就是，不用你们跟着。"

钓鱼城城墙高数丈，用石块垒成，全城开八个城门，分别有外郭、皇城、内城三道防线。南北各构筑一条一字城与嘉陵江相连，以便补给，同时能阻挡敌军城外运动，还可以与外城形成立体攻防。

钓鱼城的成功带起了周边一系列山城的兴建。其中新建八城与嘉陵江、涪江和渠江合称"三江八柱"。

三江八柱是蜀川的防御核心，以此为基础，南宋先后在岷江、沱江、长江、通江、南江、巴河等流域建百座山城。今可考地址的共44处，绝大部分是余玠治蜀时所建。这些山城一般选择在不是很高的山崖上，但崖势一定要陡峭，这可以大大减弱蒙古骑兵的冲锋力量。同时依江傍水，既能借水利增山势，也能发挥南宋水军的优势与外界取得联系。

山顶上一般有几十亩，或几百亩的土地，可以种田、伐木、捕猎，还必须有泉眼。以上足备之后，山城可以自成体系，不必外界给养，就能长期生存。

余玠还总结了一整套与蒙古军作战的经验：第一，以逸待劳，不可轻战；第二，聚保山险，不居平地；第三，多用夜劫，不可昼战；第四，收聚粮食，毋以资敌。这些让蜀川形势空前大好，"军得守而战，民得业而耕，士有处而学"。

做完了这些，余玠再一次觉得蒙古人面目可憎，决定继续报复。

余玠选择的时机非常好。

在他那个时代，肯定不会有消息网遍布整个东亚大陆，从而知道何时该防，何时该攻，可是好人好命，他打算反攻蒙古时，正赶上蒙古的衰弱期。

余玠在1243年左右入蜀，修筑山城需要时间，都准备好之后，过去了两三年，这期间蒙古的乱事很多。

首先，1241年时蒙古窝阔台合罕死了，据说是饮酒过量。这人的一生在功绩上看很不错，灭掉了世仇金国，对南宋完成了压制，可从大历史的角度来看，只是一个过渡角色。他一生最大的业绩，与其说是拓地灭国，不如说是完善了一些制度。

比如在全境内设置驿站。

相反，他的死对整个世界意义重大。分布在半个地球上杀人放火的蒙古人立即停战，从四面八方赶回蒙古老家，号称世界中心的和林。这需要时间，而蒙古内部兵力空虚，尤其是窝阔台一系，他的儿子们参加了长子西征，还在赶回来的途中。

事实上全蒙古贵族的长子都在赶回来的路上，这就给叛乱提供了极好的机会。成吉思汗的幼弟斡赤斤率领精兵突然杀向了窝阔台的大斡耳朵（蒙古大汗的驻地）。他是第一代的守灶幼子，有着巨大的实力，如果得逞，蒙古大汗立即产生。

关键时刻，窝阔台系的长子贵由及时赶到，斡赤斤悻悻退兵。

大会如期举行，盛况是人类有史以来最宏大的，汉地、中亚、西亚地区都有蒙古贵族到会，连罗马教廷都派来了著名的教士加宾尼等高层。"广阔的原野变得狭窄，斡耳朵内无容身之地，更没有地方可以下马。"

如此盛大，折腾了好几个月，除了给窝阔台定下了庙号"太宗"之外，什么事也办不成。因为忽里台大会选择窝阔台的长子贵由当大汗，可长子中的长子拔都不同意。

术赤系一贯被排挤，连带着拔都在同代兄弟间也没地位。贵由在西征中公开叫板，说他是"带弓箭的妇人"。拔都当时忍住了，把情况说给三叔听。三叔大怒，痛责贵由——"这下等的，听谁的言语，敢将哥哥毁詈？舍了你，如弃一鸟卵。如今教去边远处做探马赤，攻取坚城，受辛苦者。"

有这样的旧怨，拔都当然不希望贵由上位。

忽里台终于落幕，贵由不仅当上了大汗，还让全体蒙古人立誓，从此以后，蒙古大汗只在他的家族里产生。这相当于断了其他所有蒙古人的升天之路，破坏了蒙古人最古老神圣的习俗。贵由不管这些，再接再厉，在他二伯察合台死后，把手伸向了中亚。

察合台原本把察合台汗国的汗位留给了长孙哈剌旭烈兀，贵由说："儿子还在世上，孙子怎么能当继承人。"他把汗位硬生生地夺走，给了与他交厚的察合台的儿子也速蒙哥。这种事，除了他的爷爷成吉思汗之外，他的爸爸、他叔叔，谁都没有做过，它会引起蒙古的内乱。

贵由很干脆地死了，只当了一年多的大汗。

这一次忽里台大会没有再召开，窝阔台的老婆乃马真和贵由的老婆斡兀立·海迷失决定自己做当家人。这两个女人倒行逆施，很多蒙古人被活活气死，其中包括蒙古开国宰相耶律楚材。这样的局面一直延续到1251年。

这之间，南宋方面发生了很多的事，除了余玠的报复之外，太多的人和事都改变了。当然，这一切的前提是，蒙古人内乱，影响了前线的战局。

余玠先是防守，1246年，蒙古军四路攻蜀，受阻于运山城（今四川蓬安县东附近山地）下，蒙古四川都元帅汪德臣部惨败，汪德臣的弟弟汪直臣被击毙。两年之后，蒙古军企图从藏区南下，迂回攻宋，余玠派俞兴西征，大败蒙古军于大渡河畔。

随后余玠主动进攻，收复了蒙古军在四川最重要的据点兴元（今陕西汉中），将战线推进至接近原蜀川外围的防区。

局面大好，突然就倒。

余玠的好运终止于首相郑清之的病逝。郑清之欣赏他，信任他，他可以在蜀川大展拳脚，郑清之死了，一条锁链从临安横越千里套到了他的脖子上。

新上任的首相谢方叔早就看他不顺眼，天天在赵昀的面前碎碎念，说余玠专制一方，有不臣之心。时间长了，加上之前蜀川吴曦的叛变，哪怕没有证据，赵昀也对余玠起了疑心。

赵昀召余玠到临安自辩。余玠惊怒交集，在动身之前病倒，最终忧愤而死，也有另一种说法，他是服毒自尽。

余玠死了，"蜀人莫不悲之"，临安却无动于衷。接任的余晦快马加鞭来上任，大力清除余玠亲信，以达到对四川的管制。州西路安抚使王唯忠，被诬以通敌罪杀害。不久，宋廷又追削余玠官秩。

然则，余玠首创的山城守蜀之法无可动摇，尤其是钓鱼城，它被扩建了，变得更加完善，尤其是城内的水井达到了 92 口，绝对不会有水源问题。

这些，都会在不久的将来为南宋的生存带来巨大的依托。与之相比，孟珙的成绩仍然要更高一筹。蒙古军奉行的先蜀川后江南的战略，以及余玠在蜀川的成功，让京湖地区的压力骤然减弱，孟珙不再防守，而是主动出击。

孟珙收复了襄阳、郢州、荆门军、光化军等重镇，把原岳家军防区的前沿阵地复原。时机大好，孟珙希望临安能支持他，派重兵驻扎襄阳，巩固赵宋的根本重地。可惜，赵昀在临安城里考虑了一下，还是蜀川、两淮更重要吧，毕竟京湖在胜利，那边在防守。

于是不派兵。

孟珙无奈，只能再一次专注于防守。1240 年左右，河南境内的蒙古军调动频繁，在边境线耕种屯粮，积木造船，目标直指荆襄。

孟珙有吴玠的遗风，防守时更注重突如其来的攻击。他悄悄派兵入河南境，数道并进，有的去毁掉蒙古军的粮库，有的去烧蒙古军的造船厂，几路人马同时发动，每一路都大获成功。

烧完了敌人的物资，孟珙叹息了一声，觉得前途暗淡。

赵宋一向以财力雄强示人，与辽战、与金战，都在物资与人数上添补实际战力的差距。可是近 300 年过去，一切都变了。蒙古人是这个世界上最有钱的，南宋偏安半壁江山，什么事都得精打细算，才能勉强支撑。限于时局，孟珙决定屯田。

京湖驻军在长江沿岸耕种大面积的军田，不仅粮食自给，每年还能补还临安。

时光在这种稳定中流逝，孟珙走到了 1246 年。这一年里他很不开心，他计划了很久，实施了很久的一件事终于也有了回报，一些在宋、蒙之间摇摆不定的汉族武装选择了南宋。这对没钱更没人的南宋来说是及时雨、强心剂。

可是理宗陛下赵昀不喜欢。他觉得这是自找麻烦，今天归宋，明天附蒙，于国何益？他从来不去想，本是汉人，为什么会去附蒙。

孟珙在巨大的失望中病倒，重病中他深深地叹息——"三十年收拾中原人心，今志不克伸矣。"九月三日，理宗时代最杰出的统帅在江陵府逝世，时年 52 岁。

孟珙的离世，使江南近一半的防区出现真空。他是真正意义上的统帅，其稳定性无人可以替代。然而，赵昀是个好命的人，他在享受幸福生活之余，还得到了额外的奖励。

话说赵昀日后的庙号是理宗，顾名思义，乃理学大成之宗。他恨不能与朱熹活在一个时代，在他的统治下，理学家的春天到了。

理宗陛下非常醉心于为儒家清理门户。

第三十二章　阎马丁当，国势将亡

回到政治上，朱熹学有所成，自然不甘寂寞，

可都时间不长就出于这样的或者那样的原因重回山野

入朝，都会增加他的名望，这是他逐展抱负的前提

赵昀先是来个大扫除，像扬雄，因为附会王莽篡夺汉室，那么毁掉他在孔庙中的塑像，撤去从祀的位置，等等。

再增加些席位，让儒家神像变壮观。如追封孔门弟子闵子以下九人；如程颢、程颐、张载三先生"得孔孟以来不传之秘"，自然要与孔夫子、孟夫子近一些，站到孔庙，得从祀之位。

这些还只是理宗陛下早些年的创举。到了宋、蒙交战，国家危殆时，他的脑筋更加灵活，向往更加深远，对理学的建设更加来劲了。

大体上他做了三件事：

第一，追封已故著名理学家的爵位。除朱熹早就封信国公外，周敦颐追封为汝南伯，程颢为河南伯，程颐为伊阳伯，张载为郿伯。

第二，取消王安石从祀孔庙的席位。南宋以官方诏书的形式确认王安石是"万世罪人"，赵宋之所以落到今天的地步，全是王安石的责任。

第三，"新学"代表王安石，"蜀学"代表苏轼，文学泰斗欧阳修，以及孙复、胡瑗等非理学人士全部迁出孔庙，各派学术被压制，理学正式独尊于华夏。

面对这样伟大慷慨的陛下，理学界感激涕零，集体思考，只能以世间最光辉的名词回报之，于是百年之后，赵昀被称为"理宗"。

而理宗陛下也坚持着理学式的生活，一方面，他道貌岸然，满口仁义道德君臣大义。时值蒙古不停进攻，他调兵遣将很忙活。另一方面，他的生活中时刻不能缺少美人。其实对一个帝王来说，这似乎不是什么毛病，但看得详细具体一点的话，就会发现那实在是……太理学了。

赵昀登基之初，两位女士走进了他的生活。一个是先朝宰相谢深甫的孙女谢道清，一位姓贾。谢道清端重有福相（估计很胖），相貌平常；贾氏非常漂亮。

作为一个男人，谁都知道怎么选。问题是老妈不同意，宁宗的杨皇后看中了有福相的谢道清，贾氏只好去当贵妃。

这位贵妃带给他，带给赵宋帝国一位大人物，贾似道。

贾似道，字师宪，进士出身。他的故事很长，但这时他还没有上路。

他的姐姐，准确地说是异母姐姐对他非常好。活着时最重要的事，是给他以国家小舅子的头衔；死时，非常遗憾，贾贵妃去世非常早，但时间卡得极其精确，是1247年。也就是孟珙去世后的一年，这时贾似道已经上路了，得到了京湖制置使的职务，可以主政一方。

要是死在了孟珙的前面，事情还真就不好说了，因为赵昀一日不可无美人，小舅子会频繁更新换代。

贾贵妃之后是阎贵妃。阎美人爱的不是弟弟，而是名誉。理宗陛下为她打开了国库，造了一座功德寺，规模居然比赵家列祖列宗的功德寺还要大，比临安当地的千年名寺灵隐寺还要堂皇，一时人称之为"赛灵隐寺"。

赵昀的后宫超级庞大，有夫人名号的有1000多个，慷慨的陛下对她们的赏赐力度完全达到了力与意合的至高境界，也就是说，心情有多么好，力度就有多么大。结果他的意志力实在太浑厚了，1000多个女人仍然没法满足他。

他走上了社会，在烟花柳巷内寻找快乐。当时临安城内色艺双绝的官妓唐安安在元宵佳节之夜入深宫，与陛下共度良宵。陛下非常愉悦，意志力爆棚，花费巨资捧紫了这位本来就很红的角儿。这件风流韵事广为流传，有大臣实在看不过去了，上书说——"坏了陛下三十年的自修之课。"

陛下立即传旨，爱卿闭嘴，不要扩散。

……蒙古国都知道了好吧。

向外部辐射影响力是人类的本能，无论男女，都会这样办。区别只在于辐射的远近罢了。阎贵妃得宠之后，开始干预朝政，于是一个太监也应运而生，毕竟她本人没法亲自去外界指手画脚。

该太监名叫董宋臣。

多好的名字，这人揽权纳贿，无恶不作，人称"董阎罗"。官场对他无可奈何，史称"庙堂不敢言，台谏长其恶，或饵其利，或畏其威，一时声焰，真足动摇山岳，回天而驻日"。

很准确，回天之力就是董太监的独门武功。往往赵昀下的命令，他都有能耐改回来。当然，有时他也需要帮手，比如朝臣丁大全。

丁大全，字子万，镇江（今属江苏）人。他长得"蓝脸鬼貌"，所谓相由心生指的就是这种人。在私人方面，他给儿子聘妇，发现女孩儿很漂亮，就夺媳为妻，收入房中。公事方面，丁大全做到了御史，觉得宰执近在咫尺，可以盼望一下。

于是，他去巴结当时的宰相董槐。董槐自认清流，早就看他不顺眼了，直接赶走。丁大全大怒，当天夜里私用御史台牒，调动100余名禁军，手执利刃闯进董府，抓出董宰相，呼啸出城，到了野外，扔下就走。董宰相只好半夜三更一个人慢慢往城里走。

天亮了，终于熬回了临安城里，罢相制也颁布了。董槐下课，连职务加名誉，被双重打击。之后，丁大全堂而皇之地上位，如愿当上了宰执。

这就是理学盛行时期的南宋，好一个笑话。

阎贵妃、马天骥、丁大全、董宋臣，这四个坏人在赵昀的中后期祸乱南宋，朝堂上的公务员对他们无可奈何，民间更伤不了他们半根毫毛，只能用些小手段发泄怒气。有人半夜在朝门上大书了八个字——"阎马丁当，国势将亡"。

小手段起了大作用。

赵昀被这八个字震动了。事实上这也正常，很多位高权重可以俯视众生如蚂蚁一样的大人物，之所以总是那么淡漠、无动于衷，都是因为蚂蚁们的淡漠、无动于衷。

你不去触动他，他怎么会关注你呢?

这时，赵昀开始注意起身边。马天骥被罢免，丁大全被罢免流放，在押解去海南岛的途中，他被押解武官设计误落水里淹死。阎贵妃病死，唯有董宋臣这个死太监一直好运，赵昀非常疼爱他，一直活到了赵昀死前几个月才完蛋。

赵昀还追赠了一份节度使头衔的临别礼物。

以上是赵昀个人原因导致的南宋朝政紊乱，所谓理学名家与理学皇帝会给一个国家带来什么样的局面。回到最为重要的战场上，他的好运倒是没有衰竭。小舅子非常给力。

贾似道是一个早就被定义了的人物，他坏，他笨，他贪，他懒散，他爱斗蟋蟀，等等，等等，但是历史记载了他最初走上战场时的风采。

他比绝大多数的宋朝官员强多了。

贾似道上任京湖制置使之后，继续推行孟珙的屯田政策，每年的产量比孟珙时期更高，可以向临安反补粮食 30 万石。战场上的表现也很出色，姐夫陛下很高兴，决定让他进步。

进一步，从京湖区域上提一步，过长江到两淮区域去管理。京湖制置司交给了原广西经略安抚使李曾伯。李曾伯，字长孺，号可斋，怀州（今河南沁阳）人。在宋史中人们一般把他定义为词人，因为他的词写得的确卓然大家。

实际上他是一名出色的建筑师。

李曾伯上任，开始大力修整工事。经 3 万将士历时数月，原本毁坏多处的襄阳、樊城重新成为军事要塞，尽复岳飞以来的宏伟旧观。

来日国难，襄阳藩篱，曾为赵宋抵挡了多少年的蒙古兵火。这份功劳，自李曾伯始。

第三十三章　上帝折鞭处

时间进入 1251 年前后，宋朝人在忙于建筑之余，忽然间发现边境那一边，蒙古人似乎也在忙着砌墙，很多的城池要塞拔地而起。

西起四川，东至淮东，在南宋的全部边境线上，遍布蒙古人的军城。

蒙古军修筑的著名要塞，在蜀川有沔州城、利州城、成都城，在京湖有光化城、毗阳城、枣阳城，在两淮有亳州城、海州城。

屯田的力度更大，地广人稀的河南大地上重新出现了庄稼。这远远大于南宋京湖一地的屯田面积。对此南宋并没有很好的办法，只能尽量添乱。比如利州城，南宋四川守将全力以赴不停骚扰，让蒙古人建了整整五年才把这座城盖起来。

可毕竟它还是盖起来了。

宋、蒙新一轮的战争随即爆发，蒙古军在所有盖了军城的地方展开攻击，也就是四川、京湖、两淮全被波及，结果灰头土脸，半点好处也没捞着。尤其是在嘉定、扬州、襄阳三大要塞，堪称损兵折将。蒙古人痛定思痛，觉得住了几千年的帐篷，突然学着汉人盖城，实在是颠三倒四。

蒙古人集体思考，准确地说，是蒙古新大汗用心思考，怎样征服南宋呢？是的，这时蒙古已经有了新的主人，他就是孛儿只斤·蒙哥。蒙哥是拖雷系的长子，参加过长子西征，功勋卓著。贵由死了之后，窝阔台的老婆、贵由的老婆，加上窝阔台指定的继承人失烈门的妈妈，三个女人争先恐后地添乱，终于把全体蒙古人都惹火了。

长子中的长子拔都提议，重新召开忽里台，这次不在和林老家，而是到钦察草原来，在他的监督之下，由他保证公正。

三个女人都怒了，蒙古人要重视誓言，上次发誓说蒙古大汗永远产生于窝阔台一系，什么时候轮到术赤系的人说三道四了？！

孛儿只斤·拔都用事实教会她们什么才是蒙古人。他在中亚地区设帐，窝阔台系、察合台系很多人没来，他照样选出了新一任蒙古大汗，与他交厚的蒙哥。

女人们在和林反对。

拔都冷笑，他派重兵送蒙哥回和林，同时集结大军在中亚边缘，随时准备进入窝阔台一系的领地。在这种压力下，蒙哥终于成功登顶。

出来混，终于要还债了。察合台从小敌视欺侮长兄，窝阔台害死幼弟，这两人祸及子孙，从此大蒙古国的君主之位再没有他们的份儿。

在历史的综合评价里，蒙哥得到的四个字是"刚明雄毅"。仔细想，好像都不是什么好词。刚，此人上位之后杀尽所有祸根，比如窝阔台系的三个女人；明，相对而言吧，比贵由之流要强一些；雄，指他迅速恢复了向外扩张，很有蒙古人作风；毅，这个可真不好说，根据后边的事态发展，很可能是赞美他做事一根筋，头脑不是一般的硬。

这一点的证据还有一个，就是他认真地思考怎样征服南宋，费了很大的劲，想出的办法毫无新意。看名词，叫"斡腹"，是迂回穿插腹地的意思，搞得像很尖端的新战术，其实和成吉思汗灭金的计划如出一辙。当年正面进攻金国没办法，只好借道南宋抄金国后路。现在正面进攻南宋没办法，蒙古人把主意打到了云南大理国的头上。

终于要说一下大理国了。

之所以一直都没有提过大理，是因为它对南宋无害，对吐蕃无害，对西夏无害，对金国无害，对蒙古无害，它最大的努力就是消除自己的存在感，不让任何人觉得不舒服。

大理国区域的政体说起来要从南诏论起。南诏，是以乌蛮为主体建立的西南民族政权，立国165年。在唐天复二年（902年）被权臣郑买嗣取代，改国号叫"大长和"。传了三代之后，被剑川节度使杨干贞推翻。当时天下大乱，进入五代十国，杨干贞觉得自己出头不保险，于是把白蛮（白族的祖先）大姓赵善政推到前台，建立"大天兴国"。

那个时代节度使是最牛的一群人，随时可以称王称帝割据一方。估计杨干贞在圈子里被严重嘲笑了，他深觉羞耻，在十个月之后干掉赵白蛮，自己登基坐殿。

国号"大义宁"。

他这样粗暴地对待当地老乡，算是犯了最大的忌讳。白蛮有人不干了，是他的属下通海节度使段思平。段思平自称祖先是西北武威郡人，在西南落地生根好多年，关系盘根错节。他联络了东方37个部落，会师于石城（今云南曲靖），把杨干贞灭了。

他建立的国家名叫"大理"。

这一年是938年，比赵匡胤立国还要早了22年。大理国的疆域基本上与南诏差不多，包括现在的云南全境、四川西南等地，建都大理，中心地带在洱海周边。所辖共有八府、四郡、三十七部。八府四郡是直系政区，三十七部各有世袭的部长，非常独立。

段氏得国之后，吸取经验教训，对国内子民部众非常友善，比如37个部落的徭役是全免的。这样的作风宋朝很欣赏，对它也比较友善。这种日子就一直安宁了下去，直到1080年前后。那时王安石正在忙着变法，没空理会这个与世无争的西南小国。

就在这时，大理出事了。权臣杨义贞发动政变，第十二世大理王段廉义失败，大臣高智升命儿子高升泰起兵攻灭杨氏，拥立段氏后嗣段寿辉继位。14年之后，段氏让位给高升泰，高升泰立国，国号"大中国"。也许是这个国号实在太大了，他承受不起，没过两年，这人死了。

王位重新回到段氏手中，国号改为"后理国"。其后高氏世代为相，称"中国公"。从这时起，段氏的权力名存实亡，国人称高氏国主，波斯等商人往来，都是先见国主再见国王。大理的国风也变了，37部不再倾心归附，多次发动战争。

世外桃源，再也没有了从前的清静与平和。

蒙古人的"斡腹"，就是绕道云南灭亡大理，从背后包抄南宋。实施这个计划的是蒙古大汗蒙哥的弟弟忽必烈。

孛儿只斤·忽必烈是拖雷系的四王子。以蒙哥为首，忽必烈、旭烈兀、阿里不哥都是拖雷所生的同母兄弟。必须承认这个世界或许真的有所谓的气运存在，别的国度里民生凋敝，政治昏暗，就连蒙古内部，也接连出现贵由这样的废物。

可拖雷系实在太可怕了，这几个兄弟个个雄霸一方，蒙哥不用说，是蒙古共主，此前功勋炫目；忽必烈是谁，全世界都知道；旭烈兀征服西南亚，建立伊儿汗国；阿里不哥的故事也很颠覆，后面到时再说。一个雄踞世界之巅的民族，突然间有这样一群人出生于同一父母，让人没法不感叹造化的奇妙。

这样的组合，注定要让周边一切受到威胁。

1252 年的九月，蒙哥命忽必烈由金莲川大本营出发南征。当年年底，抵达黄河上游，次年夏天从甘肃深入藏区，再九月，整整一年之后，蒙古南征军到达了四川若尔盖县边境的忒剌。由此兵分三路进攻大理。抛开正义与否，这是人类历史上史诗般的一次远征。

难度才刚刚开始。

蒙古南征军渡过大渡河，辗转山谷 2000 余里，面临天险金沙江。没有船，没有桥，蒙古军含泪杀了自己的战马，以马皮充气做成皮筏渡过了这最后一道障碍。天险既破，大理必亡，大理的战士面临蒙古军时几乎没有抵抗就投降了。

大理国主段兴智逃往善阐（今云南昆明）。1254 年的春天，忽必烈留兀良合台经略云南，他自己北归蒙古。

兀良合台在一年左右的时间里平定大理，俘获段兴智。至此大理灭亡，共 317 年，历 22 王。

"斡腹"成功，蒙古人想迅速得利。办法是不出动蒙古本部的战力，以兀良合台一部从云南入四川，打通直下江南的道路。

如果成功，南宋的京湖、两淮战区全都成了摆设，蒙古军可以直入临安。南宋京湖、两淮的军队敢回防的话，蒙古灭金时的三峰山之战将重演。

南宋会死得更难看。

兀良合台在灭亡大理之后迅速出兵，从云南北上，同原驻扎在利州、兴元一带的蒙古军合力进攻四川……他们的遭遇比较惨。因为路线上有座山城，叫钓鱼城。

斡什么腹啊？孟珙当初设的三道防线里早就预判到了来自云南的攻击。到这时蒙古自然也知道了，但不在乎，他们视之为征服事业里的艰难过程。

1257 年的春天，蒙哥下诏伐宋。蒙古全军分为三路，蒙哥自将右路军，率领 4 万精兵攻打四川，都元帅纽璘是他的前锋；左路由灭亡金国的塔察儿率领，进攻京湖；云南蒙军由兀良合台率领，进攻广西、湖南。

预期三路大军会师于鄂州，再合力攻打南宋都城临安。

全世界的焦点凝聚于蜀川。这时南宋在蜀川的兵力在 5 万左右，大体上稍微优于蒙古军。可是地域广阔，兵力分散，具体到某一块区域的争夺上却居于绝对的劣势。

纽璘率军自利州沿嘉陵江而下，过阆州大获山，出梁山军，直抵夔门，破宋军于云顶山，接连攻破彭州、汉绵、怀安军等要塞，完成了蒙古大汗亲征的先期准备。

蒙哥的主力军团终于出动，七月入大散关，十月攻破剑门西边的苦竹隘，再破潼川府治所长宁山城，迫降阆州大获城守将杨大渊，十一月青居城、运山城、大良山城相继献城投降，蜀川安危所系的三江八柱中的四柱已经沦陷。

转年二月，蒙古军兵锋直抵合州钓鱼城。

下瞰重庆、上控三江的钓鱼城，若这里再被攻破，全蜀皆平。

此时，蜀川方面南宋所能控制的实际上已经只剩下川东。为了确保一战定蜀川，蒙哥下令前锋纽璘在涪州蔺市造浮桥，"夹江为营长数十里，阻舟师不能进至浮桥"，以阻止川外宋军从水路援助蜀川。

决定历史的钓鱼城之战爆发。

在当时，于蒙古人而言，他们根本不相信这块弹丸之地会给他们带来什么麻烦。山水之险也要人员之固，之前的那些山城难道很差吗，不还是一样投降。有这个思维存在，在开战之初，蒙古军没派军队，而是派来了一个劝降的。

南宋降将晋国宝施施然上山，自我感觉非常好，对钓鱼城守将王坚、张珏说，蒙军托他给他们带个话……晋国宝被拉到校场当众斩首。

蒙哥大怒，纵横世界的无敌霸主被赤裸裸地打脸，是可忍，孰不可忍，进攻！

蒙哥的"毅"字诀神功发作，他坚信蒙古人的蛮力会决定一切，下令强攻。先主攻钓鱼城的一字城墙（横城墙），再转攻东新门、奇胜门、镇西门小堡等。这样子非常像是蒙古军在山地也发挥了传统上的骑兵优势，动作大，范围广，飘忽得很。

其实很郁闷，每个地方他们都啃不动，钓鱼城"地势险峻，炮矢不可及也，梯冲不可接也"。

300多米高，90°仰角，蒙古大兵们得有什么样的长梯，得有怎样先进的火炮，才能打得上去？

尽管如此，蒙哥的"毅"字诀仍然威猛绝伦，蒙古军在他的驱策下连续强攻了近两个月，毫无进展的成绩煎熬着每个蒙古大兵的身心，最终还是天气救了他们。

四月到，雨季来了。

就算有全套的现代户外顶级装备，在雨季里顶着大石头、箭雨去爬300多米的陡坡也不是人干的活儿。蒙哥下令休整。

四月末，雨季走了，蒙古军再次发起进攻。这一次他们显然有了经验，一度冲上了外城，杀伤很多宋军，可终究还是被赶了下去。王坚随即还以颜色，趁夜色突然出击，把蒙古军营劫了。这让蒙古人恨得牙根痒痒，这时他们才想起来，孟珙烧粮毁船时派出去具体实施的人就是这位王坚。

四月至五月，蒙古军轮番强攻，士气逐渐低落，一个消息适时出现，把他们的警惕性再次提了起来。南宋增援了。

南宋两湖、京西、四川宣抚使贾似道奏请宋理宗赵昀下诏表彰钓鱼城将士，同时命令四川制置司副使吕文德率领千余艘战船沿江溯流而上增援钓鱼城。

吕文德是一个要详细介绍的人物，他的出身和他的成就非常奇异。说出身，他貌似没法再低了，一个樵夫。这个职业他干了很久，乃至他显赫之后，还有人取笑他，叫他"黑灰团"。发迹之始，源自名将赵葵的某次闲逛。

赵名将一眼看中了这个又黑又壮，长着一双超级大脚的樵夫，把他带回府中。一般来说，这种人只配当个合格的亲兵，可吕文德到了赵府之后，立即呆呆地盯着墙上一幅孔夫子的画像发愣。赵名将发笑，逗他说这是圣人，为何不拜？

吕樵夫直愣愣地回答："他又没教过俺，俺拜他个啥？"

憨直讨喜，吕文德起步，看起来遥遥无期，但他竟然在一段相对来说不算长的时间里建起了一个吕氏军事集团。这个集团在南宋晚期举足轻重，因为——它最大。

吕文德率领刘整、曹世雄等战将趁江水暴涨，猛攻蒙古军前锋纽璘设在涪州江中的浮桥。历史再一次证明进化是需要时间的，浮桥、城堡这些技术含量很高的事，蒙古人暂时望尘莫及。

浮桥被冲断，吕文德部溯江而上，进入重庆。

蒙哥怒了，钓鱼城必须孤立，如此坚城，攻不进去就只有困死，有了外援那还了得。他命令蒙军汉系部队的史家主将史天泽出击，务必拦住吕文德。

吕文德的军队迅速被扼制住。蒙哥趁势猛攻钓鱼城。这一次他有样学样，没派蒙古军上阵，而是派出了蒙军四川主将汪德臣。久居四川的汪德臣对付山地的确有一套办法，钓鱼城的马军寨被他攻破了。

形势危急，马军寨形成了突破口，源源不断的蒙古兵顺着云梯往上爬，大有趁势抢城的架势。关键时刻王坚赶到，双方拼死搏杀，王坚仅仅能遏制汪德臣的攻势，却没法把蒙古军赶下城去。局势越来越恶劣，人力不可及时，上天突然来帮忙。

一场突如其来的暴雨降临。

在雨中，久居南方的宋军战士如鱼得水，把汪德臣部赶下了城墙。汪德臣失望之余，以己心推断王坚，觉得这时的王坚应该识些时务了，毕竟刚刚差点就城破身死。

汪德臣给出了足够的诚意，他单人独骑到了钓鱼城下，向上喊话——"王坚，我来活汝一城军民，宜早降……"

回应他的是像暴雨一样猛然砸下来的大石块，汪德臣几乎被击中，注意，是几乎。他逃了回去，生命没有半点受损的迹象，可是半夜时分突然发病，不久这人就死了。根据医官鉴定，他是被吓的。

时间进入七月，江水再次涨潮，吕文德率领300艘战船突破到了合州，驻泊黑石峡东，与钓鱼城近在咫尺。蒙哥大怒，命令史天泽不惜一切代价必须击败吕文德。史天泽夹江列阵，近3万蒙古军在江岸狭窄段向南宋水军攻击，吕文德再一次功败垂成。

种种迹象都表明，钓鱼城气数已尽，尤其是增援部队都能看见了却无法接近，这对士气的影响可想而知。作为一个合格的侵略者，蒙哥决定发动最后一击。

七月二十一日，蒙哥亲自登上一座高坪，瞭望指挥攻城。很显然，他是个历史盲，不知道早在253年以前澶州地段有个叫萧挞凛的人是怎么死的——千万千万，别在阵地前沿露脸！

钓鱼城的某个角落里，王坚像当年澶州城头的威虎军军头张缲一样，发现了趾高气扬、挥斥方遒的蒙古大汗。他悄悄命令城上的炮手，用发石器瞄准这位空前巨大的猎物，发射！一块谱写史书的石头飞了出去，没有证据证明它当场准确地击中了蒙哥，但是蒙哥在战场上消失了。

事后据说那块石头在蒙哥身边坠落，坚硬的石头在坚硬的山石上崩碎，巨大的动能让那些碎片像弹片一样四处横飞，有几块碎片切入了蒙哥的身体，哪怕这位蒙古大汗身穿当时最昂贵辉煌的铠甲也无济于事。

蒙哥重伤，愤怒让他丧失了一切理智，有将领劝他放弃这座城，别再跟石头们较劲了，战争不是这么打的，没必要死磕。

可是他本人，以及更多的蒙古将军深信"攻城则功在顷刻"，只差临门一脚而已。于是再次强攻，接着再次失败。

来自宋军最强的反击是张钰扔下去的东西，那不再是石头，而是鲜鱼和面饼。城头上的宋军向下喊——"尔北兵可烹鲜食饼，再攻十年，亦不可得也。"

手捧鲜鱼，蒙古人灰心丧气。南方的七月天气，鱼这种东西半天就臭了，可这居然是新鲜的。这说明城里的食物、水源绝对充足。

这还怎么打呢？"功在顷刻"，像是笑话一般！直到这时，他们仍然不知道钓鱼城的概念。钓鱼城城周10余里，参见平原地带的重镇襄阳，重建之后也不过才周长9里。

蒙哥不知道这些，他在全力以赴地憋气窝火，不久之后他得病了，不得不选择退兵。他像是有所预感，下令说，他之所以得病都是因为钓鱼城，要是因此有所不讳，他日若破此城，必将屠之。

蒙古退兵了，行军至金剑山温汤峡时，孛儿只斤·蒙哥死亡，时年52岁。蒙古军加速后撤，沿途以屠杀泄愤，两万多南宋平民被无辜杀戮。

钓鱼城之战改变了世界历史。

按照惯例，蒙古大汗死亡，全世界各处征战的蒙古军必须立即停战，回来抢汗位，或者见证大汗的上位。

旭烈兀的西征就停止了。这时他已经攻下了巴格达城，屠杀了该城几乎全部居民，西南亚随之近乎全部陷落。

蒙哥死讯传来，旭烈兀当即停战，留下一部分军队留守之后，率领主力东返。

第三十四章　暮色襄、樊

在南宋境内，战争的时钟却没有立即停止，因为忽必烈出现了。

这时要提一下忽必烈的特殊性。他与全部的蒙古人都不同，尤其是和"刚明雄毅"的大哥有着本质上的矛盾。

蒙哥是传统型蒙古人，信任马刀和弓箭，他的"刚"字诀拒绝他去接受并奉行其他民族的生活理念。比如汉族的，哪怕再先进，能带来更多的财富，又有什么用呢？

蒙古人击败、奴役其他全部民族，难道应该放弃自我，去向那些"劣等"民族学习？！天大的笑话。忽必烈却不这么想。

蒙古人的战斗力，加上汉族人的思维，才会强强结合，达到完美配置。他在自己的漠南领地，包括汉地的河南一带，放弃了传统的蒙古财富管理法，转而放权给汉人，很快得到回报，财富像滚雪球一样迅速壮大。

让其他的蒙古人看红了眼睛。

蒙哥本人都怒了，辛苦抢劫的蒙古人还不如坐享其成的蒙古人，简直是大逆不道，尤其是四弟的财富比他都要多，这绝对不能容忍。

蒙哥下令调查忽必烈的汉臣手下是否擅权、奸利，以此为由，一个庞大的纪检组织从和林出发，到忽必烈的漠南区域内积极工作。

很快，纪检列出了142条违纪事件，忽必烈的大小幕僚全部落网，几乎一个都没剩下。蒙哥趁机解除了忽必烈对漠南汉地的统军权。

忽必烈遭遇了他人生中最大的危机。黄金家族的主要成员不可能没有军权，无军权之后很快就会无生命，会迅速淹没在历史长河里，连个水花都别想溅起。

被逼无奈，忽必烈只好尽一切可能取信他的哥哥。

他带着全部家眷北上和林入觐，非常明显，他是要把全体家人都交给蒙哥当人质，以此证明他的忠诚。可就是这样，蒙哥仍然不相信。

蒙哥命令他把家眷留在和林，自己单身入觐。忽必烈答应，蒙哥才勉强放他回汉地去休息。他的军权没了，他的汉人机构没了。

忽必烈在历史上暂时消失。

以上事情发生在"斡腹"云南成功之后，蒙哥南征之前。当钓鱼城激战正酣，蒙哥汗"毅"字诀大显神威的时候，东路军主将塔察儿打得一塌糊涂，这位灭亡了金国的蒙古名将寸土未得。蒙哥大怒，扬言必将严惩，哪怕是守灶家族也别想幸免。

这时忽必烈适时出现，他请求大哥给予出征的权力。蒙哥想到了四弟的英勇善战，在这方面老四还是非常蒙古的。很好，忽必烈出征，代替塔察儿负责东路军。

蒙哥死在金剑山温汤峡时，忽必烈已经取得重大进展，他的军队渡过淮河，强攻大胜得手，进至黄陂，抵达了鄂州江北，饮马长江了。

与南宋一水之隔，蒙哥的死讯传来。

大汗死了，战争必须立即停止，尤其是忽必烈，他是有望竞争汗位的人，越快赶回蒙古本部，成功的希望越大。

可忽必烈不这样想，他需要一场浩大的胜利，尤其是蒙哥汗亲征都没有得到的胜利，有了它之后，他才能在竞争中真正获得优势。若不然，他之前还被停职，就差流放了，让他拿什么威服骄横成性的蒙古人？

忽必烈下令渡过长江，围攻鄂州。消息传进临安，南宋朝野空前震动。这是自金兀术搜山检海捉赵构以来前所未有之危局。

蒙古军居然已经渡过了长江！

是逃是战摆上桌面。主张逃跑的人是首相吴潜，这人非常强硬，对赵昀也不那么柔顺，经常自己处理完了文件，才把结果报告给赵昀。两人之间的矛盾早有激化，激化点在赵昀的继承人上面。

宋理宗没有儿子，唉，好色之报啊！他打算立弟弟赵与芮的儿子忠王赵禥为太子。吴潜不同意，说——"臣无弥远之才，忠王无陛下之福。"

硬生生地揭了赵昀最痛的伤疤。

这时他劝赵昀逃跑，赵昀问你怎么办，吴潜答他将死守临安。赵昀立即抢白道——"你想做张邦昌吗？"如此君臣，当面骂街，吴潜自然罢相。

逃跑的动议也被否决，南宋决定应战。先前在蜀川遥控战局的贾似道从汉中发兵，在行进中被任命为右丞相，火速赶往鄂州总领战事。比他更近的是吕文德部，从重庆起兵助战。

战云密布的鄂州城，曾经是岳家军大本营的鄂州，再一次成为全世界的焦点。

贾似道是这次战役的总指挥，不管这人以后是怎样的，这时与在这之前，他是一个完全合格的军人，哪怕他是文官，但在战场上的表现足以配得上推荐他的那个人的名誉。

他是孟珙所选择的。

贾似道以最快的速度向鄂州进发，途中接到了一个难以置信的命令。临安方面要求他先去黄州报到，因为那里才是所谓的军事要冲。可军队还要向鄂州继续进发，也就是说，他必须独身上路。这简直是要他去送死。有记载，这是吴潜罢相前的最后一道命令。

贾似道大怒，从此把吴潜恨到了骨头里。可他没用皇帝小舅子的身份叫屈喊冤违抗命令，而是由宋将孙虎臣率领700名士兵送他上路。

路上猛然遭遇了蒙古军，贾似道长叹一声——"死矣！惜不光明俊伟尔。"他一点都不怕死，只是觉得死得默默无闻，死得没有价值。

孙虎臣很硬气，立即领兵冲了上去，想给贾似道争取时间逃跑。结果杀过去才发现，对面是一大群被俘虏的江南百姓，押解的是南宋降将储再兴，手下只有几十个蒙古的老弱残兵。孙虎臣冲上去，很快把这一伙人杀散。

贾似道安全进入黄州。

显然这是在恶搞，鄂州方面危在旦夕，主事者居然置身事外。贾似道通过关系，撤销了那条混账命令，重新回到军队里，向鄂州进军。

　　他晚了，忽必烈的军队已经在攻城中，他得冲破重围，才能进去。他做到了，进去之后在一夜之间就把蒙古军已经打破的两处城墙补全，并用大木栅环绕城墙一周。这种效率前所未见，把城外的蒙古军吓了一跳，忽必烈不由自主地感叹，为什么他的手下没有贾似道这样的能人呢？

　　忽必烈的感叹是真实的，他的军队轮番强攻多日也攻不进鄂州，急切中，他命令留守云南的兀良合台以最快速度赶来支援。兀良合台立即行动，可是在潭州（今湖南长沙）城下被向士壁拦住。至此形成僵局，蒙古无法得手，而鄂州日渐吃紧。

　　忽必烈非常苦恼，北方的消息不妙。往常要筹备很长时间的忽里台大会不知怎么回事，这几天居然就要召开了。他的妻子天天派人催他北归，甚至把话挑明——"大鱼的头没有了，在剩下的小鱼中，除了你和阿里不哥，还能有谁呢？你快回来好不好？"

　　他的幕僚也警告他，哪怕攻下了整个南宋，阿里不哥如果当上蒙古大汗的话，你也只是一名臣子。孰轻孰重一目了然，为什么还要犹豫不决？

　　忽必烈再也沉不住气，正准备撤军，突然间鄂州城派出了使者。

　　贾似道要求和谈。

　　很多史书很多人鄙视贾似道在这种关头抢先和谈，给蒙古人搭桥，主动丧失利益。这让人说什么好呢？白痴才会这么想！

　　贾似道知道蒙古内情吗？不知道；他有没有守住鄂州？守住了；坚强抵抗之后提议和平，在长江天险丧失之后，这难道不是一个很适宜的决策吗？

　　仿佛一直打下去，就能把忽必烈干掉一样。

　　忽必烈派人进鄂州，装腔作势要巨款岁币，贾似道只答应每年20万两白银，这比当年澶渊之盟时还要少三分之一。蒙古使者当时就郁闷了，我们现在过了长江好吧，就这个价？可是一扭头，正看见蒙古军中竖起了帅旗，他急忙下城回去。

忽必烈告诉过他，帅旗一举，立即回营，全军要北归了。这次的和谈，只有蒙古使者匆忙间扔下的一句话——"他日复议。"

蒙古军急巴巴奔丧似的撤军，让贾似道闻出了些怪味，他派人追击，杀了殿后的乌兰哈达部蒙军170人。贾似道把这一战功夸大，报了上去。

不管怎样，空前的危机在他的主持下被化解了。南宋上下一片庆幸之声，进而对贾似道本人充满了感激。宋理宗赵昀亲笔写了一份诏书，进行官方感激——"……似道为吾股肱之臣，隐然殄敌，奋不顾身，吾民赖之而更生，王室有同于再造。"

这至高无上的赞誉给他带来了巨大美好的前程，贾似道成了南宋一颗急剧攀升的政治明星。从这时起，贾似道以及南宋有八年的时光在悠游快乐之中度过。

回望漠北。

忽必烈在北返的同时称汗，建年号"中统"。这是开蒙古之先河的创举。在这之前，蒙古的纪年一律是"成吉思汗元年""窝阔台汗十年""贵由汗二年"或者"海迷失皇后称制元年"之类，只有名称加时间，从来没有过年号。

可见忽必烈是如何向往汉学，在蒙古人的眼中，他又是多么另类。没过多久，漠北深处的和林，阿里不哥也随之称汗。

两汗对峙，各自指责，开战在所难免。

要说一下他们双方各自的实力。阿里不哥作为拖雷系的灶主，继承了几乎全部的遗产，手中握有60多个蒙古千户，拥有浑都海六盘山的4万铁骑，拥有散布在川陕区域内原蒙哥的一部分军队；忽必烈的军队要少得多，但长年出征，战力强盛，个人威名远超阿里不哥。

最重要的是，忽必烈的地盘。他拥有的是漠南、辽右、乐浪、高丽、燕云、西夏、秦陇、贵滇以及吐蕃。两相对照，他简直是当时世界上最富有的人。

阿里不哥在这方面输得一败涂地，他的地盘"地穷荒芜，阴寒少水，草薄土瘠，大抵皆沙石也"。这样的破地方，能有多少物资出产，去供养庞大的战场消耗？

最开始时阿里不哥没发愁，他觉得兵强马壮就足够了，蒙古先辈们从来没凭财富打仗，从来都是越富越胆怯，那些有钱的民族还不是被蒙古人抢得一干二净。

他的逻辑非常错乱，他面对的是战斗力与之相比只高不低的蒙古本族战士，有这个基数，财富就成了对方的天王山。

四年之后，阿里不哥投降。大蒙古国重新统一，有了新的共主。忽必烈成为大蒙古国的新主人。

空前的猛兽出笼了，南宋为此做了一些什么准备呢？

也就在这一年里，南宋改天换地，宋理宗赵昀死了。这个人的一生被理学家们歌功颂德，所以历史评价对他也非常高。说他这样了不起，那样不得了，站在理学家们开天辟地唯一真理的肩膀上，他也神圣无比。

其实他就是命好。

孟珙、余玠、杜杲、王坚、张钰、向士壁都在他的时期内出现，再加上前期的贾似道、吕文德、刘整、夏贵等人。

有了他们，想亡国也难。

看功绩，比如说灭金，更是他的运气好到没道理，等于是蒙古人把肉包子递到了他嘴里，只要上下牙合拢就成功。

好名誉、大功绩，加上他几十年如一日的享受，那么多的美女啊，还有极其一般的身世，却登上了人间帝皇的宝座。这么多的古怪加在一起，让人不禁怀疑，他是个穿越人士吧，带着外挂的人生？！

赵昀死了，他选的继承人是白痴。

宋度宗赵禥的妈妈，不知出于什么样的心理，怀他的时候吃了过量的堕胎药，生生地把他搞得大脑发育迟缓，7 岁时才会说话，手脚都是软的。

赵昀非常看好他，逢人就说这孩子资质内慧，聪明着呢。

为什么要选白痴当皇帝？也实在是迫不得已。赵禥是赵昀弟弟赵与芮唯一的儿子，也就是说，赵昀两兄弟只有这一根苗。只有这根苗当了皇帝，才不会追究当年的宫廷政变，赵昀的帝位合法性才能万古长存。

看到了吧，满口的仁义道德天地人心的理宗陛下，置万民于何地，置国家于何地，自始至终，考虑的都是他自己。

赵禥当上了皇帝，在政治上很有自知之明，彻底撒手，什么也不管，一门心思躲在后宫做他最重要的工作。

传宗接代。

他创造了一个纪录。宋朝宫制，嫔妃侍寝，第二天清晨要去阁门谢恩，由宦官记录年月日以备日后怀孕有据可查。某一天早晨，人们惊愕地发现，去谢恩的女人居然有三十多个……这是很辛勤的，导致他在别的方面，如政治生活上全盘推掉。

赵昀最后五年的南宋和整个赵禥的南宋都是贾似道的天下。

贾似道欺武将，直指武将们的要害之处——贪污。

他实行了"打算法"，也就是核对军费开支。将军们平时虚报开支大吃空额，把国库当提款机用，到哪儿也说不过去，岳飞复活都得砍他们脑袋。

贾似道真砍了平时对他无礼的几个人的脑袋。

当时将领赵葵、高达、李曾伯、杜庶、向士璧、曹世雄、史岩之等，除了赵葵、高达被赵昀保下来之外，其余都被扔进大牢里接受再教育。教育不成功的，如向士璧、曹世雄，直接处死。教育成功的都心神恍惚，重新做人。

贾似道欺文臣。

某次，他召集百官议事，突然厉声道——"诸君不是似道提拔，怎么能到这地位？"礼部侍郎李伯玉火了，大声回应——"伯玉殿试第二，平章不提拔，也可以到这地位。"

李伯玉罢官。

贾似道欺皇帝。

赵禥尊他为"师臣"而不名，入朝不拜，退朝时赵禥总是站起来目送其出宫门。让一个白痴这样已经很不仁道了，贾似道偏偏还三天两头撂挑子，逼白痴给他更多的权力。

某次贾似道再次辞相，白痴吓哭了，当廷连连磕头下拜，求他不要走。执政江万里再也看不下去，这实在有悖君臣大礼。他说——"陛下不可拜，太师不可再言去。"贾似道才借坡下驴。

如此江山，乱作一团，不亡何为？

权倾朝野，贾似道的神仙生活开始了。他每天不用上班，自有三省把文件送到他在葛岭的私第里，由其门客廖莹中、翁应龙处理，他不过在纸尾画押而已。他每天在葛岭的楼台厅阁间与姬娼尼妓寻欢作乐，或者在初秋时与君姜趴在地上斗蟋蟀。

蟋蟀宰相的名头就是这样来的。

或者去西湖上划船。"朝中无宰相，湖上有平章"，据说这样也能促进文化艺术的发展。某一天，他与众姬游西湖，一姬偶然见到两位少年公子，脱口而出："美哉，二少年！"平章大人一笑："你愿嫁他，我就让他们来聘你。"

潇洒，大度。

不久，他召集众姬，说是少年送来了聘礼，打开一看，里边居然是那个喝彩姬妾的人头。这就是后来《红梅阁》《李慧娘》的蓝本。

贾似道再也不是当年那个为国分忧的了不起的国之小舅子了，他成了一个败类。

而敌人，远在漠北的蒙古人则变得更加强大。

忽必烈终于整合了内部，开始向外扩张。所谋求者，不外乎南宋。在当时的世界版图上，在蒙古人马鞭所及之地，也就只有这片土地还坚持着主权。

南宋对此倒是毫不在乎。

贾似道不仅不再把蒙古当回事，甚至早在宋理宗赵昀还没死之前，就开始调戏蒙古了。当时，忽必烈与阿里不哥争斗正酣，无力南下，就先派了个使者来要岁币。使者名叫郝经，是忽必烈的重要谋士，可以说，这次的和谈蒙古人是有很大诚意的。

可是贾似道的回应是把郝经扣押，对内不宣称，对外不承认，跟没这回事一样。南宋内部对此当然不敢多说什么，何况知道的人本来就少，忽必烈不干了，他派人来问他的使者呢，作为半个世界的主人，他自己觉得无论谁都得马上回答。

贾似道置之不理。

这种状况一直持续到1275年，那时南宋灭亡在即，郝经通过最原始的鸿雁传信的方式，让蒙古人知道他被关在南宋真州的忠通军营里，才被救了出来。

这简直是外交史上的一大怪事，在中国，尤其是在宋朝这个极端讲究礼仪的时代发生，让人觉得既黑色又荒诞。

至于说为什么会这样，贾似道给出的回答是，不这样当年鄂州主动求和许岁币的事不就露馅了吗？那会毁掉俺伟岸光正的高大形象的。

忽必烈为人谨慎周密，每次行动前都要有完善的计划。这一次伐宋，他采取了全面的进攻方案，与之前先蜀川再江南截然不同。

这来自南宋叛将刘整的建议。

刘整，字武仲。曾以十八骑袭破金国信阳城，军中称其为"赛存孝"。中国民间传言，王不过霸王，武不过存孝，可见其个人勇力之强。历史证明，这人最珍贵的还是他的眼光。刘整投降蒙古，给忽必烈带去了一个建议。

与其千里辗转去"斡腹"，先云南后四川再江南，尤其是钓鱼城已成天堑，连上一任的蒙古大汗都饮恨城下，何如攻破荆襄，直面江南？

很多人都会很奇怪，以中国大地之广阔，长江流域之绵长，何处不可渡江，哪座城不通临安，为什么只限于这几点，难道除了它们之外，就再没有路可通临安了？

还真就是这样。

南宋三大战区：蜀川、京湖、两淮。两淮是南宋兵力最雄厚的地区，一度高达20多万。这里湖泊众多，水寨星罗棋布，很像是蜀川的山城，蒙古人曾经竭力进攻了三次，都以惨败收场。水，对蒙古人来说，远比山还要可怕。

欲破江南，唯有荆襄，具体指的是襄、樊。

襄阳、樊城是两个互为依托的城池，它们隔长江最大的支流汉江而建。这里的整体地貌是襄汉平原，非常便于骑兵运动作战。在历史上它的作用非常奇妙，要看当时是什么形势。如果是大一统时期，它非常普通，没有任何显眼的地方。

如果是南北对峙，它的重要性立即凸显。它是南船北马的分界点，北方政权拥有它，可顺势吞并东南；南方政权有了它，可以转向北方图谋西北。

何况，除了这里，也没有什么是忽必烈可以突破的地方了。所以忽必烈下令，给吕文德配药。

吕文德的吕氏集团这时已经建立起来了，贾似道打压了几乎所有的武将群落，当然还得扶植一些，以便支配南宋的军队。

吕樵夫当时在鄂州的良好表现带来了巨额的回报，他成了贾似道的亲信。襄阳就在他的管辖下。前线重镇钱粮无数，吕文德名利双收。七八年的和平岁月里，他渐渐变得贪婪、迟钝。值此享受岁月，蒙古人给他来了一封信。

建议在襄阳附近展开双边贸易。

这是巨大的商机，主管者每天都会收入巨额的税金，还能顺势产生很多的隐性财富，何乐而不为？尤其这是和平时期。

吕文德同意了。蒙古人又很合情理地提出，为了保证蒙方商人的安全，请求修一座非常小的堡垒。吕文德想了想，也同意了。

贸易站修在樊城东面的白河口，堡垒建在了襄阳东南30里的鹿门山。这两个工程开动之后，立即有人发觉不对头。

吕文德的弟弟，大将吕文焕亲自去见他哥，提醒吕大樵夫别忘了襄阳的地形是怎样的。

当地民谣有"铁打的襄阳，纸糊的樊城"之说，指的是樊城一马平川无险可守，而襄阳两面阻江，分别是北面和东面的汉江，西面的檀溪，也就是三国时刘皇叔骑的卢马极限飞跃的那条溪水。两面环山，分别是城西方向的万山，城南边的楚山、岘山、百丈山等群山。

守襄阳，其实守的就是这些水和这些山。一定要阻敌兵于山水之前，等敌军突破了这些，襄阳也不过就是一座孤城而已。

蒙古军修堡垒的鹿门山更加重要，它是汉水折南入襄阳时的对岸，正是水路的咽喉。这里被蒙古军占据，早晚是祸害。

吕文德哈哈一笑："弟弟，你之所以是弟弟，正是因为只知忧，不识战。让蒙古人去修，如果真的开战，只等雨季，那里会变成我的制胜之地。"

雨季，汉江涨水，吕文德赖以成名的水军会骤然杀过去，不识水战的蒙古军注定成为悲剧。这个理论在当时被认为是千真万确的。

其实错到了吕文德的姥姥家。

刘整是后来文天祥等人公认的亡宋第一贼臣，这么尊贵的称号当然不只是因为他献了个建议就能得到的。刘整还改造了蒙古水军。

蒙古这时的水军士兵达到7万以上，大型战船近5000艘，无论在数量、质量、还是在素质、战术上都已经全面超过了南宋。

这些都在北方静悄悄地进行着，长江之南一点都不知道。

有了这样的底气，加上襄阳方面的麻痹，蒙古人一开工就没完没了，鹿门山的堡垒修成，白河口又添了两座，紧接着万山上也修起了一座，襄阳城外围的屏幕山峦几乎都落入了蒙古人之手。

兵不血刃地就丢了这些战略要地！

吕文德急红了眼，立即上书朝廷申请支援。以他和贾似道的良好关系，援兵很快到了。三月，有"宋末三杰"之称的张世杰率军赶到，他没去理会襄阳，心高志大的他直接去了更北端的樊城，在平原旷野中与蒙古军决战，欲一战定襄、樊。

成功的话，他的确功业彪炳，自樊城北端解除隐患，那么建在襄阳周边的蒙古军寨全都失去依托，会被逐一击破。

奈何心高志大腹中空，在樊城的旷野上再次证明了一件事。在北宋之后，能与异族人野战争胜每战必胜的，只有岳飞。

张世杰败。

七月，沿江制置副使夏贵率水师驰援襄阳，在虎尾洲遭遇蒙古名将速不台的孙子阿术。刘整训练水军的提议就由阿术来具体实施，可以想见，夏贵突然遭遇比南宋水师还要强大的蒙古水军时的惊愕程度了。他败了，带着巨大的恐慌逃回江南，随即整个江南震动。

吕文德在这一年的岁末时发病死亡。作为一个有实力的指挥官，他非常清醒地意识到襄、樊间的麻烦大了，局面很快就会演变成南宋以倾国之力来挽救襄、樊，而成功与否无法乐观。

甚至襄、樊会变成一个超级恐怖的大包袱，让南宋不断地投入人力、物资，直到把国家元气耗尽！

这一切，都是出自他的自大疏忽……吕文德在悔恨自责中死亡，临死前长叹——"误国家者，我也！"可惜这时说什么都晚了。

接任襄、樊守务的是他的弟弟吕文焕。主持救援襄、樊任务的是新任京湖安抚制置使李庭芝。李庭芝，字祥甫，祖籍福建清流县四堡里。早年时主动参与战争，投奔名将孟珙。孟珙全才，其中识人之明为南宋中晚之冠，多少人都在他的领导下腾飞，为国效力。

李庭芝是孟珙发现的人才中很另类的一个，他聪明，早就意识到纯粹的军人出身绝对没法主持一方，他的理想终究没法实现。

为了这个，他暂时扔下刀枪，拿起书本，顺利地考中了进士。他重新规划了自己的人生，抢在国家民族大难临头之前迅速在官场上爬升。这时他担任了京湖区域的最高长官之职，以解襄、樊之危为当务之急，可是却有了点小麻烦绊着了他的脚。

在上一次夏贵赴援被击败的战事里，范文虎是参战一员、逃跑一员，可以说全程参与了整件事。这时他表现得非常积极，给贾似道写了封信。

他有这个资格与贾似道近距离交流，看职务，他是临安禁军殿前司的副都指挥使；看关系，他是吕文德的女婿，和贾相亲近着呢。

他说，只要给他数万兵马，他就能解襄、樊之围。只是希望不接受制置司的命令，能自由发挥。成功之后他不要名利，全都给贾相公。他之所以这么做的全部原因，一来是对贾相公无限的崇敬热爱；二来是为了救襄阳城内的吕氏宗族。

毕竟他的夫人姓吕。

多好的孩子啊，贾似道非常满意，全都答应了。于是救援襄、樊的重大任务中，出现了两个主事者。李庭芝、范文虎，谁听谁的？

李庭芝欲快速进军，范文虎很忙，他一边打马球，一边喝酒，回复说正在取旨，如此重大军事行动，怎么也得贾师臣亲笔批示吧。

时间一天天地过去，蒙古军在灌子滩等险要地段不断立栅栏，断绝了襄、樊东、西两方向的水上通道，使襄、樊两城的物资供给彻底断绝。

虽然此前襄、樊号称积有 10 年之粮，可真正消耗起来谁知道有什么变数？一场大火，一场大雨，都会瞬间改变格局。

时间一天天过去，1271 年到了，蒙古人在漠北建立了元朝。元，取自《易经》中的"大哉乾元"一句。说实话，从出处论，从字义析，中国历代中的国号，还真的少有其比。忽必烈下令改元为"至元"，后世称其为元世祖。

至此，救援襄、樊的命令下达了一年多了，李庭芝、范文虎两部还在停留观望中。

元军的动作一贯快速，忽必烈命令蜀川、两淮区域内的元军分别出战，牵制阻挠宋军向襄、樊靠拢。这在战略上是对的，可面对范文虎时就错了。

你老老实实地不管他，范文虎会一直打球喝酒直到天长地久。可你为什么要出战嘛，他一下子惊醒了，元军来了，我们要动起来！

这笨蛋没跟李庭芝约定进兵时间，自己带着 10 万水师就冲过去了。这人的一生……这么说吧，他总有机会率领超级庞大的水师去攻打超级重要的地方，结果每一次都能打出千古遗恨级别的大败仗来。

这一次，他在鹿门山那里近乎全军覆没。

鹿门山是蒙古人最早忽悠吕文德时建的夹江要塞，是南宋最应该注意的地方，范文虎偏偏就败在了这里，你拿他有什么办法呢？

别生气，这人率领水师出战时的白痴程度在后面才功力深厚越变越强。很多年以后，他率领空前庞大的元军水师远征日本时，居然选在飓风期出战，可见白痴不仅是传染病，还会经常复发。

范文虎大败，李庭芝成孤军之势，这时进兵不叫救援，而是往虎口里钻，主动送死。他在外围稳住形势，等待机会。

襄阳城里的消耗是没法等的。这时元军围城已经有整整五年，粮食的储备还有不少，食盐、布匹都用尽了，必须立马想办法送进去。

李庭芝将帅司移至郢州（今属湖北），就近招募勇士，护送物资进襄阳。这几乎是必死的事，10万正规水军都冲不破的重围，想让民兵去干，怎么看这逻辑都太混乱。可是当时也想不出别的办法了，只好去试一试。而这也非常符合官方的行事标准。

编制外人员的死活很重要吗？

一共选了3000名敢死队员，为首的两位都姓张。张顺，外号竹园张；张贵，外号矮张。这两人心怀忠义，实在想不出别的词来归纳形容他们，只能笼统地说，他们很有家国观念。

两位张平民都是。临出发前，他们训话——"此行有死而已，如非本心，即可退去，别坏了大事！"对面的3000个平民伙伴哈哈大笑，大家都清楚为的是什么，说什么退，说什么坏与成。

各位平民一共有近百艘战船，以三船为一舫，中间的那一条里装着盐和布匹，旁边两条是空的，各有30名平民防护。

夜半三更时，百船挂红灯，张贵领先，张顺殿后，逆汉江而上，冲击襄、樊外围的元军防线。这时战云密布，水道上不只是元军建制庞大的水师，还有很多条拦江的铁链。3000个平民持巨斧，断铁链，一夜转战120里水面，天明时分，终于冲破重围，抵达襄阳城下。

重围五年，密不透风，终于有支援抵达城下，这对士气的影响可想而知。而这也付出了代价，战后清点人数，殿后的张顺不见了。

数日之后，张顺的尸体溯流而上，身中四枪六箭，手中不放刀剑，怒气勃发一如生时。

吕文焕想留下张贵守城，在他想来，来时难出去更难，张贵与其他平民只有助他守城这一条路可走。嗯，他真是一位高官，天生不懂平民们的想法。

张贵先派了两位平民回郢州，向范文虎求援。两位平民出得去，也回得来，带回的消息是范文虎计划派5000人出战，更与张贵约好了接应地段，这些士兵将由张贵率领，再杀回襄阳。

非常幸运，那一天的晚上风雨大作，罕见的巨浪在汉江中翻滚。张贵放炮发舟，破围突进。如此风雨中，元军水师猝不及防，被他一路冲杀，顺流直下，到了龙尾滩一带。在这里，严格地来说，已经出了元军水师的势力范围，也就是在这附近，是张贵与范文虎约好的接应地段。

暴雨如注，巨浪腾雾，纵目远观，隐约可以见到更下游的方向有一片灯火，火光中战舰的轮廓若隐若现。一定是范文虎的船队。

张贵命令靠过去。抵近了才发觉，那是元军的水师！

范文虎派来的援军因为风暴，退后30里，失约不至。元军的水师反而获得了情报，等在这里让张贵主动上钩。

突陷重围，张贵拼死力战，终于寡不敌众被俘，他宁死不屈被元军杀死，尸体被抬回襄阳城下。元军指着尸体向城上喊，认识矮张吗，这个就是。

襄阳大惧。

至此，援救襄阳行动彻底失败，城里是多了一些盐，多了几匹布，可民心士气更加滑落。

元军可以从容地选择襄、樊两城的突破点，怎么看樊城都首当其冲。元军先斩断了襄阳与樊城之间江中的木柱，烧毁架在木柱上的浮桥，在第二年，即1273年的正月，向樊城发动了总攻。

之所以这时才动手，不是蒙古人武力衰退，在三代之后步入了女真人的后尘，而是经过缜密考虑之后，在时机之外，还在等一个人和一种武器。

这个人叫亦思马因，西域人，他制造了当时威力最强的抛石器。抛石器中外都有，各时代都有，到他手里，发射的射程、石头的重量都有了极大的提高，更有甚者，发射的石块里还藏有能爆炸的火药。

武器需要实战的检验，樊城的外城被直接轰破，元军像潮水一样涌了进去。樊城守将范天顺精疲力竭，无法支撑，仰天长叹"生为宋臣，死为宋鬼"，以死殉国。他的副手牛富率死士巷战，杀到以血水止渴，身负重伤，投火而死。樊城陷落，襄阳危在旦夕。

古怪的是临安始终没有做出什么重大反应。

白痴皇帝的幸福生活在继续，貌似从来没有半点改变，只是某一天，他突然间问贾似道："听说襄阳已经被蒙古人围困好多年了啊。"

贾似道毫不在意："是，围困过，好几年前的事了，陛下从何得知？"

白痴回答："某宫女说的。"

几天之后，该宫女死亡。

从此之后，再没人敢对前线战事说三道四。这种局面截至樊城陷落，消息是再也瞒不过去了，危急关头，贾似道要维护自己军政强人的形象，只有主动求战一条路可走。

贾似道申请上前线，暗地里串联百官，让他们上书挽留自己，说是朝廷不可一日无贾太师，如此柱石，只宜镇守国都。

那么只好另选能人了，按资历看实力，勇将高达是不二人选。可是贾似道另有一个账簿，里边是他在武将系统里的冤家，无论是鄂州城里要他难看的，还是他打算要往死里整的，高达都高居榜首。这样的人怎么能担任重要领导职务呢？

贾似道声称，用高达，置吕文焕于何地？

吕文焕立即在襄阳城里呼应，他打了一场大胜仗，襄阳的局面已经大好，根本不需要什么援军，更不需要高达。

他的大胜仗，不过是捉了几个蒙古哨兵。

争吵中，抛石器已经从樊城推到了襄阳城外。蒙古人没再跟吕文焕废话，直接放炮轰城。时值二月，天气阴冷，元军"一炮中其谯楼，声如轰雷，城中汹汹，诸将多有逾城降者"。元军大将阿里海牙适时单骑出现在城下，许诺不杀城中一人，投降者重赏。

吕文焕投降了。

襄阳城在坚守六年之后终于陷落，与其说敌人太强，不如说己方太弱，于国家生死存亡之要冲，没有投入全国之力防守，其间还自乱阵脚昏招不断，失败还能说些什么呢？

贾似道是有话说的。

他向白痴皇帝抱怨说——"臣屡请帅兵行边，陛下不许。如早听臣出，何至今日！"昔日的边境大帅威名，半点都不因这件"小事"有损。

白痴一如既往地信以为真，更加离不开师臣了。

由此及彼，既然师臣都不在意这件"小事"，那么因之而获罪的那些人，也就没必要追究了。

比如误国的吕文德、投降的吕文焕，如此重罪，按宋律吕氏家族全体都要完蛋，连妇女都要像梁红玉那样，被卖作官妓。

可是在庐州为官的吕文焕的三个哥哥，在静江府为官的侄子，全都免罪，连官职都不变。罪大恶极的误事王范文虎只是象征性地降了一级官。

做完了这些，白痴皇帝觉得世界再次美好，他继续投入水深火热的卧室运动中，大约半年之后，运动过度死了。

宋度宗赵禥死了，时年 35 岁。和他的前任赵昀一样，他的命非常好。在山河巨变的前夕，居然还能一直风花雪月、胭脂粉香，尤其难能可贵的是一点烦恼一点心事都没有，尽管这托了发育迟缓到死都没能长全的大脑的福，也实在是不愧为极品人生了。

享受之余，他的本职工作也完成得不错。

赵禥天天泡在女人堆里，总共生出了三个儿子。杨淑妃生的赵昰7岁，全皇后生的赵㬎4岁，俞修容生的赵昺3岁。

有嫡，自然立嫡。

4岁的小孩子登基坐殿，成了南宋的第七位皇帝，史称宋恭帝。赵昀那位有福、端庄的皇后谢道清垂帘听政。

军国大权仍旧落在贾似道手中。

南宋的防线已经从淮河、汉江一线收缩到长江一线，按蒙古水师的力量，随时可能突破长江天险。贾似道也急了，他分兵派将固守这最后的安全底线。

他命汪立信为京湖安抚制置使兼湖广总领，赵溍为沿江制置使兼淮西总领，殿前都指挥使陈奕率水师守卫鄂州至黄州的长江防线，李庭芝、夏贵分任淮东、淮西安抚制置使。

汪立信是其中比较特别的一位。

汪立信，字诚甫，进士出身。这人难得生就一颗理智平常心，在如此乱世中，当国家危亡于呼吸间的紧要关头，看得清理得顺天下大事。他给贾似道提出了三条建议，以应付南宋危局。

第一，将内地，包括江南，以及原两淮区域的兵力尽量抽调至长江北岸，组建起一支50万人建制的抗元大军。这些军队在长江防线上划地防守，百里一屯，屯有守半，十屯一府，府有总督。这是上策。

第二，礼送郝经回国，按鄂州大战时所答应的岁币给付，哪怕算上这些年的陈欠加利息，也要干脆利落地付清，以便延缓战期，赢得时间。这是中策。

第三，投降。虽然是下策，但战败而降，和不战而降的待遇还是有差别的，尽量往好里争取吧。

身在局外，每个现代人都能看出汪立信这三条建议的好坏。身在局内，作为贾似道来说，汪立信这个人就太坏了。

不识抬举，念丧经！

汪立信有一只眼睛是坏掉的，贾似道一把摔了汪立信的信，破口大骂——"瞎贼，竟敢如此胡说！"

汪立信立即下课。

第三十五章　伯颜下江南

回到政治上，宋慈学有所成，自然不日段竟，南宋朝廷的腐败朝政可都时间不长就出了这样的或多那样的岔子，朝廷里的腐朽。次同山，都会增加他的名望。这些不恐会使他的事是他能左右的，老谷清楚地知道，身后那些朝中的弊端赵惶是个疯子，跟谁都不讲道理，直到提拔，皆罢得起兵过古稀，这计十古稀。房以他及时跳了出来。在韩侂胄南面的只有一条路，就是死，不点名地把韩国安定为祸乱朝野的人。人人都觉得，那就是好死，这样一个人，简直是根本上吞灭写这么大想反驳？好。他一定会懒得你求不了好，更完急什么，他轻松自在地想了。今在当什么，他一生就是道学家们的口实。一场傀儡戏在宫廷内部上演。题关大概，仿佛术熏的样子讲良伏怪想着。对国朝大政，世间充满了错误。谁弗在他的眼睛，在他的眼里，对这些过庙指责。弗他是上帝，而耳他人都是儿人，都生于孤寂二，此内的一而直实的生活，不知自在地想，都是真实的生活，不知在地想，那儿有什么？对刑都需用，那儿不发，他之后的烦，对这些过度什么？弗此门之，对这天下的主人江南的领导人因为口彩的问题把重要干部罢免了。在遥远的漠北，元帝国的领导人任命了灭江南的重要干部。

主要负责人叫伯颜。

伯颜，生于1236年，时年38岁。蒙古八邻部人。他的曾祖父述律哥图、祖父阿刺是成吉思汗的部下，他本人生于伊儿汗国，信奉也里可温教，也就是基督教。伯颜本来是蒙古派系中旭烈兀的人，跟随这位西南亚的征服者进行了远征，在一次旭烈兀派他回蒙古本部向四哥汇报时，忽必烈留下了他，做自己的近臣。

每一位划时代人物都有一个共同的特点，识人。伯颜能带给忽必烈的绝不是每一个蒙古人都能做出的贡献，可以说，伯颜在某种程度上是忽必烈的微缩版。

两人都不嗜杀。

1274年七月，元朝灭宋的最高统帅伯颜殿辞南下，忽必烈叮嘱他要学宋初平定江南的曹棚，不许滥杀无辜。九月，伯颜分南征大军为两路。一路由他本人和大将阿尤率领，由水路从汉水入长江，前锋是南宋降将吕文焕；一路由中书右丞博罗欢、参知政事董文炳率领，从陆路由京湖东攻两淮，前锋是南宋降将刘整。

二位先锋官都是南宋的顶级将领，深知地理，通晓布防，由他们带路，实在是最好的选择了。

由襄阳出发，进入汉江，伯颜把自己的大军又分成三路。一路由枣阳趋司空山；一路自老鸦山趋荆南；还有一路由伯颜自己、阿尤水、陆并进，杀奔郢州。他们的前锋是著名的蒙籍汉人张弘范。

张弘范这一年36岁，由他打头阵不只是看中了他的能力，更是因为对手是郢州守将，"宋末三杰"之一的张世杰。

这两人是族兄弟，张世杰还曾经在江北，张弘范老爹张柔的手下干过几天。蒙古人这些年收复的汉人军将太多了，觉得有这层关系在，郢州有可能不战而降。

张世杰拒绝。

张世杰决心抗战到底，郢州是襄阳的后院，堵在长江北岸，他精心备战，这里成了一个非常类似襄阳、樊城的军事要塞。

郢州在汉江之北，新郢州城在汉江之南，两城夹江而建，城墙都以江畔巨石垒起，坚固无比。江水间遍立木柱，铁链密布，间杂以数量庞大的战船，两岸再广布弩炮，从各项配置上来看，这里比襄阳、樊城的双子城结构还要可怕。

元军如果按原计划进军的话，会比啃襄阳、樊城时难度多多了。那样对江南来说，弥足珍贵的时间就会再赢得不少。

可惜的是，某个被抓来的当地民夫给蒙古人出了个点子。为什么要强攻郢州呢？先打下游的黄家湾嘛，那里有条大沟，直通大湖，从大沟拖船入湖，走三里水道就能重新绕回汉江，并且绕过了郢州，可以出汉江入长江……还有什么话好说呢？

元军顺利进入长江水道。

南宋失去了最后一道天险。从这时起，它还剩下的只是一座座人为的关隘，比如鄂州，当年岳家军的核心要塞。

当年十二月，元军水师抵近鄂州，然而在这之前，蒙古人还要先攻破号称"江鄂屏障"的阳逻堡。在这里南宋集结了宿将夏贵率领的庞大水师。夏贵，论资历堪比余玠，论战绩不下于高达，由他与元军争胜，是这时的不二人选。

伯颜选择从汉口突破，夏贵挡住了；伯颜选择从沙芜口入江，夏贵挡住了；伯颜选择从汉阳突破，夏贵火速调沙芜口守军冲了过去……汉阳很安静，半个元军都没有，沙芜口空了，元军不战而胜。

这是必然的结果，久守必破，谁也禁不住没完没了地调动。

阳逻堡之战时值寒冬，漫天飞舞着鹅毛大雪，元军趁夜溯流而上40里，出阳逻堡之后，前后夹击，阳逻堡陷落。

夏贵立即跑路，败还庐州。

京湖段长江流域空了，元军水师挟裹俘获的大量宋军战船施施然渡江。阳城立即投降，鄂州要麻烦一些，他们先是把3000余艘宋军战船烧了，江面上"烟焰蔽天"，之后派吕文焕到城下喊话招降。

鄂州投降。

吕文焕随之成了元军最强大的攻城武器。被贾似道信任的吕氏集团都安插在沿江所在的重要城镇里，如吕文德的儿子吕师夔守宁江州、吕文德的女婿守安庆府、蕲州守将为吕师道，等等。这些人第一时间降元。吕氏集团，汉奸集团！

这时仁德宽厚的谢太皇太后，英明神武的贾权臣才如梦初醒，传檄天下，声讨吕氏之罪。可有什么用呢，这时元军已经在吕氏集团的指引下迅速向临安进军了。

南宋拼死一搏，派出了他们的大杀器，十余年里无所不能的贾似道上战场了。贾似道奉谢道清之命，出任都督，率领天下各路军马抗元。声势浩大，都督府却设在了临安。至于为什么，他非常忌惮刘整。

这个汉奸对南宋知根知底，南宋现有人才哪个对上去都没有把握。偏偏刘整居然及时地死了。刘汉奸是这个时代某种人的代表，绝大多数投降了元朝的南宋将军在宋朝平时都很懒、很滑、很没用的，但只要投降过去，也不知怎么搞的，立即洗心革面勤奋工作，不让干活儿能郁闷出病来。

刘汉奸一直建议伯颜由他领军，直袭临安。伯颜不听，非要稳步前进，这时传来消息说吕文焕招降了鄂州，这让他无论如何也接受不了。他大叫一声："统帅制约我，不得首功。善做者不必善成，果然也！"不一会儿就死了。

贾似道一听喜出望外，立即调集13万大军出征。师出临安，盛况空前，"金帛辎重，舳舻相衔百余里"。一路浩浩荡荡向北，走到安吉州时，贾似道本人乘坐的超豪华指挥巨舰忽然搁浅，1000多名士兵拖纤，纹丝不动。贾似道只好悻悻然换普通船继续前进。

大军进至芜湖，与元军主力遥遥相望，看似大战一触即发。可惜的是，贾似道不再是从前的一方主帅了，现在他是政府官员，提倡争端要和平解决。

他派人去找已经投降元朝的吕师夔，托吕汉奸走关系与元朝议和。再找来一个受伤被俘的元朝小兵，好吃好喝金银款待，派这个小兵带着荔枝、黄柑等土特产去元军大营馈赠伯颜，提出建议，只要议和，条款按当年鄂州时谈的来。

伯颜回了八个字——"宋人无信，唯当进兵"。

贾似道绝望了，他比谁都清楚彼此双方的实力差距，而汪立信的到来更加重了这一认识。汪立信重新被起用为江淮招讨使，贾似道与之相见，痛悔不用其言。汪立信惨然一笑，说："瞎贼今天再说一句，我去寻一片赵家地上死，只要死得分明！"

汪立信起程去建康（今江苏南京），他将在那一片区域里等待命运的结局。在他身后，贾似道有过短暂的清醒。

"……死矣，惜不光明俊伟耳！"10年之前的话突然响在耳边，他也曾经是汪立信这样的人，是什么让他改变，到了今天这一步的？

时间不允许他沉思，战局立即开启，元军攻破了池州继续东进，逼迫贾似道做出反应。贾似道派孙虎臣率领7万精锐进驻池州下游的丁家洲（今安徽铜陵北），夏贵率领2500艘战船封锁江面，贾似道本人统领后军屯驻鲁港（今安徽芜湖西南）。

这个布置让宋军再次陷入混乱。

夏贵怒了。

夏贵身为南宋老牌名将，孙虎臣只是当年护送贾似道去黄州的一介中下层武官，只因为救了贾似道一命，才平步青云，这时让夏贵给孙虎臣打下手，夏贵觉得是空前羞辱，无法容忍。

丁家洲之战爆发，这是南宋最后一次集结兵团级战斗力的战斗，任何有理智的人都会在绝境中尽一切可能奋力挣扎。

而南宋，居然平静地等待着元军来进攻。至于原因，只是一只放满了木柴火具的竹筏。元军声称要用这个去烧南宋的水军，于是南宋军队提高了全部的注意力来关注这只竹筏什么时候点火，什么时刻启航。直到伯颜觉得元军休整已毕，可以进攻了。

元军步骑混杂沿江夹岸而进，阿尤率战舰对垒孙虎臣部。压制半个世界的元军武器充足丰富，他们把所有大炮都用到水陆战场上来了。重150余斤，落地能砸出两三尺深坑的巨石从天而降，宋军的辎重营帐等中坚地带被瞬间摧毁大半。

其中受创最重的是孙虎臣。

这位步军主帅被吓傻了，不知道是有多少块巨石砸到了他的脚边，这人在恐慌中迅速失去了理智。阿尤开始了冲锋，数千艘元军小船"乘风直进，呼声动天地"。孙虎臣的前锋姜才挺枪接战，毫无惧色。他是南宋危亡期间最英勇的一个人。

可在他背后，孙虎臣奋力从恐惧中挣扎了出来，什么国家啦，民族啦，危亡啦，职责啦，统统都被他抛在脑后。他的心里只剩下了最重要的两件事——生命、小妾。这两件东西离他不远，只要跳上一条装着他小妾的船。步军统帅再不迟疑，想到就做了。

主帅的一举一动都被全军看着，这时激烈交锋的战场上一片喊声："步帅逃了！"7万大军顿时混乱，跟着统帅一起逃。

水面上的战斗，宋军本来是占优势的。元军多是小船，宋军的战舰既高且重，双方数千艘战船混战，胜负绝不会在短时间内产生。

可是夏贵还在抑郁中，高职官员的情绪是很重要的，没有任何事情能让他们带着情绪工作。夏贵同样跳上一只小船开始了逃跑。

夏贵身边一名老水兵，船划得非常快，抢在敌我双方的前面最先到达了鲁港，途经贾似道的座舰，夏水兵向上面高喊——"敌众我寡，势不支矣！"

贾似道非常感谢提醒，立即鸣金收兵准备后撤。现场一片忙乱，没有任何人想着迎敌，而元军的战船紧跟着就到了。

局面是灾难性的，13万宋军狼奔豕突各自逃命，军械辎重全都扔掉，当天长江的水都是红的，漂满了尸体。贾似道本人亡命逃跑，100多里之后才终于脱险。

夏贵随后赶到，贾似道连忙召其上船来议事，没说几句，孙虎臣也到了，这人捶胸顿足大哭大叫——"我军无一人用命抵敌！"

王八蛋，好像他怎么玩命厮杀了。

夏贵见状哈哈大笑，心情变好："我可是血战了一场打了好大一会儿。"

贾似道此时再没了权威感，甚至不敢责问两人的战败责任，只是连连发问："此后怎么办？"夏贵哈哈一笑："军队都这样了还打什么，您召集溃兵退守扬州，保着皇上去海上避难吧，俺去死守淮西。"说完扬长而去。贾、孙两人面面相觑，无可奈何，只好驾船去扬州。

第二天，上游的溃兵沿江而下。贾似道大喜，连忙派人举旗去召集。不料没一个人响应，溃兵们指着船破口大骂，要不是贾似道跑得快，很可能会被自己人干掉。

丁家洲之战结束，南宋输掉了所有，连最后一张安慰牌贾似道也失效了。神圣无比的师臣成了江南笑柄，有人还特意作了首诗：

> 丁家洲上一声锣，惊走当年贾八哥。
>
> 寄语满朝诛佞者，周公今变作周婆。

失败使人失去一些东西，比如权势、地位；失败也会让人得到一些东西，比如理智、清醒。贾似道战败，他的官途之路是断了，临安城里一片喊打喊杀声，他的亲信，曾经对抗丁大全的太学生领袖陈宜中上书谢道清，要求杀贾似道以正其误国之罪。

谢道清拒绝，她认为因为一场战争的失败就杀了大臣，是宋朝所没有过的事，太血腥、太过分了，"失待大臣礼"。同时，她也拒绝了贾似道从前线费尽了周折传回来的信。

贾似道建议她立即解散临安朝廷，立即坐船出海，在海上重新建立政权。他的大脑重新恢复了些许的理智，经过亲身接战，确信南宋再也没法挺过这次劫难。

谢道清再次拒绝。

这个老妇人的心理是绝对传统的，之前没有发生过的事，她绝对不去做，更从心里往外地认定绝对不会发生。不杀贾似道如此，不迁都海上亦如此。

做出下面这个决定，还是如此——传诏天下兵马勤王。

多么传统啊，谢道清仍然还认为这是从前的世界，甚至是北宋灭亡时的世界。很快，现实让她震惊到呆滞，拥有半壁江山的南宋，居然只有三支部队应诏。

一支是郢州张世杰；一支是湖南提刑李芾，兵很少，只有3000多名；还有一支来自赣州，应诏者名叫文天祥，带来了近10000名士兵。

文天祥，1236年生，时年38岁。初名云孙，字履善。进士出身，中状元之后，改名天祥，字宋瑞，自号文山、浮休道人。顶级履历表并没能让他仕途顺畅，这人与每个时期的权臣作对，一次次地被贬官、罢免、致仕，元军渡江，临安勤王时，他任赣州知州。

回到现实，发明创造了人类有史以来最正确最伟大的理学，并贯彻执行了几十年的南宋，比起北宋末年时更可怜，太皇太后亲自下诏喊救命，全国只有三个人伸手。可悲乎，可怜乎，可笑乎？

与之对应的是，读圣贤书满口仁义道德的各级官员们纷纷降元，广德军、岳州、滁州、宁国府等州军皆降，最终连坐镇江陵府的南宋京湖宣抚使朱禩、湖北制置副使高达也投降了。方面大员、京湖重镇，不战而降，由他们带头，江南几乎像多米诺骨牌一样连锁全倒。

大江南北，只有一个地方还在坚持。李庭芝、姜才，扬州。

贾似道、孙虎臣早就离开了扬州。这座陷在元军汪洋中的孤城，将是宋人最后仅存的两座象征式存在的标志。

贾似道被贬去了婺州安置。婺州的百姓听说他要来，贴出了很多的大字报来驱逐。这一次民众的意愿被满足了，陈宜中借题发挥，极力要求重处贾似道，不杀也要贬得远远的。谢道清焦头烂额之余再不愿为这件事折腾，同意了。

宋廷贬贾似道为高州团练副使，循州（今属广东）安置，籍没家财，克日出发。这个处罚从表面上来看仍然太轻了，可押送贾似道上路的人很有内幕。

会稽县尉郑虎臣。

郑县尉的父亲曾经因罪被贾似道发配充军，早就有心报复。这次心想事成，临安居然点名把这件事交给他做，真是太高兴了。

郑虎臣欣欣然赶去押运，先把贾似道的家人驱逐一空，再把贾似道坐的轿子去了上盖，南方秋天的毒太阳顿时直射贾似道的脑袋。就这样一路晒着向广东进发。一路上，轿夫杂役们"唱杭州歌谣之，每名斥似道，窘辱倍至"。

贾似道不为所动，坚持着不死。

行至南剑州（今福建南平）暗淡滩，郑虎臣说："此处水甚清，何不自投其中以死？"贾似道摇头："太皇太后许我不死。"

这就难办了，违圣旨杀命官，是犯死罪的。可是郑虎臣不管了，他下定决心一定要让贾似道死，不惜任何代价。

当走到了漳州木棉庵时，贾似道得了痢疾，一日大泻数十次，搞得奄奄一息，可仍然不死。郑虎臣火了，他闯进茅房，抓住坐在虎子（坐便器）上的贾似道一顿拳打脚踢，好一番运动之后，发现贾似道还是没死……奇怪加郁闷，郑虎臣高高举起贾似道狠狠地砸了下去，这一次，他的愿望终于达到了。

贾似道死了，他是死在国家大义上，还是死在私仇报复上呢？这个有目共睹，顺便说一下，不久后郑虎臣也死了，被真正的幕后黑手陈宜中杀了灭口。

当此存亡之际，杀奸佞都暗箱操作，比北宋灭亡时杀六贼的闹剧都低劣。

很多人把南宋的灭亡归结于贾似道，更多的人举手赞同，认为再对也没有了。贾似道专权误国，贾似道置襄阳于不顾，贾似道等等。

到底怎样，用敌人的话来验证吧。

南宋灭亡一段时间之后，元世祖忽必烈在元大都（今北京）召见原南宋的一些降元的重要将领，问一个他不解，历史也不解的大问题。

——"你们为什么这么容易就投降了？"

诸将义愤填膺，集体怒骂——"贾似道专国，礼优文士而轻慢我辈，臣等久积不平，故而望风降附。"

忽必烈何等样人，英明神勇绝不在中原历代开国明君之下，岂能被几句常规级马屁放倒。他哈哈一笑——"贾似道确实是看不起汝辈，就算这样，也只是他一人之过。宋国主可曾亏欠过汝辈？何以如此轻易辜负宋恩？依我之见，贾似道看不起汝辈，实在应该！"

一语道破根底，贾似道有千百般不好，既不能掩盖抹杀他早年的功绩，也不能为其他汉奸卖国贼王八蛋埋单。各说各的事，贾似道一人怎么会导致整个国家的沦丧？！

第三十六章　一片降旗出临安

回到政治上，朱熹学有所成，自然不计起赏，可都时间不长就出于这样的或者源样的冷漠而间山前。一次不同了，都会增加他的名望，这是他唯一不想谁前，是他能左右的，孝宗同样心性坚定。

赵惇是个疯子，癫狂出尔诡道理，这时不持，程正常，他自已也年过古稀，这时不得……以愁及时晓了出来，旗帜鲜明地支持赵汝愚。

不点名地把韩国戚定为祸乱朝野的小人，在韩佗青面前的只有一条路，想反驳你好，你是好官，想没抗，更凑。

对立面，他大生意是道学家们的克星，急什么就设急，他轻松自在地想了一场微臟戏在宫廷内部上演，仿效来裹的样子讲性情说辞对国朝太政，对百官无私。

在他的眼里，世间充满了想要插手，对一切帮插手，干此以往，是这不下天下的主人了，都生有怕作，都是真实的生活，都是真实，未遂目以……的喻什么都罄，对一切……

元军继续南下，在焦山南北宽阔的江面上遇到了强大的抵抗。张世杰率领平江都统刘师勇、知寿州孙虎臣以万余艘战船横遮江面，并且约李庭芝出瓜洲，张彦出常州趋京口，三路夹击元军。

种种原因，张、李皆失约不到，张世杰以一旅孤军，与南侵元军的水师对决。张世杰久在军旅，心怀忠义，有着第一流战将的某些素质，可是致命的弱点同样让人无语。

他是陆军，水战是彻底的外行。

此战他以必死的决心出击，下令把战船以 10 艘为一个单位，用铁链拴在一起，为了平稳，再集体下锚，非有军令严禁起锚，违令者斩。

……他一定没读过罗贯中的小说。

罗贯中是明朝人，《三国演义》成书要在 125 年左右之后，要张世杰临战穿越取经，着实地不近人情了。可偏偏对面的蒙古人瞬间就看出了门道。

元军水师主帅阿尤哈哈大笑："彼可烧而走之也！"

当年曹操的军队是怎么死的，这时南宋的水军就是怎么完蛋的。元军善射者乘巨舰抵近，火矢雨发，宋军"篷樯俱焚，烟焰蔽江"，想战无从战起，想逃，张世杰牌铁链、铁锚稳如泰山，除了部分水军及时跳水、水性高强的，其余的都被烧死在江心。

张世杰大败。

此战过后，战争的态势明朗了，南宋再没有成建制的机动力量阻止元军。

伯颜的主力大军风卷残云般掠过江南大地，一路上攻无不克，招无不降，见证了传说中天堂一样美丽富饶的世界，更陶醉于砍瓜切菜一样轻松愉快的进攻之中。忽必烈要他慎杀，还杀什么嘛，这回可真是我来、我见、我征服了。

直到临近常州城。

常州知州姚訔、通判陈炤、都统王安节死守常州，宁死不降。伯颜惊异之余命令元军攻城，结果大失所望，用正规手段攻了多天，毫无进展。

战争屠夫本相暴露，还没到临安，实力不能过度损耗，伯颜下令搜捕常州周边百姓，命令他们背土到常州城墙下筑垒。常州面临选择，城上不阻止的话，土会越堆越高，直到与城等平。阻止的话，就得先杀光这些江南百姓。

这是多么残酷。

却是低估了元军的残酷。他们哪有那么多的时间等着土与城平，等江南百姓把土背到城下，被他们连人带土一起埋了进去。

工程进度非常快。

同时伯颜命令元军抓捕汉人，扔进锅里熬出膏油，再把滚烫的人油扔进城去。元军之残暴，可见一斑。常州坚守两个月之后被攻陷，姚訔当场战死，陈炤与王安节收拾残兵奋力巷战。有人劝陈炤说东北门还没失守，可以逃出去。

陈炤大怒——"去此一步，非我死所！"终因众寡悬殊战死。

王安节挥舞双刀血战，因臂伤被俘。元军问他姓名，王安节大叫——"我是王坚之子王安节！"王坚，钓鱼城击毙蒙古大汗蒙哥的王坚，他的儿子怎么可能投降！

王安节被杀。

种种一切，让伯颜恼羞成怒，他下令杀光城内的成年男人，偌大常州城，只有七个人藏在一座桥的下面才躲过了这次屠杀。

常州的壮烈，没能激起南宋的同仇敌忾之心，反而把软蛋们吓得更软了。比如七天之后的独松关，守将张濡弃关逃跑。这软蛋是害死岳飞的主谋之一张俊的五世孙。这种软蛋遍地都是，临安终于绝望，他们派出了使者求和。

使者名叫柳岳。到了元营之后先道歉，从伯颜下江南开始，南宋不断求和，元军有时也会同意，派几个元使南下，可是都被途中各地州县的守军杀了。这着实出尔反尔，像诱杀使者一样，南宋怎么说都理亏，唯有道歉。

柳岳乞和，充满了诚意。他说，南宋嗣君年幼，服丧未满，自古以来礼不伐丧，元朝作为当世第一大国，不该做此等量小之事。况且之前都是贾似道专权误国，两国多有误会。

伯颜冷笑，他熟知南朝历史，说出来的话每一句都像刀子一样锋利——"汝国杀我使臣，大元才兴师问罪。吴越钱氏纳国，南唐李氏出降，都是你国家以兵威逼迫所致，这时有何话说？汝国得国自后周柴氏小儿，今天亦于小儿失国，天道如此，尚何多言！"

柳岳无言以对，相信每一个宋人都无言以对。他狼狈地赶回临安，临安高层集体苦思冥想，想到了另一个高招。

追封吕文德为和义郡王。

汉奸家族的已故族长升官了，郡王，不禁让人想到了前广阳郡王童贯。说来童郡王不管真假还是收复了燕云的，吕樵夫对国家有什么贡献呢，他毁了襄阳、樊城？南宋当局当然没有失心疯，他们看中了汉奸家族在蒙元的地位，盼着汉奸们为南宋说点好话。

……脑残至此，夫复何言。

这番举动无效之后，临安大臣开始了逃亡，连左宰相留梦炎也在逃跑之列。太皇太后谢道清惊怒之余，派人把他追了回来，痛加斥责。留梦炎表示自己真是浑蛋，逃跑的技术如此拙劣……与其相比，西府枢密院的同学们就高明得多了。

枢密使文及翁、倪普两人暗中指使言官弹劾自己，启动罢官程序，这样走就名正言顺了。

谢道清既惊且怒，她的心灵深处那些绝对不变的真理原则崩溃了。她不解，她生气，于是她写了一份诏书，立在了大殿上。

上写：

我朝三百余年，待士大夫以礼，吾与嗣君，遭家多难，尔大小臣工，未尝有一言以救国者，内而庶僚，畔官离次，外而守令，委印弃城，耳目之司，既不能为吾纠击，二三执政，不能倡率群工，方且表里合谋，接踵宵遁，平时读圣贤书，自许谓何？乃于此时，做此举措，生何面目对人，死亦何以见先帝！天命未改，国法尚存，其在朝文武官，并转二资，其畔官而遁者，令御史台觉察以闻，量加惩谴。

这位有福的、端庄的女士觉得话说到这份儿上了，但凡稍微有点廉耻之心的人都会幡然悔悟，进而为宋朝抛头颅洒热血，竭尽全力扭转乾坤了。

活在梦里的人，没有资格生存。

谢道清自理宗晚年一直把持朝政，连自己身处什么样的世界都不了解，连身边的大小官员的精神内核都不了解，她不死谁死？

她领导的政府不死，谁该死？

高层该死而不死，死的自然是底层。先前与文天祥一起勤王的李芾以湖南安抚使、潭州知州的身份死守潭州，阿里海牙强攻近三个月，潭州城一直在顽强抵抗，甚至将阿里海牙本人射伤。三个月之后，城里的武将们心虚了，他们试探李芾，说城里的百姓会在城破后被屠杀，考虑到这个，是不是应该……李芾断喝道："国家平日厚养汝辈，正为今日！汝辈只管死守，勿思其他，再有敢言降者，定杀不饶！"

时值南宋德祐二年（1276 年）正月初一，潭州城在兵火中迎来了新的一年。按宋礼，这时应该做很多有特殊意义的事，比如冠礼。

衡州知州尹穀全家都在潭州城内，得知元军在初一大举攻城，城防将破，他不动声色地仍旧为两个儿子举行冠礼。有人劝他，都什么时候了，还做此迂阔之事？

尹毂淡然一笑，正是想使儿子辈以冠带礼服见先人于地下啊。

礼毕，尹毂积薪遍户，身穿朝服，朝临安方向朝拜之后，纵火自焚。全家老幼数十口，壮烈殉国。

李芾闻讯赶来，以酒祭奠，慨言道："务实（尹毂字）好男儿，先我就义。"他在当晚大会宾佐幕僚，纵酒诀别，以"尽忠"为当夜号令。

潭州在第二天凌晨时分陷落，李芾唤来亲信将领沈忠。要沈忠先杀李家全口，最后杀其本人，李氏不受亡国被俘之辱！

李芾集全家于庭院，告以举家殉国之意，他以酒相劝，尽醉之后，沈忠依令杀李氏全家，最后一刀，含泪砍下了李芾的人头。

潭州陷落，之前常州陷落的一幕重现。

宋人没有被英烈之气感染，变得群起抵抗，而是被吓着了，袁、连、衡、永、郴、全、道、桂阳、武冈等州县全部投降。

临安近在咫尺。

绝大多数的蒙古人主张全速前进，一鼓作气拿下南宋都城，一个汉人不同意，元朝汉人郎中孟祺说，如果大兵马上压境，宋帝室必将远逃闽南，那样临安城内会盗贼蜂起，临安150余年的积蓄将焚荡无存。为今之计，要先安抚宋帝室，令其不会因惧而逃，假以时日，定会全取临安。

伯颜非常赞赏，还是汉人想事情周全啊。

临安方面的汉人更能想事情，时局至此，仍然充满了美妙的幻想，宰相陈宜中无论如何都觉得希望还是存在的，他派宗正少卿陆秀夫出使元军大营乞和。条件低至纳币称侄，甚至称侄孙也可以。

伯颜不满意，但也没有拒绝。

转年，太皇太后谢道清发布最高指示，只要南宋可以作为政治实体继续存在，称臣也在所不惜。

伯颜同意了，双方约在长安镇缔结和平。为了正式，伯颜要求南宋派出最高级别的官员，比如宰相……陈宜中作茧自缚。

终于要直面蒙古人了，这个以忠义面孔无畏反抗走上台面的前学生运动领袖，最大的愿望就是安全，这让他如何自处？

不急，第一招，失约。

缔结和约时间到，陈宜中失约不至。伯颜傻等了一会儿，觉得自己有点小傻，转念之后心里变得平和，因为南宋才是真傻。

蒙古人所要的不过是缓和气氛，南宋却在积极准备，谁得谁失？伯颜下令进军，前锋抵达皋亭山，游骑已出现至临安城北门外。

大难临头，各有活法。此前一直游移在南宋中上层官场无足轻重的文天祥没有像人们想象中那样，和与他一起勤王的李芾一样致力于殊死抵抗。

文天祥是有原则的人，有至高理想的人，同时也是一个现实的人。他能够平静地分析敌我实力，承认己方面临的绝境。

这时他的官职是知临安府。他建议谢道清趁着临安还没有被围困，把宋恭帝的两个兄弟送往更远的南方，以保留最后的"火种"。

赵昰被封为益王，出判福州；赵昺被封为广王，出判泉州。驸马都尉杨镇和二王的舅舅，以及陆秀夫组成了王府班底，保护他们离京南下。

陈宜中在失约之后想到了逃跑，鉴于他的地位，他希望能组团逃跑。事不宜迟，他立马带着群臣去皇宫，劝谢道清迁都避祸。谢道清本不想走，架不住整个朝廷都想走，此时此刻，她毫不怀疑再拒绝的话，本就快走光的朝廷立即就会抛弃她。

谢道清命令宦官宫女立即收拾东西，当夜就走。可是一切就绪之后，陈宜中等人却没了动静。谢道清顿时大怒——"是欺我这个老妇人吗？！"

急怒攻心，太皇太后一把扯下首饰，摔在地上，把房门紧闭，谁来都不开。（"脱簪珥，投之地，遂闭阁，群臣请见，皆不纳。"）

其实，陈宜中不是骗她，而是家财太多，整理打包太费时间，想在第二天一早走。忙晕了头，忘了通知老太太了。

老太太在如此生死关头耍上了贵妇脾气，就出乎所有人意料了，尤其是连文天祥都被连累。元军逼近，文天祥和张世杰觉得唯一的出路是全体朝廷成员火速登上杭州湾里的战船，把战斗引到元军相对薄弱的海面上去。

奈何谢老太太怒不可遏，把所有的大臣都恨上了，再怎么说都不离开临安皇宫半步。

陈宜中的表现也加倍古怪，迁都与出海在本质上是一样的，都是躲避元军，他应该是赞同派，可事实上他也反对，文天祥和张世杰成了少数派，没有人响应，谢道清更不理会他们了。

最后的机会就这样白白溜走，元军终于兵临城下，南宋朝廷想逃也逃不出去了。

宋人就是"聪明"，当此时再没提什么议和，而是直接出城献传国玉玺、降表，正式向元朝投降。降表云——"宋国主㬎谨百拜言：㬎眇焉幼冲，遭家多难。权奸贾似道，背盟误国，至勤兴师问罪。㬎非不欲迁避以求敬全，奈天命有归，㬎将焉往。谨奉太皇太后命，削去帝号，以两浙、福建、江东、湖南、二广、四川、两淮见存州郡，悉上圣朝，为宗社生灵祈哀请命。伏望圣慈垂念，不忍三百余年宗社遽至陨绝，曲则存全，则赵氏子孙世世有赖，不敢弭忘。"

文章写得很好，伯颜很满意，只是人员很不正式，只是一名使者。伯颜要求南宋首相出城亲自再读一遍，以便在法律效力上达到正规。

奈何谁都找不到陈宜中了。

临安城内众目睽睽，临安城外大兵压境，这人竟然有本事突然失踪，谁也找不到了。好一阵子之后，他在温州清澳一带重新出现，人们才知道，他是逃亡了。

逃跑宰相陈宜中，名不虚传也。

杭州湾里张世杰灰心失望，率水师离去。他的部队从此之后在南方海域散落，等待机遇。

与元军接洽的事，落在了文天祥的头上，这时他成了宰相。

文天祥一行出城，在明因寺见伯颜。他身为状元宰相，本不愿向异族低头，甚至想以言辞辩驳迫使伯颜退军。他问："本朝承帝王正统，衣冠礼乐之所在，北朝将以本国为属国，还是想毁我社稷宗庙？"

伯颜很放松："社稷必不动，百姓必不杀。"

文天祥："北朝若有意保存本朝，请退兵至平江或嘉兴，再商议岁币犒军之事。如此，北朝可全兵而返，彼此有益。如北朝欲毁我宗庙，灭我国家，则淮、浙、闽、广等地尚在宋属，成败还未可知。如此，兵祸连绵，胜负难料！"

伯颜惊异，终于开始认真对待眼前这个宋朝人。

亡国宰相居然这么强硬，伯颜随旭烈兀在西南亚拓地千里灭国无数，见过太多俯首胆怯之辈，这时遇到文天祥，惊讶之余，想逗逗他。

伯颜大怒，威胁文天祥。

刚刚还强硬，瞬间会软掉吧，那样才好玩。可是他严重地失望了，面对压力，文天祥的强硬度随之高涨——"我乃南朝状元宰相，但欠一死报国耳，刀锯鼎镬之逼，又有何惧！"

伯颜正视文天祥。

这个汉人很特别，伯颜想了想，理智人做聪明事，他不杀文天祥，但也不放他，干脆扣起来，每天费几斤粮食而已。

文天祥开始了他的第一段囚徒生活，更是第一次远距离看着南宋的灭亡。1276

年二月初五，宋恭帝率百官，举行了投降仪式。伯颜取南宋太皇太后谢氏手书的降表，"谕天下州郡降附"，南宋至此在实体上已经灭亡。

实事求是地说，元军很宽容，没有像金军那样欺压北宋君臣，也没有像北宋开国时灭亡后蜀时举行传统的牵羊受降之礼，连军队都屯驻在临安城外，只派一小部分元军进城入驻大内皇宫。

三月，伯颜入临安，元军满载着南宋的户口籍册、册宝仪仗、车辂辇乘、礼乐祭器、图书珍玩等器物，押解着宋恭帝、全太后、两宫后妃、外戚、宗室、大臣、太学生等几千人北上元大都（今北京）。

名单中没有太皇太后谢氏。

谢道清以老病为理由，在原皇宫内暂留。说来也是奇迹，自从被陈宜中气着了自闭于寝宫之后，她真的哪儿也不去，连南宋灭亡了也岿然不动。

五个月之后，谢道清抱病去大都，七年之后病死。

宋恭帝北迁元大都，降封瀛国公。六年之后，被元人迁往更北的元上都（今内蒙古正蓝旗）。青年之后，为避祸自愿出家为僧，去吐蕃精研佛法，修订翻译了《百法明门论》等佛经，终成一代高僧。晚年时偶有所感，作了一首小诗：

寄语林和靖，梅花几度开？
黄金台下客，应是不归来。

有人持诗上告，元廷疑他有召贤复国之意，遂下诏赐死，时年 52 岁。

南宋已灭，元军决定班师，有人不同意。元军汉人体系里的第一大姓史家，大汉奸史天泽的长子史格坚决要求追杀南宋余党。蒙古人毫无兴致，元军汉人体系里的第二大姓张家接了这个活儿。

张弘范任主帅追杀南宋逃亡小朝廷。

当年的六月，南宋小朝廷到达了福州，并且聚集了全部班底。他们几乎每个人都有各自不同的遭遇，都费尽了千辛万苦，才会聚到了南宋正朔的两位亲王身边。

先说亲王的逃亡。

益、广两王被范文虎追杀，关键时刻，是杨镇独自断后，牺牲了自己，才给他们争取到了逃亡的可能。途中逃亡者们无马无轿，徒步逃跑，最狼狈时他们躲在山中七日，几乎饥渴而死。

陆秀夫是单独行动，可怜一介文官带着一家老小逃出临安，千里奔波，居然最早找到了赵昰和赵昺。茫茫人海，兵危乱世，这不是奇迹更不是偶然，而是陆秀夫对宋室的忠贞。并且他发现了陈宜中。

这个逃跑宰相被陆秀夫挖了出来，他居然有脸，而陆秀夫也真的原谅了他，带着他去见南宋皇室。这是我百思不得其解的事，更荒唐的是南宋皇室不仅不追究他之前的各种混账行为，居然还承认他是宋朝的首相……

之后来到的是张世杰，他带着庞大的水师到来，给小朝廷以真正的安全感、存在感。

文天祥的到来是最坎坷最艰难的。他被元军押解去大都，走到镇江段时逃跑，一行六七人连夜逃到了真州。真州守将苗再成开城迎接他，两人密谋以淮西军南下，乘元军不备反攻临安。这就要求两淮宋军通力合作，具体是李庭芝和夏贵。

可怜战时混乱，文天祥、苗再成都不知道夏贵的现状。

夏贵以淮西之地投降元朝。

夏贵时年已经80岁，不知贪生、贪富贵，又能有几天享受。可他就是降了，因为他的投降，他在宋史中无传，在元史中无传，他一生中二十余年与元军角逐，攻略八方，战阿尤、败董文炳、斗刘整、敌伯颜，南宋能以半壁残山剩水苟且偷安，他出的力着实不小。可惜都化作了云烟。

降元之后只活了三年，所为何来?

时人有诗一首纪念他——

> 享年八十三，何不七十九!
> 呜呼夏相公，万古名不朽。

整个江淮区域的大将只剩下了李庭芝还在抵抗中，他的扬州是文天祥唯一的希望。可是李庭芝的回应是遗憾的，他密令苗再成杀了文天祥。

理由很充分，文天祥曾参与议和，又有江南宋兵逃入扬州，说元军会派一个宋朝宰相来扬州招降。这些因素加在一起，与文天祥出现的时间、身份非常吻合。

苗再成左右为难，只好把文天祥送出真州，临别时出示李庭芝的命令，让其自谋生路。分开后，苗再成仍然不放心，他派了两路士兵跟上去接触文天祥，如果文天祥真的劝他们投降的话，立即杀掉。两方相遇之后，文天祥强烈的爱国之心迅速感染了这些士兵。

这些士兵没有去回复苗再成，而是直接保着文天祥去扬州。

扬州之行仍然是遗憾的，他们根本没能进城，城周四面贴满了悬赏捉拿文天祥的告示，李庭芝许诺不论死活都有重赏。

文天祥开始了漫长多难的南返之旅。他们在烧毁的荒村中躲藏，在树林中躲藏，随从被元军捉到，一行人饿得奄奄一息，被樵夫救活，由高邮嵇家庄帮助，从海路到达了温州，找到南宋小朝廷。

至此文武齐备，众人拥立益王赵昰为帝，是为宋端宗，改元景炎。封皇弟赵昺为卫绍王，升福州为福安府。以陈宜中为宰相兼枢密使，都督诸路兵马。张世杰为枢密副使，陆秀夫为直学士，文天祥为枢密使同都督。流亡小朝廷下诏各地，图谋复兴。

朝廷虽小，五脏俱全。哪怕在流亡途中，工作仍然在继续。首相陈宜中以身作则，打响了内讧第一枪。他看陆秀夫不顺眼。

临安时期，他是首相，陆秀夫是宗正，天差地别的身份。福州时期，他已隐身成功，混迹于茫茫人海，陆秀夫把他挖了出来，再次水深火热。这仇就不是一般大了，偏偏陆秀夫天天喊抗战，看样子不到最后一人绝不罢休。

很烦啊。

陈宜中指使言官弹劾陆秀夫，务必把他赶下台，不然有太多的事根本没法做。陈宜中在福州的陆地上做着非常熟悉的本职工作，被从海面上传来的一个声音给打断了。

唯一的军方大佬张世杰说，都什么时候了，还搞这一套，恶心不？！

陈宜中泄气，放过了陆秀夫。

紧跟着张世杰又看文天祥不顺眼，两者几乎什么都拧。张世杰打算向南方发展，没有最南只有更南，最初的打算是在广州落脚，成立政治新中心。文天祥主张北上，开府永嘉（今浙江温州），这样才能勉强称之为国家。

谁对谁错没有答案，问题是广州突然投降了，张世杰必须改变计划，于是他顺带着"同意"了文天祥，可以为国家出力了，你去南剑州（今福建南平）开府，在那儿建立根据地。

文天祥起程，尽管这与他的初衷不符，也仍然坚决执行。可张世杰还是后悔了，文天祥一呼百应，影响力迅速飙升，这会置他于何地，他还会是最有力的实力派人物吗？！

文天祥你不要去南剑州了，去汀州（今福建长汀），有事直接向我汇报，没有召唤不许入朝。文天祥就此被隔离在外。

后世将张世杰、文天祥、陆秀夫评为"宋末三杰"，三者杰则杰矣，各自的软肋弱项也着实明显，于此国家沦丧之际，后两位能坚持本我、毫不妥协，而张世杰在本职业务方面短板严重之外，那颗心也着实不大平整。

流亡小朝廷忙着内讧，元军已经南下。十一月中旬，元朝陆军自浙入闽，逼近福州。小朝廷的反应是不去看敌我双方的战斗力对比，不考虑胜负可能，直接逃跑。

全体登船，目标向南。

当天雾满沧海，浓得不像话，他们在不知不觉间躲过了危险。元军的水师也已经到了，与他们擦肩而过，真是险过剃头。

船队南下泉州，这里有他们的既定目标——蒲寿庚。这是个阿拉伯大商人，任提举泉州市舶，三十多年里掌管着南宋的海外贸易，是大商人、大官人，更是个大军阀。眼下小朝廷物资严重缺乏，尤其是战船，而这些正是蒲寿庚囤积无数的。

面对小朝廷的要求，蒲寿庚满口答应，不仅如此，还挽留小朝廷留在泉州，把这里当成行在。多么好的同学啊，如此时局，如此诚意，千载难逢。

张世杰摇头，一来这与他的计划不符。泉州还不够南，他还要继续南下；二来蒲寿庚一直在元、南宋之间摇摆，古人云非我族类其心必异，这时南宋已经亡国，此人还这么热诚，物反常必为妖！

张世杰趁蒲寿庚回泉州内城的机会，把外港的战船都劫了，尽管这样做很下作，可非常时非常事，也是迫不得已，更何况君父劫子弟……

蒲寿庚大怒，大商人、大官人嘴脸收回去，大军阀面目暴露，他纠集势力扬帆出海，把小朝廷打得落荒而逃。要知道小朝廷这时的总兵力在30万之上。

蒲寿庚于次月降元，不久之后尽杀赵宋宗室子弟近数万人，崖山海战之后更远赴重洋追杀赵宋遗孤。如此狠毒，不知是为了什么。说到天去，不外乎流亡小朝廷抢了他些钱，就值得这样报复？！

坏事做绝终有报应，后来，蒙古人可不像宋人那么手软，直接灭了蒲氏家族，所有蒲姓人都被砍头。

到了明朝，明太祖朱元璋深恨蒲氏卖国求荣，下令将蒲氏一族剩余人等充军流放，为娼为奴，不得登仕籍，永不能为官。蒲氏从富甲一方变成贱族达数百年之久，到清朝时都没能翻身，可见天网恢恢，恶有恶报。当地人耻与之为伍，称其家族为"无耻的叛教者"。

第三十七章　千古悲恸难言处

在政治上，朱熹学有所成，自然不甘寂寞，南宋前几位君主也
朝，可都时间不长就出于这样的或者那样的原因走回了
一次回山，朱熹清楚地知道，这是不堪悲愤的
是他不同了，朱熹同样心甘情定，九泉泉时他
赵惇是个疯子，跟谁也不讲道理，真得赶
智正常，他自己也年过古稀，这时不
以他及时被了出来，旗帜鲜明地支持赵汝愚
甲，下点名地把韩国侂冑定为祸乱朝野的小人
时，人在韩侂冑面前的只有一条路。好，你是奸邪，想反攻，
的对立面，一定会搞得你永世不得翻生
想反驳，他人生就是道学家们的克星，
的焦躁急，他轻松自在言辞内部上的
一场骗戏在言言形势上，二十年来松可讲理道名，
大抽，历仿众朱家的样子讨说什理
对国朝大政，对百百形态
在他的眼中，世间无冬天指戏
而其地人都责任几人，都千吉凶凶
打在台下看着，都是真实的生活
的不甚成，都是真实的感
的确拥有什么都管，对一切都插子，长此以己
是这个天下的主人，

流亡小朝廷扬帆远去，不去理会身后发生了些什么事。他们的路还要走很远，先潮州再惠州，在第二年的四月到达官富场（今中国香港九龙南），才勉强停了下来。

这里足够南了吧，张世杰觉得安全了，他下令上岸盖房，在这里长期居住。

奈何七个月之后，就不得不再一次上船，出海。元军又追过来了，这一次张弘范亲自领军，发誓追小朝廷到天涯海角。从这时起，两支宏大的船队几乎形影不离，从广州到秀山，从秀山到香山岛（今广东五核山山脉及其附近区域），双方且战且行，吃亏的永远是小朝廷一方。

香山岛一役，小朝廷在战斗中减员不少，在飓风中损失更大，首相陈宜中率领的800艘战船全都翻了，据可靠记载，只有一个人活了下来，其余的都被淹死。

这人的命可真够长。

落汤鸡陈宜中受够了，他再不想漂来荡去，死去活来。他提议大伙儿去占城（今越南中南部），过海外陆地生活吧。

没人响应。

陈宜中热情高涨，说他去给大伙儿打前站，先去占城探路，就走了。这是他在历史中出现的最后一幕，当他的船开远了，有人才想起来，这人从前就逃跑过。

陈宜中逃跑一个月后，小朝廷的船队到达了井澳（今广东珠海市西南珠江口外大横琴岛深井附近海湾），他们再次遭遇了飓风，大约十分之四的船翻了，同等比例的人淹死。这些船里就有宋端宗赵昰的船，赵昰本人连淹带吓得了重病，在次年的四月病死。

接连翻船，连带死皇帝，让所有的人心惊肉跳，"群臣多欲散去"。关键时，陆秀夫站了出来——"度宗皇帝有一子尚在，将置其何地。古人有以一旅以成中兴者，今百官有司皆备，士卒数万，天若未欲绝宋，此岂不可立国？！"

他的话唤醒了一直都坚定存在的南宋忠义之心，能一路追随直到现在的，都是难忘故国、绝不屈膝异族的忠勇刚烈之人，谁愿意沉沦灭亡，成亡国之人呢？

众人立赵昺为帝，是为帝昺，改元祥兴。杨太后继续垂帘听政，张世杰任枢密使主管军事，陆秀夫任首相，他每天亲自书写《大学章句》，为年仅8岁的帝昺上课。

且行且战，临近东亚大陆的最南端，张世杰屡败之余决定开辟基地。最初他选择的是雷州（今属广东），大致相当于雷州半岛一带。

1278年五六月间，张世杰遣将与元军争雷州，这座之前一直是北宋发配重案罪官的城市成了小朝廷的噩梦，败绩再一次降临，现实逼迫他们继续向南逃跑。

下一个目标，崖山。

终于到了崖山！

崖山，古文作厓，现代多作崖。它位于今天广东省江门市新会区南约五十千米处的崖门镇。银州湖水由这里出海，海面上东有崖山，西有汤瓶山，两山环抱，延伸入海，阔仅里许，故称之为"崖门"。门内是天然的避风良港，每天潮起，可乘潮出战；潮落，可据险而守。从地势上来看，是绝佳的战略要地。

张世杰以最快的速度赶到了这里，立即命令士兵上岸，造行营30间，建军屋3000间，做出了长期驻守的打算。

追击的元军很配合，隔了大约半年之后，在1279年的正月间，从潮阳（今属广东）由海路赶到了崖山。领军的是蒙古汉军都元帅张弘范。

几天之后，副帅、江西行省参知政事李恒也从广州率领120艘战船赶到。这样，元军整体军力水陆两军共3万左右，战船大约400艘。

崖门内，张世杰拥有战船近千艘，兵力达20万以上。

两相对比，南宋的优势是压倒性的，没有理由再失败，何况抢先占据崖门，坐拥天险，元军的水师只能漂在海面上，种种优势都在预示，南宋如果抓住机会获得大胜，不仅不会灭亡，反而会借机在南中国站住脚跟，哪怕只是两广一隅之地，至少也是五代时南汉的根基。

可这只是表面上的数字参照，不为人知的是，南宋20万大军之中，存在着大量的宫女、内侍、官员家属、军兵家属，以及大量的文官。

除去这些非战斗人员，宋军的战力不过几万人而已。这也是之前屡战屡败、不断逃亡的原因所在。

更重要的是，张世杰的心变得烦躁。他不再像从前一样，开战之前做两手准备，打得赢就打，打不赢就跑，连续败连续逃，让他受够了。

张世杰放弃了崖山海战中独一无二的最关键地段——崖门。他把1000余艘战船背山面海围成方阵，以大索勾连，四周围起楼栅，其结构像陆地上的城郭一样。帝昺的座舰就居于这座方阵正中间。他决定以堂堂正正之师，与元军决一死战。

他的口号是——"连年航海，何日是头，成败就看今天！"

元军水师非常欢迎他这么做，非常配合地集结了全部实力与之对阵。这边战云密布，海面上几十万人动辄生死相向，而在不远处的另一端海面上，却是歌舞升平、欢声笑语，当地居民正在举行每年一度的海上元夕夜竞渡。

这几天正是元宵佳节，国家兴亡，赵家兴废，不足以让所有汉人陪着去死去活，老百姓的日子该怎么过还是怎么过。

回到战场，元军水师发现张世杰又把战舰绑在一起了，简直不敢相信自己的眼睛。对面的宋军主帅是俺们的卧底吗？！

四年前焦山水战时，张世杰只是将10艘船连成一舫，这回居然是1000多艘绑成一座大城，这要是不放一把空前的大火的话，真是枉费了张世杰的好心。

这些烦人事是没法干扰到张世杰的，再一次绑船并不是他失忆了，忘了之前的惨痛教训，而是他早有准备。为了防火，他让士兵们挖了海量的烂泥上船，都厚厚地涂在船外板上，再用长木杆做阻挡，防止敌船来撞。为了生存，他还在船上准备了足够所有人吃半年的粮食。

做完了这些，张世杰非常确信已经万无一失了，他可以直面战争，等待胜利，或者持久的对峙。

这两样他都没等到，胜利、失败暂时还看不出来，宋军很快就发现了一个致命的新问题。

元军水师在张世杰放弃崖门背山面海时，第一时间抢占了崖门，掐断了宋军重回岸上的可能。这看似没用，海战嘛，与陆地何干？但是张世杰给船队上的20多万人准备了半年的粮食，却没办法准备哪怕一个月的淡水！他每天都得派人回崖门内取淡水，取烧水做饭的木柴，这些都在元军抢占崖门之后丢掉了。

仅仅10天过后，宋军淡水供应就出了问题，南中国海上炽烈的太阳下，口渴难耐的宋军士兵只好从海中提起一桶桶的海水勉强喝下去，结果谁都知道，那就跟喝毒药一样，他们开始上吐下泻。宋军的战斗力锐减，并且只会越来越减。

这时元军才开始了攻击。

元军在崖山西山头上架起大炮轰击船阵中间帝昺的御舰，几炮之后御舰上迅速做出反应，张起了巨型布帘遮挡炮石。效果相当地好，据记载巨石击中布帘，御舰岿然不动。这算是非常规攻击方式，有可能是宋军船阵的选择地点非常欠抽，居然离主动放弃的崖门不太远。不奏效之后，张弘范决定用火攻。

一艘艘满载着柴草的小船被点燃，直冲南宋的船阵。

宋军水兵用长杆抵住火船，不使其靠拢。偶有漏网的，涂满了湿泥的船外板还真的顶用，火焰没法立即燃起，随即被南宋水兵用海水浇灭。

相持不下……这么说并不准确，元军根本不必担心宋军有哪怕一点点的进攻。1000余艘木质战船绑在一起，得用什么样的发动机才能推得动？

一座不动的船城，不知道有什么样的攻击力！

张弘范决定再一次劝降，他早有准备，随船带来了张世杰的外甥。该外甥三次进入船阵劝降，张世杰不为所动，回答得铁骨铮铮——"我知道投降能活命，且能富贵，但忠义之志决不动摇！"

1279 年二月初六，元军发起了总攻。

那一天乌云密布，海浪汹涌，大海现出了它狂暴的一面。元军水师兵分三路，从东、南、北三面向崖山外的宋军船城进攻。张世杰率众力战，从黎明时分直到黄昏降临，历经涨潮、退潮两个时段，士兵和船阵先后崩溃了。

士兵们疲劳饥渴上吐下泻，加上一整天的剧烈战斗，早已不可支撑。看似坚固的船城只能防守无法反击，永远立于不胜之地，解体只是迟早而已。

元军摧毁了宋军外围的七艘大舰，突入船城内部，到这地步，张世杰才下令砍断大索，各船逃生。这让当时的海面乱成了一锅粥，张世杰本人居然无法接近他最应该保护的对象——帝昺。当时黄昏降临，暮色四合，风雨大作，张世杰遥遥望见帝昺的御舰，碍于形势，他没法亲自去接，只好派人驾小船过去。

操船者不顾一切地在无数激烈交战中的战船间划行，奇迹一样地接近了御舰，并且爬了上去。可是无论他说什么，御舰上都不同意。

宰相陆秀夫唯恐来人是元军假冒的，断然拒绝把帝昺交给来人带走。

这种担忧绝对是有必要的，亡国在即，无数可耻的投降者挖空心思想找进身之阶，此时帝昺无疑是最好的投降礼物，怎么能随便就交出去？！

接应者无奈，只好退走。远处停在外围的张世杰无奈，只好率领十余艘战船，保着杨太后，顺着退潮的海水扬帆远逃。

帝昺的御舰孤零零地被围在战场中央，无论怎样都没法脱离了！

当是时，或死或降，别无他路。陆秀夫在黑夜中决定以死殉国，他仗剑把自己的妻子儿女都驱入海中，他的妻子死死拉住船舷不松手，他长叹一声，喝道——"都去！还怕我不来？"

陆夫人松手，沉入大海。

陆秀夫转身望向年仅8岁的宋帝赵昺，流亡至此已近三年，航海逾万里，所为者何来？难道只是为了活下去吗？！

他抱起了帝昺，对这个孩子说——"国事至此，陛下应为国死。德祐皇帝受辱已甚，陛下不可再被辱！"说完，他紧紧抱住他的皇帝，纵身跳进了波涛汹涌的大海。

宋帝国至此终于灭亡，不管它是否软弱，不管它是否屈辱，它的最后一位皇帝和宰相，以世间最决绝的方式为它画上了句号。

崖山之役，南宋全军覆灭。据载，第二天凌晨，"浮尸出于海十余万人"。这些人和陆秀夫一样选择了决绝，选择了尊严。

在远处的海面上，张世杰的船队终于逃出了生天。杨太后听到帝昺的死讯，她抚膺痛哭："我忍死到今，只为了赵氏一块肉啊，现在没希望了！"她投水自尽，为赵宋殉葬。

张世杰不久后死于一场海上飓风。

至此，流亡小朝廷全体覆灭。

后人翻阅这段史书，感叹者有之，摇头者有之，愤怒鄙夷者更有之，比如有人评论说，陈宜中能逃而不能死、陆秀夫能死而不能战、张世杰能战而不能谋……说这些有什么用，他们真的有经天纬地之才，何至于远逃万里，在崖山与敌死拼？

一家一姓的天下历经319年之后，注定了元气尽丧，国家肯定无人。当是时，处上位者注定了只是些或庸碌无才，或无耻贪婪之辈，灭亡是不可避免的。

所争者，只是灭亡的方式。

在这一点上，赵宋之亡，除了陈宜中等无耻之徒外，陆秀夫，哪怕是张世杰都可以无愧于史册后世。

崖山之战结束了，除了参战的元军之外，还有一个人全程目睹了战斗的整个过程。

文天祥。

文天祥早已被俘。

他被张世杰排挤出小朝廷之后，选择了回自己的老家江西抗元。1277年，文天祥率兵于雩都（今江西于都）大败元军，收复了兴国、吉州（今江西吉安）等地。他在兴国建立大本营，江西各地抗元义军四面来投，形势一度大好。

但是他终究是一名文官，对瞬息万变的战场准备不足，大胜之余忘了戒备，元朝江西宣慰使李恒，也就是率水军支援张弘范进行崖山海战的那个人，率重兵偷袭兴国，文天祥应战失利，大败至空坑（今江西兴国县境）一带。

败退中，队伍零散，文天祥的妻儿、幕僚都被俘虏，他本人因为有义士替身受捕，才幸免于难。

纵遭大败，文天祥仍然百死不回。他收拾残部转战广东东北部的南岭地区。情况越来越险恶，文天祥知道事不可为了，他向小朝廷请求归队，可是张世杰再一次拒绝。

此时此刻，文天祥孤身在外，声名外显，等待他的只有两条路：一是投降，二是败亡。除此以外，别无他途。

能战而不能谋的张世杰，有忠义却无心肝的张世杰！

1278年十二月，文天祥在广东海丰五岭坡被俘，自杀未成，被押往崖山战场。这一路是文天祥的炼狱之旅，身在敌营，睹物思人，如此锦绣山河，统统落入敌手，而他空怀满腔忠义报国之心，却无可奈何，连自己也成了被俘之人。

到崖山战场，张弘范要他写信去劝降张世杰。文天祥冷然相对——"我不能救父母，难道还会劝人去背叛父母吗？！"

他取过纸笔，录下了不久前所写的那首《过零丁洋》诗：

辛苦遭逢起一经，干戈寥落四周星。

山河破碎风飘絮，身世浮沉雨打萍。

惶恐滩头说惶恐，零丁洋里叹零丁。

人生自古谁无死，留取丹心照汗青！

这样的人怎么可能投降，这样的人怎么可能替死敌去劝降？张弘范笑了笑，连称"好人，好诗"，命人把文天祥带下去，绝口不提劝降的事。

文天祥随着元军水军出航，近距离目睹了崖山海战。这对他的摧残是难以想象的，他所竭尽全力，倾尽所有想保存的，就在他眼前毁灭！

崖山海战之后，元军南征大军的全部工作只剩下了一件，找到南宋传国玉玺。这在几天之后，半真半假地完成了，有人宣称，在一具男孩儿浮尸的脖子上找到了它。可这具比玉玺明显更重要的尸体，却偏偏下落不明。除此以外，就剩下了文天祥。

要怎样处置这位亡国宰相？

张弘范在各种庆祝，包括在崖山之畔的山崖陆壁上刻字——"镇国上将军张弘范灭宋于此。"之余，还是很想保全文天祥。他觉得，留一个文天祥也无关改朝换代的大局，反而更能衬托出元朝开国的恢宏气度，何乐而不为？

忽必烈也这样想，他特意批了份文件下来，说"谁家无忠臣"。命专人押解文天祥去大都。文天祥的北上苦旅开始了，他名扬中华，为华夏千年民族魂的光荣之旅也就此起程。

当年五月，押解队伍进入南安军（今江西大余），文天祥的故乡临近了，他计算时日，估计八天之后会到达老家吉安。他开始绝食，相信八天之后到达时会饥饿而死，他可以饿死桑梓，尽节故里了。可天不从人愿，绝食八天他没有死，而故乡已过。

文天祥决定恢复进食，以便在虏廷从容就义，更有价值。

一路北行，元人并不禁锢文天祥的视听，很多战事信息一个个传入，文天祥发现他真的成了一个孤单的人。除他以外，扬州、钓鱼城都已经陷落了。

说扬州，李庭芝在误解中赶走了文天祥，随即被元军重兵围困。扬州城在十个月期间弹尽粮绝，城内达到了易子而食的程度，但仍然死战不降。

临安陷落，宋室投降。元军派人持诏书到城下招降。李庭芝说："我只知奉诏守城，没听说过以诏谕降的！"

副将姜才发弩射退来使。

不久，得知元军押解宋恭帝一行赴大都，正途经扬州。李庭芝与姜才率兵 4 万夜袭瓜洲渡口，试图夺回宋室一行。激战三个时辰仍未成功，只好退回扬州城内。

元军再次拿着谢道清的亲笔诏书到城下招降。诏书云——"今吾与嗣君既以臣伏，卿尚为谁守城？"问得很符合程序，这个世界都是姓赵的，俺赵家都投降了，你还守什么城，这不是在妨碍正常的财产转移吗？

说得多么理直气壮，李庭芝一时也说不出反驳的话，他在沉默中一箭射死元军的使者，以行动拒绝投降。至此元军明白只剩下强攻一途了，之后半年，双方苦战不休，蒙古人在扬州城下围起了一条长墙，以城外之城彻底封锁了扬州。

忽必烈适时送来了最后一次招降信，他许诺只要扬州投降，之前的抵抗、杀使者等行为全部赦免。李庭芝有些心动了，恰好姜才冲出重围，去附近州县筹粮回来，他凛然道——"相公不过忍片时痛而已！"李庭芝幡然悔悟，人生除死无大事，与那片时之痛相比，他们有更在乎的东西。

十个月之后，福州小朝廷任命李庭芝为左相，派使者来召唤。李庭芝命副手朱焕留守，他与姜才率领 7000 名士兵北上泰州（今属江苏），准备从那里泛海南下。

李庭芝一走，朱焕就投降了。扬州陷落，元军全军开拔追击李庭芝部，终于把他们围堵在泰州城内。

李庭芝、姜才终于力尽被俘。元军主帅阿术责问李庭芝为什么不降，姜才大叫："不降者，是我！"

阿术犹豫，蒙古人是重硬汉的，李庭芝、姜才无疑硬到了不可思议的地步，当此天下已定的大势，实在没必要多杀。

一边的朱焕说话了，扬州积骸遍野，皆他们所为，不杀待何？

一句话勾起了之前十个月里的杀戮怒火，阿术下令将李庭芝斩首，姜才剐杀。临刑之日，原南宋江淮主将，那位应该79岁就死，非要活到83岁的夏贵特意赶来观刑。姜才受刑中冷然发问——"老贼，你看着我不感到惭愧吗？！"

扬州世代忠烈，闻听李、姜被害，全城百姓无不流泪。这股忠直刚烈的气息一直留存了下去，直到数百年后明末清初时，这座硬到不可思议的城市也在与李、姜一样忠贞刚烈的史可法率领下，与清军死战，哪怕屠城10日也绝不投降！

壮哉，扬州！

茫茫神州，只剩下了独钓中原的钓鱼城。至南宋小朝廷灭亡之时，钓鱼城的主将已经换了三任，当初让蒙哥城下饮恨的王坚第二年就被召回临安，不是为了嘉奖，而是贾似道等朝臣猜忌他，把他排挤到了普通州县去当地方官。

1264年，崖山之战前15年，王坚在和州知州任上郁郁而终。

钓鱼城的第二任主将是张钰。张钰是王坚的部下，一个在某种程度上比王坚更加强悍坚硬的人。他接手钓鱼城之后，不只是固守，还适时出击。当临安陷落时，他派部将突袭青居城，抓获元军安抚使刘才；三个月后，派兵驰援重庆，合力攻克凤顶寨；再之后收复泸州，捕杀叛将梅应春和元将熊耳，抓获熊耳夫人。听说小朝廷在福建称帝，他在钓鱼城内辟建皇城，派出百余人南下寻访，准备接来长期独立。

当然，这百余人没法横越神州，再越过百万元兵，把小朝廷接到钓鱼城。

1275 年十二月，涪州降元，重庆告急，张钰按捺不住，留副手王立守城，自己率军攻入重庆，接任制帅之职，旋即克复涪州。过了正月，张钰大会西南众将，联合忠、万两州军力连破元军 18 寨，解大宁监之围。

一时间，西南震动，宋军在这一片区域里大有复兴之势。

天下大势如此，张钰注定了只是昙花一现。元军集结重兵围困重庆，用的是扬州之战同样的战术。

张钰的身边没有姜才，他的部将出卖了他。张钰在巷战之余选择出逃，逃到涪州时被元军抓获，被押解到安西（今陕西西安），软禁在一座庙里。

回头说钓鱼城。

天下事，难说没有运气的存在。南宋灭国，神州沦陷，钓鱼城天险也变得脆弱，原来自成体系、可以永远生存的山城，居然连续两年干旱，城里农田颗粒无收，据当地县志记载，出现了易子而食的惨剧。金城汤池，非力不守，到此地步，钓鱼城终于投降了。

这座从 1240 年由四川制置副使彭大雅始筑，至 1279 年正月最后一任守将王立出降，共抵抗蒙元近 40 年，前期以击毙蒙古大汗蒙哥而光耀史册，后期独自支撑巴蜀危局被誉为独钓中原的旷世坚城终于倒了。

张钰在陕西听到消息，以弓弦自缢身亡。

钓鱼城投降的次月，流亡小朝廷在崖山全体覆灭。这两件事接踵而至，南宋最后一丝希望彻底破灭。

文天祥在这样的局势下被押解进元大都。

忽必烈的气度，远不是传统印象中异族酋长的蛮横模样。他下令以上宾之礼接待文天祥。当然，这是有目的的。

他希望文天祥投降，做他的臣子。

第一个出场的人是留梦炎。留梦炎，1244 年的南宋状元，1275 年时做到了南宋首相，看资历他与文天祥是那么一致，元朝觉得他们会很有共同语言。

只是他们忘了，留梦炎在临安将破时选择了逃跑。

两人相见，文天祥身着南朝衣冠，面南而坐，意示绝不向元朝屈服。留梦炎则一身元朝高官的服饰，早成了异族的鹰犬。

文天祥戟指喝骂——"你好歹是一个状元宰相，有何面目去见江东父老？！"

留梦炎绝无羞愧，大恨而去。第二个来劝降的人让文天祥痛断肝肠，居然是被降封为瀛国公的宋恭帝。几年过去了，宋恭帝长成了一个小小少年，不知道北地生活是否让他忘记了江南，还记不记得自己小时候的那个身份？

文天祥让宋恭帝坐下，自己面北跪拜，痛哭流涕，连称"圣驾请回"。姓赵的少年人在慌乱局促中不知说什么好，只好离开。

在这之后，元朝想不出还要由谁来劝文天祥，按级别，总不能把谢道清请出来吧？

第三个人是元朝的重臣平章政事阿合马。大人物出场声势不凡，加上礼遇期已过，要来硬的了，阿合马直接命令文天祥跪下。

文天祥冷笑，南朝宰相为何要跪北朝宰相？

阿合马倍加趾高气扬，问道："何以至此？"你一个南朝宰相，怎么到我北朝宰相的地盘来了？既然输了土地，那就等同于输了地位。

文天祥越发傲然："南朝若是早日用我为相，北人到不了南，南人更不会到北方。"

阿合马冷笑，提醒文天祥他手握生杀大权。文天祥得其所哉："亡国之人，要杀便杀！"这正是他所求之不得的。

阿合马悻悻然走开。

文天祥被关进了土牢，简陋、肮脏都不足以形容这种囚室里的生活，蒙古人的用意非常明显，他们不信以软弱著称的宋人中变节最多、历来最软的文人能挺住生活的折磨，尤其是文天祥从前的生活以奢侈舒适著称。

一个月之后，元朝宰相孛罗提审文天祥，地点定在了元朝军方重地枢密院，陪审的人是崖山海战的元军主帅张弘范。

困苦之后加以威临，蒙古人不信文天祥不屈服。

文天祥见孛罗，长揖不拜。孛罗立即大怒，同样情形下，阿合马只是言语调侃，孛罗命令士兵强按文天祥下跪。

元朝士兵们"或抑项，或扼其背"，文天祥始终不屈。他昂首高言——"天下事有兴有废，自古帝王将相，灭亡诛戮，何代无之！我文天祥今日忠于宋，以至于此，愿求早死！"

孛罗见硬的不行，又自恃汉学功底深厚，可以在言谈中压倒文天祥。他问——"汝谓有兴有废，且问盘古至今日，几帝几王，一一为我言之。"

文天祥不屑，这种小儿科问题不值一提——"一部十七史，从何处说起？吾今日非应博学宏词、神童科，何暇泛论。"

孛罗更加不屑，直指问题中心——"汝辈弃德祐皇帝，另立二王，这是忠臣所为吗？"

文天祥正色回应——"德祐失国，不此之时，社稷为重，君为轻。另立二王，为社稷计，当然是忠。"

孛罗一笑，满是讥讽——"汝立二王，竟成何功？"

这一句问得文天祥不由得悲怆，数年间流离逃战艰辛困苦，真的是一无所获吗？他黯然自问，很快昂然回答——"立君以存社稷，存一日则尽一日臣子之责，何言成功！"

孛罗得意了——"既知其不可，又何必为之？"

文天祥忍不住泪下沾襟——"譬如父母有疾，虽不可疗治，但无不下药医治之理。吾已尽心尽力，国亡，乃天命也。今日我文天祥至此，有死而已，何必多言。"

孛罗再没有话说，他建议忽必烈干脆杀了文天祥，杀的宋人逾千万，多此一个难道很特别，难道会丢天下不成？可很多人反对，包括张弘范，这个亲手灭亡南宋的人上书忽必烈。加一句，张弘范病了，崖山海战之后这人很快病倒，这时快死了。

他说元朝应有新气象，应该与南宋相反，提倡节操，文天祥越是忠贞，就越要降服他。这会对新国家有极大的推动作用。

至于如何降服，优待、威吓、劝说、困苦都用过了。当是时，似乎只有继续困苦还能有效，于是文天祥被押回到土牢。从这时起，这座土牢是文天祥两年多时间里的囚室。

文天祥在这座低矮潮湿的土牢中备受折磨，每个人都认为他会痛苦，可事实上痛苦与折磨有时并不是一回事。

某些人的生存信条是，心安乐才能身安乐。

文天祥用诗歌记录了这段生活，那就是名传千古，也必将传至永恒的《正气歌》：

　　余囚北庭，坐一土室。室广八尺，深可四寻。单扉低小，白间短窄，污下而幽暗。当此夏日，诸气萃然：雨潦四集，浮动床几，时则为水气；涂泥半朝，蒸沤历澜，时则为土气；乍晴暴热，风道四塞，时则为日气；檐阴薪爨，助长炎虐，时则为火气；仓腐寄顿，陈陈逼人，时则为米气；骈肩杂沓，腥臊汗垢，时则为人气；或圊溷，或毁尸，或腐鼠，恶气杂出，时则为秽气。叠是数气，当之者鲜不为厉，而余以羸弱，俯仰其间，于兹二年矣，幸而无恙，是殆有养致然尔。然亦安知所养何哉？孟子曰："吾善养吾浩然之气。"彼气有七，吾气有一，以一敌七，吾何患焉。况浩然者，乃天地之正气也。作《正气歌》一首。

天地有正气，杂然赋流形。下则为河岳，上则为日星。于人曰浩然，沛乎塞苍冥。皇路当清夷，含和吐明庭。时穷节乃见，一一垂丹青。在齐太史简，在晋董狐笔，在秦张良椎，在汉苏武节；在严将军头，为嵇侍中血，为张睢阳齿，为颜常山舌；或为辽东帽，清操厉冰雪；或为出师表，鬼神泣壮烈；或为渡江楫，慷慨吞胡羯；或为击贼笏，逆竖头破裂，是气所磅礴，凛烈万古存。当其贯日月，生死安足论！地维赖以立，天柱赖以尊。三纲实系命，道义为之根。嗟予遘阳九，隶也实不力。楚囚缨其冠，传车送穷北。鼎镬甘如饴，求之不可得。阴房阒鬼火，春院闭天黑。牛骥同一皂，鸡栖凤凰食。一朝蒙雾露，分作沟中瘠。如此再寒暑，百沴自辟易。嗟哉沮洳场，为我安乐国。岂有他缪巧，阴阳不能贼？顾此耿耿在，仰视浮云白。悠悠我心悲，苍天曷有极！哲人日以远，典刑在夙昔。风檐展书读，古道照颜色。

文天祥恪守忠义，置个人生死于度外，于困顿斗室中甘之如饴，自觉除死无大事，却不料世间仍有扰乱其心神之事。

他忽然接到了长女柳娘的信。信中得知，失踪三年多的妻子儿女都在大都城中，被元人禁锢。这封信很明显是暗示他，如果投降，全家安好；不降，后果不可言。文天祥必须在骨肉亲情与忠义名节之间做出选择，这是何等艰难痛苦。

文天祥在回信中写道：

……人谁无妻儿骨肉之情，但今日事到这里，于义当死。可令柳女、环女好做人民，爹爹管不得。泪下哽咽，哽咽！

于是时，文天祥彻底抛弃了一切所珍爱的，他是南宋的宰相，他治下的无数人民都在战火中失去一切，他不想在这方面例外。

文天祥的决心让元朝绝望，其间曾经有过几次转机，如张弘范临死前的遗嘱，希望保全文天祥，为新朝立节义榜样；比如以福建降元的王积翁联名10名南宋降臣保文天祥还乡，允许其余生出家做道士。这些都出于种种原因搁浅了。

需要指出的是，王积翁之所以失败，就是因为那位同样是状元宰相的留梦炎的极力反对。

他，非常渴望文天祥去死。

时间到了1282年年底，中山府（今属河北）有数千人起义反元，起事者自称南宋幼主，要去大都劫狱救出文丞相。这件事成了文天祥的催命符，他是生是死必须有个了断了。

十二月八日，忽必烈在大殿召见文天祥。

文天祥仍然长揖不跪。

忽必烈亲自做最后的努力，他许诺——"汝以事宋之心事我，当以汝为宰相。"

文天祥知道最后的时刻终于到了。他面容清癯，囚衣褴褛，朗声回答道——"天祥受宋恩，为宰相，安事二姓？愿赐之一死足矣！"

决裂如此，再无转圜，然而忽必烈还是犹豫了，他命人把文天祥押回囚室里，他还要再考虑考虑。可是元朝胡汉大臣群起上书，要求同意文天祥的请求，允其为赵宋殉国。

再留已经无意义，文天祥对元朝只有负面作用。

转天，十二月九日，忽必烈下令公开处斩文天祥，下令之时他犹自叹息——"好男子，惜不为我用！"

文天祥被押至大都柴市刑场。他身着南宋衣冠，憔悴清瘦，多年的土室囚禁让他的方向感彻底丧失，他向周围的百姓询问哪里是南方。有人指给他，他重整衣冠，向南方他的故国，他的国都，他的皇帝的方向跪拜。

最后一次向心中的坚守致礼之后，他索取纸笔，留下了一首诗：

> 昔年单舸走淮扬，万里逃生辅宋皇。
> 天地不容兴社稷，邦家无主失忠良。
> 神归嵩岳风云变，气入烟岚草木荒。
> 南望九原何处是，关河暗淡路茫茫。

写毕，他向行刑的刽子手说："吾事毕矣。"从容就义。

文丞相时年仅 47 岁。

他死后，有人在他的衣袖间发现了一张纸，那是他的绝笔书。上面写着非常简单的几句话，这几句简单的话，在其后数百年间，成为无数坚持本我、抵御外侮的汉家子孙的座右铭：

> 孔曰成仁，孟曰取义，唯其义尽，所以仁至。读圣贤书，所学何事？而今而后，庶几无愧！

一个人，要活到至死无愧，是多么不容易……

文天祥的死，代表着赵宋帝国的彻底覆灭，它成了历史的一页，成了故纸堆里的传说，成了几百年间无数人的叹息。人们追忆它的繁华和美丽，又痛惜、痛恨它的软弱和糊涂。

我何能例外？

后记

自然不甘寂寞，南宋前几任皇帝常做的事，
就是不甘起复。可都时间不长就出于这样的或者那样的
缘由重回山水之间，……朝，都会增加他的名望，这是他陋巷抱贫的唯一……
次不同了。朱熹清楚地知道，……
是他能左右的。孝宗同样心性不定，……跟谁也上讲道理，真到赵汝……
智正常。他自己也半过古稀，这时下堵……第四个……
以他及时晓以大义，釜底抽薪，地支持赵汝愚。……
人的东西，简直是从根本上否定了这个人……不点名地把韩侂胄国威定是朝……
条路，在韩侂胄面前的只有一条路。……
么想了。他反驳，更……想对立面。……地反驳，好，你……
想这么一定会搞得你永世不得翻……为什么。……你……
威逼急，他轻松自在地想……
一场激辩戏在宫廷内部上演，一方……
总觉大啸，仿效朱熹的样子讲说性理善……
在他的眼里，此间无满了招头……
的雉什么都管，对一切都揪手……才……
是上帝。而其他人，都只是……
在台下看着，一声不发。……他心底的欲望在悲……
着，都是真实的生活……
的或都是……是这个天下的主人……

四年之前曾写记，纪念六年间完成的这件事——"近六年以来，我只做了一件事，写宋史。"此时回望，竟然已经十年！

　　一部宋史浓缩成5卷。我所能保证的，是精选，而不是节选。

　　再次回望宋史，我确信我喜欢这些，与它在一起，我充满了发现的快乐。因为它让我满足，我在时光里偶尔翻阅自己写过的东西，面露微笑。

　　又四年过去了，我又有了新的作品，其中最重要、最让我欣喜的是我的儿子，小鱼儿、晴川。他是一个属马的男孩儿，漂亮、聪明、强壮，各方面都比我优秀，他是上天赐给我的最好的礼物。和他在一起，我确信上苍是爱我的。

　　取名晴川，愿他一生都自由地奔跑在晴朗美丽的山川大地间。

高天流云

2017年5月15日17：33，是为记

图书在版编目（CIP）数据

如果这是宋史.伍，官宦王朝/高天流云著.—杭
州：浙江人民出版社，2021.7（2022.7重印）
ISBN 978-7-213-09906-9

Ⅰ.①如… Ⅱ.①高… Ⅲ.①中国历史—宋代—通俗
读物 Ⅳ.①K244.09

中国版本图书馆CIP数据核字（2020）第232963号

如果这是宋史伍：官宦王朝
RUGUO ZHESHI SONGSHI WU : GUANHUAN WANGCHAO

高天流云　著

出版发行	浙江人民出版社（杭州市体育场路347号　邮编 310006）	
责任编辑	张世琼	
责任校对	杨　帆　朱志萍	
封面设计	艾　藤　沐　希	
电脑制版	顾小固	
印　　刷	三河市冀华印务有限公司	
开　　本	700毫米×1000毫米　1/16	
印　　张	29.5	
字　　数	420千字	
版　　次	2021年7月第1版	
印　　次	2022年7月第3次印刷	
书　　号	ISBN 978-7-213-09906-9	
定　　价	45.00元	

如发现印装质量问题，影响阅读，请与市场部联系调换。
质量投诉电话：010-82069336